景印香港
新亞研究所

新亞學報

第一至三十卷
第三八冊・第二十七卷

總策畫　林慶彰　劉楚華
主　編　翟志成

景印香港新亞研究所《新亞學報》(第一至三十卷)

景印本・編輯小組

總　策　畫
林慶彰　劉楚華

主　　編
翟志成

編輯委員
卜永堅　李金強　李學銘　吳　明　何冠環
何廣棪　張宏生　張　健　黃敏浩　劉楚華
鄭宗義　譚景輝

編輯顧問
王汎森　白先勇　杜維明　李明輝　何漢威
柯嘉豪（John H. Kieschnick）科大衛（David Faure）
信廣來　洪長泰　梁元生　張玉法　張洪年
陳永發　陳　來　陳祖武　黃一農　黃進興
廖伯源　羅志田　饒宗頤

執行編輯
李啟文　張晏瑞

（以上依姓名筆劃排序）

景印香港新亞研究所《新亞學報》（第一至三十卷）

景印香港新亞研究所《新亞學報》第三八冊

第二十七卷　目次

陳援庵先生與史書要刪	李學銘	頁 38-9
經史學家楊筠如事迹繫年	何廣棪	頁 38-27
連續與斷裂：二十世紀的臺灣煤礦業	陳慈玉	頁 38-61
無方之方：胡適一輩子談治學與科學方法平議	葉其忠	頁 38-111
中國初傳佛教圖像述評	屈大成	頁 38-213
論盧梭（Rousseau）的民主	莫詒謀	頁 38-245
從康德所論物自身不可認知及超越的自由之宇宙論意義看道家言道及道心之自由義	盧雪崑	頁 38-269
論胡五峰的本體論	劉桂標	頁 38-289
王筠《說文句讀》字音研究論釋	馬顯慈	頁 38-307
南社詩歌理論研究	朱少璋	頁 38-341

景印香港新亞研究所《新亞學報》（第一至三十卷）

新亞學報

第二十七卷

新亞研究所

景印香港新亞研究所《新亞學報》（第一至三十卷）

新亞學報

第二十七卷

新亞研究所

景印香港新亞研究所《新亞學報》(第一至三十卷)

《新亞學報》學術顧問

王爾敏	宋晞	李潤生	李豐楙	吳宏一	陳永明
陳祖武	張玉法	湯一介	單周堯	廖伯源	趙令揚
劉昌元	錢遜	饒宗頤			

（按姓氏筆畫為序）

《新亞學報》編輯委員會

鄺健行 （主席）
李學銘
莫廣銓

NEW ASIA JOURNAL EDITORIAL BOARD

KWONG Kin-hung (Chairman)
LEE Hok-ming
MOK Kwong-chuen

景印香港新亞研究所《新亞學報》(第一至三十卷)

新亞學報第二十七卷

目　錄

一	李學銘	陳援庵先生與史書要刪	1
二	何廣棪	經史學家楊筠如事迹繫年	19
三	陳慈玉	連續與斷裂：二十世紀的臺灣煤礦業	53
四	葉其忠	無方之方：胡適一輩子談治學與科學方法平議	103
五	屈大成	中國初傳佛教圖像述評	205
六	莫詒謀	論盧梭 (Rousseau) 的民主	237
七	盧雪崑	從康德所論物自身不可認知及超越的自由之宇宙論意義看道家言道及道心之自由義	261
八	劉桂標	論胡五峰的本體論	281
九	馬顯慈	王筠《說文句讀》字音研究論釋	299
十	朱少璋	南社詩歌理論研究	333

景印香港新亞研究所《新亞學報》（第一至三十卷）

陳援庵先生與史書要刪

李學銘*

提要

「史書要刪」，是陳援庵先生（1880-1971）很重視的治史方法之一。他與學生討論史學問題時，就常談到引書義例，並常提示他們「讀史須知其要刪」。根據援庵先生的意見，「史書要刪」有所謂「引用」法和「櫽括」法。前者說明材料來源，原文「可略而不可改」；後者則不說明材料來源，而且在不失原意的條件下，「可增改文字」，成一家之言；兩者都是史學家撰作時引述史料和剪裁史料的方法。本文內容，主要以援庵先生的史學著述為例，論述他怎樣身體力行，運用「引用」法和「櫽括」法來處理史料，以便達到「要刪」的目的；同時也介紹他在課堂上，怎樣指導學生掌握引書義例，令他們懂得「要刪」之道。

　　陳援庵（垣）先生（1880-1971）與學生談論史學時，常常提到讀史須知其要刪。所謂「知其要刪」，就是要了解史學家在引述史料時的剪裁與選擇功夫。有了這樣的認識，我們自己動手撰寫史書或史學論著時，才知道怎樣採取史料和怎樣捨棄史料。

　　援庵先生訓練學生「知其要刪」，最常採用《史通》、《史記》、《漢書》、《三國志》、《後漢書》作教材。在《史通》裏，有一篇《點煩》，據劉知幾（661-721）自己的說明：

> 昔陶隱居《本草》，藥有冷熱味者，朱墨點其名；阮孝緒《七錄》，書有文德殿者，丹筆點其字。由是區分有別，品類可知。

---

*本所教授／香港公開大學榮譽教授。

今輒擬其事，鈔自古史傳文有煩者，皆以筆點其煩上。凡字經點者，盡宜去之。如其間有文句虧缺者，細書側注於其右。或回易數字，或加足片言，俾分布得所，彌縫無間。庶觀者自悟，其失自彰。[1]

《點煩》所摘出史文，凡十四條，都是劉知幾認為在語句上可以斟酌的。在篇中，劉氏雖也建議增字，但主要仍在刪字；就《史通》所見，劉氏主張該增的字有一百一十二個，該刪的字有一千三百三十九個。據劉氏的自述，凡是他認為該刪的字，原本都有點號標在旁邊，他認為該增的字，則用小字注於右旁。現時流傳的《史通》刻本，既見不到劉氏認為該增的字，也見不到字旁表示該刪的點號，因為都被刻書者在刻板時刪掉了。因此，我們現時只能見到劉氏所摘出的史文和他主張要增、刪的字數，至於該增或該刪哪些字，就沒法知道了。從《點煩》一文，我們可以看出，劉氏對史文語句增、刪的態度，是儘量刪去沒用的字，但以不影響史文原意為準則，如無必要，一般不多增字，所以在《點煩》一文中，劉氏主張該刪的字數多，該增的字數少，就是這個理由。援庵先生非常贊成這種以刪為主的做法，因而他用《點煩》來作教材時，主要訓練學生去刪字，並不訓練學生去增字。他是這樣訓練學生的：他先把《點煩》所引述的史文油印出來，發給學生，然後要他們按照《史通》所說該刪的字數，嘗試去刪。結果是，不少學生把有用的字刪去，留下來的，許多是沒用的字。可見「刪煩」這一回事，要做得好，並不那麼容易。為了要讓學生有借鑑的機會，援庵先生自己也按照劉氏提示該刪的字數，把《點煩》引述的史文刪削一次，作為示範。根據範文，援庵先生給學生講解：那些字可以刪，那些字不可以刪；刪的理由在那裏，不可刪的理由又在那裏。據說援庵先生的範文，完全符合言省意賅的要求，而他所刪的字數，也正好與劉氏提示該刪的字

---

[1] 見浦起龍《史通通釋》卷十五外篇《點煩第六》，1978年4月中華書局，頁433。

數相吻合【2】。一般來說，我們在刪削時要達到字數吻合的要求並不難，難在刪削的選擇和理由。可惜我們現在看不到援庵先生所提供的範文，或許他的後人和芸芸學生中，還有人保有這份示範的教材罷？呂思勉（1884-1957）曾在1934年由商務印書館出版《史通評》，其中就根據《史通‧點煩》自己試作刪削，目的在「聊以示作文之法」【3】。洪業（1893-1980）讀了呂氏之作，認為「所為多與鄙意未合」，於是在1935年另撰《史通點煩篇臆補》，發表在《史學年報》。據說所增補和所刪削的字數，完全符合《史通》的提示【4】。洪氏遵從《史通》之說，對史文有刪有增，呂氏和援庵先生則只刪不增，取向並不完全相同，但前輩學人的心得，都值得我們參考、學習。

除了《史通》，援庵先生也常用《史記》、《漢書》、《三國志》、《後漢書》的史文作教材，幫助學生認識著名史學家斟酌字句、剪裁史料的功夫。先師牟潤孫先生（1908-1988）曾聽過他的課，因此對他的施教方法有具體的介紹：

> 他教學生以《史記》與《漢書》對讀，叫學生抄了《史記》與《漢書》相同部分，依照《漢書》去改《史記》，以尋求二家文字的異同。有時教學生抄了《三國志》與《後漢書》相同的傳，同樣去作異同的比較。通過這樣的訓練，如何引用史料，如何剪裁史料，如何寫史書，便可不待講而使學生自然明白了。……陳先生常說讀史須知其「要刪」。他教學生比較《史記》與《漢書》、《三

【2】參閱先師牟潤孫先生《從〈通鑑胡注表微〉論援庵先師的史學》，《紀念陳垣誕辰百周年史學論文集》，1981年9月北京師範大學出版社，頁32；啟功《夫子循循然善誘人》，《陳垣校長誕生一百周年紀念文集》，1980年11月北京師範大學，頁69。

【3】參閱呂思勉《史學四種》，1981年12月上海人民出版社，頁177-188。

【4】參閱張振珮《史通箋注》卷十五《點煩第六》的「附錄」，1985年11月貴州人民出版社，頁559-564。

國志》與《後漢書》的異同,即教學生作「知其要刪」的功夫。【5】援庵先生教學生用《漢書》與《史記》對比,《後漢書》與《三國志》對比,主要讓他們認識:著名史學家是怎樣引述史料和剪裁史料的。

在《通鑑胡注表微》一書中,援庵先生常常借了胡三省(1230-1287)注來談論治史方法,例如在《書法篇》中,援庵先生引述了胡注,然後說:

> 凡引書聲明引自古人者,可略而不可改,裴松之之《三國》注是也。未聲明引古人而用其語者,可櫽括成一家言,范蔚宗之《後漢書》是也。溫公之《通鑑》,蓋范書之類,亦即班書用《史記》之類。【6】

原來《通鑑》採用《漢書》史文時,把原文的「恐怒」改為「怨怒」,胡氏因此注云:

> 作「怨怒」者,《通鑑》略改班書之文,成一家言。【7】

在這條材料裏,《通鑑》與《漢書》之間,只是一個字的出入,胡氏的說明主要在這一點,援庵先生卻借了胡注來談引書義例,也就是向人提示運用史料的方法。援庵先生在《邊事篇》中,有進一步的簡要說明:

【5】見潤孫師《從〈通鑑胡注表微〉論援庵先師的史學》,同上。又潤孫師《勵耘書屋問學回憶》一文,有類似敘述,可以互相補足:「先師經常鼓勵學生以《史記》《漢書》相對勘,他主張先用墨筆抄錄《史記》中與《漢書》相同的幾篇紀傳,然後用紅筆依照《漢書》去改,這樣就可以看出兩位大史學家剪裁字句安排材料的異同來了。他更主張將《三國志》與《後漢書》相同的傳,也這樣比對一番。他說前人有《史漢方駕》、《班馬異同》,我們可以自己動手作一部,更可以作一部《陳范異同》。」(見《陳垣校長誕生一百周年紀念文集》,1980年11月北京師範大學,頁30。)

【6】見《通鑑胡注表微》,1958年1月科學出版社,頁23。

【7】見同上。原文見《資治通鑑》卷二十六《漢紀十八》,1963年4月中華書局校點本,頁845。

> 史家運用史料，有引用及櫽括二法，引用但引原文，櫽括則可增改文字。【8】

「引用」是說明材料來源，原文「可略而不可改」；「櫽括」是不說明材料來源，而且在不失原意的條件下，「可增改文字」，成一家之言。我們能認識史學家「引用」和「櫽括」的功夫，也就是「知其要刪」。如裴松之（372-451）注《三國志》，是採用「引用」法，班固（32-92）撰《漢書》、范曄（398-445）撰《後漢書》、司馬光（1019-1086）撰《資治通鑑》，是採用「櫽括」法。班、裴、范、司馬，都是我國古代出色的史學名家，能成一家之言，他們對史料的「要刪」功夫，很值得我們學習、效法。

援庵先生在授課中，固然常常採用實習方式，來指導學生學習史學家的「要刪」功夫，而他也身體力行，在自己的著述中，經常顯示「要刪」的功力。只是他的「要刪」表現，主要在略而不改的「引用」而不在增改文字的「櫽括」。為甚麼會有這種情形？原來「櫽括」較適宜用於史書的撰述，這種方法，可方便史學家鎔鑄材料，撰成史書。在鎔鑄材料過程中，史學家把材料的文字增刪改削，是免不了的，對於材料的來源，也就不必一一說明了。撰寫史學論文不同。撰寫論文，往往要「引用」前人學說或史料作為論據，為了表示言有所據，當然要清楚說明材料來源，而且盡可能不改動材料的文字。援庵先生的史學成就，主要在史學論文方面，因此他多用「引用」法而少用「櫽括」法，也就理所當然了。

援庵先生引述材料時，經常遵守「略而不改」的原則。他會刪去不需要的字句，而不輕易增飾或改動原文，以免影響原來的意思。不過，「不輕易增飾或改動」，並不表示完全不增飾或改動，有時為了實際需要，例如為了上下文的貫通，援庵先生也會增加一些文字，或把原文一些語句，「櫽括」為較精簡的文字。此外，援庵先生在刪去字句的地

【8】見《通鑑胡注表微》，同上，頁296。

方，如非必要，一般不會採用省略號來標示【9】。因此，在讀者眼中，援庵先生論文中的引文，大多是渾成一體，看不出刪省的痕跡。有人不明白這種情況，竟然用援庵先生論文中的引文跟原文對勘，發覺引文與原文在字句上既有出入，甚至有大段文字給去掉的情形，於是就批評引文脫漏，甚至進一步懷疑援庵先生的治學態度是否謹嚴【10】。在刪去字句的地方是否該用省略號來標示，學者之中，意見或許不盡相同，但用不用省略號，應該與治學的態度並無必然關係，這倒是不必爭論的事。其實，援庵先生之所以不用省略號，是有他的理由的。他認為：作為史學家，引用材料時，說出來源根據，是應該的；刪省前人之文，去掉不需要的字句，才加以運用，更是史學家該做的工作【11】。明白了這點，

【9】援庵先生引用材料時，極少採用省略號，但也不是完全不用。試以陳智超編《陳垣學術論文集》所收論文為例，陳氏所用省略號共十三處，計《基督教入華史》一文兩用省略號（第一集，頁100及101），《書內學院新校慈恩傳後》一文八用省略號（第一集，頁415及416），《切韻與鮮卑》一文三用省略號（第二集，頁450及451）。至於這些省略號是援庵先生自己所用還是編者或代抄材料的人加上去，現時已經難以肯定。其他專著如《元西域人華化考》、《史諱舉例》、《南宋初河北新道教考》、《明季滇黔佛教考》、《清初僧諍記》、《中國佛教史籍概論》、《通鑑胡注表微》等，都沒有用省略號。至於《校勘學釋例》和《釋氏疑年錄》，主要是簡短的材料或語句，更不會用省略號了。

【10】潤孫師曾向我提過：史學家方豪（1910-1980）和日本京都大學人文科學研究所的日本學人，都曾批評援庵先生的史學論著，在引文方面有脫漏的情形。據說方氏後來明白了援庵先生的引文與原文字句有出入，是援庵先生有意刪省而不是無意脫漏。

【11】潤孫師《從〈通鑑胡注表微〉論援庵先師的史學》一文，引述了援庵先生的話：「史學家竟不敢刪省前人之文，如何能自成一家之言！」「刪掉不必要的字句，是史家應作的事。」（見《紀念陳垣誕辰百周年史學論文集》，1981年9月北京師範大學出版社，頁32。）

我們就不會隨便批評援庵先生的引文有脫漏了。

在援庵先生的學術著作中，我們只要把他所引述的材料摘取出來，再用原文來對勘，立刻就可以看出，他是經常採用「略而不改」的「引用」法的。例如在《大唐西域記撰人辯機》一文中，援庵先生引述《舊唐書‧長孫無忌傳》「顯慶四年」（西69）的傳文作為論據，其中就有刪省的地方。下文所錄，就是援庵先生的引文，底下有橫線的文字，是援庵先生所增，括號裏的文字，是我據《舊唐書》的原文補上去的：

> <u>許敬宗</u>奏<u>長孫無忌</u>謀反（有端）。帝曰：「我家不幸，親戚（中）頻有惡事。高陽公主與朕同氣，往年（遂）與房遺愛謀反。今阿舅復（作惡心，近親）如此，使我懋見萬姓！」敬宗曰：「房遺愛乳臭兒，與女子謀反，豈得成事？（且）無忌與先朝（謀）取天下，眾人服其智，作宰相三十年，百姓畏其威。」【12】

援庵先生從史書摘出這條材料，原則上採用略而不改的「引用」法。他為「敬宗」、「無忌」補上姓，只是為了使許敬宗（592-672）和長孫無忌（?-659）兩人的姓名完整，他的增補並不影響史事的內容。其他下筆刪省之處，細味之下，應該可以看出裁剪的巧妙：「有端」、「中」、「遂」、「且」、「謀」等字刪去後，上下文暢順、簡潔，又沒有改變原文的內容；「今阿舅復」四字與「如此」兩字之間，刪去五字，使「今阿舅復如此」合成一語，真是天衣無縫。許敬宗所說的話，在「百姓畏其威」後本來還有四十九字【13】，援庵先生都刪去了，因為他引述這條

【12】援庵先生引文見《大唐西域記撰人辯機》，陳智超編《陳垣學術論文集》第一集，1980年6月中華書局，頁462-463。原文見《舊唐書》卷六十五《長孫無忌傳》，1975年5月中華書局校點本，頁2455。

【13】據《舊唐書》卷六十五《長孫無忌傳》（見同上），「百姓畏其威」下還有四十九字：「可謂威能服物，智能動眾。臣恐無忌知事露，即為急計，攘袂一呼，嘯命同惡，必為宗廟深憂。誠願陛下斷之，不日收捕，準法破家。」

材料，主要在證明高陽公主、辯機、房遺愛同屬青年，與長孫無忌的年高威重不同，由於下文與這一點無大關係，所以他斷然把這四十九字刪去，以省篇幅。刪省材料，要用筆如刀，要眼準心狠，該留則留，不該留則不留，留下來的，又要有自然的縫合。從實例看來，援庵先生都做到了。

又據《史諱舉例》卷四，援庵先生在「因避諱而生之訛異」的說明中，引述了《宋史·侍其曙傳》的傳文作為論據：

> 祥符二年，黎州夷人為亂，詔曙乘驛往招撫，其酋（首）納款，殺牲為誓。曙按行鹽井，夷人復叛。曙率部兵百餘，生擒首領三人，斬首數十級。【14】

上述引文，「酋首」是由兩個同義字組成的合成詞，刪去「首」字，「酋」字仍然是個單字詞，並沒有改變文意，而行文更精簡了。可見即使是一字之微，援庵先生也不會放過。為了顯示因避英宗諱而把「侍其曙」改為「侍其旭」，援庵先生引述了《宋史·侍其曙傳》後，接著又引述《宋史·蠻夷傳》：

> 大中祥符元年，瀘州言江安縣夷人（殺傷內屬戶，害巡檢任賽，既不自安，遂）為亂。詔遣閤門祗候侍其旭乘傳招撫。旭至，蠻人首罪，殺牲為誓。未幾復叛，旭因追斬數十（級）人，擒其首領三人（，又以衣服紬布誘降蠻斗婆行者，將按誅其罪）。【15】

上文所見，括號內是刪省《宋史》的文字，底下有橫線是改或增的文字。援庵先生引述這條材料時，雖刪去「夷人」與「為亂」之間的十五字，但仍可達到說明夷人作亂的目的，中間的枝節，也就不必述說了；

【14】援庵先生引文見《史諱舉例》，1958年1月科學出版社，頁65。原文見《宋史》卷二百二十六《侍其曙傳》，1977年11月中華書局校點本，頁10535。

【15】援庵先生引文見同上。原文見《宋史》卷四百九十六《蠻夷傳》，同上，頁14226。

「擒其首領三人」後，還有十八字，但因為誘降夷人的記述，無補於避諱的說明，因此也一併刪去。至於把原文的「級」字改為「人」字，目的大抵是避免把「首級」之數轉換為人數的麻煩，讓現代讀者更易理解史文。這種改動，完全沒有影響原意，而且「追斬」「人」應該比「追斬」「級」更能符合語意邏輯的表達。這是略改史書之文，「成一家之言」的功夫。雖然這種改動原文的引述，並不符合現代學術論文一般引述的規則，但從語文應用的角度，卻可讓我們看到援庵先生斟酌文字的用心，大抵這也是向人「聊以示作文之法」，同時也是示人以「史書要刪」之法。

又據《南宋初河北新道教考》卷一《全真篇上》，援庵先生引述了《元史‧釋老丘處機傳》的傳文，其中就頗有刪省的地方：

> 太祖時方西征，日事攻戰，處機每言欲一天下者，必在乎不嗜殺人。及問為治之方，則對以敬天愛民為本。（問長生久視之道，則告以清心寡欲為要。）太祖深契其言，（曰：「天錫仙翁，以寤朕志。」）命左右書之，且以訓諸子（焉）。（於是錫之虎符，副以璽書，不斥其名，惟曰「神仙」。一日雷震，太祖以問，處機對曰：「雷，天威也。人罪莫大於不孝，不孝則不順乎天，故天威震動以警之。似聞境內不孝者多，陛下宜明天威，以導有眾。」太祖從之。歲癸未，太祖大獵于東山，馬踣，處機請曰：「天道好生，陛下春秋高，數畋獵，非宜。」太祖為罷獵者久之。）<u>又其時國兵踐蹂中原，河南、北尤甚，民罹俘戮，無所逃命。處機還燕，使其徒持牒招求於戰伐之餘，由是為人奴者得復為良，與濱死而得更生者，毋慮二三萬人。中州人至今稱道之。</u>【16】

【16】援庵先生引文見《南宋初河北新道教考》，1962年7月中華書局，頁13。原文見《元史》卷二百二《釋老丘處機傳》，1976年4月中華書局校點本，頁4524-4525。

援庵先生引述這條材料時，刪去一百四十二字，增加兩字。從這個例子，我們可以看出援庵先生刪省材料的功力。他之所以引述這條材料，主要在說明丘處機（1148-1227）怎樣說服元世祖（1215-1294）止殺，因而有功於民。去掉括號中《元史》原有的文字，仍然可以完整地表達這方面的意思，而文字則較原文更為簡潔、有力。「又其」兩字，是添加上去的，因為「又其時」下所敘的事，發生在元太祖畋獵東山之後，如果不加「又其」，直接用「時」字接上文，容易使人誤會下文的事，是同時發生在丘處機對答「為治之方」的時候，加上「又其」，使人明白是另敘一事，時序的交代，就較為清楚了。因此，這裏增加的兩個字，不但沒有使原文意思改變，反而使經過刪省的原文，在意思上不會出現含混的情形。援庵先生引述材料時，習慣上雖不輕易增飾改動原文，但為了補足原文的意思，關鍵性的字眼，也還是會加上去的。

又據《明季滇黔佛教考》卷五，援庵先生引述了《明史‧奸臣馬士英傳》，其中刪省的文字更多，現在仍然用括號把援庵先生所刪省的文字標示出來，以便對比：

（大）清兵（已）破揚州，逼京城。（五月三日，）王出走太平，（奔得功軍。孔昭斬關遁。明日，）士英奉王母妃，以黔兵四百人為衛，（走浙江。經廣德州，知州趙景和疑其詐，閉門拒守。士英破城，執景和殺之，大掠而去。）走杭州。（守臣以總兵府為母妃行宮，不數日，大鋮、大典、方國安俱倉皇至，則得功已兵敗死，王被擒。次日，請潞王監國，不受。未幾，大兵至，王率眾降，尋同母妃北去。此即大器等之所議欲立者也。）杭州既降，（士英欲謁監國魯王，魯王諸臣力拒之。大鋮投朱大典於金華，亦為士民所逐，大典乃送之嚴州總兵方國安軍。士英、國安同鄉也，先在其軍中。大鋮掀髯指掌，日談兵，國安甚喜。而士英以南渡之壞，半由大鋮，而己居惡名，頗以為恨。已，我兵擊敗士英、國安。無何，）士英（、國安）率眾渡錢塘，窺杭州，

大兵擊敗之，（溺江死者無算。）士英擁殘兵欲入閩，唐王（以罪大）不許，明年，大兵勦湖賊，士英（與長興伯吳日生俱擒獲。）被禽，詔（俱）斬之。（事具國史。大鋮偕謝之賓、宋之晉、蘇壯等赴江干乞降，從大兵攻仙霞關，僵仆石上死。）而野乘載士英遁至台州山寺為僧，為我兵搜獲，（大鋮、國安先後降。尋唐王走順昌。我大兵至，搜龍扛，得士英、大鋮、國安父子請王出關為內應疏，遂駢）斬士英（、國安）於延平城下。【17】

這條材料，援庵先生在引述時，共刪去三百一十六字，其中「士英與長興伯吳日生俱擒獲」一語，「括」為「士英被禽」四字。材料經刪省改動後，只餘下一百零二字，可謂文無費詞，精簡至極。援庵先生引述這條材料的目的，主要在說明馬士英（1591-1646）的不降，而馬士英失敗被殺的經過，在短短百餘字裏，已有清楚的交代：揚州破，士英走杭州，是第一階段；杭州降，士英率眾渡錢塘，被擊敗，是第二階段；士英被擒斬，是第三階段。最後引述野史，指出士英在被殺前可能曾出家為僧。援庵先生主要在談論馬士英的生平、遭際、為人，無關主題的枝葉，便儘量加以芟除。材料經大刀闊斧刪削後，內容雖較簡略，但卻無損史事的本真，而且因為枝葉盡去，內容更為集中，主題更為清楚，所敘述的事情與傳主關係非常密切，一切事情都環繞著傳主發生。我們試用《明史・奸臣馬士英傳》的原文跟援庵先生的引文對勘，再仔細琢磨、琢磨他的「筆則筆削則削」功夫，就不得不佩服他的「要刪」心思。

《通鑑胡注表微》一書，大量引述了《資治通鑑》和胡注的文字材料，援庵先生在引述時，就經常運用「引用」法和「檃括」法來精簡文字，以便達到「史書要刪」的目的。下面試舉一些例子。

據《通鑑胡注表微・感慨篇》，援庵先生引述了《資治通鑑》卷四

【17】援庵先生引文見《明季滇黔佛教考》，1962年7月中華書局，頁234。原文見《明史》卷三百八《奸臣馬士英傳》，1974年4月中華書局校點本，頁7944-7945。

十七「漢和帝永元元年」（西89）何敞的上奏言論：

> <u>何敞言諸竇專恣曰</u>：（尚書何敞上封事曰：「昔鄭武姜之幸叔段，衛莊公之寵州吁，愛而不教，終至凶戾。由是觀之，愛子若此，猶飢而食之以毒，適所以害之也。伏見大將軍憲，始遭大憂，公卿比奏，欲令典幹國事；憲深執謙退，固辭盛位，懇懇勤勤，言之深至，天下聞之，莫不說喜。今踰年未幾，入禮未終，卒然中改，兄弟專朝，憲秉三軍之重，篤、景總宮衛之權，而虐用百姓，奢侈僭偪，誅戮無罪，肆心自快。今者論議訩訩，咸謂叔段、州吁復生於漢。）「臣觀公卿懷持兩端，不肯極言者，以為憲等若有匡懈之志，則己受吉甫襃申伯之功；如憲等陷於罪辜，則自取陳平、周勃順呂后之權，終不以憲等吉凶為憂也。」【18】

援庵先生以「何敞言諸竇專恣」一語，「櫽括」史書一百六十字的內容。談諸竇專恣，何敞作了三層述論：他先舉歷史人物叔段、州吁為例，說明「愛而不教」之害；跟著指出竇憲初期表現謙退、勤懇；可是踰年未幾，諸竇掌權專恣驕奢，為惡多端，有類叔段、州吁。不過，諸竇專恣雖屬史實，但援庵先生所注目的，是胡注對廷臣的批評。胡注這樣說：

> **此言曲盡當時廷臣之情。嗚呼！豈特當時哉！**【19】

上述注文，有批評，有感慨，針對的是漢代和南宋「公卿懷持兩端」的態度，因此援庵先生只摘取了與內容直接有關的史文，其他較為次要的內容，就斷然用「櫽括」的方式來省略，這是「史書要刪」的一例。通過這個例子，我們對史文的詳略、輕重該怎樣處理，大抵會有不少領會罷？

【18】 援庵先生引文見《通鑑胡注表微》，1958年3月科學出版社，頁161。原文見《資治通鑑》卷四十七《漢紀三十九》，1963年4月中華書局校點本，頁1523。又，「己受吉甫」《資治通鑑》校點本作「已受吉甫」。

【19】 引文及原文見同上。

同是《通鑑胡注表微・感慨篇》，援庵先生引述了《資治通鑑》卷五十六「漢靈帝建寧二年」（西169）的君臣對話：

> 大長秋曹節（因此）諷有司奏諸鈎黨者。（故司空虞放及李膺、杜密、朱㝢、荀翌、翟超、劉儒、范滂等，諸下州郡考治。」是）時上年十四，問節等曰：「何以為鈎黨？」對曰：「鈎黨者即黨人也。」上曰：「黨人何用為惡，而欲誅之邪？」對曰：「（皆相舉羣輩，）欲為不軌。」上曰：「不軌欲如何？」對曰：「欲圖社稷。」上乃可其奏。【20】

援庵先生引述上文時，共刪去三十五字，並省略了一些內容，這些內容包括：黨人姓名、懲治要求、黨眾「相舉羣輩」，文字和內容是減少了，但史文仍然很清楚顯示了宦官曹節等如何以黨人「欲為不軌」之罪說服靈帝，達到加害黨人的目的。至於第一句的「因此」兩字，因節取原文已沒有了上下文的承接關係，所以非刪掉不可；而「是時」的「是」字，其實可以不刪，但去掉「是」字，似乎更為簡潔。援庵先生這種只刪字不增字的處理方式，可說是他力求精約而不損原意的「引用」法。

又據《通鑑胡注表微・書法篇》，援庵先生引述了《資治通鑑》卷六十九「漢文帝黃初二年」（西221）司馬光（1019-1086）論正閏的意見：

> 臣今所述，止欲敘國家之興衰，著生民之休戚，使觀者自擇其善惡得失，以為勸戒。非若《春秋》立褒貶之法，「撥亂世反諸正」也。正閏（之際，）非所敢知，（但據其功業之實而言之。周、秦、漢、晉、隋唐，皆嘗混壹九州，傳祚於後，子孫雖微弱播遷，猶承祖宗之業，有紹復之望，四方與之爭衡者，皆其故臣也，故全用天子之制以臨之。其餘地醜德齊，莫能相壹，名號不異，本非君臣者，皆以列國之制處之，彼此均敵，無所抑揚，庶

【20】援庵先生引文見《通鑑胡注表微》，同上，頁161-162。原文見《資治通鑑》卷五十六《漢紀四十八》，頁1818-1819。

幾不誣事實,近於至公。)然天下離析之際,不可無歲時月日以識事之先後(。據漢傳於魏而晉受之,晉傳于宋以至於陳而隋取之,唐傳於梁以至於周而大宋承之,故不得不取魏、宋、齊、梁、陳、後梁、後唐、後晉、後漢、後周年號,以紀諸國之事),非尊此而卑彼,有正閏之辨也。【21】

援庵先生的引述,仍然採用略而不改的「引用」法,他在二百六十一字中,刪去一百七十五字,保留八十六字,目的在轉述司馬光自陳紀年之意,不過是按時序「以識事之先後」,並無意效法《春秋》立褒貶之法,也無意作正閏之辨。因此,凡與這個目的沒有直接關係的文字,都在刪省之列。文字雖作大幅度砍削,但經過巧妙的接合,即使沒有增加一字,整段文字仍然讓人覺得是內容完整、文意通貫的段落,而最重要的,是沒有因刪削而令意見殘缺,或改變了司馬光論正閏的原意。

又據《通鑑胡注表微・考證篇》,援庵先生引述了《資治通鑑》卷七十八「魏元帝景元三年」(西262)的一段史事:

> 吳主喜讀書,欲與博士(祭酒)韋昭、(博士)盛沖講論。張布以昭、沖切直,恐其入侍,言己陰過,固諫止之。吳主曰:「孤之涉學,群書略遍,但欲與昭等講習舊聞,亦何所損!君特(當)恐昭等道臣下姦慝,故不欲令入耳。(如此之事,孤已自備之,不須昭等然後乃解也。)」布皇恐陳謝,且言「懼妨政事」。吳主曰:「王務學業,其流各異,不相妨也。(此無所為非,而君以為不宜,是以孤有所及耳。)不圖君今日在事,更行此於孤(也),良甚不取。」布拜表叩頭。【22】

【21】援庵先生引文見《通鑑胡注表微》,同上,頁24 - 25。原文見《資治通鑑》卷六十九《魏紀一》,同上,頁2187 - 2188。

【22】援庵先生引文見《通鑑胡注表微》,同上,頁105。原文見《資治通鑑》卷七十八《魏紀十》,同上,頁2462 - 2463。

這條材料，援庵先生只刪去四十二字，刪省不算太多，而且全無一字增改，是完全採用「引用」法而不兼用「檃括」法。我們試用《資治通鑑》的原文與援庵先生的引文互相對比，或許可以推知援庵先生講求「史書要刪」的概要。例如為甚麼要刪去「祭酒」兩字？我相信主要刪去這兩個字，韋昭和盛沖就可以共用一個「博士」銜，而盛沖上面「博士」兩字，就可以減省了。「君特當恐昭等道臣下姦慝」中的「當」字，在句中非常惹人注意，顯然要強調吳主推測的語氣，刪去「當」字，語氣無疑會較為肯定，但因為下一句「故不欲令入耳」的「耳」字，卻又使吳主的話，仍然有推測的語氣，因此「當」字就不一定必須保留了。援庵先生之所以刪去「當」字，大抵與他個人行文時力求精約的性格有關。自「如此之事」以下十八字和自「此無所為非」以下十八字，刪或不刪，都不影響吳主斥責張布的語意，現在刪掉了，文字較為簡約，而吳主斥責張布的語氣，似乎更為直接、有力。「更行此於孤也」的「也」字，當然可以不必刪去，但刪去以後，使吳主語促而厲，加強了「良甚不取」一語的斥責分量，吳主的嚴峻態度和張布惶恐叩頭謝罪的情景，也就可以想見了。我上面的解說，不敢肯定就是援庵先生的原意。不過，經過原文與引文的對比，再加上常識的判斷，我們可以看出，援庵先生在引述材料時，無論一字之留或一字之刪，實在非常費心，並不是毫無別擇、剪裁的照搬。這就是援庵先生在史學上的「知其要刪」功夫。

還有一點值得留意的，就是援庵先生所以「引用」《資治通鑑》的史文，完全是為了要帶出胡三省的注文。因此，與注無關的記述，不妨酌量刪去，否則，雖一字之微，也不能不保留。《通鑑胡注表微・考證篇》引述胡三省的注文云：

> 據陳壽《志》，自「孤之涉學」已下，皆詔答之語。布得詔惶恐，以表陳謝，重自序述，吳主又面答之。自「王務學業」以下，皆面答之語（也）。所謂「今日在事更行此於孤」，蓋比之孫琳，以琳檀權之時，不使吳主親近儒生也。於是布拜叩頭，未嘗再上

> 表也,此「表」字衍。在事者,在官任事也。【23】

「布拜表叩頭」中的「表」字,胡三省指出是衍文。援庵先生「引用」《資治通鑑》的史文,本來該刪掉這個字,但卻沒有這樣做。因為刪掉這個字,胡氏所說「此『表』字衍」一語,便會成為無的放矢,所以決不可刪。其他被刪掉的《資治通鑑》字句,並不影響胡注的論據,又於史實真相無損,所以就不必保留了。此外,援庵先生把「皆面答之語也」的「也」字刪去,我相信是他文求精簡的作風使然,並沒有特別的深意。胡氏這一段注文,是借了吳主君臣的對話,來談「引書法則」,這是一條有關「史書要刪」的重要材料,如果援庵先生沒有特別指出,我們或許會忽略過去。援庵先生的話是這樣的:

> 有詔答,有面答,有表謝,有面謝。節引史書,宜細分析,不得混而無別,此示初學以引書法則耳。【24】

原來《資治通鑑》記述吳主君臣對話的事,材料來源是《三國志》。胡氏既考出了史源,同時又指出這件事的過程,中間頗有一些周折:首先是吳主以詔書回答張布的諫言;其次是張布上表陳謝,又再申述己意;其三是吳主面答;最後是張布聽了吳主面答的話,拜叩謝罪,並沒有再上表。胡氏用《三國志》的材料來分析事情發生的過程,是要讓讀者知道,那些話是「面答」,那些話是「表謝」,那些話是「面謝」,有了這樣的了解,司馬光節取史料、鎔鑄成篇的心思,就較易明白了。援庵先生特別為這段注文附加按語,主要是通過胡注教人「節引史書」的法則。所謂「節引」,應該包括「略而不改」的「引用」和「增改文字」的「檃括」,即所謂「要刪」。援庵先生非常強調「節引史書,宜細分析,不得混而無別」,這是說,我們為了「知其要刪」,對材料要進行仔細的分析,深入了解每一條材料的內容性質,弄清楚事情發生過程的來龍

【23】 援庵先生引文見同上。

【24】 見《通鑑胡注表微・考證篇》,同上,頁 105 - 106。

去脈,這樣「知其要刪」的讀明白史料,撰寫史書或論文,才可以使材料的剪裁恰如其分,敘事層次有條不紊。

「史書要刪」,無疑是援庵先生很重要的治史方法,也是他很重視的治史方法。令人詫異的是,談論援庵先生「考尋史源」的人很多,但談論他講求「史書要刪」的人卻很少[25]。為甚麼會有這樣的情形?主要的理由,是援庵先生不但經常在講堂上談論「考尋史源」,而且經常用這種方法來訓練他的學生,自己又撰寫了不少範文,供學生作為參考;所以談到援庵先生的史學,「考尋史源」,幾乎無人不知。在講堂上,援庵先生雖然也要學生對比史書的材料,去學習「知其要刪」的功夫,但他自己在這方面的論述,似乎並不多見。加上他的學生在對比史書的材料時,多着眼在「史源」方面,少留意在「要刪」方面,於是形成了大家往往把注意力放在「考源」上面去。「考源」當然重要,因為這是個鑽入史學名著中的一個好方法,這是「入」的功夫。「入」了以後,要能「出」,能「入」而不能「出」,究竟有所局限,成就不會太大。援庵先生特別講究「史書要刪」,因為這是「出」的功夫。所謂「出」,意思是:我們先鑽入前人的著述裏,經過仔細的了解、分析,然後再從裏面走出來,這時候,就可以「筆則筆削則削」,使前人的著述,一變

---

[25] 潤孫師的《從〈通鑑胡注表微〉論援庵先生的史學》,是一篇較具體地談到援庵先生「史書要刪」的文章。(參閱《紀念陳垣誕辰百周年史學論文集》,1981年9月北京師範大學出版社,頁31至32。)又潤孫師《勵耘書屋問學回憶》一文,也有提到援庵先生鼓勵學生對勘史書,藉以了解史源,並進而認識史家怎樣剪裁史料、怎樣安排史料、怎樣組織成書。(參閱《陳垣校長誕生一百周年紀念文集》,1980年11月北京師範大學,頁30至31。)此外,啟功《夫子循循然善誘人》一文,也提到援庵先生採用劉知幾的《史通·點煩》來教學。(參閱同上,頁69。)除了上述三文,其他人談到援庵先生的治史方法時,大多着眼在「考史尋源」方面。

而為供己用的材料，自成一家之言。援庵先生在他自己的著述裏，就經常採取「引用」或「櫽括」前人材料的方法，為我們指示「出」的途徑。

　　總的來說，我們要對史學名家的「史書要刪」有深入的認識，通過史書與史書對比或引文與原文的對比來了解。例如《漢書》與《史記》對比，《後漢書》與《三國志》對比，《資治通鑑》與四史以至與其他史料對比等等，都可以讓我們認識史學名家的「要刪」功夫；讀援庵先生的著述，我們如果把他的引文與原文對讀，再作細心琢磨，就可以了解他採取史料、剪裁史料、鎔鑄史料的心思與做法。有了上述「史書要刪」的認識，進一步就可以培養自己「知其要刪」的能力，當動手有所撰作時，就可以知道史料去取的分際與方法了。不過我們也要知道，前人基於自身的理解和行文的需要，往往對原文損益改動，這是以往的引述習慣。所謂「損益改動」，其實就是援庵先生的「引用」法和「櫽括」法，只是如非必要，他不輕易「改動」，而真要「損益」時，他會特別着意、經心。從現代學術撰著的角度看，援庵先生所採用的「引用」法和「櫽括」法，在撰述史書時，無疑是剪裁史料、鎔鑄史料所必需，我們當然可以採用，也應當採用。但撰述多方徵引的學術論文時，為了讓讀者可以看到引文原來的樣子，引文如有省略，我們一般會用省略號；如果為了上下文通貫的需要而增字，我們就會把所增的字放在括號內；至於引文的原文，更不應隨意改動，不得已而改動，即使只是一字或一詞，也要附註說明。這樣既方便讀者客觀地核對原文和理解原文，同時又可讓讀者容易審察：撰述者在引述時，有沒有因省略或增字的緣故，而改變了原文的意思。時代不同，引述的要求與習慣會不盡相同，這是我們在認識「史書要刪」的治史方法時所應當考慮的。

經史學家楊筠如事迹繫年

何廣棪*

提要

民國經史學家楊筠如,早歲畢業清華學校國學研究院,在國學大師王國維指導下完成論文〈尚書覈詁〉,榮獲榜首。離校後,歷任廈門集美學校國學專門部、國立第一中山大學、暨南大學、青島大學、河南大學、四川大學、湖南大學、西北大學教授,經史學著作殊富,於教育與學術上頗有貢獻。

惟楊氏生平事迹,學術界知之甚尠,相關之碑傳集及人名辭書均未見其資料。有見及此,本文撰者乃參酌孫敦恒〈清華國學研究院紀事〉,蘇雲峰〈清華國學研究院述略〉,及爬羅其他相關材料,用繫年方法,將楊氏事迹排比成文,每條述說之下並加案語,詳予申解。全篇凡二萬餘言,用以裨補前人所未及為,允稱富贍,足供研究者參考。

楊筠如先生乃民國眾多研究經史學之學者之一,早歲攻讀北平清華學校國學研究院,在著名國學大師王國維教授悉心指導下,完成畢業論文〈尚書覈詁〉,榮獲甲一等級之成績,為該研究院第一屆第一名畢業生。畢業後,先後任教廈門集美學校國學專門部、廣州市國立第一中山大學、上海市暨南大學、青島市青島大學、開封市省立河南大學、成都市國立四川大學、長沙市湖南大學、西安市西北大學。著作頗富,刊行專書除《尚書覈詁》外,尚有《九品中正六朝門閥》、《荀子研究》,及學術論文十餘篇。是故,筠如對民國以來之高等教育與學術有一定之

---

*華梵大學東方人文思想研究所教授。

貢獻。

然有關楊氏生平，學術界知之甚少。余嘗細閱鍾碧容、孫彩霞編《民國人物碑傳集》，卞孝萱、唐文權編《民國人物碑傳集》，劉紹唐編《民國人物小傳》，均未有其資料；又檢索臧勵龢等編《中國人名大辭典》，張撝之、沈起煒、劉德重編《中國歷代人名大辭典》，姜亮夫編、楊本章補編《歷代名人年里碑傳總表》，曹亦冰編《中國當代古籍整理研究學者名錄》，陳玉堂編著《中國近現代人物名號大辭典》、徐友春編《民國人物大辭典》，亦未見其條目。至曰能將楊氏畢生行事予以整理，並撰文作翔實披露者，更未有其人。事不獲已，乃參酌孫敦恒〈清華國學研究院紀事〉[1]、蘇雲峰〈清華國學研究院述略〉[2]並爬羅其他相關資料，用繫年之法，將所得楊氏事迹，排比而整治之。惟倉卒成篇，拙文聊可裨補前人所未及為，僅供後之研究者參酌而已。

一九〇三年 （清光緒二十九年　癸卯）1歲

楊筠如，字德昭，湖南省常德縣人。本年生。

案：筠如，家世不可考。〈清華國學研究院紀事〉一九二五年七月二十日條記載錄取新生，有「楊筠如（德昭）」之名，因知其人字德昭。又考筠如撰〈尚書覈詁自序〉有云：「吾湘善化皮氏，長沙王氏，網羅異說，亦稱功臣。」[3]知楊氏乃湖南人。王國維〈尚書覈詁序〉又有「門人常德楊筠如近作《尚書覈詁》，博

---

[1] 孫敦恒：〈清華國學研究院紀事〉，《清華漢學研究》第一輯（北京：清華大學出版社，1994年），頁267－340。本文以下徵引孫文，不再出注。

[2] 蘇雲峰：〈清華國學研究院述略〉，《清華漢學研究》第二輯（北京：清華大學出版社，1997年），頁289－337。本文以下徵引蘇文，不再出注。

[3] 楊筠如：〈尚書覈詁自序〉，見楊筠如著、黃懷信標校《尚書覈詁》（西安：陝西人民出版社，2005年），頁1－2。本文以下徵引筠如〈自序〉，不再出注。

采諸家，文約義盡，亦時出己見，不媿作者」之語【4】，則又知楊氏常德人【5】。

一九一八年 （民國七年　戊午） 15歲

考入湖南省立第二中學。

　　案：據《常德縣志》卷二十八〈人物〉「楊筠如」條所載，筠如本年考入湖南省立第二中學。

一九二四年 （民國十三年　甲子） 21歲

三月，發表〈評荀孟哲學〉於《國學叢刊》第二卷第一期【6】。

　　案：《國學叢刊》，南京東南大學國學研究會編輯，南京東南大學國學叢刊社發行，一九二三年三月創刊【7】。藉可推知筠如考

【4】 王國維：〈尚書覈詁序〉，同注【3】，頁 1－2。本文以下徵引王〈序〉，不再出注。

【5】 近得臺灣高雄師範大學經學研究所碩士生梁靄雲提供民國二十六年（1937年）國立清華大學校長辦公處印行《清華同學錄》，其書「一九二六年國學研究所畢業同學」項下載：「楊筠如　德昭　1903　湖南常德。」因知筠如生年為 1903 年。《清華同學錄》同條又載：「常德前鄉黃州區。」因而筠如籍貫更為詳悉。此條資料乃筠如當年自行提供校方者，最為可靠。其後又得復旦大學圖書館古籍部館員王亮文學博士（王國維曾孫）提供 1992 年 8 月常德縣志編纂委員會主編之《常德縣志》，其書卷二十八〈人物〉項下「楊筠如」條載：「楊筠如，名德昭，常德縣黃土店白巖沖人，清光緒二十七年（1901）生。」《常德縣志》所記筠如生年為 1901 年，似不如前者可靠，故不采用。

【6】 余秉權：《中國史學論文引得續編——歐美所見中文期刊文史哲論文綜錄》（哈佛大學哈佛燕京圖書館出版社，1970 年），頁 521。

【7】 余秉權：《中國史學論文引得》（1902 年~1962 年）（香港：香港亞東學社，1963 年），頁 20。

進清華學校國學研究院前乃為東南大學國文系畢業生【8】。至其撰〈評荀孟哲學〉，亦可考見筠如其後撰作《荀子研究》一書之脈絡。

六月，發表〈孔子仁說〉於《國學叢刊》第二卷第二期。

一九二五年 （民國十四年 乙丑） 22歲

六月，畢業於東南大學。

　　案：筠如應於畢業後，始應考清華學校國學研究院入學試【9】。

七月六日至九日，參加清華學校國學研究院招生考試。

　　案：清華學校國學研究院籌設於一九二四年（民國十三年　甲子）十月二十二日，翌年二月十二日成立籌備處，主任為吳宓（吳宓任職清華前，曾於東南大學任教，筠如應認識吳宓，並為其學生）。敦聘王國維、梁啟超、趙元任、陳寅恪為教授，另聘李濟為專任講師。〈清華國學研究院紀事〉載：「七月六日，是日起，清華國學研究院在城內進行招生三日。」是則筠如暑假前畢業東南大學，是時參加清華招生考試。

七月二十七日，被錄為正取生。

　　案：〈清華國學研究院紀事〉載：「七月二十七日，研究院錄取新生，正取30名，備取2名。他們是：劉盼遂、吳其昌（子馨）、程憬（仰之）、徐中舒、余永梁（華甡）、楊鴻烈（憲武）、王庸（以中）、關文瑛、劉紀澤、周傳儒（書昑）、楊筠如（德昭）、孔德（肖雲）、方壯猷（欣庵）、蔣傳官（柱筠）、王鏡第（芙

【8】《清華同學錄》載筠如自記入讀清華學校國學研究院前學歷為「國文系——（東南大學）」。

【9】《常德縣志》卷二十八〈人物〉「楊筠如」條載：「後去上海，入東南大學。未畢業即考入清華大學研究院，專攻史學。」此條所言筠如未畢業即考入清華，未知可據否？惟《常德縣志》此條載東南大學在上海，則至誤。

生）、高亨（晉生）、裴學海（會川）、李繩熙（念祖）、杜鋼百、聞惕（惕生）、史椿齡（靜池）、趙邦彥（良翰）、陳拔（曉嶺）、王競（嘯蘇）、馮德清（永軒）、李鴻樾（玉林）、姚名達（達人）、黃淬伯（澗松）、謝星朗（明霄）、余戴海（環宇）、何士驥（樂夫）、汪吟龍（衣雲）。另有舊制留美預備部學生羅倫（輯之）、楊世恩（子惠）、王國忠（慕韓）三人作特別生，可隨班聽課和研究。」是筠如被錄為正取生第十一名。其後與高亨、裴學海學術情誼最篤摯。

九月七日，錄取生開始報到。

案：〈清華國學研究院紀事〉載：「九月七日，錄取學生開始報到。唯李繩熙（皮膚病）、關文瑛（眼病）、裴學海（眼病和肺病）三人因病不能入學，但保留其考取資格。兩週後李繩熙病愈准予入學。」其後裴學海於一九二七年（民國十六年）第三屆復學，時筠如已畢業離校。

九月九日，參加開學典禮。

案：〈清華國學研究院紀事〉載：「九月九日，研究院舉行開學典禮。吳宓主任發表了題為〈清華開辦之旨趣及經過〉的演講。」筠如必出席。

午後三時，參加茶話會。

案：〈清華國學研究院紀事〉載：「午後三時，研究院在後工字廳舉行茶話會。到會者為研究院全體教授、職員及學生，共三十多人。由主任吳宓主持，宣布開會宗旨為聯絡情誼，並介紹相見。次由梁啟超、王國維、趙元任、李濟等相繼發言，或明研究院之宗旨，或論治學之方法，或述個人修學之經驗，或言觀摩砥礪之有益。後由吳宓主任宣布學生應知事。……最後，在學生的要求下，梁啟超講演題為〈舊日書院之情形〉。」梁氏早歲修學於學海堂與萬木草堂，其講演內容恐必涉及此二者。

九月十一日，往聽梁啟超「如何選擇研究題目和進行研究」之談話。

  案：〈清華國學研究院紀事〉載：「九月十一日，梁啟超在研究院第五研究室向研究院全體學生作如何選擇研究題目和進行研究的談話，以〈梁任公教授談話記〉為題，發表於《清華週刊》第352期。」

九月十三日，往聽梁啟超「指導之方針及選擇研究題目之商榷」。

  案：〈清華國學研究院紀事〉載：「九月十三日，梁啟超再與研究院學生談『指導之方針及選擇研究題目之商榷』。……這次談話內容豐富，篇幅較長，分兩次刊載於《清華週刊》第353期和354期。」

九月十四日，往聽王國維開講「古史新證」。

  案：〈清華國學研究院紀事〉載：「九月十四日，研究院之『普通演講』，是日起始業。王國維開講的第一課是『古史新證』，聽者甚眾，不但研究院學員都來了，留美預備部的一些學生和剛進校不久的大學部第一級的一些學生也都慕名而來。『古史新證』一課，是以其前幾年發表的〈殷卜辭中所見先公先王考〉、〈續考〉、〈殷商制度論〉、〈三代地理小記〉等論著為綱要，講述中注入自己的治學方法。此課從九月講授到寒假，講授了整整一個學期。後來整理成《古史新證》一書石印行世。王國維在〈總論〉中說：『吾輩生於今日，幸於紙上材料之外，更得地下之材料，由此種種材料，我輩因得據以補正紙上之材料，亦得證明古書之某部分為實錄，即百家不雅馴之言，亦不無表示一面之事。此「二重證據法」，惟在今始得為之。』這種以實（即地下出土文物）證史，又以史證實研究古史的『二重證據法』為王國維所首創，不僅使其受業弟子深受教益，培育出一批史學大家，且得到史學界的廣泛采納，一時間成果斐然，極大地推動了史學研究工作。」其後，筠如撰寫《尚書覈詁》，以金、甲文字材料與《今

文尚書》之紙上材料互為證發，即此「二重證據法」之實際運用，受教益於其師多矣！〈尚書覈詁自序〉云：「先師海寧王靜安先生講學故京上庠，以此（指《尚書》）循誘後進，博考甲文金銘，所獲遠邁前修。予於此時親炙師說，旁考遜清諸家，間附己見，草成《覈詁》四卷。」即記此事。

九月二十六日前，選定《尚書》為研究題目，並晉謁王國維以求指導。

案：〈清華國學研究院紀事〉載：「本院定於九月十四日正式開業，先將各教授所指導之學科範圍宣布，俾諸生可就其範圍內，與各教授商談研究題目。由教授認定後，即可從事研究。若欲於範圍以外研究，則須得教授之特許。各教授指導之學科範圍如下：

王國維先生　經學：（一）書，（二）詩，（三）禮。
　　　　　　小學：（一）訓詁，（二）古文字學，（三）古韻。
　　　　　　上古史。
　　　　　　中國文學。

……」又載：「九月二十六日，研究院學生選定研究題目，從本月二十二日開始。各自選定後，須向研究院主任室及授業導師報告註冊。是日，選題截止。受業學生29人，外加三名特別生，他們的研究題目是：……楊筠如《尚書》。」王國維指導經學項下（一）為書，楊筠如研究題目為《尚書》，則其授業導師必屬王國維無疑。晉謁之日乃在二十二日至二十六日中之某日。

嗣後，每星期一、三上午九時至十時，往聽王國維授「古史新證」或「說文練習」。

案：〈清華國學研究院紀事〉載：「本院尚有普通演講，諸生均須往聽；舊制清華學生，得該教授特許者，亦可前去旁聽。茲錄其講題及時間表如下：

王國維先生　古史新證　星期一（上午）九時至十時

說文練習　星期三（上午）九時至十時

……」「古史新證」、「說文練習」既規定「諸生均須往聽」，笥如必無例外，況上述二種課程均與其撰作《尚書覈詁》至相關切，而王先生又其導師乎？

九月二十八日，參加第二次師生茶話會。

案：〈清華國學研究院紀事〉載：「九月二十八日，舉行了第二次師生茶話會，到50多人。《清華週刊》報導說：『該院為聯絡師生情誼，且於平日討論學問外，更進一步使能受教授精神之感化起見，擬於每月舉行一次茶話會，令該院教職員、學生於一堂，或明研究院之宗旨，或討論治學方法，或述個人修學與處世之經驗，或議本院事務與設備之進行，務使各方有自由聚話之機會，實收觀摩砥礪之效。聞該院第二次茶話會於本星期一（28日）下午四時在後工字廳舉行。』」但未報導此次茶話會之實況。蘇雲峰〈清華國學研究院考述〉於「學生之校園生活和學術研究」項下則作較翔實之記述，曰：「第二次茶話會於9月28日下午四時在工字廳舉行，盛況空前，除研究院全體教職員和學生外，曹校長、張彭春教務長，和教授余日宣、莊澤宣、陳達、鄭之蕃、圖書館主任戴志騫等50餘人與會。吳宓表示，此會性質一方面在使學生接受教授精神感化，另一方面讓學生認識本校重要職員，以便溝通。言畢請與會校長及諸位先生致詞，然後逐一介紹與會老師，同學行拜師禮。禮畢，同學作自我介紹，最後是自由交談，至六時半始盡歡而散。」可作補充。

十月三日，事務員衛士生引導研究生參觀古物陳列所與京師圖書館。

案：〈清華國學研究院紀事〉載：「十月三日，研究院全體學生，由衛士生先生引導進城參觀古物陳列所、京師圖書館。在京師圖書館，首先參觀善本室，細觀宋元明清版本；繼觀四庫全書室，室中陳列了由熱河避暑山莊運來的《四庫全書》，凡九千餘

函、十六萬餘冊。」此套《四庫全書》乃文津閣本。至衛士生，據〈一九二五年秋研究院教職員表〉載，士生字澳青，職位為事務員【10】。此事〈清華國學研究院述略〉所載更翔實，曰：「參觀訪問也是研究院學生的一種重要課外活動。一九二五年秋季開學後之十月三日上午九時許，全體院生由事務員衛士生帶領進城參觀古物陳列所、京師圖書館和北大圖書館。他們先在東華門參觀了武英殿、太和殿和文和殿，下午一時於東安市場『四時春』會膳，二時半到方家胡同參觀京師圖書館，在善本室看到了宋元明清版本；在『四庫書室』看到由熱河避暑山莊運來的《四庫全書》（凡九千餘函，十六萬八千餘冊），至下午六時半始結束。由於時間不足，北大圖書館改期參觀。」

十月十五日起，往聽王國維每週五上午九時至十時加授之《尚書》課。

案：〈清華國學研究院紀事〉載：「十月十五日，王國維每週加授《尚書》課一小時。《清華週刊》報導研究院消息說：『茲聞該院新加普通演講一種，名曰《尚書》，由王靜安先生講授，每星期上課一小時，定於本週起實行。』」但未明載授課日期、時間。檢〈清華國學研究院述略〉「研究院之課程與諸名教授」項下，則知為每週五上午九時至十時。王國維開授《尚書》，應以筠如受益最多，蓋其正以《尚書》為研究題目也。其後，吳其昌撰〈王觀堂先生尚書講授記〉、劉盼遂撰〈觀堂學書記〉【11】，則吳、劉二人與筠如同傳王氏《尚書》之學。

同月，發表〈伊川學說研究〉於《國學叢刊》第二卷第四期。

【10】同註【1】，頁278。

【11】吳其昌：〈王觀堂先生尚書講授記〉，《古史新證——王國維最後的講義》附錄（北京：清華大學出版社，1994年），頁231－258。劉盼遂：〈觀堂學書記〉，同書，頁259－299。

案：伊川乃程頤，其學說即宋學也，此文亦為筠如就讀東南大學畢業前所撰就者。

十一月二十日，往聽梁啟超講演〈讀書示例——荀子〉。

　　案：〈清華國學研究院紀事〉載：「十一月二十日，梁啟超講演〈讀書示例——荀子〉，由吳其昌記錄，是日起分四次刊於《清華週刊》第360期、362期、370期、372期。」筠如好《荀子》，大學時已發表〈評荀孟哲學〉，其後又撰《荀子研究》（一九三一年商務印書館出版），故知其必會往聽。

一九二六年（民國十五年　丙寅）23歲

一月二十九日，參加第五次師生茶話會。

　　案：〈清華國學研究院紀事〉載：「一月二十九日，研究院師生舉行第五次茶話會，暢談一學期以來的研究心得。」

一月三十一日，放寒假。

　　案：〈清華國學研究院紀事〉載：「（一月）三十一日起放寒假。」筠如應會回鄉度歲。

二月二十二日，寒假結束，復往聽王國維「古史新證」課。

　　案：〈清華國學研究院紀事〉載：「二月二十二日，寒假結束，新學期開始。王國維的『古史新證』一課，上學期已授畢，開學後，撰〈克鼎銘考釋〉、〈盂鼎銘考釋〉，並改訂〈毛公鼎考釋〉，合〈散氏盤考釋〉以授諸生。繼之其他宗周諸重器亦多寫為釋文，講演之。」是王國維本學期講授者為金文，其所撰相關論文，後收入《古史新證——王國維最後的講義》中。此課程對筠如撰作《尚書覈詁》，以金文材料與《書經》互證，其獲啟發與裨益至大。

四月九日，吳其昌撰〈王靜安先生《古史新證》講授記〉，刊《清華週刊》。筠如應得而讀之。

案：〈清華國學研究院紀事〉載：「四月九日，王國維所講『古史新證』，由吳其昌記錄整理後，以〈王靜安先生《古史新證》講授記〉為題，刊於《清華週刊》第374期。」吳文今見《古史新證——王國維最後的講義》附錄【12】。其昌與筠如同門，後撰有《金文曆朔疏證》，刊見《國立武漢大學文哲季刊》各期中，最得觀堂金文學真傳。

五月七日，吳其昌撰〈王靜安先生《尚書》講授記〉，連載《清華週刊》。筠如應得而讀之。

案：〈清華國學研究院紀事〉載：「五月七日，……王國維講演《尚書》，由吳其昌記錄，以〈王靜安先生《尚書》講授記〉為題，連刊於《清華週刊》第378期至383期。」吳文今見《古史新證——王國維最後的講義》附錄。

六月十一日，吳其昌撰〈王靜安先生古今文字講授記〉，刊《清華週刊》。筠如應得讀之。

案：〈清華國學研究院紀事〉載：「六月十一日，王國維講授『古今文字』，由吳其昌記錄，以〈王靜安先生古今文字講授記〉為題，刊於《清華週刊》第383期。」所謂「古今文字」，乃王國維繼「古史新證」後續講宗周諸重器。據吳文記錄，計講：虢叔旅鐘、克鐘、齊侯鎛鐘、王孫遺諸鐘（吳文「遣」誤作「遺」）、沇兒鐘、邾公牼鐘、邵鐘、兮甲盤、不嬰敦蓋（吳文「嬰」作「娶」）、師害敦、宗周鐘、䰲侯馭方鼎、象卣、小盂鼎、克鼎，凡十六器。吳文今見《古史新證——王國維最後的講義》附錄，頁226-230。

六月二十一日，以成績優良，名列榜首，獲頒發獎學金。

【12】吳其昌：〈王靜安先生《古史新證》講授記〉，《古史新證——王國維最後的講義》附錄（北京：清華大學出版社，1994年），頁223－225。

案：〈清華國學研究院紀事〉載：「六月二十一日，清華國學研究院舉行第十一次教務會議，由梅貽琦主持，王國維、梁啟超、趙元任、李濟到會，評定了本年學生成績，議決給成績較優之學生楊筠如、余永梁、程憬、吳其昌、劉盼遂、周傳儒、王庸、徐中舒、方壯猷、高亨、王鏡第、劉紀澤、何士驥、姚名達、蔣傳官、孔德十六名獎學金，每人一百元。」

六月廿二日，畢業生十五人申請留校研究，筠如未參與。

案：〈清華國學研究院紀事〉載：「六月二十二日，有十五位畢業生申請留校繼續研究，經教務處會議議決准其繼續研究一年。後來到校註冊繼續研究的有劉盼遂、周傳儒、姚名達、吳其昌、何士驥、趙邦彥、黃淬伯七人。」筠如因已申請應聘廈門集美學校國學專門部專任教授職，故未擬留校研究。可參看本年「九月」條。

六月二十三日，以甲一成績等級畢業。

案：〈清華國學研究院紀事〉載：「六月二十三日，研究院辦公室公布『畢業生名單及成績等級表』和『畢業生成績一覽表』。

畢業生名單及成績等級表

楊筠如甲一，余永梁甲二，程憬甲三，吳其昌甲四，劉盼遂甲五，周傳儒甲六，王庸甲七，徐中舒甲八，方壯猷甲九，高亨乙一，王鏡第乙二，劉紀澤乙三，何士驥乙四，姚名達乙五，蔣傳官乙六，孔德乙七，趙邦彥乙八，黃淬伯乙九，王嘯蘇乙十，聞惕乙十一，汪吟龍乙十二，史椿齡乙十三，杜鋼百乙十四，李繩熙乙十五，謝星朗丙一，余戴海丙二，李鴻樾丙三，陳拔丙四，馮德清丙五。

畢業生成績一覽表（共29名）

楊筠如　尚書覈詁　滕　春秋時代之男女風紀
余永梁　說文古文疏證　殷虛文字考　金文地名考

程　憬	二程的哲學　先秦哲學史的唯物觀　記魏晉間的哲學
吳其昌	宋代學術史（天文地理金石算學）　謝顯道年譜
	朱子著述考　三統曆簡譜　李延平年譜　程明道年譜
	文原兵器篇
劉盼遂	說文漢語疏　百鶴樓叢稿
周傳儒	中日歷代交涉史
王　庸	陸象山學述　四海通考
徐中舒	殷周民族考　徐安淮夷群舒考
方壯猷	儒家的人性論　章實齋先生傳　中國文學史論
高　亨	韓非子集解補正
王鏡第	書院通徵
劉紀澤	書目考　書目舉要補正
何士驥	部曲考
姚名達	邵念魯年譜　章實齋之史學
蔣傳官	曾滌生、胡詠芝之學術思想　春秋時代男女之風紀
孔　德	外族音樂流傳中國史　會意斠解　漢代鮮卑年表
趙邦彥	說文疏證
黃淬伯	說文會意篇
王嘯蘇	說文會意字　兩漢經學史
聞　惕	辜庵叢稿　爾雅釋例匡謬
汪吟龍	文中子考信錄　左傳田邑移轉表
史椿齡	孟荀教育學說
杜鋼百	周秦經學考
李繩熙	唐西域傳之研究
謝星朗	春秋時代婚姻的種類　春秋時代的戀愛問題
	春秋時代親屬間的婚姻關係
余戴海	孟荀學說之比較

13

> 李鴻樾　金文地名之研究
> 陳　拔　顏李四書字義
> 馮德清　匈奴通史。」

據上二表所載，則清華學校國學研究院第一屆畢業生29人，其論文範圍遍涉四部，而以經學為多。筠如名列榜首，所撰論文三篇，其中《尚書覈詁》內容最為堅實，後經增訂，一九五九年（民國四十八年）六月陝西人民出版社全本印行；〈騰〉則一九二七年（民國十六年）六月刊見《國學論叢》第一卷第一號；〈春秋時代之男女風紀〉，一九二八年（民國十七年）三月刊見《國立第一中山大學語言歷史學研究所週刊》第二集第十九期，此文雖與蔣傳官所撰同題目，惟蔣文其後未見刊行，二者應各自成篇，非盡雷同也。

六月二十五日，出席清華學校國學研究院第一屆畢業典禮，領取證書。

> 案：〈清華國學研究院紀事〉載：「六月二十五日，研究院舉行第一屆畢業典禮。」又考〈清華國學研究會紀事〉所載「修改後的〈研究院章程提要〉」第六條云：「學生研究期滿，其成績經教授考核認為合格者，由本院給予證書，其上載明研究時限及題目，并由校長及教授簽字。」則筠如領取之證書，其上有曹雲祥校長、王國維教授簽名，及其研究期限與所撰《尚書覈詁》等論文題目。

六月二十六日，暑假開始。

> 案：〈清華國學研究院紀事〉載：「六月二十六日，暑假開始。」筠如離校返湘，應在此日之後。

七月八日，陳寅恪抵清華。

> 案：〈清華國學研究院紀事〉載：「七月八日，陳寅恪到校，在吳宓陪同下拜訪了趙元任、梅貽琦和王國維，並『游觀』了研究院。後住清華南院。」筠如恐已離校，無緣晉謁陳寅恪。

九月，受聘廈門集美學校國學專門部為專任教授。

  案：《集美學校七十年》載：「陳嘉庚先生于一九二一年創辦了廈門大學。四月六日，廈門大學在集美學校禮堂舉行開學式，並假集美學校新落成的即溫樓為校舍。創辦廈門大學後，他興辦集美學校的第四步規劃是辦大專院校。一九二六年九月，他在集美學校開辦了國學專門部，招收舊制中學畢業生44人，按照專門學校辦法，修業年限定為四年，聘楊筠如（湖南人）、余永梁（四川人）、劉紀澤（江蘇人）等人為專任教授。」【13】是此年九月始，筠如與同窗余永梁、劉紀澤同任教於集美學校國學專門部。

九月十四日，研究院討論創辦《國學論叢》。

  案：〈清華國學研究院紀事〉載：「九月十四日，研究院舉行第三次教務會議，由梅貽琦主持，到會者王國維、梁啟超、趙元任、陳寅恪四位教授。討論了補考生的補考問題、購置藏文藏經問題和創辦季刊問題。所謂『季刊』，即後來創辦的《國學論叢》。『《國學論叢》為本院定期出版品之一，內容除各教授著作外，凡本院畢業生成績之佳者，均予刊載。由梁任公先生主撰。』（《國學論叢》第一卷第一號）」筠如固屬「畢業生成績之佳者」，故所撰〈媵〉一文即刊見《國學論叢》第一卷第一號。

十二月三日，王國維五十生辰，親友、門生均往致賀。

  案：〈清華國學研究院紀事〉載：「十二月三日，為王國維先生五十生辰，親友及門生均往致賀。月中，招其門生茶會於工字廳，出漢、魏、唐、宋石經墨本多種，以示諸同學，并講述石經歷史及源流。」筠如理宜往賀，然亦未可知也。

【13】《集美學校七十年》，（福州：福建人民出版社，1983年）惟《常德縣志》卷二十八〈人物〉「楊筠如」條載：「畢業後，由業師梁啟超介紹，在集美中學任教。」二者微有出入，應以《集美學校七十年》所載為準。

一九二七年 （民國十六年　丁卯） 24歲

四月，王國維所編撰《清華學校研究院講義》油印本出版。

案：〈清華國學研究院紀事〉載：「四月，王國維編撰《清華學校研究院講義》（民國十四年至十六年四月）油印本一冊，其目錄為：古史新證、中國歷代之尺度、莽量釋文、散氏盤考釋、盂鼎銘考釋、克鼎銘考釋、毛公鼎銘考釋、蜀石經殘拓本跋、釋樂次、小盂鼎釋文、兮甲盤釋文（「兮」誤作「弓」，逕改）虢季子白盤釋文、不㚨敦釋文、（「㚨」誤作「㪍」，逕改）、師𡧊敦釋文、（「𡧊」誤作「寠」，逕改）宗周鐘釋文、𠤳矦取方鼎釋文、白犀父卣釋文、彔卣釋文、齊鎛釋文、王孫遺諸鐘釋文、沇兒鐘釋文、邾公牼鐘釋文、（「牼」誤作「䍧」，逕改）虢叔旅鐘釋文、克鐘釋文、說文今敘篆文合以古籀說、史籀篇疏證序、戰國時秦用籀文六國用古文說、西吳徐氏印譜序。清華研究院辦公室代輯。」此書即一九九四年十二月北京清華大學出版社出版之《古史新證——王國維最後的講義》，惟後者增裘錫圭〈前言〉與季鎮淮〈跋〉，又附錄孫敦恒提供，分別由吳其昌、劉盼遂所撰文章七篇。筠如必購《講義》，以資參研。

五月間函請王國維為《尚書覈詁》賜序。

案：〈尚書覈詁自序〉曰：「爾後南遊閩海，以暇晷復加讎削，重郵故京，蘄先師詳為指政。承先師錫以序文，加以批語，甫歸予於鷺島，而先師即自沈於鼎湖。從此問字無門，痛心可想矣！」筠如南遊閩海，移居鷺島，指於集美學校國學專門部任教。〈自序〉之「先師」，即王國維；「鷺島」即廈門；「鼎湖」指頤和園昆明湖。國維之〈序〉，末署「丁卯四月」，即陽曆一九二七年五月，〈序〉寄歸廈門集美，未幾而國維殉清，其寄抵日期應在六月二日前。

至王國維所撰〈尚書覈詁序〉，其文曰：「古經多難讀，而《尚書》為最。伏生今文之學，其傳為歐陽、大、小夏侯，各有《章句》。而孔安國本傳伏生之學，別校以壁中古文，為一家。傳至賈、馬、鄭、王，各有修正。今今古文諸家之學並亡，然傳世之偽《孔傳》，殆可視為集其大成者也。然有今古文之說，而經書之難讀如故也。偽孔之學，經六朝而專行于唐。而宋，而歐陽永叔、劉原父始為新學；而蘇氏之《傳》、王氏之《新義》、林氏之《集解》，皆脫注疏束縛，而以己意說經，朱子草創《書傳》，多採其說。朱《傳》雖未成，而蔡氏《集傳》，可謂集其大成者也。蔡氏之書，立于學官者又數百年，然書之難讀仍如故也。至近世，閻、惠二氏始證明孔本及《傳》之偽，王氏、江氏復蒐輯馬、鄭之說，段氏、孫氏又博之以歐陽、夏侯氏之說，而高郵王氏父子，涵泳經文，求其義例，所得尤多。德清、瑞安，並宗其學，惜尚未有薈萃而畫一之如孔、蔡二《傳》者。惟長沙王氏雖有成書，然網羅眾說，無所折衷，亦頗以繁博為病。門人常德楊筠如近作《尚書覈詁》，博采諸家，文約義盡，亦時出己見，不媿作者。其於近三百年之說，亦如漢、魏諸家之有《孔傳》，宋人之有《蔡傳》，其優于《蔡傳》，亦猶《蔡傳》之優于《孔傳》，皆時為之也。筠如英年力學，異日當加研求，著為定本，使人人聞商、周人之言，如鄉人之相與語，而不苦古書之難讀，則孔、蔡二《傳》，又不足道矣。丁卯四月，海寧王國維。」王氏此〈序〉，歷而評述自漢迄清《尚書》章句學之源流及情狀甚備悉，〈序〉末不惟於《尚書覈詁》推譽頗高，而於筠如其人之期盼，尤為深切也。師恩如海，於斯見之矣！

六月二日，王國維自沈頤和園昆明湖。

　　案：〈清華國學研究院紀事〉載：「六月二日，清華浙江同鄉會集會歡送研究院畢業之同鄉。會間噩耗傳來，校長曹雲祥向與會

同鄉宣布：『頃聞同鄉王靜安先生自沈頤和園昆明湖，蓋先生與清室關係甚深也。』眾人聞訊，不禁歎息。校長曹雲祥、教務長梅貽琦即率研究院教授、助教諸先生及學生30餘人，乘汽車前往察看遺體，梁漱溟先生亦隨行。及至頤和園，即因時間已至夜間10時左右，門衛只准校長等三人入內，其餘原車返回學校。」王國維殉清後，清華學校國學研究院梁啟超、陳寅恪、吳宓、王力、姚名達等師生各有挽詩、挽聯以表哀悼；徐中舒、柏生（即劉節）亦為文以申哀思，筠如時在廈門集美，未見致挽。

同月，所撰〈賸〉刊載《國學論叢》第一卷第一號。

案：〈清華國學研究院紀事〉載：「六月，清華學校研究院季刊《國學論叢》第一卷第一號問世，本期內容，梁啟超〈王陽明知行合一之教〉、王國維〈桐鄉徐氏印譜序〉、吳其昌〈宋代之地理史〉、楊筠如〈賸〉、徐中舒〈從古書中推測之殷周民族〉、王鏡第〈書院通徵〉、劉盼遂〈淮南子許注漢語疏〉、何士驥〈部曲考〉、周傳儒〈中日歷代交涉史〉、余永梁〈殷周文字考〉、衛聚賢〈左傳之研究〉、陳守寔〈明史稿考證〉、鄭宗榮〈鴉片之源流〉、陸侃如〈二南研究〉、謝國楨〈顧亭林先生學侶考序〉、顏虛心〈陳同父生卒年月考〉、陸侃如〈跋古層冰陶靖節年譜〉，及〈研究院紀事〉。」〈賸〉，乃筠如畢業所撰論文三篇之一。賸者，妄之謂也。

十一月十五日，王國維〈尚書覈詁序〉刊見《國立第一中山大學語言歷史學研究所週刊》第一集第三期。

案：刊見《週刊》之王〈序〉，與其後載《尚書覈詁》書首者，文字略有異同，即署年作「丁卯首夏」，亦與作「丁卯四月」稍異。此〈序〉應為筠如送交《週刊》刊載者。其翌年則有「羊城之遊」，是筠如將離廈門集美而任教國立第一中山大學矣。

一九二八年 （民國十七年　戊辰）　25歲

作羊城之遊，執教廣州市國立第一中山大學。

> 案：〈尚書覈詁自序〉曰：「翌年有羊城之遊，因以此書之一部，刊于中山大學《語言歷史週刊》。」〈自序〉之「翌年」，乃指一九二七年之隔年；「羊城」即廣州。〈自序〉雖未明言任教國立第一中山大學，惟由本年三月起，以迄一九二九年八月，筠如論文屢見載中山大學《週刊》，是其任教該校至少二年之證。如謂王國維〈尚書覈詁序〉一九二七年十一月十五日已見載《週刊》，乃屬筠如送交稿件，則此日期之前後，筠如或已抵達羊城矣。

三月，發表〈春秋時代之男女風紀〉於《國立第一中山大學語言歷史學研究所週刊》第二集第十九期。

> 案：此文乃筠如畢業論文三篇之一。頗疑筠如任教者乃國立第一中山大學之語言歷史學研究所。

同月，發表〈周代官名略考〉於《國立第一中山大學語言歷史學研究所週刊》第二集第二十期。

同月，發表〈三老考〉於《國立第一中山大學語言歷史學研究所週刊》第二集第二十一期。

> 案：〈媵〉、〈周代官名略考〉、〈三老考〉皆屬古代歷史制度之研究。

八月，清華學校改名國立清華大學。國學研究院定下年度停辦。

> 案：〈清華國學研究院紀事〉載：「八月，南京國民政府決定清華學校改為國立清華大學，任命羅家倫為清華大學校長。清華學校完成向清華大學的過渡。……清華國學研究院下年度停辦已定，校務會議沒有再指定由誰來主持研究院院務！」

十一月，發表《尚書覈詁》（一）於《國立第一中山大學語言歷史學研究所週刊》第五集第五十三、五十四期。

19

同月，發表《尚書覈詁》（二）於《國立第一中山大學語言歷史學研究所週刊》第五集第五十五期。

十二月，發表《尚書覈詁》（三）於《國立第一中山大學語言歷史學研究所週刊》第五集第五十七、五十八期。

同月，發表《尚書覈詁》（四）於《國立第一中山大學語言歷史學研究所週刊》第五集第五十九、六十期。

> 案：《尚書覈詁》凡分四卷：卷一〈虞夏書〉，卷二〈商書〉，卷三〈周書〉上，卷四〈周書〉下。雖已分四次發表於《國立第一中山大學語言歷史學研究所週刊》，然證以〈尚書覈詁自序〉「因以此書之一部，刊于中山大學《語言歷史週刊》」之說，則所已發表者猶非全書。

同月，發表〈堯舜的傳說〉（一）於《國立第一中山大學語言歷史學研究所週刊》第五集第五十九、六十期。

同月，發表〈堯舜的傳說〉（二）於《國立第一中山大學語言歷史學研究所週刊》第六集第六十一期。

> 案：〈堯舜的傳說〉屬上古史傳說研究類，與《尚書覈詁》卷一〈虞夏書〉之〈堯典〉第一、〈皋陶謨〉第二頗有關涉。

一九二九年 （民國十八年 己巳） 26歲

一月十九日，梁啟超病逝北平協和醫院。

> 案：〈清華國學研究院紀事〉載：「一月十九日，梁啟超病逝於北平協和醫院。因政局之變化，喪事頗冷落。吳宓在《空軒詩話》中說：『梁先生為中國近代政治文化史上影響最大之人物。其逝也，反若寂然無聞，未能比於王靜安先生受人哀悼。吁！可怪哉！』」筠如除獲王國維鍾愛，亦為梁任公所激賞，〈尚書覈詁自序〉謂《覈詁》四卷草成，「梁師任公先生亦許以高出江、王、孫、段四家之上」。江指江聲（艮庭），撰《尚書集注音疏》十

二卷；王指王鳴盛（西莊），撰《尚書後案》三十卷；孫指孫星衍（淵如），撰《尚書今古文注疏》三十卷；段指段玉裁（若膺），撰《古文尚書撰異》三十二卷。王、梁兩師同聲褒譽其書，無怪筠如畢業為榜首也。

同月，發表〈兩漢賦稅考〉於《國立第一中山大學語言歷史學研究所週刊》第六集第六十六期。

三月，發表〈讀何定生君《尚書文法研究專號》〉於《國立第一中山大學語言歷史學研究所週刊》第六集第七十二期。

五月，發表〈姜姓的民族和姜太公的故事〉於《國立第一中山大學語言歷史學研究所週刊》第七集第八十一期。

六月二日，王國維去世二周年，清華學校國學研究院師生集資建「海寧王靜安先生紀念碑」。

案：〈清華國學研究院紀事〉載：「六月二日，在王國維去世二周年的日子裏，清華國學研究院師生集資，於清華園內工字廳東南土坡上建一『海寧王靜安先生紀念碑』，紀念碑由梁思成設計，陳寅恪撰文，林志鈞書丹，馬衡篆額。碑文是：『海寧王先生自沈二年，清華研究院同人感懷不能自已，其弟子受先生陶冶煦育者有二年，尤思有以永其念，僉曰宜銘之貞珉，以昭示於無竟，因以刻石之辭命寅恪。數辭不獲已，謹舉先生之志事，以普告天下後世。其詞曰：士之讀書治學，蓋將以脫心志于俗諦之桎梏，真理得以發揚，思想而不自由，毋寧死耳。斯古今仁聖所同殉之精義，夫豈庸鄙之敢望？先生一死見其獨立自由之意志，非所論于一人之恩怨、一姓之興亡。嗚呼！樹茲石于講舍，繫哀思而不忘，表哲人之奇節，訴真宰之茫茫。來世不可知者也，先生之著述或有時而不章，先生之學說或有時而可商，惟此獨立之精神、自由之思想，歷千萬祀，與天壤而同久，共三光而永光。』此碑今仍矗立於清華校園內。」筠如固陶冶煦育而受師恩於靜安

先生最深者也，則是次建碑以永其念，想必樂意參與集資，俾竟其功。

六月底，清華學校國學研究院正式結束。

案：〈清華國學研究院紀事〉載：「六月底，清華國學研究院正式宣告結束。……清華國學研究院結束後，陳寅恪改任清華大學中文、歷史兩系合聘教授，趙元任被中央研究院聘為歷史語言研究所研究員兼語言組主任，其他教職員也都擔起了新的工作。前後四屆70多名畢業生，或執教，或從事研究，後來大都成為我國在語言學、史學、哲學、古文字學、考古學等方面的著名專家學者，為國學的繼往開來做出了貢獻。」筠如亦屬畢業生中能傳承師業，而在經史學方面有較大成就與貢獻之專家學者。

七月，發表〈周公事迹的傳疑〉於《國立第一中山大學語言歷史學研究所週刊》第八集第九十一期。

八月，發表〈春秋初年齊國首稱大國的原因〉於《國立第一中山大學語言歷史學研究所週刊》第八集第九十二、九十三期。

案：筠如任教國立第一中山大學語言歷史學研究所兩年中，發表論文多屬上古歷史之探討；如其〈堯舜的傳說〉、〈周公事迹的傳疑〉諸篇，所采用研究方法，顯受當時古史辨派疑古學風之影響。

一九三〇年 （民國十九年　庚午）　27歲

本年起，將《尚書覈詁》重加訂補，擬付剞劂，而終不果行。

案：〈尚書覈詁自序〉云：「翌年有羊城之遊，因以此書之一部，刊于中山大學《語言歷史週刊》。又得仲容、益吾二先生之書，知尚有可取者。重加訂補，由友人顧頡剛先生介于上海某書肆，擬付諸剞劂，質之大雅，以為引玉之資。尋後悔其孟浪，索歸敝篋，決作覆瓿之計矣。」據是，則筠如利用仲容、益吾二家書重

22

加訂補其《覈詁》，其事乃在將部分《覈詁》發表於《國立第一中山大學語言歷史學研究所週刊》後，亦即一九二九年十二月以後。〈自序〉所言之仲容，即孫詒讓，撰有《尚書駢枝》一卷；益吾，即王先謙，撰有《尚書孔傳參正》三十六卷。筠如知用孫、王二家書以作訂補，實受王國維〈序〉所啟示。惟益吾書多至三十六卷，國維責以「網羅眾說，無所折衷，亦頗以繁博為病」，所責或非過言也。

四月，旅居日本東京，翻譯桑原騭藏〈由歷史上觀察的中國南北文化〉為漢文。

案：筠如譯文有〈跋〉曰：「此文揭於白馬博士還曆紀念（大正十四年十一月）《東洋史論叢》。雖著者自認為粗枝大葉，但此種通論非一般泛論可比，自有精到之處，用特譯出，以介紹於邦人。民國十九年四月一日譯於東京寓次。」是知筠如通日語，其時客寓於日本首都東京。至其何時赴日，又何時返回中國，則不可確知。惟翌年九月，筠如已受聘青島大學，想必之前已回國【14】。

七月，所譯桑原騭藏〈由歷史上觀察的中國南北文化〉，發表於《國立武漢大學文哲季刊》第一卷第二號【15】。

所撰《九品中正與六朝門閥》，由商務印書館出版。

案：此書與王伊同《五朝門第》為同類型之專著，王書至一九四三年始由金陵大學中國文化研究所出版，晚於楊書十三年。

一九三一年 （民國二十年　辛未）　28歲

九月，受聘青島大學文學院，為專任講師。

【14】《常德縣志》卷二十八〈人物〉「楊筠如」條載：「不久，赴日本留學。」是則留學必在此年或之前不遠。

【15】桑原騭藏著、楊筠如譯：〈由歷史上觀察的中國南北文化〉，《國立武漢大學文哲季刊》第一卷第二號（臺北：臺灣學生書局，民國59年），頁281－360。

案：聞黎明、侯菊坤編《聞一多年譜長編》一九三一年九月條載：「這學年，青島大學文學院新聘講師有趙少侯、游國恩、楊筠如、梁啟勳、沈從文、費鑒照，兼任教師有孫承謨、蘇保志、孫方錫、張金梁、劉崇機，教員有譚紉就。（據《青島大學一覽・職教員錄》，1931年度）」【16】是此年九月起，筠如任教青島大學【17】。

所撰《荀子研究》，由商務印書館出版。

案：筠如此書對日本學者研究《荀子》頗有影響。佐藤將之二〇〇三年十二月於《國立政治大學學報》第十一期發表〈二十世紀日本荀子研究之回顧〉，中云：「當時的中國，尤其是從『古史辨』學派對《荀子》本文的分析來的。其中對日本影響最大的，是胡適以及楊筠如。……楊筠如把胡適對《荀子》的懷疑推衍得更為極端。他注意到，《荀子》一書中與《韓詩外傳》、《大戴禮記》重複的段落甚多，而結論說：現本《荀子》是由《韓詩外傳》、《大戴禮記》等漢代的文獻湊成一本的書，所以其內容自然並不代表荀子本人的思想。總之，在日本早期的荀子研究，或多或少都意識到胡適與楊筠如兩人的主要觀點。」【18】由此條所

【16】 聞黎明、侯菊坤編：《聞一多年譜長編》（武漢：湖北人民出版社，1994年），頁415。

【17】 《常德縣志》卷二十八〈人物〉「楊筠如」條載：「回國後，歷任廈門、中山、暨南、青島、河南、四川、湖南各大學講師、教授。」據是，則筠如任教青島大學前，又曾任教暨南大學，惜未能詳悉其年月。至《常德縣志》此條所載頗有錯誤，蓋筠如任教廈門、中山均在赴日之前，而非從日本回國後。《常德縣志》此條尚載有筠如教學期間「又東渡日本考察教育一年」之說，其確實年月均未詳述，不可考矣。

【18】 佐藤將之：〈二十世紀日本荀子研究之回顧〉，《國立政治大學學報》第十一期（臺北：國立政治大學出版，2003年），頁43。

記,則筠如研究《荀子》,亦頗受胡適及當時「古史辨」學派所影響。

一九三三年 （民國二十二年　癸酉）　30歲

夏間,任教開封市省立河南大學,以《尚書》授諸生,並取高亨、裴學海、于省吾三家之說,擇其善者,以改《尚書覈詁》之舊說。

案：〈尚書覈詁自序〉曰：「癸酉之夏,北來中州,與同門高晉生先生相遇,取予舊稿讀之,勉其完成,以無負先師之意,因復取為中州諸生課之。而晉生先生於〈堯典〉諸篇,時亦出其新誼。予因觸類旁通,復能間有所獲。同時若同門裴會川先生有《尚書成語之研究》,海城于省吾氏亦有《尚書新證》問世。裴書多殫聲韻,略近高郵；于書證以彝鼎,亦法先師。雖予獲讀二書較遲,未能盡採,但已擇其善者改予舊說,以視皮、王二氏之輯,似又稍備矣。」〈自序〉所言之「高郵」,即王念孫、引之喬梓；「高晉生」,即高亨；「裴會川」,即裴學海；而于省吾則字思泊,筠如或猶未之知者也。「皮、王二氏之輯」一語,乃指皮錫瑞《今文尚書考證》三十卷,與王先謙《尚書孔傳參正》三十六卷。

一九三四年 （民國二十三年　甲戌）　31歲

四月,撰〈尚書覈詁自序〉。

案：〈尚書覈詁自序〉曰：「《尚書》非一時之作,其中方言非一代可賅。然皆遠出先秦,詞多雅古,自昔苦其詰屈,績學未能精知。博士馬、鄭而下,穎達、朱、蔡之儔,詮釋雖多,條達蓋寡。逮清樸學昌明,大師輩出,段若膺、陳樸園訂其異同,江艮庭、王西莊、孫淵如、簡竹居集其訓詁,而高郵王氏父子、德清俞氏、瑞安孫氏,抽繹諸經,尤多創獲。吾湘善化皮氏、長沙王

氏，網羅異說，亦稱功臣。但既駢枝後出，為新注所未收，而又膠柱陳言，即大師亦難免焉。先師海寧王靜安先生講學故京上庠，以此循誘後進，博考甲文金銘，所獲遠邁前修。予於此時親炙師說，旁考遜清諸家，間附己見，草成《覈詁》四卷，先師頗獎其勤，而梁師任公先生亦許以高出江、王、孫、段四家之上。實則此時尚未獲籀仲容、益吾兩先生之書，其所蒐錄，尚多未備也。爾後南遊閩海，以暇晷復加鑱削，重郵故京，蘄先師詳為指政。承先師錫以序文，加以批語，甫歸於鷺島，而先師即自沈於鼎湖。從此問字無門，痛心可想矣！翌年有羊城之遊，因以此書之一部，刊于中山大學《語言歷史週刊》。又得仲容、益吾二先生之書，知尚有可取者。重加訂補，由友人顧頡剛先生介于上海某書肆，擬付諸剞劂，質之大雅，以為引玉之資。尋後悔其孟浪，索歸敝篋，決作覆瓿之計矣。癸酉之夏，北來中州，與同門高晉生先生相遇，取予舊稿讀之，勉其完成，以無負先師之意，因復取為中州諸生課之。而晉生先生於〈堯典〉諸篇，時亦出其新誼，予因觸類旁通，復能間有所獲。同時若同門裴會川先生有《尚書成語之研究》，海城于省吾氏亦有《尚書新證》問世。裴書多覃聲韻，略近高郵；于書證以彝鼎，亦法先師。雖予獲讀二書較遲，未能盡採，但已擇其善者改予舊說，以視皮、王二氏之輯，似又稍備矣。然而自信可通者，尚不十之四五，求如先師所謂如鄉人之相與語者，尚未有可以道里計也。甲戌孟夏，楊筠如自序於河南大學。」讀此〈序〉，可悉筠如撰寫及訂補其書之辛勤；至其〈序〉評騭古今治《尚書》諸家之優劣與良窳，所言亦多中肯綮，較之其師〈序〉所述說者，楊文洋洋灑灑處，似差堪比肩矣也。

同時，又撰〈尚書覈詁凡例〉。

案：筠如〈尚書覈詁凡例〉曰：「一、本書對於偽古文《尚書》溢

出今文二十八篇原文之外者，概行割愛不取，以省讀者之腦力，亦以還原《尚書》之本來面目。二、本書分篇，係根據馬、鄭本參以《史記》諸書，如〈盤庚〉分為三篇，史公與鄭本相同，《漢石經》亦空一格，以示不相連屬，茲亦定為三篇。〈康王之誥〉，大、小夏侯及歐陽本與〈顧命〉合篇，茲仍馬、鄭本之舊，分『王若曰』以下為〈康王之誥〉，故較今文二十八篇，溢出三篇，實計三十一篇。三、本書篇次，亦係根據馬、鄭本，故〈金縢〉次于〈大誥〉之前，與《大傳》之次序不同；〈柴誓〉亦移次〈呂刑〉之前，不從偽古文本。四、本書既名『覈詁』，故對於各家師說，概不墨守，惟求與經旨相協，其文字異同，亦不專從一家一本，兼采今古文以及日本所藏古本、敦煌所出諸隸古定本，以取其長，而求其當。五、本書為求真起見，對於訓詁，務求有所根據，除甲文、金石文例之外，所用字義，皆用唐人以前之訓詁。每字上並標明所引原書，冀免鑿空之病。六、本書僅於每句艱深之字，加以考釋，不復逐字逐句詳為解說，以免卷帙浩繁，反令讀者忘本經用意所在。惟對於異文，則大致並錄，以備參考。七、本書為補救簡略之弊，采用新式符號，庶使句讀既明，文義自顯。」[19] 此處所訂凡例共七條：第一條言其書僅采今文，割愛古文；第二條言書之分篇；第三條言書之篇次；第四條言其書訓詁不墨守師說，而所用版本亦不專從一家；第五條言其書訓釋字義僅用唐人以前訓詁，並標明引書出處；第六條言其書僅考釋艱深文字，而不逐字逐句解說；第七條言全書采用新式標點符號。讀〈凡例〉後，固可審悉《尚書覈詁》著作之規例也。

將《尚書覈詁》前半部，與裴學海《老子正詁》，交北平北強學社合印出版。

---

[19] 楊筠如：〈尚書覈詁凡例〉，同注[3]，頁1－2。

案：李學勤〈尚書覈詁新版序〉曰：「我在一九四九年前後見到的《尚書覈詁》，又是一種本子。這是《北強月刊》的特輯，有《覈詁》的前半，與裴學海的《老子正詁》合印在一起。這個本子我多次閱讀，極多獲益。」[20] 學勤所見即此本。

其後，北強學社又出版《尚書覈詁》單行本。

案：民國二十四年十二月三十一日，《浙江省立圖書館館刊》第四卷第六期發表童書業〈評楊筠如著《尚書覈詁》〉，文首注明所據者乃「北強學社印本」。董文於文末又云：「復次，尚有一事須提出者，即本書內容雖佳，而印刷則劣；且校對疏忽，錯字極多，殊不便於學者。深望再版時能重校正也。」足見童氏所得而讀者乃《尚書覈詁》北強學社之單行本，而絕非其前所版行之楊、裴二書合印本。惟此單行本多有不如人意處，故童氏特予指出，以期改正。

一九三五年（民國二十四年 乙亥） 32歲

《尚書覈詁》（續），發表於《北強月刊》。

案：此文未見，僅據余秉權《中國史學論文引得續編——歐美所見中文期刊文史哲論文綜錄》所著錄[21]。

十二月三十一日，童書業〈評楊筠如著《尚書覈詁》〉發表於《浙江省立圖書館館刊》第四卷第六期。

案：董文末尾署年為「二十四、十、二十五，於燕大」，即民國二十四年十月二十五日，其時童氏任教燕京大學。董文評《尚書覈詁》曰：「楊著本書據〈自序〉完成於民國二十三年（甲戌），

---

[20] 李學勤：〈尚書覈詁新版序〉，同注[3]，頁1－2。本文以下徵引李文，不再出注。

[21] 同注[6]。

而草創於若干年之前,蓋積長時間之研究,始成為定本者也。其書一部分曾發表於中山大學《語言歷史週刊》,今本則較舊本更勝。書首載王國維先生〈序〉,謂此書『於近三百年之說,亦如漢、魏諸家之有《孔傳》,宋人之有《蔡傳》;其優於《蔡傳》,亦猶《蔡傳》之優於《孔傳》,皆時為之也』。王先生之言,可謂是書的評。蓋《尚書》自古即苦難讀,馬、鄭之注尚矣,今不復得見;而《孔傳》則庸劣不堪卒讀,《蔡傳》雖遠勝偽孔,然限於時代,則考證未周,亦未可謂完善之注;清儒思精學博,其諸經新釋凌漢壓宋,顧多拘泥于家法,其說亦時若有難通者。楊君此書折衷諸家,不姝姝守一先生之言,旁通博徵,是其特長(又楊書對於異文大致並錄,亦便學者);然所注往往求之過深,反失其解。(此病〈堯典〉諸篇尤甚,〈周書〉以下實為全書最善之部,而〈大誥〉等篇解釋更佳)而其精斷則固可稱矣。茲舉〈堯典〉一篇評其得失如次以為例。(其〈周書〉各篇解釋之佳,讀者自知)……」【22】是童氏以為楊書多精斷處,所注雖往往求之過深,而得失互見,然而楊氏全書實瑕不掩瑜也。

一九三六年 (民國二十五年 丙子) 33歲

任教國立四川大學。

案:民國二十六年四月,國立清華大學校長辦公室印行之《清華同學錄》「楊筠如」條,筠如自署職稱為「成都國立四川大學教授」,則其任此職必在民國二十六年前,姑列其任川大教授於此年;因至民國二十六年,筠如已遄返常德,則其任教川大,為時甚暫。

【22】童文又發表於《天津益世報》〈讀書周刊〉,一九三九年十一月十四日;後收入童書業著、童教英整理《童書業史籍考證論集》(北京:中華書局,2005年),頁643－647。

一九三七年（民國二十六年　丁丑）34歲

抗日戰爭爆發，遄返常德，多有建樹。而任教湖南大學應在此年或稍後。

> 案：《常德縣志》卷二十八〈人物〉「楊筠如」條載：「民國26年，抗日戰爭爆發，先後擔任過常德縣立中學校長、移芝中學校長、常德縣參議會參議員。……任參議員時，對於地方興革多有建議。」筠如任教湖南大學或在此時。據《常德縣志》同條載筠如嘗著《中國通史》，由湖南大學石印行世。

一九四〇年（民國二十九年　庚辰）37歲

七月十五日，發表〈元代對於西南特區之開發〉於鄂湘川黔邊區綏靖主任公署印行之《邊聲月刊》第一卷第二期。

一九四六年（民國三十五年　丙戌）43歲

七、八月間去世。時或任教西北大學。

> 案：楊樹達《積微居回憶錄》一九四六年十二月廿四日條載：「王疏庵告余：楊德昭（筠如）七、八月間逝去。楊著《尚書覈詁》，頗為王靜安所稱賞。時同學數十人，王以楊為首選。近年頹放，酷嗜雀牌，學遂不進。社會無學術環境，誘導之者皆惡事，致令優秀之士不能有大成就而死，個人與社會當分負其責者也。」[23] 據是，則筠如是年七、八月間卒，年僅四十有三耳。王疏庵，即王竟，湖南長沙人，筠如清華學校國學研究院第一屆同窗，字嘯蘇，號笑疏、疏庵，與楊樹達同鄉里，故所言可信。至筠如卒前任教西北大學，則據李學勤〈尚書覈詁新版序〉，學勤謂筠如

---

[23] 楊樹達：《積微居回憶錄》（上海：上海世紀出版股份有限公司，2006年），頁250－251。此條承楊逢彬教授（楊樹達裔孫）賜告，特此鳴謝。

「終老於西大」，所說似應有本。

譜　後

一九五九年　（民國四十八年　己亥）

六月，陝西人民出版社印行《尚書覈詁》四卷全本。

　　案：李學勤〈尚書覈詁新版序〉曰：「《尚書覈詁》的一九五九年版是四卷全本，但僅印兩千冊，流傳有限，尤其是大家都知道那時的物質條件，紙墨都不理想，也難免誤植之處。我自己收藏的一部，儘管着意保護，還是有不少地方焦酥裂碎了。」是學勤認為陝西人民出版社印行之《尚書覈詁》，不但印量少，流傳不廣，且紙墨與校讎亦多不理想。

一九六五年　（民國五十四年　乙巳）

臺灣商務印書館出版《荀子研究》，乃臺一版。

一九七〇年　（民國五十九年　庚戌）

臺灣商務印書館重印《荀子研究》，乃臺二版。

一九七八年　（民國六十七年　戊午）

臺北市學海出版社重印《尚書覈詁》。

一九九二年　（民國八十一年　壬申）

上海古籍出版社出版《民國叢書》，其第四編收入《荀子研究》。

二〇〇五年　（民國九十四年　乙酉）

四月二十二日，北京舉行「清華國學研究院與21世紀中國學術討論會」，李學勤發表開幕詞〈深入探討清華國學研究院的成就和經驗〉。

十二月，陝西人民出版社出版由黃懷信標校之《尚書覈詁》。

> 案：李學勤〈尚書覈詁新版序〉載：「『文革』過後，屢次有朋友或學生詢問怎樣能得到《尚書覈詁》。一次西安會晤陝西人民出版社領導，談到學術界這方面的要求，蒙其慨允重版，並託我協助整理，在當時還很不方便的情況下，提供我一部複印本，以資校改。然而我工作繁多，竟再三拖延，未能着手，內心常覺愧之。前些時候，我把這項工作轉託給黃懷信教授，他訢然允可，旋即全力投入，終使此書新版順利付梓。」可悉此書得以出新版之過程。〈新版序〉又曰：「由黃懷信教授負責《覈詁》的整理，是再適當也沒有的。他多年研究和整理古籍，廣有經驗，對《尚書》更下過很大工夫，著有《尚書注訓》。同時他是西北大學出身的，而楊筠如先生正終老於西大，整理《覈詁》可謂對母校傳統的推闡發揚。」李學勤此段話予吾人一重要訊息，即筠如曾任教西北大學，照時間推算應在一九四六年（民國三十五年 丙戌）七、八月前。惟其時筠如四十三歲，不應稱「終老」。是李學勤於筠如事迹所知亦未盡精確也。

二○○八年（民國九十七年　戊子）

五月十八日，《南方都市報》發表胡文輝〈現代學林點將錄・正榜頭領之五十——地強星錦毛虎燕順徐中舒〉。

> 案：胡文中有云：「在民初學術史上，王國維藉古文字而治古史，異軍突起，震動一世。當日親炙教澤，各有所成者甚多，僅王氏在清華大學國學研究院的門下士，即有楊筠如、朱芳圃、劉盼遂、徐中舒、衛聚賢、高亨、劉節、姜亮夫、吳其昌、余永梁、戴家祥諸人，皆現代學林的生力軍。其中最能得王氏氣象者，其惟徐氏乎？」胡氏此文著意表彰徐中舒，惟其文中列示出之王門眾弟子名單，仍不能不以楊筠如為榜首，足證筠如在王門

群弟子中猶穩佔其魁星之地位。

以上已將所知悉筠如事迹,用繫年法排比資料整理完竣。以下擬就繫年資料,為筠如撰一小傳,用以結束全篇。

楊筠如乃現代較著名之經史學家、教育家,與子學、理學研究者。

筠如,字德昭,湖南省常德縣人。生於清光緒二十九年(一九〇三年　癸卯),其家世及早年生活,多不可考。

民國七年(一九一八年　戊午),考入湖南省立第二中學。

大學時代,就讀南京東南大學國文系,嘗撰〈評荀孟哲學〉、〈孔子仁說〉、〈伊川學說研究〉,發表於東南大學《國學叢刊》,藉著聲聞,並打下學術研究之初基。

民國十四年(一九二五)七月,考入清華學校國學研究院,追隨國學大師王國維教授治學,研究《尚書》,撰成畢業論文〈尚書覈詁〉四卷,深獲王國維、梁啟超褒譽,成績為全院之冠,遠出同窗吳其昌、徐中舒、劉盼遂、高亨之上。

畢業後,先後執教廈門集美學校國學專門部、廣州國立第一中山大學、暨南大學、青島大學、省立河南大學、國立四川大學、湖南大學、西北大學,桃李滿門,對高等教育卓具貢獻。

教學之暇,勤奮著述,所刊行及發表經學論著有《尚書覈詁》、〈讀何定生君《尚書文法研究專號》〉,其《尚書覈詁》一書,尤備受王國維、梁啟超、童書業讚許;史學論著有《中國通史》,另如〈堯舜的傳說〉、〈周公事迹的傳疑〉、〈姜姓的民族和姜太公的故事〉、〈周代官名略考〉、〈賸〉、〈三老考〉、〈春秋時代之男女風紀〉、〈春秋初年齊國首稱大國的原因〉、〈西漢賦稅考〉、《九品中正與六朝門閥》,內容多屬研探古代史事,或考證典制。間亦研治元代邊疆史地,撰有〈元代對於西南特區之開發〉。至其研究方法,則頗受「古史辨派」之影響;子學專著有《荀子研究》。其《荀子研究》,考究出《荀子》一書

乃以漢代文獻如《韓詩外傳》、《大戴禮記》等堆湊而成，殊不足以代表荀子本人思想。日本學者於上世紀鑽研《荀子》學術，對楊氏研究之成果至為注重，並受其影響。楊氏亦曾留學日本，並將日本漢學家桑原騭藏所撰文化史長文〈由歷史上觀察的中國南北文化〉，翻譯成數萬字之漢文，發表於國立武漢大學《文哲季刊》，是則筠如固深諳日語，而其譯作之刊行，對中日學術交流，殊具貢獻。

筠如抗日勝利前後，教學西安市西北大學中文系，民國三十五年（一九四六）七、八月間去世，享年四十三歲。

後　記

本文草稿初就時，資料尚嫌未足，辱承復旦大學圖書館古籍部館員王亮博士、高雄師範大學經學研究所碩士生梁鬻雲君提供《常德縣志》、《清華同學錄》二書中有關楊筠如珍貴史料，因藉之增訂拙文，加補注語。茲全文撰作完竣，內容較前翔贍。王、梁二君百朋之錫，不敢或忘，謹於文末敬致謝忱。

　　　　　　　二〇〇八年九月三十日初稿，十二月三日增訂完竣，
　　　　　　　時任教華梵大學東方人文思想研究所。

連續與斷裂：二十世紀的臺灣煤礦業

陳慈玉*

提要

本文先分析二十世紀臺灣煤礦業興衰的軌跡，再論述煤炭需求市場上國家的角色，並進一步解析其生產結構，最後說明一百多年來臺灣煤礦業的連續性與斷裂性。

一、前言

煤炭可以說是近世文明的原動力，在電力和石油尚未大量出現之前，是工業化的指標之一。就世界煤炭資源而言，臺灣煤炭的蘊藏量和產量雖不豐富，卻是1980年代以前經濟發展過程中最重要的自產能源，在1960年代工業起飛時期，約佔初級能源供給量的50%以上，對於當年工業的振興貢獻至鉅。而1960年代亦為臺灣煤礦業的顛峰時期。

臺灣煤炭雖然早在17世紀已開始採掘，但一直到19世紀70年代才出現大規模的計劃生產，然而效果不大。20世紀第一次世界大戰發生以後，在日本殖民地政府的主導之下，財閥和以基隆顏家為首的少數本土資本家共同締造了臺灣煤礦業的黃金時代。1930年代後半，臺灣煤業進入由殖民地政府全盤統制的時期，而第二次世界大戰的結束並非意味著煤業統制體制的結束。來臺的中華民國政府承繼著1930年代以來在大陸所實施的經濟統制政策，配合日本殖民統治遺留給臺灣的戰時經濟體

---

*中央研究院近代史研究所研究員。

制,透過臺灣省石炭調整委員會和臺灣區生產事業管理委員會,完完全全掌控了臺灣煤業。自此,臺灣煤業的復蘇、興盛與衰微,都直接與政府的能源政策息息相關,而能源政策的擬定與實施又受到世界經濟——尤其是能源供需情勢——的影響。

二、煤礦業興衰的軌跡

如表1所示,有具體統計數字的年代是在20世紀初期,我們依照史實,把煤礦業興衰的軌跡分為以下數個時期。

1. 黎明時期:1895年以前

除了工業燃料和交通工具的原動力以外,煤炭亦為家庭炊事所必須的,但在近代以前,人們大多伐木為薪,所以雖然十七世紀西班牙人和荷蘭人佔領臺灣期間,曾經採得粗煤,卻主要用於製鍊鐵器和出口貿易,並未普及於民間。明鄭時期則因惑於有礙風水和維護龍脈的說法,於礦冶開發之事亦無成果。清廷封禁金屬礦山,只有煤炭係中國大陸北方的重要燃料資源,故不列入封禁之中,甚且蠲免煤稅,鼓勵商民開採,但位於南方邊陲地區的臺灣似乎仍因龍脈說而屬封山狀態,故雖有挖掘煤炭的現象,[1] 卻不是合法的。

南京條約的簽訂(1842年)使中國門戶大開,英國船隻來往日多,所需的燃料煤益盛,位處海上交通要道的臺灣的雞籠煤礦自成其覬覦的

---

[1] 黃嘉謨,《甲午戰前之臺灣煤務》(臺北:中央研究院近代史研究所,民國50年,1961),頁1-4,竹本篝處,《臺灣炭業論》(臺北:南方經濟研究社,1921),頁77-78;藤田喜市編,《臺灣炭礦誌》(臺北:三井物產株式會社臺北石炭支部,1925),頁2-4;臺灣銀行金融研究室編,《臺灣之煤》(臺北:臺灣銀行,民國39年,1950),頁8;程宗陽、盧善棟,《臺灣之煤礦》(臺北:臺灣銀行,民國45年,1956),頁1。

目標。閩浙總督劉韻珂與福建巡撫徐繼畬為了防止當地民眾私挖煤炭出售以謀利，於是秘密行文臺灣總兵和臺灣道等，轉飭淡水廳同知曹仕桂，公佈禁採煤炭，並立禁碑。但利之所趨，民間仍不時與英商交易。到同治元（1862）年設立淡水海關，翌年正式開放雞籠（基隆）後，乃能公開販賣和輸出煤炭，其後數年間煤炭年產量達6千噸以上，完全是民間開採的。[2]

1860年代初期開始展開的自強運動扭轉了臺灣煤礦業的命運，同治5（1866）年設立福州船廠，需煤浩繁，為確保其來源，主辦福建船政的沈葆楨於翌年提出了官營臺灣煤礦的想法。三年之後（1870年）福建地方官憲派人會同淡水廳至基隆查勘煤田的結果，向中央建議開放給民間採掘煤炭，總理衙門乃允許試行，並規定礦權只准國人持有，避免外國人的干預。[3]

到光緒2（1876）年使用英製採煤機、僱用外籍工匠的八斗官營煤礦（在基隆附近）成立後，臺灣煤礦業始步入現代化之道。[4]

官營煤礦的引進新技術，刺激民營礦廠的改良，臺煤出口量遂自1867年的12,855噸，增至1877年的28,948噸，並於1881年創下46,178噸的記錄，主要仍為民廠的產品。[5] 而且此後官營煤礦逐步下坡，雖曾經過劉璈、劉銘傳的努力整頓，仍因舊有的產銷和管理體制無法使從

---

[2] 以上參照黃嘉謨，《甲午戰前之臺灣煤務》，頁9-46；《臺灣炭礦誌》，頁3-6。

[3] 黃嘉謨，《甲午戰前之臺灣煤務》，頁92-97。

[4] 黃嘉謨，《甲午戰前之臺灣煤務》，頁100-126；臺陽股份有限公司六十週年慶典籌備委員會編輯組編，《臺陽公司六十年誌》（臺北：臺陽公司，民國67年，1978），頁44。

[5] 孫毓棠編，《中國近代工業史資料》第1輯（北京：科學出版社，1957），頁611；黃嘉謨，前引書，頁132-133。再者，1872年和1873年的出口量各為40,215噸和45,159噸，故只有1881年的出口量超過了人工開採時的最高記錄。

先進國導入的技術和新機器發揮最大的效用,終於在1892年遭到封閉的命運。[6]

一直持續的民營煤礦乃成為臺灣礦業的主力,當時開採地區遍及基隆(硬港、田寮港、深澳港、八斗子、獅球嶺、深澳堵、田仔內、大竿林、內木山、外木山、大武坑等)、瑞芳(龍潭堵)、雙溪(民壯寮、魚行)、汐止(友蚋、瑪陵坑、內湖)和臺北(三張犁、六張犁、木柵、大崎坑、南勢角、牛埔、新店、大安寮)等處,[7]因此可以說1870年解禁後的煤礦業是臺灣民間的一種新興產業,但終因戰火(甲午戰爭)而陷入困境。

2. 草創時期:1895-1915年

此時期是日治初期,臺灣總督府於1896年9月頒佈實施「臺灣礦業規則」,准許一般人民申請開採,獲得許可的只有4個礦區52萬坪(一坪＝3.3058平方公尺)。翌年開始北部煤田之特別調查,1899年發表結果,作為開發煤田之參考。自1897年至1905年,產量雖逐漸增加,但未曾超過年產10萬公噸。[8]

1906年以後開始好轉,首先,日俄戰爭的勝利帶給日本經濟空前的好景氣,於是有力人士遂向當局要求開放海軍所管轄的煤田,[9]結果日本人荒井泰治於1907年取得四腳亭一帶約87萬坪的礦業權,翌年開始採掘,但年產量被限制在5萬噸以下,無法發揮採掘能力,直到1915

---

[6] 關於此煤礦所以經營失敗之因,參見黃嘉謨,前引書,頁236-246;潘君祥,〈論官辦基隆煤礦的創辦和經營〉,《中國社會經濟史研究》1988年第1期(廈門,1988),頁86-92。

[7]《臺陽公司六十年誌》,頁45。

[8]《臺灣之煤》,頁8。

[9]《臺灣炭礦誌》,頁25。

年4月才廢止此限制。【10】

其次,導入新式採煤法亦促進產品的增加和成本的降低。

3. 成長時期:1916-1927年

刺激臺灣煤礦業成長的外在環境因素是第一次世界大戰,因為在大戰期間,各主要產煤國家(美國、英國、德國)由於勞力不足、運輸交通欠缺、機械減產而降低了生產力,總產量自1913年的13億7千多萬噸減至1916年的11億噸左右。【11】並且由於船舶不足和海難增加,使海上運輸力急速減低;原本供給資本財給世界的歐洲成為戰場,反而極需軍需品和其他工業產品,這種需求的突增和歐洲海運業的後退,導致海運費上昇,於是日本的海運企業獲得巨利,得以擴大事業,對於鋼材和燃料煤炭的需求因此劇增;另一方面,始於海運業的產業連鎖效果,亦波及到日本國內的機械製造業和電氣機械工業,而染料業和工業用藥品業方面,由於進口替代的成功和纖維工業的發展(與出口擴大有關),需求亦增加,化學工業方面的企業乃因此勃興。【12】於是當局和日本財閥除了擴大投資本國煤炭的生產外,並汲汲於自殖民地輸入,以應付戰時興隆的工業之需,結果臺煤開始出口到日本,此現象即使到大戰結束後依然延續著。

更值得注意的是海外其他地區的市場,包括香港、華南和東南亞。其比重遠大於日本,甚至可以說在1916年以前,是臺煤外銷的主要目的地。第一次世界大戰以前,轉口港色彩濃厚的香港是東亞一大煤炭市場,戰爭開始以後,由於輪船運輸的減少,日本煤的出口受限,【13】所

【10】顏惠霖,〈基隆炭礦株式會社創立真相〉,《臺煤》第563期(臺北:中華民國礦業協進會,民國78年,1989年6月),頁29-35。

【11】《臺灣炭業論》,頁17。

【12】中村隆英、尾高煌之助編,《二重構造》(東京:岩波書店,1989),頁83-95。

【13】《臺灣炭業論》,頁71。

以香港煤炭的進口量大減,1918年的輸入量甚至只有1914年的47%,其中日本煤和撫順煤的減少最劇,而增多的即為臺灣煤炭。換言之,作為殖民地的產物,臺灣煤多少填補了大日本帝國出口不足之處,使包括臺灣煤在內的「日本煤」,能佔有香港市場75%以上的優勢,而中國煤(包括開平、青島、本溪湖、撫順等地)的比例,最高只達22%左右。

再者,福建和廣東亦為臺煤的主要市場,其中福州所輸入的煤炭來自日本九州和臺灣,【14】大戰期間,存賴臺灣之供給,戰爭結束後亦然;而廈門市場上中國煤與外國煤在戰前平分秋色,外國煤中包括日本及其殖民地臺灣的產品,戰後臺灣煤約佔總進口量的62%。【15】同時,臺灣煤也替代了日本煤在廣東的地位,供給小輪船和絲廠的燃料。【16】

另一新開拓的市場是東南亞,原本流入此地區的日本煤和開平煤炭因日本國內需要增加、中國境內戰亂、輪船運輸力減退而不再源源不斷,故臺灣煤填補了此空間。【17】所以如表1所示,臺煤的輸出量從1917年開始飛躍地成長,而擔負運輸任務的輪船自然增多,或在臺灣購買燃料,或在香港補給,結果都增加了臺煤的需求量。

據1920年代初期的調查,華南(包括香港、廣東、福建)和東南亞的煤炭產量共約200萬噸,需求量卻高達450萬噸,【18】所以臺煤在這廣

【14】〈臺灣炭と福州〉,《臺灣日日新報》,2871號(1907年11月27日),頁2;〈煤炭幫之交涉〉,《臺灣日日新報》,6906號(1919年9月6日),頁6。

【15】《臺灣炭業論》,頁67;〈廈門と臺灣石炭〉,《臺灣日日新報》,2903、2904號(1908年1月7日、1月8日),頁2。

【16】《臺灣炭業論》,頁67-70;〈島炭輸移出激增〉,《臺灣日日新報》,8599號(1924年4月25日),頁5;〈貯炭輸出隆盛〉,《臺灣日日新報》,9318號(1926年4月14日),頁4。

【17】總督府殖產局商工課,《熱帶產業調查書》第49卷,《臺灣礦業》(臺北:臺灣總督府殖產局商工課,1935),頁169-170。

【18】〈南支南洋之煤炭〉,《臺灣日日新報》7643號(1921年9月12日),頁3。

大的印度洋領域中可以找到伸展的天地,而且日本煤礦雖豐富、亦能夠在供給內需之餘出口到海外,卻極難再擴大輸出量,於是擁有地利之便的臺煤乃在「當局」和日本商社的合作之下,完成它作為殖民地商品的使命。

相對應於海外市場的開拓,臺灣煤礦業界呈現欣欣向榮的景象,不但原有的公司擴充設備,實行大規模的開採計劃,而且出現不少新加入者;採煤地點則從臺北、基隆、桃園擴展到新竹和澎湖島。此時日本財閥扮演重要的角色,以往由於臺煤比日本煤品質粗惡,故日本人誤認為會有自然發火之虞,而不堪長距離輸送,甚至不能充當長途航海的輪船燃料,以致投資風險過大。1917年以後,由於日本煤的增產有限,乃轉而投資臺灣,或與臺灣人合作,或成立純粹日資的公司,值得注意的是相異於往昔的獨資,這些大多為股份有限公司的組織,[19] 其中,執往後業界牛耳的「基隆炭礦株式會社」和「臺北炭礦株式會社」皆在1918年成立,是基隆顏家分別與三井財閥和藤田組共同投資的。兩年後,藤田組退出臺北炭礦株式會社,該公司改名為臺陽礦業株式會社。[20]

第一次世界大戰終止後,前述影響日本經濟成長的「國際」因素消失,日本國內工業一時凋零,導致臺煤供給過剩而煤價暴落,有不少煤礦因此停業。幸虧當時礦坑不深,擁有機器設備的煤礦,生產成本比較低廉,故大多尚可維持經營。而此不景氣也給與業者思考改革的機會,他們淘汰礦工、降低工資,以縮減經費,並且改善品質,強化設備,有助於臺灣煤礦業在質方面的提昇。[21] 產量仍每年有少許增加,但也因彼此自由競爭、產銷不能調節,以致出現生產過剩的現象,存煤量不少

---

[19]《臺灣炭礦誌》,頁42-53。

[20] 詳見陳慈玉,〈日本殖民時代的基隆顏家與臺灣礦業〉,《近世家族與政治比較歷史論文集》(臺北:中研院近史所,民國81年,1992),頁632-633。

[21]《臺灣炭礦誌》,頁61-69。

（見表1）。1921年下半期以後，景氣逐漸復甦，需求日趨旺盛，煤業乃穩定成長，在1927年達到第一次顛峰，而消費量則早於前一年即增加到188萬公噸左右，這是由於華南發生抗英運動，排斥英資的開平煤，臺煤遂能擴充廣東、香港市場的緣故。[22] 換言之，在經濟和國際情勢變化之影響下，外銷和船舶燃料的供需問題成為臺灣煤礦業變動之一大因素。

4. 停滯時期：1928-1935年

此時期影響煤礦業停滯的要因仍為國際經濟和政治情勢。首先，1928年的濟南慘案引起了中國的日貨排斥運動，臺煤對於福州、廈門、汕頭方面的輸出陷入絕望的深淵，也波及到廣東，而且印度煤趁機流入香港市場，[23] 結果臺煤外銷量激減，只有前一年的65%，鼎盛期（1926年）的48.4%，導致該年存煤量將近20萬噸，創下歷年的最高記錄（見表1），因此約有三分之二的礦坑不得不停業。[24] 翌年世界經濟開始大恐慌，使全世界的煤業不景氣，影響到日本和臺灣的相關產業，所以臺煤外銷更減。1931年「九一八事變」後，日本操縱東北之政治經濟，質優的撫順煤大量輸往日本，甚至廉價傾銷臺灣（因為就日本帝國而言，撫順煤和臺灣煤皆為殖民地的產物），因此不但臺煤的出口銳減，內銷亦成問題，煤產量降低，停業或廢業之煤坑頻頻發生，臺灣煤礦業面臨空前之危機。

此時，居業界中樞地位的臺陽公司負責人顏國年乃率領業者代表，逕赴日本本土請願，經其折衝口舌、侃談利害，運用他和政界、財閥的關係，終於使日本政府認識到在中國反日風潮日熾的情況下，撫順煤能

---

[22]《熱帶產業調查書》第49卷，頁171。又，該年外銷廣東，香港者達75萬公噸。
[23]《熱帶產業調查書》第49卷，頁172。
[24]〈本島石炭界稀有の不振〉，《臺灣時報》（臺北），1929年8月，頁10-11。

否長期輸日亦可虞,故決定限制撫順煤輸日,並准臺煤優先流入,【25】所以輸往日本的臺煤從1933年開始增加,甚至超過成長期的數量(34和35年除外)。

相形之下,國內消費量並未受影響,主要原因如下:【26】(1)因甘蔗增產而使製糖廠對燃料煤的需求增加;(2)火力發電用煤之增加;(3)一般產業仍持續發展,故對煤的需求不減;(4)民眾生活程度提高和薪材的減少,因此家庭用煤增加。並且,大資本的公司以工作面的集中、坑內工作的機械化、採煤之科學化和運輸工作之改良等方式來降低成本、增加產量和提高品質,【27】奠定了日後能大量增產的基礎。所以就總產量而言, 1933-35年仍維持在150-160萬公噸之譜(見表1)。

5. 蛻變時期:1936-1945年

此時期亦可謂為統制煤業的時期,煤業的統制先由民間有力人士如顏國年領導,繼而殖民地政府正式介入。1933年即已成立的「臺灣炭業組合」的主要目的是為了調節生產和維持煤價,以強化臺灣煤業整體的競爭力,並謀劃礦業之改良,增進及謀求同業之共同利益,類似同業公會的性質。而政府的力量逐漸深入,隨著1936年日本本國煤炭的統制,進一步強化臺灣煤炭的統制,制定「臺灣炭業組合」的各基本規則,使其成為名符其實的強化統制的公會,【28】產銷均在「政府」統制之中。

另一方面,1936年以後,配合著日本重工業的殷盛、海運日盛和臺

【25】《臺陽公司六十年誌》,頁49。

【26】《熱帶產業調查書》第49卷,頁174-175。

【27】陳慈玉,〈日本殖民時代的基隆顏家與臺灣礦業〉,頁635-638。

【28】《臺陽公司六十年誌》,頁50;臺灣礦業史編纂委員會,《臺灣礦業史》下冊(臺北:臺灣省礦業研究會,民國58年,1969),頁839;長濱實編,《顏國年君小傳》(基隆:尚友會,1939),頁18-19。

灣境內的工業化,對燃料煤之需求大增,刺激生產,1937年的產量高達195萬公噸,銷售量則超過200萬公噸(見表1),凌駕成長期的高峰。「七七事變」後,日本政府頒佈「重要礦產增產令」,臺灣亦響應而訂立煤的增產計劃。到1939年,軍需重工業的發展和侵略戰爭的進行,使臺煤產量大增,供給日本本土、東南亞和輪船軍艦的數量亦顯著增加。並且在1941年成立「臺灣石炭株式會社」(44年改組為「臺灣石炭統制株式會社」),發揮持續增產、維持適當煤價和「合理」配給的功能,[29]所以1938-1943年的產量和銷售量都在200萬公噸以上,1944年亦有190萬公噸左右,但該年以後,由於資材、勞工的缺乏,故生產減少,外銷方面則因運輸船舶不足而陷於停頓,再加上美軍的轟炸,礦山和工廠都遭破壞,煤的生產和消費急劇低減,[30]臺灣煤礦業的發展乃暫告一段落,有待戰後的重建。

6. 復甦時期:1946-1951年

雖然日本於1945年8月15日投降,但國民政府在10月接收臺灣礦山後,所採取的措施仍是延續1930年代後半以來的煤業統制政策。負責執行的機構則為經濟部臺灣區特派員辦公處會同臺灣行政長官公署工礦處於11月8日所成立的「煤業監理委員會」。十天後(11月9日),該會接收「臺灣石炭統制株式會社」,將之改組為「臺灣省石炭調整委員會」(以下簡稱石調會)。該會隸屬於臺灣省行政長官公署,仍然承繼臺灣石炭統制株式會社的功能,統籌收購和配售煤炭,並貸款協助業者生產。[31] 其配銷系統流程如下:[32]

---

[29]《臺灣之煤》,頁9。

[30]《臺灣之煤》,頁9;《臺陽公司六十年誌》,頁52。

[31] 臺灣礦業史編纂委員會,《臺灣礦業史》上冊(臺北:臺灣省礦業研究會,民國年58年,1969),頁583-584。

[32] 臺灣銀行金融研究室編,《臺灣之煤》,頁30。

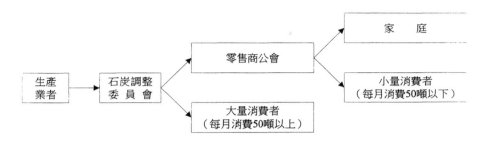

事實上,由於第二次世界大戰期間,被炸毀的工廠不少,故戰後初期對燃料煤的需求並不多,所以甚至石調會以補貼差額的方式,使銷售價格低於收購價格來促銷煤炭。同時力謀外銷,以求補償。[33]

另一方面,煤業監理委員會則陸續監理日人獨資或臺日合資之煤礦企業,共計35單位。到1946年3月底,監理委員會結束,另成立煤業接管委員會,於4月1日開始整頓所監理的煤礦。其中有11個單位分別被讓售、清算、發還或移撥,剩餘的24個單位則被該會接管,由該會派人主持業務,一面點收資財,一面維持生產。在24個單位中,又標售或清算了8單位,而將16個單位劃歸公營,於1946年6月成立臺灣煤礦公司籌備處,籌劃接辦此16個煤礦。8月底,接管委員會結束了接收工作而解散。[34]

臺灣煤礦公司籌備處按照接收日資企業處理實施辦法,接辦了前述的16個煤礦單位。到1947年1月,臺灣煤礦公司籌備處改稱為臺灣工礦企業股份有限公司煤礦分公司,5月又更名臺灣工礦股份有限公司(以下簡稱工礦公司)煤礦分公司,調整合併所接辦的煤礦為基隆、永建、七星、定福、海山和三德等6煤礦。1949年底因時局影響了煤炭的滯銷,故煤礦分公司被緊縮編制,於是合併基隆、永建二礦成永基煤礦,海山、三德二礦則被合併為海三煤礦。[35]

---

[33]《臺灣之煤》,頁30。

[34]《臺灣之煤》,頁33。

[35]《臺灣之煤》,頁33。

其中，基隆煤礦原為基隆顏家和日本三井財閥在 1918 年成立的「基隆炭礦株式會社」，當時該公司的煤產量約佔臺灣總產量之半，資本 500 萬圓，顏家擁有 40% 的股權，[36] 後來陸續增資，接收時則為資本 700 萬圓，顏家股權變為 35%。[37] 由於三井財閥的股份過半，所以被劃歸為日資企業。並依照接收辦法第七條的規定：「撥歸公營之企業如原有本國人民之股分時仍保障其權益，但有關國防事業及其他必要情形時，得另規定限制之」，省政府以工礦公司的股票來折抵顏家的股權。[38]

至於顏家的另一重要企業臺陽礦業株式會社，則受到不同的待遇。由於在該企業中，顏家持有6成的股份，日本人資本高達40%，並非純粹是顏家獨立經營的。所以由經濟部駐臺特派員辦事處，和臺灣省行政長官公署，一起派遣王求定、陳百樂、林素行、吳人楷（以上負責煤礦）和袁慧灼（負責金礦）等五位為監理委員，於 1945 年 11 月 9 日接管臺陽會社。[39] 經過一年多的整理核算後，根據〈臺灣省接收日資企業處理實施辦法〉第十六條，[40] 1946 年 11 月 21 日成立「臺陽礦業股份有限公司籌備處」，顏欽賢和官方代表的林素行奉派為正副主任，日治

---

[36] 陳慈玉，〈日本殖民時代的基隆顏家與臺灣礦業〉，《近世家族與政治比較歷史論文集》，頁 633，頁 641-642。

[37] 〈臺灣省行政長官公署呈行政院撥歸公營企業清冊〉，民國36年4月30日，薛月順編，《臺灣省政府檔案史料彙編：臺灣省行政長官公署時期（一）》（臺北：國史館，1996，《省政府檔案》），頁 187；臺陽股份有限公司六十週年慶典籌備委員會編輯組編，《臺陽公司六十年誌》，頁 53。

[38] 《臺陽公司六十年誌》，頁 53。

[36] 《臺陽公司六十年誌》，頁 53。

[40] 第 16 條規定如下：官商合營之企業，應由各該企業主管機關會同日產處理委員會確定其財產或股權價值後，依照公司法之規定招商合營。見〈臺灣省接收日資企業處理實施辦法〉，《省政府檔案》，頁 32。

時期以來一直襄助顏家企業的周碧仍然扮演輔佐的角色,開始正式恢復生產。到 1948 年 7 月 17 日,已把日人股權價值繳清給政府(原值每股 100 日圓,繳款時核定為200多日圓),並完成籌備工作,於是成立臺陽礦業股份有限公司,顏欽賢為董事長。【41】

　　外銷市場的拓展可以說是煤礦公會的一大努力。該公會的前身是1936年顏國年協調大小煤礦場後所成立的臺灣炭業組合,戰後 1946年11月 10 日改組稱為臺灣煤礦會,旋改名臺灣煤礦公會,1947 年再依據同業公會法之規定,擴大組織成立臺灣省煤礦工業同業公會。嗣於翌年依照工業會法及其施行細則之規定,更名為臺灣區煤礦業同業公會,【42】逐漸擴大組織與業務。該會為推行重要會務,曾設置各種委員會,例如:外銷委員會(專門辦理京、滬、閩、穗和香港等地的煤炭外銷事宜)、煤焦產銷委員會(下設有焦炭部統籌運銷事宜)、技術委員會、礦工醫院董事會;並出版《臺煤半月刊》,【43】聘請專家撰寫相關的新知識,以謀技術之提昇與煤炭品質之改善。

　　在煤炭品質的改善方面,政府遷臺以後,石調會初期或許是因為經費不足,故以懲罰生產劣煤之業者為主要手段。當時臺灣物價波動異常,收購煤炭的價格往往不能隨物價之暴騰而及時調整,不少煤礦業者因售價不敷成本,以至停歇生產。但是臺煤已失去最重要的外銷市場——中國大陸,而必須提高品質以適應新市場的需求,所以石調會拒絕貸款給生產四級以下之劣級煤炭的煤礦,不久更拒絕收購其產煤,【44】

【41】《臺陽公司六十年誌》,頁 53。

【42】《臺陽公司六十年誌》,頁 50。顏國年之姪,顏雲年之子的顏欽賢於 1952 年被選為理事長。見同書頁 153。

【43】中華民國礦業協進會編,《臺灣地區煤礦開發經營之綜合研究報告》(臺北:經濟部煤業合理化基金保管運用委員會,民國83年,1994),頁32-33。作者感謝前經濟部中央地質調查所簡芳欽所長惠贈此書。

【44】《臺灣礦業史》上冊,頁 584。

試圖以下猛藥的方式來提昇煤炭品質，也因此使 100 多家業者倒閉，煤炭產量比前一年減少 21 萬噸左右。【45】

石調會的組織在 1950 年亦有所調整。此年 6 月，臺灣省政府公佈臺灣省石炭調整委員會組織章程，石調會直接隸屬於省政府，置主任委員一人，委員 6-8 人，下設總務、業務、輔導三組，於基隆和高雄各設辦事處，8 月增設熟煤供應處，【46】以鼓勵業者煉製熟煤為家庭燃料之用，【47】俾便擴展內銷市場。

1951 年開始，政府一直採取以核發獎勵金和調整煤價來鼓勵增產煤炭的政策，使產量能大大增加，解決了軍用煤和勃興的工業用煤問題；但由於石炭會未能妥當地扮演調節產銷分配的角色，外銷市場又不穩定，所以始終存在著生產過剩的現象。【48】於是煤業統制政策的存廢與否乃受到包括美援會在內的各方面的重視。

7. 統制政策下的再成長時期：1952-1968 年

1951 年美國開始經濟援助臺灣，並派遣技術指導團前來臺灣，其中，煤礦技術指導團於艾莫拉斯（P. L. Emrath）率領下，自 1952 年 4 月中旬開始查勘與指導 30 個申請美援的煤礦，並在生管會煤業小組（1951

【45】林興仁主修，盛清沂總纂，《臺北縣志》，卷 21，《礦業志》（林朝棨編，板橋：臺北縣文獻委員會，民國 49 年，1960），頁 17；《臺灣礦業史》上冊，頁 584。

【46】《臺灣地區煤礦開發經營之綜合研究報告》，頁 31。

【47】《臺灣礦業史》上冊，頁 585。

【48】〈煤礦公司業務檢討〉，中央研究院近代史研究所蒐藏之《臺灣區生產事業管理委員會檔案》（以下簡稱《生管會檔案》），編號 014.025.211.1，民國 39（1950）年 5 月；〈國民黨改造委員會建議扶植煤礦業〉，《生管會檔案》，編號 024.090.91.1，民國 40（1951）年 5 月；〈生管會煤業小組會議記錄〉，《生管會檔案》，編號 011.019.7.1.02，民國 41（1952）年 8 月。

年10月成立)於同年9月撤銷後,負責技術改良的指導工作。【49】美援會積極扶助優良煤礦擴充設備,開發新坑,以增加生產。但一俟這些煤礦或新坑開始增產或出煤時,卻受限於1952年1月石炭會所制定實施的收購基數(即被核定的各煤礦的交貨基數),未能充分發揮其生產力,而達成美援會扶植優良煤礦的宗旨。【50】

再者,煤業統制下的煤炭,既由石炭會負責統購統銷,難免有些業者只顧產量,而未考慮到品質的提高,更不注重到其產品是否滿足用戶的需求。在用戶方面,亦很難自由選擇煤炭的品質,所分配到的煤炭未必盡合用途。【51】

進而言之,煤炭價格理應由供需雙方市場來決定,而在統制政策之下,收購煤價係由生管會(後來的工業委員會)依據煤礦公會所提供的前一年的生產成本,再加上災害準備金和業者利潤而核定,故往往不能符合實施時的現狀。【52】煤礦業者因此對於提高工作效率、減低成本和改進技術等,都沒有積極的意願。

另一方面,不少煤礦業者卻仍強調為避免供銷情形脫節和煤礦倒閉,主張繼續管制。而中央政府所邀請的美籍專家則於1954年2月提出具體的撤銷管制的主張。旋由工業委員會參酌各方面的意見,擬具撤銷煤炭管制的方案,送經行政院經濟安定委員會通過(1953年7月改組行

【49】〈臺灣省政府令生管會〉,《生管會檔案》,編號011.019.7.1.02,民國41年9月。

【50】《臺灣地區煤礦開發經營之綜合研究報告》,頁44。

【51】《臺灣地區煤礦開發經營之綜合研究報告》,頁44。

【52】〈煤炭價格調整〉,《生管會檔案》,編號171.523.341.3,民國40(1951)年8月～12月。依照10月份煤礦業同業公會的計算,一級煤屑每公噸成本為120.4元,收購價格則加上災害準備金(成本的3%)和業者利潤(成本的10%),而為136元,自1952年元月起實施。

政院經濟安定委員會時，成立工業委員會，撤銷生管會），於1954年7月由省政府公告，自9月1日起實施。同時，把石炭會改組為煤業調節委員會（以下簡稱煤調會），負責辦理供應公營事業用煤、調節煤炭供需和輔導生產等任務。其委員9名中，由煤礦公會推選3名，編制採取總經理制。【53】

在煤調會的運作之下，公營事業機關所需要的燃料煤由該會收購，業者可以自由銷售所剩餘的產煤，煤調會的採購價格則依供銷情形和市場價格而定。並且公私營煤礦均應向煤調會登記，按期填報產銷量、成本、炸藥消耗量等，其所需炸藥由煤調會統籌價配，其他器材亦只能委託該會代辦。【54】

於是煤業統制政策變為半管制政策，煤礦生產業者和消費者一時無法適應，市場為消費者所控制，生產業者乃一度限產，期能建立賣方市場，造成供不應求的態勢。臺電、鐵路局等公營機構因此無法以官價購買到便宜煤，遂有醞釀恢復全面管制與徹底自由競銷之爭議。不但煤調會、煤礦公會與公營用戶等三方面再三研商改進方案，同時省政府和行政院經安會工業委員會亦籌謀解決困境。結果，於1956年7月省政府公佈修正已實行兩年的煤焦產銷調節辦法，改採徵購制度。其要點如下：（1）對於臺電和鐵路局所需煤焦和軍用燃料煤，與煤調會所需安全存煤，一律由煤調會和煤礦公會，依各煤坑產量比例核定數量徵購。（2）其徵購價格，則由煤調會議定牌價，報經安會核定。（3）至於民間用戶在1,000噸以上者，自行採購或洽購，應報煤調會核備。（4）運輸煤炭時如果利用鐵路，則必經煤調會統籌辦理；使用其他交通工具者，應向煤調會請領交貨證明書。（5）除不可抗力外，不能交貨者，由煤調會移送法辦。（6）煤調會為購銷煤焦和辦理輔導，分別向用戶和煤礦業者收

【53】《臺灣地區煤礦開發經營之綜合研究報告》，頁26-27；頁44-45。

【54】《臺灣地區煤礦開發經營之綜合研究報告》，頁45。

取手續費、檢定費和輔導費等。【55】

因此，在徵購制度下，當時所徵購的煤焦為臺灣每月總產量的43%，其餘的57%或由官商洽購，或由業者自由競銷。於是形成徵購價、洽購價和市價三種煤炭價格。例如根據1957年1月省議會的調查，指出：當時煤炭生產成本303元，徵購價僅為189元，洽購價則為267元，業者自銷價卻可達到320-340元。【56】在這種情況下，煤調會的徵購價和官商洽購價均低於成本，但政府又禁止外銷，使民營礦坑的煤炭不得不服從徵購，以致於入不敷出而怨聲載道。此外，由於徵購價與成本之間的差距頗大，業者乃抬高自銷價以求彌補損失，致使民營工廠因燃料成本高昂而陷於經營困境。另一方面，煤礦業者往往躊躇於交出被徵購的煤炭，所以徵購工作並不能順利地進行。

煤礦公會不斷地向立法院、臺灣省議會反映困窘的實況，陳情廢止徵購辦法。終於在1958年9月行政院第582次會議議決廢止煤焦供應暨徵購辦法。另外由煤調會與產銷雙方協商，推行長期供應煤炭契約制度，就是由煤調會代表用戶與各供應煤炭之業者分別簽約，實際上仍是煤調會在主導煤價。【57】到1970年2月，臺灣省政府為期礦業行政和礦場安全監督能夠事權統一發揮功能，於是合併省建設廳礦務科、煤調會和臺灣省工礦檢查委員會安全檢查組（成立於1951年）等為礦務局，依然管制著煤炭供需市場。【58】

【55】《臺灣地區煤礦開發經營之綜合研究報告》，頁45-46；林朝棨編，《礦業志》，頁18。此徵購辦法的法源根據是國家總動員法第5條和第7條。

【56】《臺灣地區煤礦開發經營之綜合研究報告》，頁46。

【57】《臺灣地區煤礦開發經營之綜合研究報告》，頁46-47；《臺灣礦業史》上冊，頁586。

【58】《臺灣地區煤礦開發經營之綜合研究報告》，頁31-32。

8. 統制政策下的衰退時期：1962-2000 年

臺灣煤業的逐步下坡可以上溯到 1960 年代，除了礦業本身的報酬遞減外，最大的因素是在政府主導下，進口煤炭的競爭。1980 年代以後，進口煤的數量增多，影響到臺灣煤的銷售，政府乃於 1986 年 6 月訂定申請進口燃料煤搭配收購臺煤實施要點，規定凡用戶申請進口燃料煤時，必須按照一定比例搭配收購足額臺煤，以希望能保護臺灣的煤礦業者並滿足用戶進口外國煤的需求。[59] 這也象徵著臺灣煤業本身的衰微。

1985 年以後，無論生產礦數、礦工人數、生產量均快速下降，迄 2000 年底臺灣煤礦全面停採為止，僅剩生產礦 2 礦、礦工 245 人、生產量 8 萬 3,400 公噸而已。停產的主因是 1984 年的 6 月、7 月、12 月短短半年中，臺北縣三個月產 5,000 公噸以上，安全情形向為良好之中大型煤礦，竟不幸連續發生了三次空前絕後、震驚世界的重大災變，此項慘痛經驗，嚴重打擊了繼續經營或從事煤礦事業的信心與勇氣，接著政府推動嚴格的各種礦場安全設施政策，從原則主旨上修正了 1973 年訂定的當前煤業政策，以嚴格執行礦場安全規定、逐步解除燃煤進口限制、輔導礦工轉業資遣、鼓勵國外煤礦之開發為重點。所以臺煤業者，又再有來日無多之感，於是籌畫緊縮礦場工程、隨時準備收坑者眾。[60]

另一方面，由於政府輔導礦工轉業資遣的措施，規定於礦場遭依法封閉或業主自行關閉時，資遣之礦工由政府補助 80% 資遣費並先行發放，餘 20% 業主負擔部分另自行辦理。而此時擬轉業或申請自願轉業之礦工，則每人一次予以補助新臺幣 5 萬元，接受轉業訓練者每人每月另予補助膳食費及勞保費，於 1985 年 11 月 13 日開辦，至 1991 年 11 月 12 日止，實施 6 年，如此優厚條件，使部分財務狀況較差之煤礦礦工，擔

---

[59]《臺灣地區煤礦開發經營之綜合研究報告》，頁 47。

[60] 臺灣礦業史編纂委員會，《臺灣礦業史 續三》（臺北：中華民國礦業協進會、臺灣區煤礦業同業公會，2008），頁 254-257。

心一旦關礦後業主無法支付所應得之資遣費,乃要求業主自行關閉礦場,先申請政府補助之資遣費80%「入袋為安」,後再爭取業主負擔之另20%,若與業主協商不成,則以集體怠工方式繼續爭取,此種心態與現象很快傳開蔓延於煤礦界。經營者遂無奈地乾脆忍痛宣布關礦廢業,甚至有連坑內重要機電設備器材都未拆除運出坑外收回而即將坑口封閉者。更有煤礦業主財力本不雄厚又經營失準,原本已對關礦廢業後需支付所屬員工之薪資、資遣、退休等費用視為一沈重負擔,且資助之財源獲得不易而欲罷不能;今適逢政府有此優厚之輔導政策,雖然所屬員工仍願繼續工作,業主也只好趁此機會宣布自願關礦廢業,申請補助輔導解決大筆可觀之財務負擔,與極可能因而發生之糾纏與困擾。[61]

因此臺灣煤礦業在政府政策導向、同時提供鉅款補助輔導等「退場機制」,及業主與礦工間之互信互賴關係因而快速淡化之下,終於消失於能源供給市場。

三、市場機制與政府角色

從臺灣煤礦業的發展軌跡中,我們可以看出在中日戰爭爆發以後臺灣煤礦業進入蛻變時期,具體而言,在此之前由於臺灣工業化遲緩,所以對煤炭的需求並不大;臺灣總督府亦對煤業採取比較放任的態度,只希望臺灣的工業燃料能夠在自給自足之餘,外銷到華南和東南亞地區,以彌補「日本煤業帝國」的不足之處。但是進入總動員時期以後,日本對臺灣軍需工業的萌芽與成長抱持著極大的期待,所以實行統制政策,也因而擴大了煤炭的內需。戰後內需取代了外銷,成為臺煤的主要市場,政府亦採取較積極的管理政策。

因此如果分析1945-2000年的時段,則可以觀察其市場趨勢與前述政

---

[61] 臺灣礦業史編纂委員會,《臺灣礦業史 續三》,頁257-258。

府角色的相關性。

1. 產銷趨勢

臺灣煤業的逐步下坡並非始於1980年代，應該可以上溯到1960年代。從表1和圖1的臺煤產銷量表中可以看出以下的現象：

（1）就產量而言，臺煤在1950年代後半開始逐年上昇，於1964-68年間，每年突破500萬公噸。但自1969年即下降到約465萬公噸，再遞減至1973年的333萬公噸，1977年的296萬公噸，到1980年，則為257萬公噸，只有鼎盛期的51.4%而已。此後，減少的速度更快，1990年的產量僅47萬公噸，為四十年前的34%弱，1960年的12%，只及1970年的11%弱，而是衰退初期的1980年的18%。

（2）就銷售量而言，其變化趨勢大約與產量相同，或許可以說比產量還早一點出現增減的徵象，亦即在1951年即開始逐年上昇，到1964年創下505萬公噸的記錄後，即於翌年起逐步下坡。

（3）在銷售市場方面，很明顯的是戰後的臺煤幾乎是以內銷為主的，大致言之，在1946-49年間，每年約有40萬公噸的煤炭流出（1948年達到49萬公噸左右），如前所述，其目的地是中國大陸。但從1950年兩岸開始隔絕，所以臺煤輸出量大為減少，由於統計資料所限，我們無法詳細刻劃其外銷地區。但從煤礦公會的片斷資料中，可知曾輸往香港、韓國和日本，1960年曾運出2,000公噸的塊煤到泰國，1961和1963年則各有79,318公噸和68公噸的鑄焦到越南，1962年曾經外銷菲律賓1,000公噸的原料煤。[62]

（4）所以，1950年的臺煤內銷量在總銷售量中的比例即佔有93%左

---

[62]《臺灣礦業史》下冊，頁1300，原資料來自煤礦公會。

右,此後內銷量大約擁有97%-98%的地位,1965年以後即全部以國內為唯一需求市場。

(5)至於輪船用煤的數量,在1948-1953年間比較多,尤其是1949年曾有17萬公噸的記錄,占該年內銷量的15%左右,這或許和當年的政治情勢有關。1954年以後即顯著減少,1970年開始沒有輪船用煤的記錄,這應該是輪船逐漸以油代煤的燃料需求情況改變的結果。

2. 臺煤需求市場結構的演變

由於戰後臺煤以內銷為主,所以在此僅分析內需市場的變化。臺煤內需市場約有四種:(1)臺灣電力公司;(2)軍公機關(簡稱為公銷煤);(3)水泥業;(4)一般民營用戶(簡稱為自銷煤)。[63]

其中,臺灣電力公司可以說是一大用戶,其火力發電之用煤多寡,與臺煤銷售量息息相關。而煤炭品質會影響機組發電,故品管非常重要,臺電用煤都由石調會(後來為煤調會、礦務局)供給,以確保質量的穩定。在1948年,臺電僅用煤5萬公噸,1950年以後隨著經濟重建和發展,其用煤量逐年增加,和臺煤銷售量一樣,在1964年達到顛峰,有145萬多公噸,約佔當年煤炭內銷量的28.8%。翌年起臺電的南部火力發電廠開始改用油為燃料,其原因一方面是由於國內工業用煤激增,臺煤漸呈供不應求之勢;另一方面則是經濟部為顧及工業用電成本,以低油價政策供給臺電的發電用油。此後,因用油較方便,亦較能保護環境,故政府形成重油輕煤的火力發電政策;[64]並且在1968年臺電首次進口外國煤12萬公噸左右,[65]當時進口成本高於臺煤公銷牌價和自銷

---

[63]《臺灣地區煤礦開發經營之綜合研究報告》,頁125。

[64]《臺灣地區煤礦開發經營之綜合研究報告》,頁128。

[65]《臺灣地區煤礦開發經營之綜合研究報告》,頁169,表1-5-22。翌年進口8.4萬公噸。

市價。而臺煤因天然開採條件不良和其他能源的競爭，於1968年以後產量遞減，該年僅供給臺電52.5萬公噸，約佔內銷量的10.5%而已。1969年元月政府對臺電公司購油採取低油價政策優待，所以臺電未續購用外國煤。【66】

　　1973年發生第一次能源危機，石油價格暴漲，世界各國搶購煤炭，國內自銷煤市場亦加價購煤，導致臺電之契約煤嚴重缺交，【67】該年臺電只得到11萬多公噸的煤炭，僅有臺煤總銷售量的3.4%而已，是前一年的27%。於是政府採取能源多元化政策，世界各產煤國家亦積極開發煤礦。臺電公司原有以煤炭為燃料之發電廠也恢復燒煤，且新擴建電廠均以燒煤為主，該公司用煤量再度增加，【68】並自1979年開始大量進口外煤，此年臺電進口100萬公噸的煤，【69】其數量超過本地煤的76萬多公噸（約佔臺煤內銷量的28%）。再者，政府為維護臺灣本地煤礦業的存在，規定臺電公司為臺煤收容用戶，必要時得購買民營市場滯銷之存煤，所以臺電除了進口的煤炭逐年增加外，所購買的本地煤亦漸增。1986年經濟部實施進口燃料煤搭配收購臺煤要點，根據此要點，【70】臺電除了進口550萬公噸左右的外國煤外，【71】也購買本地煤91萬公噸，是該年臺煤銷售量的53.3%。此後由於臺灣煤業也陷入衰微困境，因此臺電能夠購買的本地煤亦激減，到1993年時，雖然進口1,251萬公噸的外煤，【72】但只得到21萬多公噸的臺煤，然而此數量卻高佔臺煤總銷售

【66】《臺灣地區煤礦開發經營之綜合研究報告》，頁155。
【67】《臺灣地區煤礦開發經營之綜合研究報告》，頁128。
【68】《臺灣地區煤礦開發經營之綜合研究報告》，頁128。
【69】《臺灣地區煤礦開發經營之綜合研究報告》，頁173，表1-5-24。
【70】《臺灣地區煤礦開發經營之綜合研究報告》，頁128。
【71】《臺灣地區煤礦開發經營之綜合研究報告》，頁174，表1-5-25。
【72】《臺灣地區煤礦開發經營之綜合研究報告》，頁174，表1-5-25。

量的65%。也就是說，以臺電為重要需求用戶的臺灣煤礦業，即使在政府的犧牲公營企業之利潤的政策之下，依舊凋零式微，但我們卻無法知道臺電乃至國庫因此付出了多大的代價。進而言之，如果臺電因購買臺煤成本高，又必須以較低電價供給政府所欲扶植的工業，以致於將此政策性的虧損部分轉嫁給一般民眾，則民眾所付出的較高電費的「正當性」就令人深思了。

除了臺電公司以外，臺灣煤炭的大主顧是公營事業和軍方副食用煤，它們和臺電一樣，都透過石調會、煤調會和臺灣省礦務局來取得所需要的煤。並且除了1973年能源危機後曾一時進口25萬公噸的煤來濟急外，它們都使用臺灣煤。在1950和1960年代大約每年消費50萬至70萬公噸的臺煤，因環保規則逐漸嚴格，故1971年開始逐漸改用石油為燃料。1983年以後只有林務局尚使用200公噸左右的煤，到1987年則全面停購煤炭，而軍方則自1988年起停用煤炭。[73]

在這些臺電以外的公營事業中，鐵路局是一大用戶，大致言之，有記錄的1949年至1966年的18年間，每年約消耗25萬公噸的煤炭為原動力（最多時曾達到33萬公噸）。1966年新柴油機車參加行駛後，用煤量逐漸減少，1977年只消耗10萬公噸左右。翌年火車電氣化工程完成，用煤量銳減，1983年開始停止購煤。[74]

臺糖公司是另一較大的用戶，除小機車行駛使用塊煤為原動力外，製糖廠所需燃料以屑煤為主，蔗渣為副。在1950年代和1960年代，大約每年消費11萬至15萬公噸的煤，1970年以後，為了配合環保政策，年需煤減為3萬至4萬公噸，1984年起全面以油來取代之。[75]

其他的公營事業機構中，比較需要煤炭的尚有中國石油公司、臺灣

---

[73]《臺灣地區煤礦開發經營之綜合研究報告》，頁128，頁134的表1-5-7。
[74]《臺灣地區煤礦開發經營之綜合研究報告》，頁133-134。
[75]《臺灣地區煤礦開發經營之綜合研究報告》，頁133-134。

肥料公司、臺灣鋁業公司、臺灣省林務局、公賣局、中興紙業公司、高雄硫酸錏公司和臺灣碱業公司等。[76] 這些公營事業（包括臺糖公司和鐵路局）在臺煤內銷市場中的比例，如表2所示，1958年以前約為30%左右，後來逐年降低，1970年以來則在10%以下。

另一方面，民營事業也消耗了不少臺煤，其中，水泥業是最大用戶。如表2所示，在有記錄的1964年以後，每年用煤量約為45萬公噸至60萬公噸之間（1966-1970年超過63萬公噸）。雖然水泥業在1979年第二次能源危機發生以前所燒的煤炭皆為臺灣所產，但大部分以石油為燃料，所以即使此行業在1970年代陸續擴建，可是臺煤用量並未增加。嗣政府極力勸導以煤代油，到1982年，終於全部完成油改煤的設備，翌年對煤炭需求大增。然而臺煤供給有限，於是大量進口外國煤，[77] 該年僅使用臺煤48萬公噸左右，卻進口了166萬公噸的煤。此後，即使水泥業每年平均約需260萬公噸左右的煤炭，[78] 但搭配購買的臺煤並不多，1990年代甚至不及8萬公噸（見表2）。

除了水泥業之外，一般民營用戶有：化工業（包括纖維、塑膠等）、造紙業、食品紡織業、磚瓦業、煉焦廠等。民營用戶在1948年需煤量約為32萬公噸，1950年以後隨著工業化的腳步，燃料煤的需求亦增。[79] 如表2所示，自有記錄的1955年開始，民營工業對臺煤的需求量呈現上昇的趨勢，而於1968年達到顛峰。1970年代因為世界能源供需市場的改變，民營工業的設備也改煤用油為燃料，於是水泥業以外的民營工業對臺煤的需求量，自1971年的279萬公噸銳減至1981年的102萬公噸左右，1985年則為80萬公噸。此時臺煤產量已銳減（見表1），

---

[76]《臺灣地區煤礦開發經營之綜合研究報告》，頁133-134。
[77]《臺灣地區煤礦開發經營之綜合研究報告》，頁133。
[78]《臺灣地區煤礦開發經營之綜合研究報告》，頁173-174，表1-5-24，1-5-25。
[79]《臺灣地區煤礦開發經營之綜合研究報告》，頁135。

故1986年開始增加進口外煤,並為了配合能源多元化政策,又有不少廠商以煤代油為燃料,所以1989年民營工業的進口煤超過200萬公噸,而僅搭配收購臺煤20萬公噸,為其用煤量的1%左右。到1993年,臺煤僅銷售給民營工業(不包括水泥業)約8萬公噸(見表2),是其用煤總量(439萬公噸)【80】的1.8%而已。

3. 進口煤

臺煤需求市場的萎縮與進口煤的成長有關。進口煤的引入是在第一次能源危機發生以後。在此之前,臺煤生產已於1967年達到顛峰,翌年開始產量逐年遞減,大用戶改採石油為燃料。到1973年初,臺灣省礦務局鑑於煤炭市場將有供不應求的趨勢,乃緊急會商煤礦公會,結果認為臺煤不可能短期內增產,於是礦務局簽報經濟部建議進口煤炭,以維持市場供需之穩定。5月,經濟部能源政策審議小組委員會提出由礦務局統籌進口外煤之建議。會後,軍公機關大用戶和水泥業者都同意由礦務局統籌進口。旋即委託中央信託局標購國際煤,在8月第一次簽約購買澳洲煤124,000公噸。適值中東戰爭爆發引起石油禁運,工業界乃轉求煤炭,一時煤價飛漲。11月中央信託局再購買澳洲煤75,000公噸和日本煤60,000公噸以為濟急。而第一批澳洲煤因海運船期延誤,只在10月和11月共運到74,000公噸左右,由礦務局調撥臺電、臺糖公司和鐵路局,得以緩和石油危機所引起的能源衝擊。此為國內市場有計劃地進口煤炭之嚆矢。【81】

此後,如表3所示,進口煤的數量除了1975、1976年外(此兩年,

【80】《臺灣地區煤礦開發經營之綜合研究報告》,頁174,表1-5-25。

【81】《臺灣地區煤礦開發經營之綜合研究報告》,頁140,頁151;臺灣礦業史編纂委員會,《臺灣礦業史續一》(臺北:臺灣省礦業研究會,民國72年,1983),頁99。

臺煤增產，見表1），大抵呈現大幅度增加的趨勢。反之，臺煤銷售量則於1976年以後激減。此趨勢從1979年開始更為明顯。該年政府改變低油價政策，使油價能反映成本而一度提高，煤價亦獲得調整。[82]第二次石油危機發生後，當局採取能源多元化政策，勸導公民營大企業改油用煤，煤炭需求急增。但如表1所見，臺煤生產已繼續減少，外煤進口量大增，而在供給市場上與臺灣本土煤炭平分秋色。嗣後煤炭總需求量不斷地增加，而臺煤已很難突破生產瓶頸，所以進口的外國煤填補了臺灣煤炭供需市場之間的巨大差距。到1985年已超過1千萬公噸，占該年煤炭銷售總量的85%弱。1986-88年國際煤價暴跌12%-28%，[83]臺煤公銷價卻僅調降了1%左右。[84]所以雖然政府在1986年規定大用戶申請進口燃料煤時，必須搭配收購本地煤，但搭配比例卻逐年下降（自1986年的20%降至1988年的10.11%和1993年的1.64%），[85]以致於臺灣煤逐漸消逝於市場上，在1993年的2,490萬公噸的銷售量中，臺煤只佔有1.35%的地位。換言之，雖然該年的煤炭需求比第一次能源危機發生時增加4倍多，臺煤卻已無置身之地了。

再者，從表3還可以看出，公銷市場的進口煤量一直遠超過自銷民營市場，而在臺煤銷售量方面，1985年以前，自銷民營市場比公銷市場多。並且在1979年之前自銷民營市場的總量亦多於公銷市場，而

---

[82] 1978年7月1日規定臺煤在起運站之公銷價格為採購價每公噸1,420元，銷售價1,453.1元，在到達站之採購價為1,463元，銷售價1,496.1元。翌年7月1日各調整為：1,592元，1,629元，1,640元和1,677元，調整幅度約為12%；12月1日再調整到：1,995元，2,042元，2,055元和2,102元，上昇幅度為25.3%左右。見《臺灣地區煤礦開發經營之綜合研究報告》，頁149，表1-5-10-B。

[83] 《臺灣地區煤礦開發經營之綜合研究報告》，頁151。

[84] 根據《臺灣地區煤礦開發經營之綜合研究報告》，頁149之表1-5-10-B計算。

[85] 《臺灣地區煤礦開發經營之綜合研究報告》，頁151。

1980-82年間，前者少於後者，1983年雖然形勢逆轉，卻從1984年開始，自銷民營市場的總量大幅度少於公銷市場。唯一可解釋的臺電公司的角色，就表2觀之，在1985年以前，民營企業所消耗的臺煤遠多於臺電公司，並且1968-74年間，前者佔臺煤總需求量的80％左右，臺電則有10%的消費量。在1974年民營工業開始出現不景氣的現象，煤炭需求量降低，礦務局唯恐臺煤滯銷，乃洽商臺電公司收購。【86】此後，臺煤生產力遞降，生產成本增高，以致難與廉價傾銷的進口煤競爭。民營業者為了經營利潤的考慮，只有大量改用進口煤。而如前所述，臺電於第二次能源危機後用煤量大增，為了配合政府保護本土煤業的政策，不但進口煤逐增，也必須購買本地煤，因此公銷市場的總量遠超過自銷民營市場，約為後者的1.7倍左右。

那麼，究竟進口煤和臺煤之間的價格差距有多大呢？表4提供一參考訊息。從此表中，可以發現到隨著時間的推移，兩者之間的價差逐漸增大，在1980年代以前，兩者的價差較小，1983年之後價差顯著，該年進口煤的長期契約價是臺煤公銷價的97%弱，卻為自銷價的112%左右。而進口煤的民間現貨價僅是臺煤公銷價的65%，自銷價的75%。到1993年，進口煤的長期契約價約為臺煤公銷價的46%，民間現貨的進口煤價則為公銷價的42%左右。換言之，在臺煤與進口煤價差增大的同時，進口煤的長期契約價與現貨價差卻逐漸接近，或許可以表示出世界煤炭生產量的增加與煤炭生產國之間的貿易競爭，乃至於印尼和中國大陸煤炭的供給，使臺灣能夠得到較低廉的進口煤。【87】但也大大地影響了本地煤炭業者的生產意願。

【86】《臺灣地區煤礦開發經營之綜合研究報告》，頁170。

【87】其中，據《臺灣地區煤礦開發經營之綜合研究報告》，頁154的表1-5-13，民營企業進口的燃料煤，在1983年以前主要來自澳洲、南非與美國，從1983年開始，則大抵依賴澳洲與南非；但自1989年以後，印尼和中國大陸亦提供了不少煤炭給臺灣。

四、臺煤的生產結構

1. 經營性質

礦業本為報酬遞減的產業。在日治時期臺灣煤礦業曾有一段輝煌的歲月，第二次世界大戰期間雖然遭到戰火的洗禮而消沈，但戰後經過政府和民間的銳意整頓，1950年代開始復甦，1960年代達到顛峰。然而1970年代已逐步下坡，1980年代更加衰落，終至幾乎消逝於臺灣舞台。

如前所分析，戰後臺灣煤業的重整幾乎存賴政府相關機構的輔導，並且由於政府接收了日本所遺留下來的煤礦企業，所以公營煤礦的產量在1940年代末期約佔全臺灣總產量的45%左右。但公營煤礦中很多礦坑係採取包採方式生產，與礦業法抵觸，經過政府相關部門審議處理後，決定採民營化政策，由大部分的包採人承受所包採的煤礦。結果公營煤礦減少，在1952年，其產量僅佔總產量的13.76%；1958年當總產量達到300萬公噸的水準時（見表1），公營煤礦產量的比例降到3.57%。當時經濟部成立中國煤礦開發公司，開發南湖、豐林等煤礦，故公營產量逐漸增加，但民營煤礦亦增，所以公營煤礦產量在臺灣煤業的黃金時代亦大約只佔總產量的5%左右。1970年代開始，隨著煤業的不景氣，公營煤礦亦遭到被撤收廢坑的命運，到1988年全部停止生產。[88]因此可以說民營煤礦是臺灣煤業的主軸。

2. 經營規模

由於臺灣地質等天然條件的限制，所以從日治時期以來一般民營煤礦開採的規模並不大。在1950年代，每礦平均月產不到1,000公噸，後來雖然略增，亦不及1,500公噸。

---

[88]《臺灣地區煤礦開發經營之綜合研究報告》，頁80-81。

根據既有資料，[89] 可以得知：

（1）月產5,000公噸以上的大規模煤礦並不多，在1950年代後期僅4-5礦而已，雖然1960年代增多，以1964年和1970年最多（18礦），此後又遞減，此情況與圖1所顯示的煤產量的變化呈相同趨勢。

（2）就煤礦規模與煤炭產量的關係而言，大型煤礦（月產5,000公噸以上）在臺煤總產量中的比例，自1960年代開始即一直約有30%上下，而以1972年的42.77%為最高。

（3）月產1,000-3,000公噸規模的煤礦，約佔總礦數的25%左右，而其產量則佔總產量的30%-50%之間。又，此規模的煤礦自1960年代開始減少，從1961年的101礦減至1971年的54礦和1980年的47礦，從而產量亦減。

（4）在臺灣煤礦中，存在著眾多月產500公噸以下的小規模煤礦，直到1981年為止，此規模的煤礦數高佔總礦數的54%以上，但其產量僅為總產量的6%左右。雖然1958年曾有224礦數和9.26%的比重的記錄，但應屬特例。此類煤礦煤層較差，很多礦坑是一面探勘一面採掘，保安設施較不齊全，亦有時做時停的現象，[90] 嚴重影響了臺灣煤礦總平均產量規模之提昇與礦業技術之改善。

（5）就整體煤礦平均產量而言，自1960年代以來，每月每礦平均產量約在1,100公噸至1,500公噸之間，即使年產總量已於1967年達到顛峰，但由於礦數的減少，所以平均生產力相形之下比較穩定，也意味著臺灣採煤技術雖然不能夠大大地提昇，卻也沒有退步的現象。

---

[89]《臺灣地區煤礦開發經營之綜合研究報告》，頁82-83。
[90]《臺灣地區煤礦開發經營之綜合研究報告》，頁84。

事實上，根據調查，臺灣煤層較薄，僅有0.3-1.0公尺，平均開採煤厚在0.4-0.5公尺，且煤層傾斜度高，又有膨縮、斷層的現象，所以多數煤礦不適合機械性開採，大抵依賴人工採掘，在1950年代沿襲日治時期的設備和開採法，工效不易提昇。1960年代引進新機械和設施，例如掘進方面多用鑿岩機，並以鎬煤機採煤，以卡車取代台車來運輸煤炭，使工效逐漸提高。到了1970年代，政府設置煤業合理化基金，輔助各煤礦更新設備和導入先進的採運技術，所以開採效率提高不少。[91]

工效的表現可以分為兩部分，一為總工效（礦工每人每日的生產量），一為每噸煤炭所需要的工人數。就第一部分而言，根據臺灣省礦務局的統計，在1959年每一礦工平均每日可採0.27-0.28公噸，與日治時期大致相同；[92]十年之後提昇至0.38公噸，到1979年則已達0.45公噸。[93]就每生產一噸煤炭所必須投入的工人數來說，1959年為3.76人，1969年減少到2.59人，1979年則只需2.24人。[94]而此平均工效所以能夠提高的因素，除了技術引進和設備改善外，應與前述的小礦坑的裁廢與整頓有關，亦即大規模煤礦扮演著相當重要的角色。

在礦工福利方面，1973年正式將臺灣省礦工福利委員會（創立於1951年）改組，成立財團法人臺灣區煤礦礦工福利委員會，由勞資雙方人士參加，該會自創辦以來的主要業績是：[95]

(1) 建立礦區醫療網，設立八堵礦工醫院，先後興建瑞芳、三峽、十分寮、大溪、南港、景美和頭份等七診療所，以及樹林、中

---

[91]《臺灣地區煤礦開發經營之綜合研究報告》，頁104。

[92]《臺灣礦業史》上冊，頁616；《臺灣礦業史續一》，頁1256。其中採煤工為0.65公噸，坑內工平均為0.37公噸。

[93]《臺灣礦業史續一》，頁1256。

[94]《臺灣礦業史續一》，頁1256。

[95]《臺灣地區煤礦開發經營之綜合研究報告》，頁35。

福分診所與木柵門診部,並設置瑪陵、深澳、友蚋等特約診療所。

(2) 自1954年開始配合美援相對基金,興建礦工住宅。

(3) 推行礦工教育,獎勵礦工子女升學。

(4) 防治礦工鉤蟲病、塵肺等職業病,及時救助礦工災難。

另一方面,在1970年代,小礦廠逐漸被淘汰,大中型礦廠所佔的比例逐漸增加。而在重大災變方面,1960年以前,每年災變發生件數在100件以下,進入1960年代開始,隨著產量增加和工人數的增加,每年災變數都超過100件,1968年高達139件。礦務局成立後,加強保安行政管理。1973年經濟部設置煤業合理化基金來補助礦方改進保安設備,重大災變次數乃逐年減少,1977年降至50件以下,1983年僅22件。[96]但這現象也是因為礦廠和煤礦工人皆已減少的緣故。所以若以煤炭百萬噸死亡人數推計,則1946-1956年間約為35-50人,1957-1971年間約在30-40人,1972-1983年則維持於15-30人之間。雖呈下降之趨勢,卻依然顯示出落磐和瓦斯災害等災變,[97]確實為煤礦業增添不少風險,而終日置身於黝黑地底的礦工,除了擔心意外的發生外,還得防患塵肺等職業病的侵襲,因此當他們面對「無言的山丘」時,或許也是撫首無語吧!進而言之,如果再考慮到環保問題,臺灣煤礦業因國內外能源供需市場的改變而衰微的事實,對廣大的民眾而言,未必不是值得慶幸的吧!

---

[96]《臺灣地區煤礦開發經營之綜合研究報告》,頁118。

[97]《臺灣地區煤礦開發經營之綜合研究報告》,頁118-119;瓦斯、爆炸、瓦斯窒息和瓦斯突出合計佔災變總數的38.8%,落磐佔37.3%,坑內搬運佔19.1%。臺灣礦工問題擬另稿探討。

五、結語

　　二十世紀臺灣煤礦業的興衰顯然與政府能源政策息息相關，尤其是1930年代以來的相關統制措施。但在全球化的籠罩之下，市場機制就像一隻看不見的手，始終影響著作為重要商品的臺灣煤炭的命運，也因而操縱了煤礦業的興盛與衰微。

　　換言之，二十世紀臺灣煤礦業的興衰與世界市場的相關性極大。因為在液體燃料和氣體燃料尚未出現或普及之前，煤炭是最主要的能源，即使在戰後初期，煤炭仍為臺灣最重要的工業燃料和交通運輸工具的原動力。而綜合能源中的石油、天然氣、水力發電、進口煤乃至核能，都與臺灣自產煤的銷路有密切關係，亦即進口能源直接影響到自產煤炭的產銷，乃至煤礦的開發和經營。大抵言之，自產煤如能產銷平衡或成為賣方市場時，則有利於煤業之發展；反之，一旦自產煤變成買方市場，煤業亦會逐漸衰微。戰後臺灣煤業自復甦而發展而凋零的過程，正是世界經濟體制下一資源相對貧乏的國家之夕陽產業的寫照。

　　另一方面，以上所論述的臺灣煤礦業中的國家角色、礦業協會的作用、相關技術的傳承等，都顯示出歷史的連續性，世界經濟與市場機制亦或多或少影響了臺灣煤礦業的興衰，礦工的悲慘命運也未曾因政權的更替而改變。但是戰後消失的日本財閥（三井）與家族力量（顏家）則象徵著第二次世界大戰所導致的歷史斷裂性，煤炭生產的中止更意味著臺灣煤礦業從二十一世紀開始消失於歷史舞台。

表 1 臺灣煤產銷量表（1912-2001）

單位：公噸

年次	生產量 (A)	總計 (B)	銷售量 內銷量 合計 (C)	內銷量 本地用煤 (D)	內銷量 輪船用煤 (E)	外銷量 合計 (F)	外銷量 日本 (G)	外銷量 其他 (H)	存煤量	C/B % ①	F/B % ②	D/C % ③	E/C % ④	G/F % ⑤
1912	276,246	419,810	390,484	249,998	140,486	29,326	2	29,324	11,478	93.01%	6.99%	64.02%	35.98%	0.01%
1913	319,371	466,690	444,386	279,006	165,380	22,304	—	22,304	18,611	95.22%	4.78%	62.78%	37.22%	—
1914	342,787	526,856	483,679	275,235	208,444	43,177	1,614	41,563	12,634	91.80%	8.20%	56.90%	43.10%	3.74%
1915	379,368	524,837	487,453	278,038	209,415	37,384	—	37,384	17,472	92.88%	7.12%	57.04%	42.96%	—
1916	517,581	511,543	422,724	266,506	156,218	88,819	10,549	78,270	47,957	82.64%	17.36%	63.04%	36.96%	11.88%
1917	673,008	767,300	499,281	344,249	155,032	268,019	15,030	252,989	54,089	65.07%	34.93%	68.95%	31.05%	5.61%
1918	801,520	820,296	529,942	376,696	153,246	290,354	8,268	282,086	128,506	64.60%	35.40%	71.08%	28.92%	2.85%
1919	1,086,907	1,184,495	649,575	404,778	244,797	534,920	57,571	477,349	95,057	54.84%	45.16%	62.31%	37.69%	10.76%
1920	1,139,358	1,258,755	710,383	487,863	222,520	548,372	90,295	458,077	103,060	56.44%	43.56%	68.68%	31.32%	16.47%
1921	1,029,410	1,322,187	811,506	499,760	311,746	510,681	56,092	454,589	78,559	61.38%	38.62%	61.58%	38.42%	10.98%
1922	1,347,449	1,375,426	717,919	518,158	199,761	657,507	188,794	468,713	45,242	52.20%	47.80%	72.17%	27.83%	28.71%
1923	1,444,921	1,473,807	807,806	519,355	288,451	666,001	181,088	484,913	150,873	54.81%	45.19%	64.29%	35.71%	27.19%
1924	1,506,451	1,685,712	813,858	485,736	328,122	871,854	198,618	673,236	80,353	48.28%	51.72%	59.68%	40.32%	22.78%
1925	1,704,581	1,780,764	890,477	526,931	363,546	890,287	189,694	700,593	106,812	50.01%	49.99%	59.17%	40.83%	21.31%
1926	1,794,511	1,881,412	991,662	608,962	382,700	889,750	136,497	753,253	83,023	52.71%	47.29%	61.41%	38.59%	15.34%
1927	1,857,257	1,752,599	1,062,412	782,093	280,319	690,187	129,797	560,390	146,201	60.62%	39.38%	73.61%	26.39%	18.81%

年份												
1928	1,583,598	1,397,102	953,160	657,235	295,925	443,942	79,147	364,795	198,339	68.22%	31.78%	68.95%	31.05%	17.83%
1929	1,530,025	1,608,699	1,219,752	725,590	504,162	388,947	42,860	346,087	110,942	75.82%	24.18%	58.67%	41.33%	11.02%
1930	1,598,728	1,520,667	1,136,875	640,641	496,234	383,792	41,633	342,159	145,716	74.76%	25.24%	56.35%	43.65%	10.85%
1931	1,421,544	1,419,287	1,045,874	597,902	447,972	373,413	64,094	309,319	133,114	73.69%	26.31%	57.17%	42.83%	17.16%
1932	1,354,995	1,407,351	1,174,532	622,321	552,211	232,819	61,830	170,989	80,520	83.46%	16.54%	52.98%	47.02%	26.56%
1933	1,533,103	1,584,572	1,251,107	658,611	592,496	333,465	146,515	186,950	70,036	78.96%	21.04%	52.64%	47.36%	43.94%
1934	1,520,926	1,570,513	1,303,126	681,341	621,785	267,387	105,350	162,037	74,762	82.97%	17.03%	52.29%	47.71%	39.40%
1935	1,596,672	1,706,301	1,477,325	701,224	776,101	228,976	81,526	147,450	121,120	86.58%	13.42%	47.47%	52.53%	35.60%
1936	1,743,777	1,976,904	1,735,394	895,105	840,289	241,510	114,134	127,376	152,637	87.78%	12.22%	51.58%	48.42%	47.26%
1937	1,953,346	2,269,729	1,861,814	858,206	1,003,608	407,915	270,159	137,756	133,054	82.03%	17.97%	46.10%	53.90%	66.23%
1938	2,198,542	2,369,038	1,782,288	885,478	896,810	586,750	439,544	147,206	132,187	75.23%	24.77%	49.68%	50.32%	74.91%
1939	2,618,877	2,667,964	2,100,036	1,105,706	994,330	567,928	276,258	291,670	190,988	78.71%	21.29%	52.65%	47.35%	48.64%
1940	2,841,414	2,706,635	2,038,758	1,169,476	869,282	667,877	284,703	383,174	242,006	75.32%	24.68%	57.36%	42.64%	42.63%
1941	2,853,832	2,617,000	2,139,000	1,452,000	687,000	478,000	86,000	392,000	531,000	81.73%	18.27%	67.88%	32.12%	17.99%
1942	2,356,313	2,519,000	2,104,000	1,755,000	349,000	415,000	146,000	269,000	363,000	83.53%	16.47%	83.41%	16.59%	35.18%
1943	2,237,725	2,312,000	1,978,000	1,623,000	355,000	334,000	37,000	297,000	272,000	85.55%	14.45%	82.05%	17.95%	11.08%
1944	1,913,937	1,941,763	1,807,023	1,426,316	380,707	134,740	—	134,740	225,822	93.06%	6.94%	78.93%	21.07%	—
1945	794,558	745,104	705,470	675,244	30,226	39,634	—	39,634	140,663	94.68%	5.32%	95.72%	4.28%	—
1946	1,049,071	864,465	471,984	453,060	18,924	392,481	392,481	—	79,541	54.60%	45.40%	95.99%	4.01%	—
1947	1,307,862	1,100,766	673,028	625,936	47,092	427,733	427,733	—	187,411	61.14%	38.86%	93.00%	7.00%	—
1948	1,650,049	1,577,557	1,089,451	998,202	91,249	488,106	488,106	—	211,600	69.06%	30.94%	91.62%	8.38%	—
1949	1,614,127	1,536,986	1,144,864	973,460	171,404	392,122	154,982	237,140	237,931	74.49%	25.51%	85.03%	14.97%	—
1950	1,404,631	1,367,068	1,270,914	1,171,100	99,814	96,154	—	96,154	131,334	92.97%	7.03%	92.15%	7.85%	—
1951	1,656,858	1,615,587	1,573,980	1,424,370	149,610	41,607	—	41,607	33,983	97.42%	2.58%	90.49%	9.51%	—
1952	2,286,394	2,027,387	1,967,679	1,834,925	132,754	59,708	—	59,708	160,150	97.05%	2.95%	93.25%	6.75%	—

年											
1953	2,392,704	2,058,363	1,913,635	1,788,908	124,727	144,728	—	261,003	92.97%	7.03%	93.48%	6.52%
1954	2,117,603	2,096,289	1,992,554	1,908,925	83,629	103,735	—	221,741	95.05%	4.95%	95.80%	4.20%
1955	2,359,316	2,424,411	2,370,728	2,290,111	80,617	53,683	—	145,395	97.79%	2.21%	96.60%	3.40%
1956	2,529,046	2,476,618	2,358,798	2,286,884	71,914	117,820	—	131,745	95.24%	4.76%	96.95%	3.05%
1957	2,916,084	2,844,326	2,814,090	2,739,054	75,036	30,236	—	182,989	98.94%	1.06%	97.33%	2.67%
1958	3,181,418	3,009,153	2,978,888	2,933,554	45,334	30,265	—	292,377	98.99%	1.01%	98.48%	1.52%
1959	3,563,131	3,393,495	3,303,152	3,263,713	39,439	90,343	—	356,026	97.34%	2.66%	98.81%	1.19%
1960	3,961,946	3,923,650	3,720,317	3,663,388	56,929	223,333	—	305,303	94.82%	5.69%	98.47%	1.53%
1961	4,236,574	4,104,005	3,869,781	3,839,068	30,713	234,224	—	316,276	94.29%	5.71%	99.21%	0.79%
1962	4,553,581	4,375,839	4,235,497	4,215,084	20,413	140,342	—	365,963	96.79%	3.21%	99.52%	0.48%
1963	4,810,040	4,664,581	4,569,620	4,559,357	10,263	94,961	—	404,673	97.96%	2.04%	99.78%	0.22%
1964	5,027,653	4,861,832/5,047,926	4,955,906	4,951,603	4,303	92,020	—	261,390	98.18%	1.82%	99.91%	0.09%
1965	5,054,463	5,012,727	5,010,817	5,008,556	2,261	1,910	—	281,396	99.96%	0.04%	99.95%	0.05%
1966	5,014,533	5,022,864	5,022,864	5,020,026	2,838	—	—	220,950	100.00%	—	99.94%	0.06%
1967	5,078,403	4,974,811	4,974,811	4,971,511	3,300	—	—	280,763	100.00%	—	99.93%	0.07%
1968	5,014,928	4,982,846	4,982,846	4,981,029	1,817	—	—	302,885	100.00%	—	99.96%	0.04%
1969	4,645,364	4,708,846	4,708,588	4,707,423	1,165	—	—	215,663	99.99%	—	99.98%	0.02%
1970	4,473,467	4,490,255	4,490,255	4,490,255	—	—	—	190,131	100.00%	—	100.00%	—
1971	4,096,594	4,099,439	4,099,439	4,099,439	—	—	—	194,024	100.00%	—	100.00%	—
1972	3,913,218	3,942,632	3,942,632	3,942,632	—	—	—	168,876	100.00%	—	100.00%	—
1973	3,327,107	3,417,107	3,417,107	3,417,107	—	—	—	172,020	100.00%	—	100.00%	—
1974	2,934,427	3,204,924	3,204,924	3,204,924	—	—	—	250,925	100.00%	—	100.00%	—
1975	3,140,578	3,238,469	3,238,469	3,238,469	—	—	—	112,285	100.00%	—	100.00%	—
1976	3,235,810	3,288,734	3,288,734	3,288,734	—	—	—	150,138	100.00%	—	100.00%	—
1977	2,955,915	2,991,947	2,991,947	2,991,947	—	—	—	143,026	100.00%	—	100.00%	—

年									
1978	2,883,904	3,041,922	3,041,922	3,041,922	—	—	100.00%	100.00%	—
1979	2,719,751	2,787,966	2,787,966	2,787,966	—	—	100.00%	100.00%	—
1980	2,573,530	2,628,000	2,628,000	2,628,000	—	—	100.00%	100.00%	—
1981	2,445,782	2,393,000	2,393,000	2,393,000	—	—	100.00%	100.00%	—
1982	2,383,579	2,340,000	2,340,000	2,340,000	—	—	100.00%	100.00%	—
1983	2,236,065	2,279,000	2,279,000	2,279,000	—	—	100.00%	100.00%	—
1984	2,010,775	2,019,000	2,019,000	2,019,000	—	—	100.00%	100.00%	—
1985	1,857,858	1,825,000	1,825,000	1,825,000	85,427	—	100.00%	100.00%	—
1986	1,725,024	1,707,000	1,707,000	1,707,000	90,981	—	100.00%	100.00%	—
1987	1,499,240	1,503,000	1,503,000	1,503,000	—	—	100.00%	100.00%	—
1988	1,225,487	1,230,000	1,230,000	1,230,000	—	—	100.00%	100.00%	—
1989	784,409	799,000	799,000	799,000	—	—	100.00%	100.00%	—
1990	472,050	473,000	473,000	473,000	—	—	100.00%	100.00%	—
1991	402,575	412,000	412,000	412,000	—	—	100.00%	100.00%	—
1992	334,821	354,000	354,000	354,000	—	—	100.00%	100.00%	—
1993	327,978	336,000	336,000	336,000	—	—	100.00%	100.00%	—
1994	285,000	286,000	286,000	286000	—	—	100.00%	100.00%	—
1995	235,000	240,000	240,000	240,000	—	—	100.00%	100.00%	—
1996	147,000	151,000	151,000	151,000	—	—	100.00%	100.00%	—
1997	99,000	98,000	98,000	98,000	—	—	100.00%	100.00%	—
1998	79,000	79,000	79,000	79,000	—	—	100.00%	100.00%	—
1999	92,000	92,000	92,000	92,000	—	—	100.00%	100.00%	—
2000	83,000	83,000	83,000	83,000	—	—	100.00%	100.00%	—
2001	0	0	0	0	—	—	0%	0%	—

資料來源：

1. 臺灣礦業史編纂委員會，《臺灣礦業史》下冊（臺北：臺灣省礦業研究會，民國58年，1969），頁1262-1264。
2. 臺灣礦業史編纂委員會，《臺灣礦業史續一》（臺北：臺灣省礦業研究會，民國72年，1983），頁1420。
3. 陳慈玉，〈日據時期臺灣煤礦業的發展〉，《日據時期臺灣史國際學術研討會論文集》（臺北：臺灣大學歷史學系，民國82年，1993），頁392。
4. 中華民國礦業協進會編，《臺灣地區煤礦開發經營之綜合研究報告》（臺北：經濟部煤礦業合理化基金保管運用委員會，民國83年，1994），頁78、頁131。
5. 中華民國礦業協進會，《臺灣礦業史續二》（上）（臺北：臺灣區煤礦業同業公會，民國89年，2000），頁411。
6. 中華民國礦業協進會，《臺灣礦業史續三》（臺北：臺灣區煤礦業同業公會，民國97年，2008），頁897。

註：
① C/B%為總銷售量中內銷量的比重。
② F/B%為總銷售量中外銷量的比重。
③ D/C%為本地用煤量在內銷量中的比重。
④ E/C%為輪船用煤量在內銷量中的比重。
⑤ G/F%為外銷量中日本市場所佔的比重。
⑥ 「—」表示沒有資料。

37

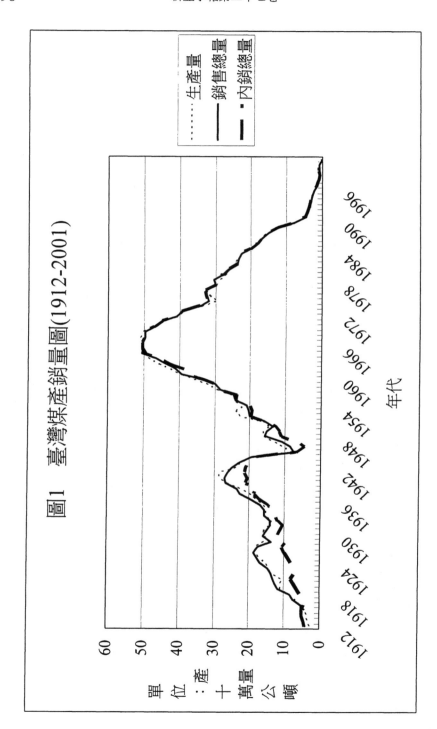

圖1　臺灣煤產銷量圖(1912-2001)

表2 臺煤內需市場表 (1945-1993)

單位：仟公噸

年次	總計	臺電 量	臺電 %	軍公 量	軍公 %	民營 量	民營 %	水泥 量	水泥 %
1945	675	—	—	—	—	—	—	—	—
1946	453	—	—	—	—	—	—	—	—
1947	626	—	—	—	—	—	—	—	—
1948	998	50	5.01%	451.6	45.25%	320	32.06%	—	—
1949	974	78	8.01%	389.8	40.02%	—	—	—	—
1950	1,171	48	4.10%	490.4	41.88%	—	—	—	—
1951	1,424	94	6.60%	451.3	31.69%	—	—	—	—
1952	1,835	190	10.35%	493.3	26.88%	—	—	—	—
1953	1,789	121	6.76%	504.1	28.18%	—	—	—	—
1954	1,908	162	8.49%	447	23.43%	—	—	—	—
1955	2,290	288	12.58%	793	34.63%	1,209	52.79%	—	—
1956	2,287	381	16.66%	802	35.07%	1,104	48.27%	—	—
1957	2,739	477	17.42%	1,035	37.79%	1,227	44.80%	—	—
1958	2,934	674	22.97%	888	30.27%	1,372	46.76%	—	—
1959	3,264	718	22.00%	809	24.79%	1,737	53.22%	—	—
1960	3,663	841	22.96%	1,055	28.80%	1,767	48.24%	—	—
1961	3,839	951	24.77%	827	21.54%	2,061	53.69%	—	—
1962	4,214	1,117	26.51%	664	15.76%	2,433	57.74%	—	—
1963	4,559	1,325	29.06%	588	12.90%	2,646	58.04%	—	—
1964	5,048	1,452	28.76%	606	12.00%	2,424	48.02%	470	9.31%
1965	5,013	1,313	26.19%	712	14.20%	2,465	49.17%	519	10.35%
1966	5,023	1,079	21.48%	784	15.61%	2,472	49.21%	685	13.64%
1967	4,974	993	19.96%	639	12.85%	2,614	52.55%	725	14.58%
1968	4,983	525	10.54%	688	13.81%	3,043	61.07%	725	14.55%
1969	4,708	428	9.09%	583	12.38%	2,995	63.62%	701	14.89%
1970	4,490	312	6.95%	520	11.58%	3,020	67.26%	638	14.21%
1971	4,099	463	11.30%	379	9.25%	2,788	68.02%	469	11.44%
1972	3,943	421	10.68%	361	9.16%	2,697	68.40%	464	11.77%

1973	3,359	114	3.39%	327	9.74%	2,297	68.38%	621	18.49%
1974	2,822	354	12.54%	261	9.25%	1,755	62.19%	452	16.02%
1975	3,215	577	17.95%	258	8.02%	1,823	56.70%	557	17.33%
1976	3,192	565	17.70%	301	9.43%	1,764	55.26%	562	17.61%
1977	2,951	551	18.67%	224	7.59%	1,672	56.66%	504	17.08%
1978	2,917	625	21.43%	172	5.90%	1,572	53.89%	548	18.79%
1979	2,719	764	28.10%	108	3.97%	1,384	50.90%	463	17.03%
1980	2,628	797	30.33%	108	4.11%	1,265	48.14%	458	17.43%
1981	2,393	721	30.13%	77	3.22%	1,025	42.83%	570	23.82%
1982	2,340	756	32.31%	72	3.08%	922	39.40%	542	23.16%
1983	2,279	771	33.83%	46	2.02%	931	40.85%	484	21.24%
1984	2,019	784	38.83%	49	2.43%	891	44.13%	292	14.46%
1985	1,825	878	48.11%	26	1.42%	805	44.11%	116	6.36%
1986	1,707	910	53.31%	10	0.59%	697	40.83%	90	5.27%
1987	1,503	881	58.62%	4	0.27%	473	31.47%	145	9.65%
1988	1,230	768	62.44%	─	─	315	25.61%	147	11.95%
1989	799	482	60.33%	─	─	200	25.03%	117	14.64%
1990	473	303	64.06%	─	─	94	19.87%	76	16.07%
1991	412	246	59.71%	─	─	102	24.76%	64	15.53%
1992	354	217	61.30%	─	─	79	22.32%	58	16.38%
1993	336	214	63.69%	─	─	79	23.51%	43	12.80%

資料來源：

1. 中華民國礦業協進會編，《臺灣地區煤礦開發經營之綜合研究報告》（臺北：經濟部煤業合理化基金保管運用委員會，民國83年，1994），頁134，頁135，頁162-174。

註：

① 1948-1954軍公資料只有公營事業之數目，軍方數目不詳，公營數目為鐵路局、臺糖公司、臺肥公司、林務局、中興紙業公司、石油公司、菸酒公賣局、高雄硫酸錏公司、鋁業公司、碱業公司供銷數量之總合。

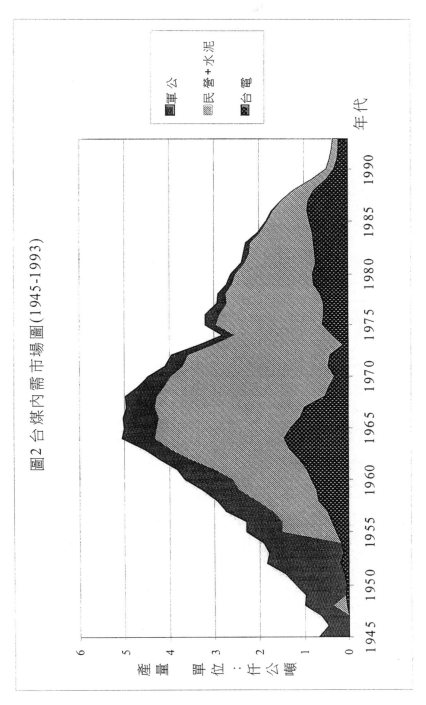

圖2 台煤內需市場圖(1945-1993)

資料來源：表2。

表3 臺煤和進口煤的銷售量表 (1972-1998)

單位：仟公噸

年代	銷售量合計			公營市場			民營市場			中鋼原料煤
	總計	臺煤	進口煤	計	臺煤	進口煤	計	臺煤	進口煤	計
1972	3,943	3,943	0	986	986	0	2,957	2,957	0	0
1973	3,477	3,359	118	515	441	74	2,962	2,918	44	0
1974	3,317	2,822	495	940	615	325	2,377	2,207	170	0
1975	3,278	3,215	63	875	835	40	2,403	2,380	23	0
1976	3,362	3,192	170	885	866	19	2,477	2,326	151	0
1977	3,667	2,951	716	794	775	19	2,239	2,176	63	634
1978	4,290	2,917	1,373	797	797	0	2,339	2,120	219	1,154
1979	5,413	2,719	2,694	1,899	872	1,027	2,126	1,847	279	1,388
1980	6,994	2,628	4,366	3,615	905	2,710	2,244	1,723	521	1,135
1981	7,140	2,393	4,747	3,526	798	2,728	2,346	1,595	751	1,268
1982	7,582	2,292	5,290	3,178	828	2,350	2,300	1,464	836	2,152
1983	8,606	2,232	6,374	2,650	817	1,833	3,298	1,415	1,883	2,705
1984	9,475	2,016	7,459	3,526	833	2,639	3,326	1,183	2,143	2,626
1985	11,901	1,825	10,076	5,618	904	4,714	3,557	921	2,636	2,726
1986	12,748	1,707	11,041	6,415	919	5,496	3,758	788	2,970	2,575
1987	15,454	1,503	13,951	7,925	885	7,040	4,166	618	3,548	3,363
1988	18,709	1,230	17,479	9,214	768	8,446	4,862	462	4,400	4,633
1989	17,556	799	16,757	8,007	482	7,525	4,631	317	4,314	4,918
1990	19,155	473	18,682	9,761	303	9,458	5,036	170	4,866	4,358
1991	18,756	412	18,344	8,707	246	8,461	5,470	166	5,304	4,579
1992	21,992	354	21,638	10,795	217	10,578	6,916	137	6,779	4,281
1993	24,901	336	24,565	12,723	214	12,509	7,379	122	7,257	4,799
1994	26,945	286	26,659	14,569	--	--	7,429	--	--	4,947
1995	28,695	240	28,455	15,390	--	--	7,831	--	--	5,474
1996	31,177	151	31,026	17,463	--	--	8,430	--	--	5,284
1997	36,102	98	36,004	20,383	--	--	8,351	--	--	7,368
1998	37,031	79	36,952	20,258	--	--	9,144	--	--	7,629

1998年與1972年比較 (+)增,(-)減	(939%) (+)33,088	(-)3,864	(+)36,952	(2,055%) (+)19,272	--	--	(309%) (+)6,187	--	--	(+)7,629

資料來源：

1. 中華民國礦業協進會編，《臺灣地區煤礦開發經營之綜合研究報告》（臺北：經濟部煤業合理化基金保管運用委員會，民國83年，1994），頁153。
2. 中華民國礦業協進會，《臺灣礦業史續二》（上），頁410-411。

註：中鋼原料煤除1982-1984年各有48,000公噸、47,000公噸、3,000公噸的臺煤外，皆為進口煤。

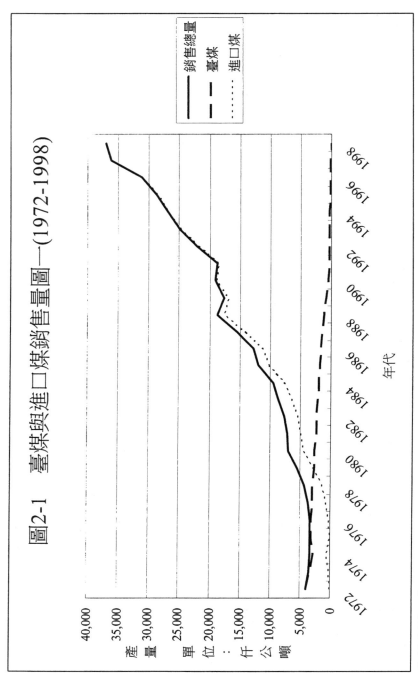

圖2-1　臺煤與進口煤銷售量圖—(1972-1998)

資料來源：表3。

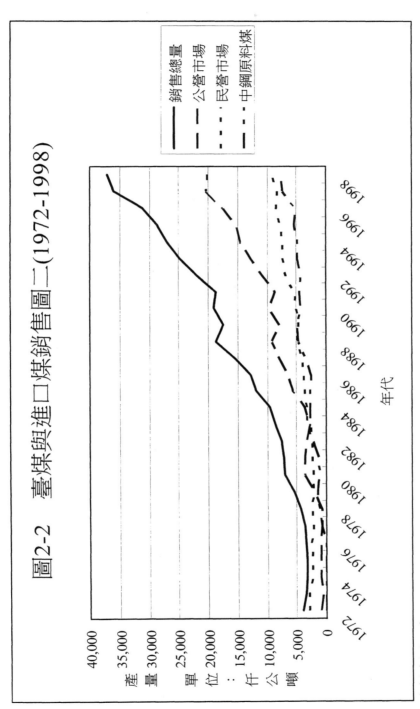

圖2-2 臺煤與進口煤銷售圖二(1972-1998)

資料來源：表3。

表4　燃料煤價格參考表

單位：新臺幣元／公噸

年別 (會計年度)	臺煤		歷年進口煤價(參考)	
	公銷	自(參考)銷	長期契約 (C.I.F)	民間現貨 (C&F)
1973	536	620	—	974
1974	1,300	1,437	—	1,028
1975	1,270	1,312	—	901
1976	1,270	1,312	—	1,340
1977	1,270	1,312	—	1,315
1978	1,420	1,506	—	1,220
1979	1,626	1,630	1,526	1,513
1980	2,410	2,353	1,902	2,013
1981	2,805	3,105	2,741	2,820
1982	2,805	2,690	2,938	2,566
1983	2,648	2,300	2,565	1,731
1984	2,648	2,500	2,032	1,752
1985	2,590	2,550	2,031	1,878
1986	2,565	2,525	1,960	1,560
1987	2,558	2,585	1,625	1,123
1988	2,572	2,150-2,500	1,571	1,246
1989	2,626	2,350-2,500	1,543	1,401
1990	2,810	2,350-2,600	1,610	1,435
1991	2,773	2,400-2,500	1,433	1,274
1992	2,928	2,450-2,550	1,303	1,182
1993	2,877	2,450-2,550	1,332	1,208

資料來源：《臺灣地區煤礦開發經營之綜合研究報告》，頁156。

備註：臺煤為屑煤6,200cal為準，進口6,400-6,700cal。

徵引書目

檔案

中央研究院近代史研究所蒐藏之《臺灣區生產事業管理委員會檔案》（文中簡稱《生館會檔案》）：

011.019.7.1.02．〈生管會煤業小組會議記錄〉，民國41（1952）年8月。

011.019.7.1.02．〈臺灣省政府令生管會〉，民國41年9月。

014.025.211.1．〈煤礦公司業務檢討〉，民國39（1950）年5月。

024.090.91.1．〈國民黨改造委員會建議扶植煤礦業〉，民國40（1951）年5月。

171.523.341.3．〈煤炭價格調整〉，《生管會檔案》，民國40（1951）年8月～12月。

中文書目

中華民國礦業協進會編，《臺灣地區煤礦開發經營之綜合研究報告》。臺北：經濟部煤業合理化基金保管運用委員會，民國83年，1994。

中華民國礦業協進會，《臺灣礦業史續二》（上）。臺北：臺灣區煤礦業同業公會，民國89年，2000。

林興仁主修，盛清沂總纂，《臺北縣志》，卷21，林朝棨編，《礦業志》。板橋：臺北縣文獻委員會，民國49年，1960。

孫毓棠編，《中國近代工業史資料》第1輯。北京：科學出版社，1957。

程宗陽、盧善棟，《臺灣之煤礦》。臺北：臺灣銀行，民國45年，1956。

黃嘉謨，《甲午戰前之臺灣煤務》。臺北：中央研究院近代史研究所，民國50年，1961。

臺陽股份有限公司六十週年慶典籌備委員會編輯組編，《臺陽公司六十年誌》。臺北：臺陽公司，民國67年，1978。

臺灣銀行金融研究室編,《臺灣之煤》。臺北:臺灣銀行,民國39年, 1950。

臺灣礦業史編纂委員會,《臺灣礦業史》上冊。臺北:臺灣省礦業研究會,民國年58年, 1969。

臺灣礦業史編纂委員會,《臺灣礦業史》下冊。臺北:臺灣省礦業研究會,民國58年, 1969。

臺灣礦業史編纂委員會,《臺灣礦業史續一》。臺北:臺灣省礦業研究會,民國72年, 1983。

臺灣礦業史編纂委員會,《臺灣礦業史 續三》。臺北:中華民國礦業協進會、臺灣區煤礦業同業公會, 2008。

薛月順編,《臺灣省政府檔案史料彙編:臺灣省行政長官公署時期(一)》(文中簡稱《省政府檔案》)。臺北:國史館, 1996。

日文書目

中村隆英、尾高煌之助編,《二重構造》。東京:岩波書店, 1989。

竹本篁處,《臺灣炭業論》。臺北:南方經濟研究社, 1921。

長濱實編,《顏國年君小傳》。基隆:尚友會, 1939。

總督府殖產局商工課,《熱帶產業調查書》第49卷,《臺灣礦業》。臺北:臺灣總督府殖產局商工課, 1935。

藤田喜市編,《臺灣炭礦誌》。臺北:三井物產株式會社臺北石炭支部, 1925。

期刊論文

陳慈玉,〈日本殖民時代的基隆顏家與臺灣礦業〉,《近世家族與政治比較歷史論文集》。臺北:中研院近史所,民國81年, 1992。

陳慈玉,〈日據時期臺灣煤礦業的發展〉,《日據時期臺灣史國際學術研討會論文集》。臺北:臺灣大學歷史學系,民國82年, 1993。

潘君祥,〈論官辦基隆煤礦的創辦和經營〉,《中國社會經濟史研究》
　　1988年第1期。廈門,1988。
顏惠霖,〈基隆炭礦株式會社創立真相〉,《臺煤》第563期。臺北:
　　中華民國礦業協進會,民國78年,1989年6月。

報紙

〈臺灣炭と福州〉,《臺灣日日新報》,2871號(1907年11月27日)。
〈廈門と臺灣石炭〉,《臺灣日日新報》,2903、2904號(1908年1月
　　7日、1月8日)。
〈煤炭幫之交涉〉,《臺灣日日新報》,6906號(1919年9月6日)。
〈南支南洋之煤炭〉,《臺灣日日新報》7643號,(1921年9月12日)。
〈島炭輸移出激增〉,《臺灣日日新報》,8599號(1924年4月25日)。
〈貯炭輸出隆盛〉,《臺灣日日新報》,9318號(1926年4月14日)。
〈本島石炭界稀有の不振〉,《臺灣時報》(臺北),1929年8月。

景印香港新亞研究所《新亞學報》（第一至三十卷）

無方之方：
胡適一輩子談治學與科學方法平議

葉其忠*

一、前言
二、重估胡適的治學與科學方法（論）
    二、（一）：疑、思、學與治學與科學方法
    二、（二）：胡適到底有幾個治學與科學方法（論）？
三、胡適談治學與科學方法的實際與邏輯困境析義
    三、（一）：邏輯與歷史線索之分及其堅持之必要
    三、（二）：顯例分析一：〈治學方法與材料〉
    三、（三）：顯例分析二：《丁文江的傳記》
    三、（四）：顯例分析三：〈歷史科學的方法〉
    三、（五）「拿證據來！」：論證／推理的根據及其限度
    三、（六）：為考據學辯護：考據學不可能只是（自然）科學
    三、（七）：實驗主義與治學與科學方法
    三、（八）：如何理解考據學、歷史學是科學的問題
    三、（九）：傳統考據家的科學家地位
    三、（十）：科學家與科學方法
四、結論：無方之方？

---

*中央研究院近代史研究所副研究員。

提要

　　胡適一輩子所談的治學與科學方法論雖以「大膽的假設，小心的求證」十字訣最重要，但並不限於此。其實，他有十種八種（個）治學與科學方法（論），且它們彼此之間並不一定一致。這實際上蘊涵了邏輯與歷史衝突或不能兩全的問題。但胡適研究者對此則還沒有全面且極認真、有系統地對待之。這是本文與一般談論胡適治學與科學方法（論）內容不一致時根本不同的出發點，──即是在知識領域裡強調邏輯與歷史間有個巨大且可能不可跨越的鴻溝。這是因為歷史敘述無法避免不按時間先後，而邏輯則是按概念的蘊涵關係，與時間無關或不太有關係，甚至相反。邏輯講定義、概念、蘊涵、推論、前提與結論的一致性，但不會增加前提已有的內容；歷史探索講變化、內外在因素、選擇、目標、動機、意志，是有所增減內容的。邏輯上可能的並不一定在實際上就會有。事實上有的一定是邏輯上有此可能且是此可能性之實現。

　　就本文作者看來，胡適上述談治學與科學方法的實際與邏輯困境，大都是由於胡適企圖捕捉在大多數一流的科學家、學問家（含胡適自己在內）都能體認到的 ── 其實並沒有獨一無二的治學與科學方法（論），也由於他在追尋治學與科學方法時的「歷史癖」≒「考據癖」很有關。

　　總之，若以必要條件而言，胡適的所有方法（論）都沒有問題，但若以必要且充足條件而言，則大有問題，但這並不限於他一人。其實，本文發現胡適的每一說法容或皆有其原委，但連結在一起，即是以等號式出現時，卻是無法完滿論證的，同時有每況愈下或起起伏伏之嫌。也就是說，胡適一輩子努力的方法論並沒有令他滿意的成功。當然功不唐捐，而失敗可能是成功之母，因此我們大可不必低估他的方法論的價值，更不可以成敗論英雄了。

一、前言

內行看門道，外行看熱鬧。1996年8月20日，中國大陸研究胡適（1891年12月17日－1962年2月24日）成就數一數二的耿雲志寫道：

> 近年來，胡適研究成為海內外許多學者關注的課題。國內已有十幾種專書問世，每年還有數十篇乃至上百篇的文章在各地的報刊上發表。自1991年以來，舉行了多次規模不等的研討會。從1995年起，又開始出版《胡適研究叢刊》。還有許許多多攻讀學位的青年學子以胡適研究為題做自己的學位論文。一個從前被批判得一無是處的學者，現在竟能引起如此廣泛的注意，這是很可發人深省的。胡適成了說不完的話題。[1]

此中說不完且可能是最重要的話題之一當是路新生所指出的：

> 在中國現代史上，對方法論問題著意最多的應當是胡適；從方法論的角度看，對學術界影響最大的也是胡適。這一點，從與胡適辯難的對手也使用了胡適在《中國哲學史大綱》中首先提出的整理史料的五種方法〔史事、文字、文體、思想與旁證〕可以得到明證。所以，胡適將自己說成是某種方法論的「始作俑者」，這並非是自吹。……[2]

吳二持就曾非常精簡地總結道：

> 胡適一生的學術活動所始終注重的是治學方法，無論是對於中國傳統文化的研究，包括對宋明理學的「思」的精神的繼承，對清代樸學的科學精神的評論闡發，對戴震等人的哲學思想的研究評

---

[1] 耿雲志，「序」，吳二持，《胡適文化思想論析》（北京：東方出版社，1998），頁1。參閱耿雲志、聞黎明編，《現代學術史上的胡適》（北京：三聯書店，1996年（1993年第1版）第2次印刷），附錄：「胡適研究論著要目」。

[2] 路新生，《中國近三百年疑古思想研究》（上海：上海人民出版社，2001），頁529。

價，對儒家文化的闡考，對禪宗史的梳理，大量的古典小說考證，以至對《水經注》的考證研究；還是對於西方學術思想，諸如推崇赫〔胥〕黎、達爾文的「懷疑」精神，尤其介紹杜威哲學及其思想方法等，都是如此。他的作為再造文明手段的研究問題、輸入學理和整理國故，無一不是注重於此。他所總結的治學方法「大膽的假設，小心的求證」，是他一生學術研究所遵循的定則，在多次的學術講演中對此都津津樂道。可以說，追求學術研究的科學方法，是胡適一生用力最深、影響最大的方面。[3]

找尋新方法（廣義的邏輯）或新學問是任何有創造力或自負的人的常態。胡適對治學與科學方法（論）之追索是與他對廣義邏輯的追求分不開的，且是後者的一部分。伊姆雷・拉卡托斯（Imre Lakatos）說：「當一種強大的新方法脫穎而出之後，研究新方法能勝任的那些問題的部門進展疾速，風〔鋒〕頭出足，其餘的問題越來越受冷落，甚至被遺忘，再研究就會遭到蔑視，這種情況在思想史上屢見不鮮的。」[4]但任何成功的方法、學科或人、事、物，都有向外擴張的傾向、企圖和能力──除非能自制，不然遲早一定引起反抗。這種衝突也可能出現在同一人身上。胡適既是中國最出名的治學與科學方法（論）鼓吹者，也曾是是否有此方法（論）有深度的反省者、批評者。

我曾在〈理解與選擇──胡適與康納脫的科學方法觀比論〉[5]一文

---

[3]《胡適文化思想論析》，頁 123。

[4] 伊姆雷・拉卡托斯（Imre Lakatos）著，康宏達譯，《證明與反駁──學發現的邏輯》（*Proofs and Refutations: The Logic of Mathematical Discovery*）（上海：上海譯文出版社，1987）作者引言。

[5] 詳見葉其忠，〈理解與選擇──胡適與康納脫的科學方法觀比論〉（以下簡稱〈理解與選擇〉），《臺大歷史學報》，第 35 期（2005 年 6 月），頁 181－234。除非另有說明，本文所有黑體字和黑斜體字皆是作者為了著種論點、看法而加的。又本文所有角括號內的文字，除非另有說明者外，也是作者所加的。

的開頭（頁 182－3）即說：

> 「工欲善其事，必先利其器」。每一位「胡適研究」者當不會對以下三點有疑義。第一，幾乎所有胡適（1891~1962）研究者都注意到，胡適一輩子重視治學（科學）方法，並以「大膽的假設，小心的求證」著稱。第二，較少胡適研究者指出胡適雖一輩子談治學（科學）方法，但他更重視治學精神和態度，並認為習慣之養成更重要，最後且以為官四字訣「勤、謹、和、緩」告終。第三，最少胡適研究者談論胡適是否很一致地主張他的治學（科學）方法。本文重點在第三點，並以沒有胡適研究者曾研究過的——康納脫（一譯康納特）（James B. Conant, 1893~1978）的科學觀——來衡量。
>
> 限於篇幅，更限於所擬定的主題，雖然胡適有許許多次方法論的重述，本文只能集中在他最後一次的重述：即一九五九年十一月二十九日（星期日）上午十時，他應教育部科學教育委員會及中華科學協進會的邀請，在臺大法學院禮堂講的〈科學精神與科學方法〉。像所有經典或口號一樣，針對胡適的十字訣用法的來龍去脈，真正詳加推敲的比較少見，而想當然爾的評論，則比比皆是。

作為撰寫中的《無方之方：胡適方法（論）平議》[6]專著之一部

---

[6] 雖談論胡適方法（論）的文章已有許多，其中最好的一篇可能是殷海光的〈論「大膽假設，小心求證。」〉（見氏著，《思想與方法》（臺北：大林出版社，1983再版）），但迄今仍然沒有專書，而最相關的文集如（1）胡適著，歐陽哲生編，《讀書與治學》（北京：三聯書店，1999），分六卷，只是臚列胡適談此書名所示兩方面的文章和書信；（2）胡適著，（遠東圖書公司編），《治學方法論》（臺北：遠東圖書公司，1954），只收胡適三篇此方面的文章。因此仍很有必要認真對待胡適的方法論主張並非空言。有興趣胡適方法（論）者可從耿雲志編，《胡適語萃》（北京：華夏出版社，1993）、應鳳凰編選，《胡適語錄》（台北：漢藝色研文化事業，1991）所提供的線索入手。

分,上述〈理解與選擇〉和本文是先要就作者能力所及,針對所能找到的胡適治學與科學方法論做些比較全面的探討,因為胡適一輩子所談的治學與科學方法論雖以十字訣最重要,但並不限於此。其實,他有十種八種(個)治學與科學方法論,且它們彼此之間並不一定一致。這是極明顯的事實,但卻是不為胡適研究者深究的議題。換言之,本文既是〈理解與選擇〉一文之延續及擴大,也是由於深切意識到,胡適研究者談胡適治學與科學方法(論)的著作,沒有全面且極認真、有系統地對待胡適所有談治學與科學方法類文章裡,實際上存在著的不一致內容可能蘊涵了邏輯與歷史衝突或不能兩全的問題。無論這個缺憾是否因為胡適故意不強調有以致之,或是胡適研究者怕麻煩或困難而冷處理之,都絲毫無損於它是個很有趣的問題、且實際上是得十分認真對待的問題。即是說,歷史敘述無法避免不按時間先後,而邏輯則是按概念的蘊涵關係【7】,與時間無關或不太有關係,甚至相反。邏輯講定義、概念、蘊涵、推論、前提與結論的一致性,但不會增加前提已有的內容;歷史探索講變化、內外在因素、選擇、目標、動機、意志,是有所增減內容的。邏輯上可能的並不一定在實際上就會有。事實上有的一定是邏輯上有此可能且是此可能性之實現。【8】歷史上已發生在前的事,單就此事

【7】牟宗三、《牟宗三先生全集·理則學》(臺北:聯經,2003),頁 128:「凡是邏輯推理皆是表示前提與結論嚴格一致。所謂嚴格一致就是前提嚴格地函著結論。……」殷海光,《邏輯新引》(臺北:亞洲出版社,無出版日期),頁 11:「……在行嚴格推論的時候,推論底對或錯,完全以推論法則為依據,不依據經驗或事實;經驗或事實對于純粹推論絲毫沒有幫助的。」

【8】這可從分析邏輯學裡所講的必要和充足條件的義涵即可知悉此論點:必要條件可用「有之不必然,無之必不然」來說明,充足條件(sufficient condition)可用「有之必然,無之不必不然」來說明,充足而又必要的條件可用「有之必然,無之必不然」來說明。參見殷海光,〈三種形式方式〉,《怎樣辨別是非》(臺北:傳記文學出版社,1970),頁 93 - 99。任何歷史事件皆是屬於或滿足了

本身而論,就不可能發生在後了。但邏輯上該先有的,往往最後出現。【9】

這是本文與一般談論胡適治學與科學方法論內容不一致時根本不同的出發點,即是在知識領域裡強調邏輯與歷史間有個巨大且可能不可跨越的鴻溝,正如波普爾(Karl Popper)談起源與理論之不同所顯示者。起源是歷史問題,理論是邏輯的範圍。

在這樣一個大前提下,本文的討論架構,包括本大節(第一大節)「前言」強調方法(論)的普遍意義和重要性以及胡適是其中的佼佼者外,其他三大節可以簡述如下:

第二大節,「重估胡適的治學與科學方法(論)」的重點在指出,雖胡適一輩子都在努力尋找治學與科學方法,但他是否找到了呢?這連他自己有時都不能定論,因而胡適研究者當更留意他的這個不確定性,而不是把他常有的肯定宣誓當做無可質疑的陳述。其實,他的所有治學與

充足而又必要的條件,儘管我們甚至不知道其因果關係是如何建立的,但必有因果律的作用。

【9】張巨青、吳寅華,《邏輯與歷史——現代科學方法論的嬗變》,(台北:淑馨出版社,1994)。R.G.科林武德(R.G. Collingwood)著,吳國盛、柯映紅譯,《自然的觀念》(*The Idea of Nature*)(北京:華夏出版社,1990),頁1:「說自然科學的具體研究以自然的觀念為基礎,並非意味著自然的一般觀念,或作為整體的自然觀念,是在脫離對自然事實的具體研究的情形下首先產生的;也不是說當這種抽象的觀念成形後,人們便在此基礎上建立具體自然科學的上層建築。它所指的是一種邏輯關係而不是時間關係。這裏,就像通常發生的,時間關係和邏輯關係剛好相反。〔這意謂歷史與邏輯,歷史與實驗常不能兼具〕在自然科學中,如同在經濟學或倫理學或法學中一樣,人們是從具體開始的,他們總是從抓住出現的個別問題入手。只有當具體聚集到了相當數量時,他們才開始反思他們已經做的工作,並發現這些工作都是按照迄今一直未被意識到的原理有條不紊地進行的。」

科學方法（論）可說是邏輯地實際地衍生自他對治學與科學方法的不確定性，因為只有某種不確定性，才會產生十種八種的治學與科學方法（論）。

第三大節，「胡適談治學與科學方法的實際與邏輯困境析義」的篇幅最長，且分成十小節，目的在於通過突出胡適的某些極相關文章裡所涉及的十種八種的治學與科學方法（論），儘可能詳細地分析（如小節（（二）、（三）和（四）之顯例分析一、二、三）並綜合（如小節（一）、（五）至（九））它們在內容上和論證上所顯示出的種種差異和不一致等問題，大都是由於胡適企圖捕捉在大多數一流的科學家、學問家（含胡適自己在內）都能體認到的──其實並沒有獨一無二的治學與科學方法（論）（小節（十））。

第四大節，「無方之方？」雖是對胡適一輩子「奧德賽式」尋找治學與科學方法本身並無大收穫或令他滿意的收穫的總結評論，但對他因此而挑起的議題，如第三大節小節（一）、（五）至（九）所顯示者，迄今仍是活的，甚至熱門的研究對象，謹表該有的學術敬佩。

二、重估胡適的治學與科學方法（論）

二、（一）：疑、思、學與治學與科學方法

Max Weber 說：「根本的懷疑是知識之父。」[10] 林語堂也說：「覺察，懷疑，是一切思想的主力。求知，養趣，是一切學問的水源。」[11] 但胡適的求學門徑、方法、和邏輯到底是先有疑，而後思、學，還是先有學，而後思、疑，或是先思，而後學、疑？或是三者幾乎同時發生？

---

[10] Max Weber, *The Methodology of the Social Sciences*, trans. and ed. By Edward A. Shils and Henry A. Finch, (Glencoe, Ill.: The Free Press, 1949), p.7.

[11] 江河、阮元編，《林語堂語錄》（長春：時代文藝出版社，2005），頁62。

仍然沒有定案。【12】不過,他給人一般讀者最強的印象是,他最重視懷疑。【13】這很適合他要改造傳統,提倡新思潮,頌揚文藝復興,鼓吹

【12】胡適終其一生鼓吹不輕信,要會疑,如季羨林主編,章清整理,〈科學的人生觀〉,《胡適全集 8:哲學‧論集》(合肥:安徽教育出版社,2003),頁 3－4:「〔(1928年6月1、2日登載)〕以前都是拿科學去答覆一切,現在要用什麼方法去解決人生,⋯⋯各人有各人的方法,但是,至少要有那科學的方法、精神、態度去做。分四點來講:
一、懷疑。第一點是懷疑。三個弗相信的態度,人生問題就很多。有了懷疑的態度,就不會上當。⋯⋯」但有時只把疑列為治學方法之第二步(習慣的養成)裡的第三點,並認為治學「第二步」為「有了習慣的養成,才能去做學問。」(季羨林主編,季維龍、柳芳整理,〈治學方法〉,《胡適全集 20:教育‧語言‧雜著》,頁 588－9);「〔時間當在1935年1月13日。〕我以麼在做學問之前,應先有下列兩個條件:第一是有博大的準備,第二是養成良好的習慣。〔若無方法,如何達到此境界?〕茲請依序說明之。」(季羨林主編,季維龍、柳芳整理,〈治學方法〉,《胡適全集 20:教育‧語言‧雜著》,頁 707。)

【13】季羨林主編,鄭大華整理,鄭大華整理,《胡適全集卷 1:胡適文存一集》(合肥:安徽教育出版社,2003),封面內頁稱「做學問要在不疑處有疑,待人要在有疑處不疑。」為胡適的座右銘;季羨林主編,鄭大華整理,〈這一周〉《胡適全集卷 2:胡適文存二集》(合肥:安徽教育出版社,2003),頁 573:「⋯⋯我若因為怕人懷疑而不敢說話,那就不成胡適之了。⋯⋯」;季羨林主編,曹伯言整理,《胡適全集卷 32:日記》(1931－1937)(合肥:安徽教育出版社,2003),頁 506－7 記 1935年7月24日云:「我想寫一篇長文,提為〈信與疑〉,寫中國人在二千五百年中的『信力』(Credulity)的變遷。例如《武夷新集》中寫楊億的求雨新法,他自己很得意,竟奏報給皇帝。皇帝也自有他的『畫龍求雨新法』頒給天下。這都是史料。『信』是最容易的事,『疑』是最難的事。能懷疑的人,千萬人之中不得一二人。宋人中如王安石、如沈括,都是奇士,因為他們都能疑。沈括很有科學態度,但他也信舍利有神異!要把做學問和做人解決懷疑的良藥密切結合起來是何等困難的事!既如他的「做學問要在不疑處有疑,

9

「重新估定一切價值。」（Transvaluation of all values）【14】的形象。但胡適最終要的只是有責任感的懷疑主義罷了【15】，像笛卡兒一樣。

唐德剛曾收集胡適之治學終身奉為圭臬的格言如「不疑處有疑」、「為學要不疑處有疑，纔是進步！」、「實事求是莫作調人！」

待人要在有疑處不疑」與他的「寧疑古而失之，不可信古而失之」不一致所反映的。

【14】季羨林主編，鄭大華整理，〈新思潮的意義——研究問題，輸入學理；整理國故，再造文明〉（1919年12月1日載）《胡適全集卷1：胡適文存一集》；余英時，《中國近代思想史上的胡適》（臺北：聯經，1984），頁17註12曾根據 Walter Kaufmann 的著作 *Nietszche, Philosopher, Psychologist, Antichrist* 指出：「尼采的『重新估定一切價值』〔是胡適用來英譯 "transvaluation of all values" 一詞，而後者則是譯自德文原文："Versuch einer Umwertung aller Werte"〕現在英文譯作 "revaluation of all values"。尼采的本意只在攻擊現存的偽價值，但他並未提供新的價值。」這裡要澄清的是，我們若按字義理解胡適譯作『重新估定一切價值』的英語 "transvaluation of all values" 一詞，則甚至具有顛覆所有價值的意義，而不只是「攻擊現存的偽價值」而已。因為 "transvaluation of all values" 實可譯為「反估／翻估一切價值」、「顛估一切價值」、「一切價值之超越估價」，而不是胡譯現代通行比較溫和的「重新估定一切價值」。這才符合尼采說上帝已死、基督教的奴隸道德該被推翻，以及需要有超人的新道德訴求。總之，「重估」不一定是「顛覆」，因前者比較溫和於後者。也就是說 "revaluation of all values" 比 "transvaluation of all values" 溫和。胡適的溫和改革有所透露於此譯語乃明。

【15】他說：「〔1941年6月中旬〕有責任心的思考至少含著三個主要的要求：第一，把我們的事實加以證明，把證據加以考查；第二，如有差錯，謙虛的承認錯誤，慎防偏見和武斷；第三，願意儘量徹底獲致一切會隨著我們觀點和理論而來的可能後果，並且道德上對這些後果負責任。」（季羨林主編，季維龍、柳芳整理，〈知識的準備〉，《胡適全集20：教育・語言・雜著》，頁206。）

等【16】且有評論云:「胡氏治學對我國傳統治學精神的承繼,可說深入骨髓;西學對他的影響,有時反而是很表面的。」【17】

姑不論唐德剛的評論是否恰當。不可否認,赫胥黎和杜威卻也是胡適自認(同時也是一般公認)的科學方法、精神和態度的主要來源。他在1930年寫〈介紹我自己的思想〉時說:

> 我的思想受兩個人的影響最大:一個是赫胥黎,一個是杜威先生。赫胥黎教我怎樣懷疑,教我不信任一切沒有充分證據的東西。杜威先生教我怎樣思想,教我處處顧到當前的問題,教我把一切學說理想都看作待證的假設,教我處處顧到思想的結果。這兩個人使我明瞭科學方法的性質與功用……【18】

【16】唐德剛譯註,《胡適口述自傳》(臺北:傳記文學出版社,1981年),頁11,12,20。本文引《胡適口述自傳》所有括號內的說明文字是原譯註者所加的。但黑體字則是本文作者所加的。

【17】對照他與此可能有矛盾的如下論斷:「青年期的胡適是被兩位傑出的英美思想家——安吉爾和杜威——「洗腦」了;而且洗得相當徹底,洗到他六十多歲,還對這兩位老輩稱頌不置。這也就表示胡適的政治思想,終其生沒有跳出安、杜二氏的框框。胡適之先生一生反對「被人家牽著鼻子走」,可是在這篇自述裏,我們不也是看到那個才氣縱橫的青年胡適,一旦碰到安吉爾、杜威二大師,便「盡棄所學而學焉」,讓他兩位「牽著鼻子走」嗎?適之當然不承認他被人家牽著鼻子走;因為他不自覺自己的鼻子被牽了。這並不表示他老人家沒有被牽。相反的,這正表示牽人鼻子的人本事如何高強罷了。」(《胡適口述自傳》,頁81。)

【18】胡適,《我們走那條路?》(臺北:遠流出版事業公司,1994),頁228~229。「〔1938年6月3日〕到 Dewey〔杜威〕先生家,他剛把他的大作 *Logic: Theory of Inquiry*〔《邏輯:探究的理論》〕今天送去付印,故他很高興,要我去談天。我們談的很高興,許久沒有這樣痛快的談天了。」(《胡適全集卷33》,頁111)。 1940年8月22日胡適買到如下書:「到 Lowdermilk〔洛德米爾克〕舊

針對上引胡適中年的科學方法（論）結語，任何一位胡適研究者都耳熟能詳。本文以下將更進一步徵引胡適晚年全面回顧此中議題或坦然的自白，以凸顯他治學與科學方法（論）的根本觀點，並做為本文平議的重心。本文認為，任何相關的評論若沒有觸及這些引文都是個缺憾。

胡適自己在1958年由唐德剛記錄、譯註（1981年出版）的《胡適口述自傳》裡回顧他一輩子努力云：

> 杜威教授當然更是對我有終身影響的學者之一。……
>
> 杜威對我其後一生的文化生命既然有決定性的影響，我也就難于作詳細的敘述。他對我之所以具有那樣的吸引力，可能也是因為他是那些實驗主義大師之中，對宗教的看法是比較最理性化的了。……
>
> 我治中國思想與中國歷史的各種著作，都是圍繞著「方法」這一觀念打轉的。「方法」實在主宰了我四十多年來所有的著述。從基本上說，我這一點實在得益于杜威的影響。這一問題討論起來太大了。……
>
> 杜威最風行的著作之一便是那本舉世熟知的「思維術」──尤其是那一本為一般學校和師範大學所採用的薄薄的原版。……在我進哥大之前我已對「思維術」發生興趣，也受其影響。杜威認為

書店，買了：Burton: Arabian Nights〔伯頓：《天方夜譚》〕，十七本；Huxley (T.H.)〔T.H. 赫胥黎〕《全集》，十一本；Morley: On Compromise〔摩里：《論妥協》〕共花三十元！」（《胡適全集卷33》，頁395）。角括號內的文字，除了日期為本文作者所加外，皆為原引文所加。很有趣的是，胡適對赫胥黎（T. H. Huxley）很崇拜，是很有道理的，因為赫氏曾是英國皇家學會的會長，見 Thomas H. Huxley, Collected Essays of T. H. Huxley: Methods and Results (Bristol: Thoemmes Press, 2001, reprinted from the 1893-4 edition), p.17. 但同樣有趣的是，胡適卻對在新演化論很有造詣的赫孫──Julian Huxley──很少提及，雖然胡適在六十八歲生日時還說他對遺傳尤其有興趣。

有系統的思想通常要通過五個階段：

第一階段為思想之前奏（antecedent）。是一個困惑、疑慮的階段。這一階段導致思想者認真去思考。

第二階段為決定這疑慮和困惑究在何處。

第三階段〔為解決這些困惑和疑慮〕思想者自己會去尋找一個〔解決問題〕的假設；或面臨一些〔現成的〕假設的解決方法任憑選擇。

第四階段，在此階段中，思想者只有在這些假設中，選擇其一作為對他的困惑和疑慮的可能解決的辦法。

第五、也是最後階段，思想的人在這一階段要求證，把他〔大膽〕選擇的假設，〔小心的〕證明出來那是他對他的疑慮和困惑最滿意的解決。

杜威對有系統思想的分析幫助了我對一般科學研究的基本步驟的了解。他也幫助了我對我國近千年來——尤其是近三百年來——古典學術和史學家治學的方法，諸如「考據學」、「考證學」等等。〔這些傳統的治學方法〕我把它們英譯為 evidential investigation（有證據的探討），也就是根據證據的探討，〔無徵不信〕。在那個時候，很少人（甚至根本沒有人）曾想到現代的科學法則和我國古代的考據學、考證學，在方法上有其相通之處。我是第一個說這句話的人；我之所以能說出這話來，實得之于杜威有關思想的理論。

我近年來每每歡喜在講演時向中國聽眾介紹赫胥黎（Thomas H. Huxley）治古生物學（Paleontology）的法則，他叫做「撒迪法則」（Zadig method）。薩迪是〔歐洲文藝復興大師〕〔本文作者按：當是所謂啟蒙時代？〕弗爾泰爾（Voltaire, 1694-1778）小說「薩迪」裏的主角。薩迪被描寫成一個古巴比倫的一位哲學家。他能用他的常識去解釋沙灘上和岩石上所發現的痕跡，或者林木裏枝葉脫

落的跡象。觀察了這些痕跡之後,他就可推斷有跑馬或走狗曾道經此地;並可說出狗馬的大小。這種循果以推因的辦法,便是治古生物學、地質學、考古學⋯⋯以及一切歷史科學的法則。這就是「薩迪法則」;人類〔所發明而專用之〕的法則。

這法則也正是杜威所指出的法則;也正是約翰・穆勒(John Stuart Mill, 1806-1873)在十九世紀所說的每個人在每日工作中所應用的法則。推理思想並非科學家在實驗室內所專有;那只是人類常識上的法則。科學的法則只是把常識上的法則紀律化而已。近幾十年來我總歡喜把科學法則說成「大膽的假設;小心的求證。」我總是一直承認我對一切科學研究法則中所共有的重要程序的理解,是得力於杜威的教導。事實上治學方法,東西雙方原是一致的。雙方之所以有其基本上相同之點,就是因為彼此都是從人類的常識出發的。⋯⋯【19】

對以上長篇引言,就本文的論旨而言,最值得留意的是,在內容上是「在那個時候,很少人(甚至根本沒有人)曾想到現代的科學法則和我國古代的考據學、考證學,在方法上有其相通之處。」此論斷;以及此論斷中的「在方法上有其相通之處」的「有相通之處」的邏輯蘊涵與其他同樣具有邏輯蘊涵的修辭(形容詞與副詞)諸如「正是」、「只是」、「所共的」、「原是」、「基本上」之微妙差別和不等同意義。這些微妙差別和不等同意義將是本文邏輯地分辨胡適治學與科學方法(論)的重點。我們將會驚奇發現,對胡適治學與科學方法(論)最大批評可能是在於他使用這些或類似這些辭彙時有意或無意地不夠小心,而不在於許多胡適研究者認為的,是在於其一般內容或來源,雖然這不是說胡適的治學與科學方法(論)的一般內容與來源沒有討論的餘地。

胡適於此非常清楚地邏輯地蘊涵地告訴我們:他所謂的科學方法有

【19】《胡適口述自傳》,頁91、92、94、96−7。

很大部分其實是治學方法,尤其是考據方法的擴大;個中相關的學問雖有變動,但皆是與傳統小學分不開,甚至他的歷史學也可看成是考據學之擴大。【20】

二、(二):胡適到底有幾個治學與科學方法(論)?

說來令人吃驚,儘管有大量的胡適研究,甚至包括談論他的方法(論)的文字,但我們對胡適研究中基本的問題,諸如他到底有幾個治學與科學方法(論)?這些方法之間的確切關係如何?仍然沒有答案。我們根據上引胡適晚年長篇的回顧,以及下述類似的不同時期的陳述,清楚可見他談治學與科學方法(論)的說法絕不只有一種,而是大致有如下十種八種在時間先後上互為交錯,且邏輯內容上不一定一致的提法:

治學方法
科學方法
- 大膽的假設,小心的求證(十字訣)
- 勤、謹、和、緩(四字訣);勤、慎、虛(三字訣)
- 杜威思想五法【21】;五法之精要:三要素(五步之簡化)
- 考據或歷史方法
- 沙狄的方法
- 有控制的常識+合理的推論
- 最好的實驗室裏所學到的和最好的老師的研究方法【22】
- 科學方法只是能使理智滿意的推論方法
- 「實事求是」的科學精神與方法
- 歸納與演繹【23】

【20】《胡適口述自傳》,頁 136。

【21】季羨林主編,鄭大華整理,〈五十年來的世界哲學〉,《胡適全集2:胡適文存二集》,頁376。對照:詹姆士談「思想的五個特性」:「……思想照什麼樣子進行呢?我們立即看到思想過程有五個重要特性。本章的職務就在於把這些特性作個概括的討論:(一)每個思想都具有成為一個私人意識的一部份這種趨勢。(二)在每個人的意識之內,思想永遠是變化的。(三)在每個人的意識之內,

胡適論方法，可以分兩部分：治學方法和科學方法，治學方法則以「勤、謹、和、緩」見稱，而科學方法以「大膽的假設，小心的求證」十字訣最出名。廣義而言，治學方法含科學方法；治學方法比科學方法廣，但並非前者一定包括後者。毋寧是有些重疊，有些互斥，有些在外。[24] 邏輯而言，十字訣不等於「勤、謹、和、緩」，雖然十字訣和四字訣都是他在求考證、考據、科學、哲學、文學、史學和司法判案各科門的公約數，而得出的。

胡適如此畫等號的作為並非絕無僅有。相反的，甚至可以說是許多人文出身的科學主義者常有的傾向，只不過胡適做得最積極且最明顯。可惜迄今為止，仍沒有胡適研究者如本文如此針對性地指出而已。也許對資深的胡適研究者而言，這太明顯太淺白、太耀眼以致看不到，或耳熟能詳，以致不值得一提。但對我這樣一位極資淺的胡適研究者而言，則是新鮮事，覺得值得研究。其實，就是由於胡適是如此持續，明顯地等同這些他得意的治學與科學方法，加上他的名聲，所以把研究的焦點

思想覺得是連續的。（四）思想永遠顯示是應付獨立於思想之外的對象的。（五）思想對這些對象之中的有些部份具有興趣，對其餘部份不理會，并且時時刻刻加以歡迎或是加以排棄——簡言之，就這些對象之中加以選擇。」（詹姆士著，唐鉞譯，《論思想流》（台北：台灣商務印書館，1974 台一版），頁 2。）

[22] 季羨林主編，季維龍、柳芳整理，〈知識的準備〉，《胡適全集 20：教育・語言・雜著》，頁 201。

[23] 竺可楨也有類似看法云：「科學方法可說只限于歸納法與演繹法」。見氏著，〈科學之方法與精神〉，收在氏著，樊洪業、段異兵編，《竺可楨文錄》（杭州：浙江文藝出版社，1999），頁 38。

[24] 即邏輯學上所說的，「凡 S 是 P，不等於凡 P 是 S。」例如：「柴狄的方法」是科學方法不等於科學方法即是「柴狄的方法」。《胡適語粹》，頁 387：「……科學方法不是科學家獨得或獨佔的治學方法……」；頁 390：「……所謂科學方法不過是不苟且的工作習慣，加上自覺的批評與督責……」等等。

放在他身上會比把焦點放在他人更有意義。

　　質疑胡適把好幾個治學與科學定義或說法連在一起，並不表示其中一個或多個定義、沒有任何道理、不能在某一意義或層次上可以成立，正如人們拋撒出幾個網，不見得每個網每次都捕到魚，我們就能武斷下結論說撒網是無用的。其中十字訣與杜威的思想五步，甚至是蠻不錯的普遍看法，且顯然有許多支持者與少數反對者。它們是非科學家或一般人可以達到的層次，雖在行家眼裡或會不滿意，但是仍很可能可以有保留地加以接受的。至於四字訣做為科學方法，則得在狹隘的條件下才可以接受，因為它顯然是中國考據學的經驗教訓或胡適明言的是中國人作官的箴言。

　　就本文作者看來，胡適之所以有上述如此令人困惑的連鎖式論證的根源是與他在追尋治學與科學方法時的「歷史癖」≒「考據癖」[25]與不分歷史與邏輯，或更嚴重的，混淆了歷史與邏輯很有關。即是說，治學與科學方法，尤其是科學方法，本來可以不必然與歷史，更不要說中國或西方的歷史連在一起，因為方法雖有其歷史，但其了解、傳播、應用，不一定非得從頭做起不可。這不但常是不可能的，而且也沒有必要。譬如說，即使我們不知道「大膽的假設，小心的求證」是胡適提出的，我們仍然能夠很好理解它的意義。而即使我們知道其歷史，我們要

---

[25]〈《水滸傳》考證〉《胡適全集卷1：胡適文存一集》，頁479：「我最恨中國史家說的什麼『作史筆法』，但我卻有點『歷史癖』；我又最恨人家咬文嚼字的評文，但我卻又有點『考據癖』！因為我不幸有點歷史癖，故我無論研究什麼東西，總喜歡研究他的歷史。因為我又不幸有點考據癖，故我常常愛做一點半新不舊的考據。……」；〈《國語月刊・漢字改革號》卷頭言〉）（1923年2月10日）《胡適全集卷2：胡適文存二集》，頁852：「我是有歷史癖的；……」其實，很可能就是因為他有此二癖，所以他才會有此「二恨」；或相反的，很可能就是因為他有此「二恨」，所以他有此「二癖」。此「二癖」顯然與他追求實證主義所要求的事實，以及過高估價歸納法在科學中的作用很有關。

分析其邏輯意義也不會增加多少內容。

　　胡適諸多治學與科學方法等式中，最出名的是大家都知道的「大膽的假設，小心的求證」【26】，甚至連兒童讀物也可看到它。【27】此外，我們還可以加上也是很出名的四字訣：「勤、謹、和、緩」；杜威思想五步或三步等。有時胡適把此五步驟進一步簡化為三步驟、並把它（經過轉換後）不但與「大膽的假設，小心的求證」十字訣，甚至也與「勤、謹、和、緩」四字官箴等同起來；但有時則分別對待此處的每一種治學方法或科學方法，好像任何一種說法已足夠成為治學與科學方法似的。

　　本文要提到的大疑問之一是，胡適的治學與科學方法的任何一種說法，或甚至所有說法合起來，真的足夠說明治學與科學方法嗎？要回答此問題，首先得看胡適如何論證他這種其實有問題的連鎖式觀點。胡適研究者當會注意到上述關於治學與科學方法等式的文字，但迄今似乎沒有胡適研究者曾把這些說法匯集起來，探討其間的邏輯關係，看看是否正如胡適有意無意所說的關聯性。隱隱約約之中，按可接受度而言，似乎是按杜威的思想方法、十字訣、四字訣、受控制的常識、柴狄的方法、……排下來。但對這幾個科學方法、態度、精神，胡適的說法和解釋有時顯然是不一致的。其實，十字訣、杜威的思想五步驟或三步驟常指科學實驗精神和方法，而四字訣則是總結漢學、歷史學的經驗之談。但他也常把有意識的經驗之談或批判精神與科學實驗室精神等同。

　　胡適一輩子強調方法的重要性，可從他最後來仍堅持十字訣及其相等式看出【28】。「大膽的假設，小心的求證」方法論所蘊涵的求證當然

【26】季羨林主編，季維龍整理，《胡適全集13：史學‧論集》，（合肥：安徽教育出版社，2003），扉頁把「大膽的假設，小心的求證」當作求學警句。耿雲志明編，《現代學術史上的胡適》，封內頁也有此句。

【27】如1995年鐘文出版社編的《福爾摩斯》（新編世界兒童名著30）的「致讀者」也期望培養「『大膽〔的〕假設，小心〔的〕求證』的科學精神。」（頁4）。

【28】詳見〈理解與選擇〉，頁181－234。

是某種歸納或演繹後的假設之求證與否定。我們可以為胡適的十字訣很好的辯護【29】，而若一定要挑毛病，大概就是前半句太簡化了些，而後半句則既有點過嚴又失之過寬的雙重特質了，因為否證比確證有更強的證據力【30】，而證明或證實是件無法真正完全做到的工作。讀者於此或許會馬上想到，Karl Popper 以證偽說來分辨科學與非科學與以假設－演繹（Hypothetico-deductive）的模式來陳述科學發展（現）的邏輯早在 1934 年已提出（見其 *Logik der Forschuung*），且與胡適的十字訣極相關，而胡適本身也有類似（假設－演繹）的說法（雖不是來自 Karl Popper）。但令人困惑的是，胡適後半輩子（即 1934 年以後）應該但卻好像從未提到 Karl Popper 其人。畢竟，Karl Popper 的科學方法（論）是最大多數科學家所能接受的方法論。然而，本文作者仍然可以肯定地說，在翻查了數以百計談論科學的書，以及閱讀幾十本科學方法的書後，——從最基礎的中小學、甚至兒童讀本裡的科學定義，直到諾貝爾科學獎得主的科學觀——，整體而言，胡適的十字訣並不比許多批評它的人差，且其水準常在企圖取代者之上。其中一個原因是，至少他讀過的關於治學與科學方法的書很可能比其批評者多，而他也是中國科學社

【29】〈理解與選擇〉頁 230，註 126。此外，這也是本文擬議中胡適方法論專著的主題之一，已有初稿長編「《祖國周刊》上關於胡適的『大膽的假設，小心的求證』論爭平議」十幾萬字。

【30】卡爾·波普爾（Karl Raimund Popper）著，傅季重、紀樹立、周昌忠、蔣戈為譯，《猜想與反駁——科學知識的增長》(*Conjectures and Refutations: The Growth of Scientific Knowledge*)，（上海：上海譯文出版社，1987 年第 3 次印刷）；（Karl R. Popper）著，舒煒光、卓如飛、周柏喬、曾聰明等譯，《客觀知識——一個進化論的研究》(*Objective Knowledge---An Evolutionary Approach*)（上海：上海譯文出版社，2001），頁 4－5；《證明與反駁——數學發現的邏輯》；Peter Medawar, *Pluto's Republic*, (Oxford: Oxford University Press, 1984), p.127.

的發起人之一【31】。其實,他的科學界朋友——中外的一流的科學界朋友——可能比任何批評他的人還要多,雖然他的科學家朋友大都不讀他的著作,但他卻讀他們的著作並和他們密切往來。例如,根據耿雲志的研究,參與胡適1934年2月至6月間在北大主持的「科學概論」一系列講演的專家都是一時之選,包括了任鴻雋(講化學方法論)【32】、丁文江(講地質學方法論)、陶孟和(講社會科學方法論)、汪敬熙(講心理學方法論)等。【33】這就很有助於說明他的許多科學看法是有相當的基礎和來源的。

三、胡適談治學與科學方法的實際與邏輯困境析義

為胡適十字訣辯護意味著拋棄他另外比較不夠格的科學方法論;而為他所有十種八種治學與科學方法(論)辯護則蘊涵不只得拋棄他有時主張的科學方法萬能論,更不要說他偶有科學方法一元論了。若方法不是全能的,則是可取的、無爭議的看法,但就無法過分強調了。本大節各小節就是進一步針對此困境而詳論之。

胡適深受赫胥黎(Thomas Henry Huxley, 1825~1895)和杜威(John Dewey, 1859~1952)的影響,可說是任何胡適研究者談他的治學(科學)方法時的口頭禪了。但很少胡適研究者注意到他既有不十分確定其治學與科學方法(論)的反省【34】,且更有明顯否認治學方法的文字呢。

【31】 張劍,《科學社團在近代中國的命運——以中國科學社為中心》(濟南:山東教育出版社,2005)。

【32】 任鴻雋著,樊洪業、張久春選編,《科學救國之夢——任鴻雋文存》(上海:上海科技教育出版社,2002)。

【33】 耿雲志,〈中國現代史史料的豐富寶藏〉,歐陽哲生編,《解析胡適》(北京:社會科學文獻出版社,2000),頁519。

【34】《胡適口述自傳》,頁121。

1935年1月13日他明顯地否認有治學方法的文字該是令胡適研究者,尤其是對胡適的治學與科學方法論有興趣的胡適研究者,最最吃驚的,但卻不曾為他們所留意。他明明說道:

> 本來做學問,如果得到好的方法,自然容易與學問接近,所得的成績也會比較的多。因此,我時常接得青年朋友的信,殷殷以治學的方法相詢。說胡先生何以不告訴我們做學問的方法,以指導我們如何去做才會更有條理,更有成績,讓我們也好得到做學問的捷徑。對於這問題,我有的或在書信上答覆,有的或在學校講演,計前後已講十七年了。去年三月初八到天津去,也是講這個題目,當時,因為早到了半天,就在旅館中重溫舊稿,看有什麼地方可以增改,但是愈看心裏愈懷疑,到最後才恍然大覺大悟,深覺十七年來所講這無數次的治學的方法,都是錯誤的,於是就把舊稿都撕掉了。【35】

> 最後我有幾句話要忠告諸位,就是做學問並無捷徑小路可走。更沒有一定的方法可受用無窮,如果真有這方法,我為何不樂意奉送給諸位?【36】

這是胡適談方法(論)時最令人不可思議的自剖了,也可是要論證胡適根本沒方法萬能論、一元論、更不要說全能論最好的根據了。又過十七年,胡適在1952年12月5日最出名的同一標題的一系列三個演講裡的第二講「方法的自覺」中更有令人吃驚的文字否定治學與科學方法(論)核心——邏輯學——,雖然胡適研究者照常對此習焉而不察:

> 從前我們講治學方法,講歸納法,演繹法;後來年紀老一點了,才曉得做學問有成績沒有,並不在於讀了「邏輯學」沒有,而在

【35】〈治學方法〉,《胡適全集20:教育・語言・雜著》,頁706。

【36】〈治學方法〉,《胡適全集20:教育・語言・雜著》,頁713。〈理解與選擇〉,頁188註19。

於有沒有養成「勤、謹、和、緩」的良好習慣。這四個字不但是做官的秘訣，也是良好的治學習慣。【37】

這當是胡適研究者研究胡適談治學與科學方法時最最根本的困境了：胡適如何處理他如此不一致，甚至矛盾的說法——一方面一輩子都在鼓吹諸種治學與科學方法，但另一方面則又有時承認沒有治學方法可言？——更不要說科學方法了——因為治學方法確比科學方法廣。胡適當然知道，邏輯的描述並不能增加已有的，且其鏈常會斷裂於其最脆弱處，也就是說長篇的演繹很難連貫一致。如此的了解，使到他後來反而對邏輯也不再太有興趣了，加上考據學本身的特色以及他本人的癖好，「勤、謹、和、緩」四字訣最後獲得他的青睞是不足為奇的。但無可質疑的是，胡適於此既頗有像梁啟超出名的「**以今日的我攻昨日的我**」（所謂「進步」的特色？），但也有一反此，而有「**以昨日的我攻今日的我**」（所謂「退步」之特色？）之雙重特色。可惜，就本文作者所知，迄今仍無研究者如此正面面對它。

三、（一）：邏輯與歷史線索之分及其堅持之必要

就胡適談治學與科學方法而言，——姑不論它們的前提或結論的真假——，我們若用歸謬法，即可見他的許多論證在邏輯上是不能成立的（即是無效的），而在事實行動上，他也有些力不從心，即用不上。後者可能使他更難堪。因為理論、邏輯是指出、解釋種種可能性，而事實則是某種可能性、解釋之確定。可能發生的還有可能使其不發生，但已發生的已不能再使其不發生。【38】

【37】〈治學方法〉（1952年12月5日），〈治學方法〉，《胡適全集20：教育・語言・雜著》，頁672。

【38】李化成，《世界歷史中的博弈生存》（北京：光明日報，2005），頁146：「歷史的發展不會聽從于一個人的意志。……」；又頁176：「……任何歷史事件結局的生成雖是唯一的，但這個唯一結局在最初并不是唯一的可能。……」。

沒有邏輯就無法建立體系，也無法把矛盾減少至最低程度，論證也無法貫徹下去，因為自相矛盾的言辭的可信度可能是零，或與其他同樣有矛盾的看法對比，就常無法取捨，甚至是自毀城牆了。

含糊或蘊涵豐富的文字（如詩詞等表達感性的文字）可以是優點，但矛盾其詞（不論何種性質的文字）則是絕對的缺點。改變看法是常態，但同一文章或相同性質的文章不一致，甚至矛盾，則是思想不周延。而常常改變看法，則可能是沒有深刻思考之徵，或有急就章之嫌。

任何人都或多或少難免有時不精確，大而化之，不認真。而胡適有時批評他人不精確，大而化之，不認真，若用在他身上，有時也發現是適用的。例如他在未出版的英文博士論文 "A Study of the Development of Logical Method in Ancient China"（1917年，中文題為：「中國古代哲學方法之進化史」）、出版的英文博士論文 "The Development of the Logical Method in Ancient China"（1922年，中文題為：「先秦名學史」）、其中文擴充版《中國古代哲學史大綱》（卷上）（1919年），以及1921年11月20日出版的〈中國哲學的線索〉裡皆一再重述如下觀點云：

> 我平日喜歡做歷史的研究，所以今天講演的題目，是〈中國哲學的線索〉。這個線索可分兩層講。一時代政治社會狀態變遷之後，發生了種種弊端，則哲學思想也就自然發生，自然變遷，以求改良社會上、政治上種種弊端。所謂時勢生思潮，這是外的線索。外的線索是很不容易找出來的。內的線索，是一種方法——哲學方法，外國名叫邏輯 Logic（吾國原把邏輯翻作論理學或名學。邏輯原意不是名學和論理學所能包含的，故不如直譯原字的音為邏輯）。外的線索只管變，而內的線索變來變去，終是逃不出一定的徑路的。今天要講的，就專在這內的方法。【39】

【39】〈中國哲學的線索〉，原刊於1921年11月20日《教育雜誌》第十三卷第11號。此處引自季羨林主編，章清整理，〈中國哲學的線索〉，《胡適全集卷7：哲學‧論集》，（合肥：安徽教育出版社，2003），頁466。

胡適此處重視邏輯的原因當是下述所引余英時評論胡適在方法論上有化約傾向的根據之一。不知胡適此處分辨的哲學的歷史研究的線索可分內在（邏輯、哲學方法）、與外在或外緣（時勢生思潮）是否適用於他一輩子用心最久的歷史和考據學的研究？不過他認為內在線索有一定的徑路，而外的線索似無一定的徑路則是無疑的。

但哲學實在並無定法，雖然我們可以把研究哲學之前或之後所發現的某一個方法訂定為主要方法或突出此方法為一個比較一般的方法——（如邏輯研究者所關心者）。其實，當胡適把內在線索看成是邏輯、哲學方法時，不知他是否想到，把哲學方法或邏輯等同於哲學或歷史（如黑格爾所主張的），或把邏輯等同於哲學方法（如羅素所主張的），本身就是一種哲學看法，或是一種邏輯看法。這種主張不一定就是關於歷史研究裡的內因與外因說。

胡適同文如下看法也有問題：

> 思想必依環境而發生，環境變遷了，思想一定亦要變遷。無論什麼方法，倘不能適應新的要求，便有一種新方法發生，或是調和以前的種種方法，來適應新的要求。找出方法的變遷，則可得思想的線索。思想是承前啟後，有一定線索，不是東奔西走，全無紀律的。【40】

此處胡適似乎是說，思想變而方法（邏輯）亦變，然卻有一定路徑可循／尋。如此一來，顯然有矛盾之嫌：若思想或方法（邏輯）是隨環境而變，則除非環境變遷有一定線索，不然受它牽制的思想方法（邏輯）如何能有一定線索呢？

胡適雖在〈中國哲學的線索〉努力分清內在線索與外在線索之有無徑路，並認為思想有線索。但在1933年5月發表的〈評論近人考據《老子》年代的方法〉一文裡與人辯論時則不但不再分思想的內外線索，而

【40】〈中國哲學的線索〉，《胡適全集卷7：哲學·論集》，頁471。

只剩思想有一定的線索,並對研究思想史的人很看重的所謂「**思想線索**」有戒心,甚至不以為然。其實,若我們把上述所引胡適的〈中國哲學的線索〉與下述他的〈評論近人考據《老子》年代的方法〉文字一對照,馬上就會發現他的不一致,甚至矛盾看法:

> ……這種所謂「思想線索」的論證法是一把兩面鋒的劍,可以兩邊割的。
>
> 思想線索是最不容易捉摸的。……
>
> 最奇怪的是一個人自身的思想也往往不一致,不能依一定的線索去尋求。
>
> ……人各有最明白的地方,也各有最懵懂的地方;在甲點上他是新時代的先驅者,在乙點上他也許還是舊思想的產兒。所以梭格拉底(Socrates)一生因懷疑舊信仰而受死刑,他臨死時最後一句話卻是托他的弟子向醫藥之神厄斯克勒比(Asclepias)還一隻雞的許願。
>
> 我們明白了這點很淺近的世故,就應該對於這種思想線索的論證稍稍存一點謹慎的態度。尋一個人的思想線索,尚且不容易,何況用思想線索來考證時代的先後呢?
>
> 總而言之,同一個時代的作者有巧拙的不同,有雅俗的不同,有拘謹與豪放的不同,還有地方環境(如方言之類)的不同,決不能由我們單憑個人所見材料,懸想某一個時代的文體是應該怎樣的。……【41】

果不其然。正如 William Charlton 所言:「不同的表達方式對稱於並反映(有時非誠意地或欺詐地)事物以不同的路徑進入思想中;而

【41】季羨林主編,鄭大華整理,〈評論近人考據《老子》年代的方法〉(1933年5月),《胡適全集卷4:胡適文存四集》,(合肥:安徽教育出版社,2003),頁118、119、129、123。

描述事物如何進入思想中是在述說我們如何思考這些事物進入實在中。」[42]

我們無可奈何得用語言文字為主要媒介來傳達感情或思想。語言不同，則可能表示不同意思。每一行都有行話，每一學科都有它的特殊辭彙，而不同的辭彙確也指向很不同的處理方式。我們得非常認真對待不同用語，因為它們很可能指向不同意義。因此，任何改進、澄清語言文字的工作都值得做。對於關鍵的詞，尤其如此。

總之，用詞不同很可能表示不同的事物！[43]正如所謂牛津日常（普通）語言學派的「始祖」J. L. Austin, (1911~1960) 所言：「**我們可以用『對詞的深化認識去加深我們對現象的理解』**。」[44] 但我們也常會發現名實不符，而「……。**哲學的中心課題是名實問題，即語詞、概念與客觀實在的關係問題，這也是小學與名學的共同課題。……**」[45]

其實，「要準確地把握哲學家的思想觀點，了解他的思想方式極其重要。波普爾〔Karl Popper〕深知這個道理。……他聲稱，像許多其他哲學家一樣，他非常注重區分關于知識的兩類問題：一方面，知識的起源或歷史的問題；另一方面，它的真理性、正當性和『辯護』的問題。不把這兩類問題區分開來，常常使哲學家陷入思想混亂之中。」[46]

像胡適這樣開風氣的先導人物思想上的一個大特點就是常改變看法，即是常不一致，或矛盾其詞。這種現象不但出現在前後文章裡，甚

---

[42] William Charlton, *The Analytic Ambition: An Introduction to Philosophy*, (Oxford: Basil Blackwell, 1991), p.21.

[43] Rupert Crawshay-Williams, *Methods and Criteria of Reasoning: An Inquire into the Structure of Controversy*, (London: Routledge and Kegan Paul 2000 Reprint), p. 4.

[44] 引自 H. L. A. Hart（哈特）原著，張文顯等譯，《法律的概念》（The Concept of Law）（北京：中國大百科全書出版社，1996），〈序言〉，頁 1。

[45] 胡奇光，《中國小學史》（上海：上海人民出版社，2005），頁 12。

[46] 舒煒光，〈知識論中的反傳統——《客觀知識》中譯本序〉，頁 3。

至在同一文章裡。因為他們太沒有時間停下來反省，因此留意他們的文章先後以及注意其用詞是很重要的，以免張冠李戴、誤解或栽贓。

我們面臨同一文章前後矛盾，同類文章前後不同、矛盾，該取何說法？通常是後一說法，但若一種說法與其邏輯性可能有衝突如何取捨呢？後來的看法比不上以前的看法又如何取捨呢？同一類看法與另一類看法比較又如何？又一種方法與另一種方法的重要性如何確定呢？各種看法在整體的地位又如何？胡適不是不懂這些，而是因為他有時要的太多，太廣，又不捨，所以有時只好含混過去了。

其實，用嚴格的必要且充足的邏輯標準來衡量任何領域，幾乎沒有一個領域可以過關。用批判的觀點來看任一事物，沒有一件是不可以批判的，因為理想和現實永遠不可能同一：地圖永遠不可能與地形／地理相等。

Susanne K. Langer 建議說：「但一致性只該要求在同一本書的範圍內，當然包括書中確認以前的著作；介於此兩階段中的一長期思想，改進是比較重要的，即使此改善會達致自我反覆。」[47]

但 W.V.O. 蒯因（Willard Van Orman Quine）提醒我們：「……。當然，主體間的衝突和主體內的衝突有一個很大的不同，人們即使意識到他們和別人的信念（而不是他們自己的信念）間存在著衝突，也仍會各執己見。但是，當你我的信念相互不一致時，我們不可能都正確，就像我獨自一人不可能正確地擁有幾個不相容的信念一樣。」[48]

---

[47] Susanne K. Langer, " A Prefactory Note to the Third Edition", *Philosophy in a New Key: A Study in the Symbolism of Reason, Rite and Art* (Cambridge, Mass.: Harvard University Press, 1976, 3rd Ninth Printing), vii.

[48] W.V.O. 蒯因（Willard Van Orman Quine）著，涂紀亮、陳波主編，《蒯因著作集》第5卷，（北京：中國人民大學出版社，2007），頁355。W.v. Quine and J.S. Ullian, *The Web of Belief* (New York: Random House, 1978, Second Edition), p.29.

有鑑於胡適本人雖是哲學科班出生的,但卻從未自稱是哲學家,甚至連哲學史家的稱號也敵不過他的歷史癖和考據癖【49】,因此本文的處理方式是除了概念分析,即近乎哲學的分析和批評外,還得兼顧學術史、思想史或觀念史的處理方式。即是說本文是既要強調 Max Weber 所說的,「兩個純然邏輯的要件,即是清晰和明顯分清不同問題。」【50】也要留意非純哲學(邏輯)的歷史事實和思潮的影響、個人的抉擇和偏好。

純歷史地談文章只須注意它是何時提出的,此文章中有何看法即可。而若要對照,也只須按其時間先後,指出某一文章的看法與它之前或之後的文章有何不同,為何不同即可。但若要邏輯地談任何文章,則得著重地指出其論證一致與不一致,而要指出其一致性與不一致性,時

【49】《胡適口述自傳》,頁39:「康乃爾文學院當時的規定,每個學生必須完成至少一個『學科程序』才能畢業。可是當我畢業時,我已完成了三個『程序』:哲學和心理學;英國文學;政治和經濟學。三個程序在三個不同的學術範圍之內。所以那時我實在不能說,哪一門才是我的主科。但是我對英、法、德三國文學興趣的成長,也就引起我對中國文學興趣之復振。這也是促成我從農科改向文科的第三個基本原因。」

「我既然在大學結業時修畢在三個不同部門裏的三個不同的『程序』,這一事實也說明我在以後歲月裏所發展出來的文化生命。有時我自稱為歷史家;有時又稱為思想史家。但我從未自稱我是哲學家,或其他各行的什麼專家。今天我幾乎是六十六歲半的人了,我仍然不知道我主修何科;但是我也從來沒有認為這是一件憾事!」;「在康乃爾時代我的主修是哲學,副修是英國文學和經濟.第二副修事實上是經濟理論.……」、「轉學哥大之後就不再以經濟理論為副修而代之以政治理論.另一副修在當時夏德(Frederich Hirth, 1845-1927)教授的提議與邀請之下,以『漢學』(Sinology)為副修.」(同上書,頁88).

【50】Max Weber,*The Methodology of the Social Sciences*, trans. and ed. By Edward A. Shils and Henry A. Finch, (Glencoe, Ill.: The Free Press, 1949), p.7.

序的考慮是次要的,甚至是無關的。當然,在任何敘述裡,都是兩者(歷史與邏輯)兼而有之,而我們通常也能分辨兩者的差別,但我們若細心推敲,則會發現犯此通病(論證一致與不一致)的文章很不少。胡適並不是特別嚴重的一位,但本文是把他當做一個出色的個案來處理罷了。這是個合理的做法,因為我們談的是他談治學與科學方法(方法論)的文字。此中最大的問題是胡適有時似乎忘了,如果理論沒有普遍性,同樣的,方法也不會有普遍性。而如果方法有普遍性,理論更不會沒有普遍性。其實兩者皆追求普遍性,任何知識,方法都得是如此。看來抽象性之提高是胡適最不能接受的一點,因為這與他一生付出最大最多精力和代價的考證、考據學的經驗有相當出入,也與他最後總結此經驗的「勤、謹、和、緩」習慣或態度相左。而任何主張胡適有方法論的人都得解釋他最終的歸屬「勤、謹、和、緩」四字訣是否也是方法論。不管答案是是還是否,仍得解釋他的十字訣是何意義的方法論?此方法論與顯然不是方法論的四字訣(它類似習慣或態度)的關係如何?

三、(二):顯例分析一:〈治學方法與材料〉

正如余英時最明確指出的(見下述),胡適研究者都會注意到胡適在方法論上追求淺白時有簡化和化約的傾向【51】;也注意到他有考據癖、歷史癖、實驗主義的傾向;強調研究具體問題;研究哲學史時,尤其是在他出版的哥大英文版博士論文《先秦名學史》裡曾特別注意、強調邏輯;但很少人注意到他有時在同一篇文章裡前後不一致,而這種情況更常出現在他同一類但不同時間發表的文章裡。這該是令人吃驚的現象和發現,尤其是出現在他一輩子鼓吹的方法論——治學和科學方法論的文章裡,如本文顯例分析一、二、三所陳述者。

【51】《胡適口述自傳》,268 有云:「……〔天下事〕往往就是最簡單的解釋,卻是最正確的解釋。……」

若胡適有方法一元論、萬能論，更不要說全能論，則他方法論成功之時也可能就是他推翻其方法論或大大地修改其方法論之時。這可從邏輯地分析在1928年11月10日發表的力作〈治學的**方法與材料**〉此標題見其端倪，因為〈治學的**方法與材料**〉是脫胎自〈清代學者的**治學方法**〉（原題〈清代學者的**科學方法**〉！），但卻大大加重了材料的份量。其實，〈治學的**方法與材料**〉既強調方法的重要，也同樣強調材料之重要，甚至更強調材料的重要。這與他在〈清代學者的**治學方法**〉首次正式提出出名的十字訣——「**大膽的假設，小心的求證**」——之偏重方法（論）顯然有所不同。

從標題〈治學的**方法與材料**〉是延續〈清代學者的**治學方法**〉（又題〈**清代漢學家的科學方法**〉）已顯示他有等同科學家與漢學家，以及科學方法與漢學或考據學方法之嫌。但這是何意義的等同呢？

胡適在〈治學的方法與材料〉一文，以及其他文章裡有多次類似的如下感嘆云：

〔1928年11月10日〕……現在一班少年人跟著我們向故紙堆去亂鑽，這是最可悲歎的現狀。我們希望他們及早回頭，多學一點自然科學的知識與技術：那條路是活路，這條故紙的路是死路。三百年的第一流的聰明才智銷磨在這故紙堆裏，還沒有什麼好成績。我們應該換條路走走了。等你們在科學試驗室裏有了好成績，然後拿出你們的餘力，回來整理我們的國故，那時候，一拳打倒顧亭林，兩腳〔！〕踢翻錢竹汀，有何難哉！【52】

胡適此處的言談是不能十分當真對待的，因為他從未放棄考據學，也走不進科學試驗室，雖他參觀過一流的科學試驗室【53】，也鼓吹科學

【52】季羨林主編，鄭大華整理，〈治學的方法與材料〉，《胡適全集3：胡適文存三集》（合肥：安徽教育出版社，2003），頁143。

【53】〈基本科學研究與農業〉，《胡適全集20：教育・語言・雜著》，頁727：提到他參觀舉世出名的T.H. Morgan的「果蠅」實驗室。

試驗室的態度和方法（這對他而言是科學方法最好的例子）。不過，我們從引言中卻可看出胡適對書本知識與實驗知識的關係存有估價高低之不同。他對於實驗知識，實驗室態度和方法，只有歌頌而無批評，而對於書本知識，則既愛之又批之，但他最終只能投效於書本知識。

　　胡適於此處雖抱怨中國的科學精神沒有用在正確的材料上，也感嘆中國沒有實驗科學的方法（難道漢學或考據方法不就是他說的實驗科學的方法之應用嗎？）。於此我們不要忘了胡適主要是以方法來定義科學的，但即使改用精神來定義科學，其不一致也同樣嚴重，因為他曾一再強調中國的考據學有科學精神更強於方法和材料。至於材料，他有時也認為根本不是問題，不然他在「科玄論戰」時期同意丁文江的「**凡是用科學方法的都是科學**」就無從說起了；但胡適有時又認為材料是根本問題，如〈治學的材料與方法〉明確指出者。

　　我們可以為了儘可能替胡適辯護，而說科學方法只是有科學的必要條件，正如他在〈治學的材料與方法〉的前稿〈清代學者的治學方法〉所明確表明的：「……**近來的科學家和哲學家漸漸的懂得假設和證驗都是科學方法所不可少的主要分子**……」[54]但胡適卻比較少像此處如此邏輯地清晰地用了諸如「主要」這類的邏輯修飾辭來分辨必要條件。不分清邏輯上必要條件與充足條件幾乎一定會產生推論的謬誤。胡適是相當小心推論者，但也不免犯此謬誤。本文竭盡所能揭露胡適在治學與科學方法（論）論證上的瑕疵並不意味有任何鄙視的企圖。恰相反，是因對他的敬意才費此功夫。在論證上比不上胡適的所在多有。這些人的重要性無法與胡適比擬，因而連提也不必提了。

　　上述胡適的〈治學的方法與材料〉一文所津津樂道的、為科學的考證和歷史方法與材料關係的辯護雖頗具說服力，但卻與他認同丁文江所提的，「**凡是用科學方法的都是科學**」有矛盾。其實，〈治學的方法與

---

[54]〈清代學者的治學方法〉，頁364。

材料〉一文倒反可以用來反駁胡適同意丁文江所說的,「胡適研究紅樓夢也是科學」;或至少可以讓我們說,考證學、史學不是令人滿意的科學,──這也就蘊涵說,即使考證學和史學都是科學,但科學是有層次的等級,比較科學的與比較不科學的或比較理想的科學與比較不理想的科學。

　　總之,〈治學的方法與材料〉是一篇分析方法與材料兩者皆很重要的文章。但胡適在此文裡平衡,不致有爭議的看法並沒有徹底堅持,因為他後來又有不同的評價,有時偏向方法,有時有偏向材料,有時偏向態度、精神,甚至只強調常識而已。單獨看來,〈治學的方法與材料〉的辯護可說是一流的,但若結合他在「科玄論戰」期間強調科學方法萬能,可以使考據學變成和(自然)科學一樣的主張,並代替丁文江出而與張東蓀辯論的焦點──「凡是用科學方法的都是科學」──和他在「科玄論戰」之後有時仍堅持考據學即是科學,不多也不少,並且不分實驗和考據之不同而言,真是個大轉變。其實〈治學的方法與材料〉一文成功之日也是他的方法萬能論、考據學即是科學看法破產之時呢。

三、(三):顯例分析二:《丁文江的傳記》

　　本文要一再強調,綜觀胡適大量治學與科學方法的文字,我們驚奇發現胡適的文字有時很不一致,這與他既要邏輯性地談方法,又要歷史地談方法,並要做到常識性和勵志性很有關。例如1956年4月,胡適在《丁文江的傳記》回顧他全力支持丁文江在1923年「科玄論戰」時的科學方法觀時,又重述了他的治學與科學方法:

　　　　在君對這問題,有「正式的」說法,有「非正式的」說法。先說他的「非正式的」說法。……

　　　　「時時想破除成見……無論遇見甚麼事,都平心靜氣去分析研究,從複雜中求單簡,從紊亂中求秩序,拿論理來訓練他的意想……用經驗來

指示他的直覺……」

這就是科學的方法，也就是科學的精神。這就是赫胥黎說的人類的常識的推理方法，也可以說是「受約束的常識的推理方法」。破除成見是約束，平心靜氣是約束；拿論理（論理本身是常識）來訓練想像力，用經驗來指導直覺，也都是約束。科學的方法不過如此。

所以在君說：

「科學方法和近三百年經學大師治學的方法是一樣的。……」

他又說：

「。……梁任公講歷史研究法，胡適之講紅樓夢，也是科學。……」

這都是在君用淺近的話，用平常經驗而不用科學術語來說明科學方法，所以我說是「非正式的」（Informal）說法。

這些話都是在君和我們幾個老朋友在那個時期（民國八年到十二年）常常說的。我在「清代學者的治學方法」一篇長文裡，曾詳細列舉顧炎武、錢大昕、戴震、王念孫諸公治古音學，訓詁學，校勘學的許多實例，來說明這些經學大師的治學方法都有科學的精神，都合于科學的方法。我在我的「紅樓夢考證」的結尾，也曾指出我的考證方法是：「處處想撇開先人的成見，處處存一個搜求證據的目的，處處尊重證據，讓證據做鄉〔嚮〕導，引我到相當的結論上去。」在君和我都是最愛讀赫胥黎講科學方法的論文。赫胥黎在一八八〇年曾有一篇講古生物學方法的通俗論文，題目叫做「沙狄的方法」（On the Method of Zadig）。沙狄是伏爾泰（Voltaire）小說裡一個古代巴比侖的學者，他能從沙上石上的痕跡和路傍樹枝樹葉的情形，推斷一匹曾經跑過的馬身高五尺，尾長三尺半，嘴銜勒上帶有二十三「開」金子的飾品。赫胥黎說，一切所謂「歷史的科學」，——歷史學、考古學、地質學、古生物學，以及那上推千萬下推千萬年的天文學，——用的方法都只是

33

「沙狄的方法」。翻成中國話,這就是「考據」的方法。丁在君是終身做地質學和古生物學工作的人,所以他完全能夠了解「近三百年經學大師治學的方法」就是科學的方法,也能夠了解「胡適之講紅樓夢也是科學」。【55】

此處所用「這就是」和「也就是」等式與「都合」、「都有」是有相當不同的。前者是完全等式,而後者是幾分等式而已。胡適於此處顯然又沒有邏輯地清晰地分辨必要條件與充足條件,因而會認為哲學、歷史和考據學在方法上與自然科學並無不同。他這個方法論的邏輯是:治學的方法=科學的方法=考據/考證學的方法=大膽的假設,小心的求證=歷史的方法=有控制的常識的方法=柴狄的方法=勤、謹、和、緩（官訣）=好習慣+態度+精神+工具。

這種長串等號出現後在邏輯上就會產生（實際上是蘊涵了）荒謬的論式如「史學便是史料學」【56】、「**史學本是史料學**」和「**史學只是史料**

【55】胡適編,《丁文江的傳記》,（台北:中央研究院胡適紀念館,1973年增訂版）,頁50。布林頓（Crane Brinton）著,王德昭譯,《西方近代思想史》(*Ideas and Men: The Story of Western Thought*)（上海:華東師範大學出版社,2005）,頁119:「……自然科學家方在開始從事的工作——細心觀察現象,整理此種觀察使成法則（統一律、概括）,使在一定的情境中得以有效預測繼起的現象。」

【56】傅斯年著,歐陽哲生主編,「史學方法導論」,《傅斯年全集》第二卷,（長沙:湖南教育出版社,2003）,頁309。研究傅斯年的學者當會發現連此句七個字口號也有不同的變體,如「史學本是史料學」、「史學即史料學」、「歷史學是史料學」、「史料學即歷史學」、「史學就是史料學」、「史學只是史料學」、「歷史學只是史料學」……不禁使人驚奇連作者都難一語貫之,而讀者或研究者在考據或一字不漏地認真看原文字時更是不容易！針對此,王戎笙評論道:「史料學派為了突出學派宗旨,許多話說得十分武斷。例如:『近代歷史學只是史料學』、『史學便是史料學』、『史學本是史料學』。『只是』、『便是』、『本是』,這些武斷的措辭,以及那些激昂的口號,我認為並不能科學地、準確

學」[57]邏輯蘊涵「史料學便是史學」、「史料學本是史學」、「史料學只是史學」或史料學派（又名新考據學派或科學史學派）的斷論了——這種既是縮小了史學的範圍，也是誇大了史料的範圍之謬誤了。詳見三、（六）節。

此外，人們也比較少注意到胡適同樣認可的丁文江「正式的」科學方法的定義：

> 在君又曾「正式的」說明科學方法是什麼。他說：
> 「**我們所謂科學方法，不外將世界上的事實分起類來，求他們的秩序，等到分類秩序弄明白了，我們再想出一句最簡單明白的話來概括這許多事實，這叫做科學的公例。**」
> 他還有同樣的說法：
> 「科學的方法是辨別事實的真偽，把真事實取出來詳細的分類，然後求他們的秩序關係，想一種最簡單明瞭的話來概括他們。」[58]

這裡只就胡適認可的所謂丁文江「非正式的」和「正式的」科學方法的定義，我們就可以收集好幾個治學與科學方法觀的相等式，即「**時**

地表達該學派地的宗旨。」（布占祥、馬亮寬主編，《傅斯年與中國文化——「傅斯年與中國文化」國際學術研討會論文集》（天津：天津古籍出版社，2006），頁312。）研究胡適的十字訣也有此情形，它常以「大膽假設，小心求證」出現，而不是原來的「大膽的假設，小心的求證」。胡適只有一次用「大膽假設，小心求證」。

[57] 王連升，〈要正確理解傅斯年〉，布占祥、馬亮寬主編，《傅斯年與中國文化——「傅斯年與中國文化」國際學術研討會論文集》，頁200。

[58] 《丁文江的傳記》，頁51。《胡適口述自傳》頁36－9，胡適談到他無法對籠統地分類四百多種蘋果而觸發他反躬自省，最終得出三大原因而放棄農科，轉習哲學的過程。此處有趣的疑問是，若胡適對把把蘋果分類為四百多種仍嫌其籠統，則他的治學與科學方法（論），或任何治學／方法（論），包括他此處附和丁文江的方法觀，不會更疏漏嗎？

時想破除成見……無論遇見甚麼事,都平心靜氣去分析研究,從複雜中求單簡,從紊亂中求秩序,拿論理來訓練他的意想 …… 用經驗來指示他的直覺……」=科學方法=科學精神=「赫胥黎說的人類的常識的推理方式」=「受訓練的推理方法」,也是「沙狄的方法」（On the Method of Zadig）；也是考據的方法,也就是「事實的分類的秩序」；再加上他處說的科學精神與方法就是「實事求是」。【59】

換言之,分析胡適在《丁文江的傳記》裡所謂的治學與科學「方法論」之邏輯可得如下的結論,即它是常識、習慣、精神、態度的綜合體:「歷史學家、考古學家、古生物學家、地質學家以及天文學家所用的研究方法,就是這種觀察推斷的方法,」=「古生物學的方法其實就是『柴狄的方法』。」=「柴狄的方法,其實就是我們人類用常識來判斷推測的方法。」

「人類的常識的推理方法」與「受約束的常識的推理方法」是很不同的。後者顯然比前者嚴毅多。前者大多是採用類比或比喻；後者類似 Karl Popper 所說的「開明的常識」（"enlightened common sense"）【60】,但前者使用「人類」一詞是如此寬廣,且是太好的辯護詞了,以致不可能推翻。至於「常識的推理方法」到底何指？它也是極寬廣且因時因地因人而有相當的差異的。

此處要討論的一個大問題是,若「科學方法只是精練過的常識」而已,則為何此種常識出現的如此的晚,且先出現在西方而已？答案顯然是這個所謂常識是非常特殊的常識,即特識了【61】。若把各文化的常識

【59】〈格致與科學〉,《胡適全集8：哲學・論集》,頁82：「〔1933年12月19日作〕所以我們中國人的科學遺產只有兩件：一是程子、朱子提出的「即物窮理」的科學目標,一是三百年來樸學家實行的「實事求是」的科學精神與方法。」

【60】 Karl Popper, *All Life is Problem Solving*, Patrick Camiller, trans. (London: Routledge, 1999), p.72.

【61】 Alan Cromer, Uncommon Sense: *The Heretical Nature of Science* (New York: Oxford

或各有的特識也看成是所有人類常識而無絲毫分別,正如「科學方法只是精練過的常識」所蘊涵者,則就是語言混淆了。

張東蓀曾評論道:「……普通謂科學只是精確的常識或常識中之精微準確者,這乃是不對的。科學自最初的開始即由於不相信常識而並非專補常識之不足。……」[62]

Morris Raphael Cohen 有中的分析云:「說科學是有組織或已分類的常識是滿足於極含混的文字。在電話簿裡或火車時刻表裡的知識可能是很有組織的,以便唾手可得,但不會把這種知識看成是科學之理想。事實的分類也不是科學方法之本質,雖然分類是有用的附帶過程。百貨公司裡所有待售物品的整齊分類和描述在系統的目錄裡並不含有分辨科學的處理某一種科目的特色。」[63]

此處的邏輯是,若科學是常識,常識是科學,則中國早就該有科學了,那還會有所謂李約瑟問題嗎?因為至少在中國人眼裡,他們的常識並不比西方人的常識差。更何況中國人的常識不一定是西方人的常識。這是否意味著中國人的科學或常識也與西方人的科學或常識不一樣呢?

我們當會比較容易承認東西方人或全世界的人的科學常識是一樣

University Press, 1995, Paperback), pp.73,81-8; Lewis Wolpert, *The Unnatural Nature of Science* (Cambridge, Mass.: Harvard University Press, 1997, Third Printing); J. Robert Oppenheimer, *Science and the Common Understanding*, (London: Oxford University Press, 1954)。此書名可以理解為兩者有關係,但並不相等,是後者比前者廣泛,前者是後者中產生出來的。Jacob Bronowski, *Science and Human Values* (Harmondsworth, Middlesex: Penguin Books, 1964); Jacob Bronowski, *The Origins of Knowledge and Imagination* (New Haven: Yale University Press, 1978).

[62] 張東蓀,《思想與社會》(上海:商務印書館,1946),頁37。

[63] Morris Raphael Cohen, *Reason and Nature: An Essay on the Meaning of Scientific Method* (New York: The Free Press Paperback Edition, 1964),pp.79-80.

的，但也會同意他們的非科學常識是很不一樣的。這與實際經驗上的觀察相符。其實，從已成的角度來看，科學是極具冒險的探索自然的努力所得。它若停留在常識則就無法不斷地百尺竿頭，更進一步了。但從科學探索的觀點看來，各種各樣的常識，甚至是已成的科學常識，可以是很保守且不足取的看法。

其實各地或各國的常識是不一樣，而科學則是一樣的。若不是如此，則我們的問題就從沒有普遍的科學變成為有普遍的常識了。這是一個更加有辱於沒有科學的國家——試想想，若科學是普遍的，則雖它先出現在西方，我們還可以以聞道有先後來說明，來輸入，即可以用歷史的理由來說明為何中國以及非西方國家為何沒有近代科學，但卻可以用邏輯的理由來說明這些地方照樣可以擁有它，因為它是普遍的，即是普遍的則可以分享，至少比歷史的偶然性與個別性來得容易傳播，而實際上也是如此。而若說科學不是普遍的，而常識則是普遍的，但實際經驗上的觀察並非如此，則我們只能停留在科學不普遍，常識也不普遍的情況下。這對沒有科學，想要輸入科學的國家是不利的。

三、（四）：顯例分析三：〈歷史科學的方法〉

但令人困惑的是，胡適在《丁文江的傳記》總結了一般的治學與科學的精神和方法的相等式兩年後，反而又在〈歷史科學的方法〉（1958年4月26日）裡分辨「歷史的科學和實驗的科學方法有什麼分別」：

> 歷史的科學和實驗的科學方法有什麼分別呢？實驗的科學可以由種種事實歸納出一個通則。歷史的科學如地質學等也可以說是同樣用這種方法。但是實驗科學歸納得通則之後，還可以用演繹法，依照那通則來做實驗，看看某些原因具備之後是否一定發生某種預期的結果。〔此處談論的幾乎就是出名的「假設－演繹」的精核了。〕實驗就是用人功造出某種原因來試驗是否可以發生某種結果。這是實驗科學和歷史科學最不同的一個要點。地質學和其他歷史的科學，雖

然也都依據因果律,從某些結果推知當時產生這些結果的原因,但歷史科學的證據大部份是只能搜求,只能發現,而無再造出來反覆實驗的。……

正因為歷史科學上的證據絕大部分是不能再造出來做實驗的,所以我們做這幾門學問的人,全靠用最勤勞的工夫去搜求材料,用最精細的工夫去研究材料,用最謹嚴的方法去批評審查材料。

歷史科學的方法不過是人類常識的方法,加上更嚴格的訓練,加上更謹嚴的紀律而已。【64】

其實,胡適在〈歷史科學的方法〉裡談的歷史的科學與實驗的科學方法之分別,即是張東蓀在「科玄論戰」期間寫〈徒勞無功〉評論丁文江所說「胡適之講紅樓夢,也是科學」,而談及科學與考據學不同時有所謂「二次的方法」之辨的要點:

我這句話的意思如下:科學各應其物件而各取特殊的方法,這些方法雖是二次的(即林〔宰平〕先生所謂的實質論理),卻是非常重要。若抽離這些各別的二次的方法以成根本的方法,勢必愈普遍而愈失其獨到的精神。我們要真心提倡科學便不能僅僅注目於空洞的根本的抽象的方法。【65】

……科學方法不是漢學家的考據為理很顯明。科學注重在實驗,考據不過在故紙堆中尋生活,至於那個故紙是否可靠尚是問題。

【64】胡適,〈歷史科學的方法〉,《胡適講演集》上冊,(台北:胡適紀念館,1978年修訂版),頁174、175-6。《胡適語萃》,頁17。John Dewey, *How we Think*, (Boston: Houghton Miffin, 1998), p.168: "The instance is taken from ordinary life. Scientific method represents the same sort of thing carried out with greater elaborateness, by means especially of instruments and apparatus devised for the purpose and of mathematical calculations."

【65】張東蓀,〈勞而無功——評丁在君先生口中的科學〉,張君勱、丁文江等著,《科學與人生觀》(濟南:山東人民出版社,1997),頁237。

至於存疑的精神，我想除了釋迦便要首推笛卡兒了。但這兩個人的思想即不是科學。可見僅僅一個「奧康的剃刀」不能即算科學。牛頓有 Hypothesese [Hypotheses] nou [non] fingo 的名言，但他自己立有絕對運動與絕對時空，他的假說可就不算少了。總之，丁先生怕西洋玄學投入中國的宋學，來借屍還魂，這個精神不但我原諒丁先生並且還有些敬服；只可惜丁先生同時卻把科學投入漢學，做一個同樣的借屍還魂。這樣遙遙相對一來，使我們旁觀者看了大大提不起興趣來了。至於以宣傳科學而論，我固然看不出張〔君勱〕先生的玄學妨礙科學在中國的發展至何程度，然亦實在看不出丁先生這兩篇文章促進科學在中國的發展能至何程度——亦許是我的神經太不靈敏了。若說我對於科學的態度，自信可以不必待丁先生來勸化。但我對於科學卻認為是一個大理想。我嘗說科學好像一把快刀，一切東西碰著了必迎刃而解，即最神秘的生命精神感情意志無一不受其宰割。但是只有一個東西，仍然在外，即是能宰割一切的刀其自身。換言之，即是偉大的智慧。我們看見一輛汽車，看他內部的機括自然是呆板的死的，但回顧創造汽車者的智慧便不能不說是創造的活的。科學發展之所以無究無盡即在此。自從淑種學發明以來，對於人類自己的智慧亦可以設法改良。所以科學是最富於活氣的。凡把科學認為機括，為呆板，這乃是不懂科學。丁先生抱定宣傳科學的宗旨自是前途遠大，但無端把個「考據」拉了來混在一起，則丁先生在中國科學史的功罪他日恐怕要成問題了罷。我現在重誦林先生的話以為結束：林先生說以這樣拿燒酒攘水愈沖愈淡的辦法而提倡科學乃是糟蹋科學，我則說是勞而無功。【66】

張東蓀此處的評論也出現他在1924年由上海商務印書館出版的《科

【66】〈勞而無功——評丁在君先生口中的科學〉，頁238－9。

學與哲學——一名從我的觀點批評科玄論戰》中【67】。胡適最出名的學生之一羅家倫在他1924年出版的的《科學與玄學》【68】也有與張東蓀極相似的看法：

> ……所以有人說「凡是有系統的知識都成科學」，不但僅見到科學的一小部分和皮毛，而且是很不妥當的話。我個人心裡有種印象，以為國內許多人認科學方法，就是那種「整理國故」方法可以代表。若是說「整理」是科學方法的一部分——很小的部分，——誰也不去否認；若是說「整理」便足以代表科學方法，那我首先便要為科學方法抱屈了！【69】

此外，雖然胡適有那麼多一流的科學家朋友，但並不意味他們的看法與胡適是一致的。其實更像是各是其是，各言其言，大有「盍各言其志」之盛況。例如，原是胡適北大的學生，1920年獲穆藕初捐款赴美John Hopkins大學深造，也是 1934年2－6月間胡適在北大主持的「科學概論」十五場系列演講者之一的汪敬熙，並與胡適一起獲選為中研院第一屆（1948）院士，【70】早在1940年著的《科學方法漫談》即曾

【67】1928年再版。今又有左玉河選編本：《科學與哲學》，（北京：商務印書館，2003年（1999年第1版）第2次印刷）。但令人驚奇的是，仍未為絕大多數的「科玄論戰」研究者所注意。

【68】見於羅家倫先生文存編輯委員會編輯，《羅家倫先生文存》（臺北：國史館、中國國民黨中央委員會黨史委員會，1976），冊3。此書現又有了新的單行本（羅志希，《科學與玄學》，北京：商務印書館，1999年12月第1版；2000年6月第2次印刷），但未為「科玄論戰」研究者所注意。

【69】《科學與玄學》，頁33。

【70】汪敬熙是中研院1948年第一屆院士（生物組院士），他的專長是「內分泌對於行為之影響，中樞神經之動作電勢等。」（樊宏業，《歡迎「賽先生」》（南京：江蘇教育出版社，2003），頁168。）；胡適是中研院1948年第一屆院士（人文組），他的專長是「中國思想史與中國文學史」（樊宏業，《歡迎「賽

批評科學方法萬能云：

> 近二十年〔1920－1940〕來我國學術界十分尊重科學方法。自整理國故以至建設工業都非用科學方法不可。科學方面被崇拜得好似成了一種神咒，只要念動咒語什麼東西都可以求到；好似仙棒，拿棒向任何地下一指，泉水便立刻從地下湧出來。這樣信仰科學方法和信仰咒語仙棒一樣，變成了一種迷信了。迷信無論是舊式的或新式的總是有引人走入迷途的危險。為了打破這個新的迷信，使人知道科學方法不是有求必應永無失誤的法寶，就須要明白他的性質，曉得他是一個什麼樣的思想方法。[71]

可見即使科學主義是主流，但並非唯一的思潮。《科學與哲學》和《科學與玄學》兩書該是任何一位想批評「科玄論戰」的研究者必備的書，但可惜知道它們的研究者極少。而汪敬熙這類的看法也並非是絕無僅有。

其實，國故的討論，要改造文明的呼籲等等能獲得共鳴，除了如一般理解的是要科學化、現代化傳統的思潮外，也同樣可以理解（雖比較罕見有人提出）為科學並沒有當道的顯示，因為任何敵對的爭議都得有兩造，而最重要的證據即在胡適的〈《人生觀與科學》‧序〉裡感嘆科學並不興盛，甚至著根的地步都談不上！但一般對此序言的理解則是說迄至「科玄論戰」時沒有人挑戰科學萬能，更不要說挑戰科學了。這是斷章取義胡適在該序裡正確的觀察，也是既非歷史的事實，又是誇大科學主義的斷論，姑不論所涉及的科學主義是何意義在這些討論中常未加以深究。胡適自稱是科學的逃兵，但卻對科學精神、態度、方法和成果，幾乎毫無批判的鼓吹當然是具有強烈的科學主義色彩。但簡單的問題如

先生」》（南京：江蘇教育出版社，2003），頁169。）

[71] 汪敬熙編，《科學方法漫談》，（重慶：商務印書館，1944年渝第一版；1940年初版），頁5。

陳獨秀式的科學主義和胡適式的科學主義、張君勱式的科學主義、張東蓀式的科學主義都是相同的嗎？仍有待釐清。其實，除了張東蓀的科學主義一貫地比胡適的科學主義溫和外，陳獨秀（一貫）、張君勱（有時）的科學主義反比胡適的科學主義還要激端呢。

雖然我們看到幾乎所有人文主義討論者都批判科學主義，但對科學主義之興起和根源或其說服力則不了了之[72]，甚至是什麼意義的科學主義，如是否有一元、多元、萬能、全能之分辨在中文世界裡迄今未出現。這是很令人吃驚的事實。

其實，科學主義已是幾乎失去意義的叫戰口號而已，因為它可以指完全相反的意識形態。維也納學派，邏輯實證論要把所有不能用他們所理解（實是誤解）的嚴格科學手段來處理的言語排除在科學之外，而無所不包的科學崇拜者則要以寬鬆的科學了解涵蓋所有領域──宗教、藝術、道德，甚至占星學、風水等等，即是要把這種種都科學主義化或冠以「科學的」字眼，以達到傳播其與嚴格理解的科學無關，甚至反科學的目的。

由此看來，科學主義可能比其他意識形態如民族主義、國家主義、自由主義、社會主義、資本主義、教育至上、國家至上、科技至上，更加混淆、更加不知所云，若沒有連及指誰、在何時等具體線索。

從胡適在此處或在他處曾分辨歷史的科學和實驗的科學方法之不同，就可以說明他並非如某些批評者眼中的無知，雖常有些過簡的說法。但化約、簡單化是不可避免的，但務必不要過了頭，而其弟子提出**「史學便是史料學」**及其邏輯蘊涵**「史料學便是史學」**則有過之而無不及之例了。下詳。

總之，此處所分辨的**「實驗科學和歷史科學最不同的一個要點」**幾乎

---

[72] 殷海光在〈了解科學〉，《怎樣判別是非》裡曾根據 H. Feigl 的著作臚列關於科學的誤解十一項．

與兩年前《丁文江的傳記》裡的幾個相等式不可同日而語了。胡適為什麼（在〈歷史科學的方法〉）不再像以前一樣（如《丁文江的傳記》），也說考證學的方法即是自然科學的方法？因此若我們要一致地為胡適辯護，則我們又得從《丁文江的傳記》裡所看到的治學與科學方法等式裡排除對科學實驗的證據與歷史科學的證據之分別有關的等項；其實，這個修正足以推翻胡適科學方法的大部分！

胡適此處（1958年）對科學實驗的證據與歷史科學的證據之分別也可以修正他的「拿證據來！」，因為此兩者（科學實驗與歷史科學）拿出的證據常是很不同的。這又使我們想起31年前上述胡適在〈治學的方法與材料〉（1928年11月10日）一文，以及其他文章裡類似的感嘆了。

三、（五）：實驗主義和治學與科學方法

胡適一方面感嘆中國沒有自然科學實驗的傳統，但另一方面卻又以實驗方法來定義科學，自然也以實驗精神來定義科學精神。

做為一個實驗主義的信徒【73】，胡適在1922年認為：「……實驗的方法就是科學家在試驗室裡用的方法。……」【74】「……實驗主義的兩個根本觀念：第一是科學試驗的態度，第二是歷史的態度……實驗主義不過是科學方法在哲學上的應用。」【75】

稍早，在1919－20年，胡適曾譯杜威的話云：「簡單說，科學的方法，便是歸納的方法。……」【76】；「科學的方法就是在乎預算，一步一

【73】〈我的歧路〉（1922年6月16日），《胡適全集2：胡適文存二集》，頁467。

【74】〈實驗主義〉，《胡適全集1：胡適文存一集》，頁278。

【75】〈五十年來中國之文學〉，《胡適全集2：胡適文存二集》，頁282－3。

【76】杜威著，胡適譯，《杜威五大講演·教育哲學》，（合肥：安徽教育出版社，1999），頁125。*How we Think*, p.173; Peter Medawar, *The Limits of Science* (Oxford: Oxford University Press, 1986 Paperback), p.14: "……it was long assumed that induction was the method characteristic of science."

步的把將來的作用先布置周妥，有知識上的組織。這是科學方法傳播後養成的態度。」【77】；「實驗派的方法兩句話：『吾人講實驗派的方法，總括有兩句：（一）實驗要使知識、學問、學理格外切于實用，不是空的無用的知識。（二）使人生的行為格外根據有意識的行為，受知識的支配，不要作無意識的盲從。吾人再放眼一看，古來多少學理，都是些紙上空談，有多少行為，都是些茫無意識。吾們從這兩方面上想，所以實驗的方法是世間人類幸福唯一的保障。』」【78】

但科學方法並不等於實驗方法【79】；若是，則是狹隘化了科學方法，即使我們同意實用主義的實驗方法已是擴大解釋了的。

把科學方法等於經驗方法甚至實驗方法少說也是不夠完整的，而胡適把科學方法等同實驗方法也是簡化了科學方法，即使經驗方法甚至實驗方法是科學方法之重要組成部分。

此外，胡適雖經常在談實驗主義，但對實驗的類型似乎不留意。根據 1960 年諾貝爾生醫學獎得主，也曾是英國科學促進會（The British Society for the Advancement of Natural Knowledge）主席 Peter Medawar 的分析，實驗至少有四個類型：

（i）歸納的或培根式的實驗，……（「我不知道將會發生什麼，如果……」）；

（ii）演繹的或康德式的實驗，於其中我們檢驗改變一個演繹推論方案裡之自明之理或預想的結果（「讓我們看看會有什麼發生，如

【77】《杜威五大講演・教育哲學》，頁 139。

【78】杜威著，胡適譯，《杜威五大講演・思想之派別》（合肥：安徽教育出版社，1999），頁 236。

【79】對照張東蓀在《知識與文化》（上海：商務印書館，1946）的看法：「……一班科學史家，如 Sarton, Wolf 等都以為科學全靠實驗方法。換言之，實驗方法的發明乃是真正科學的開始。我們雖完全承認此說，但卻以為亦未嘗不是由於「物」(thinghood) 之概念之創造。……」（頁 147）。

果我們採取不同的看法」）；

（iii）關鍵性的或伽利略式的實驗：採取行動測試一個假設或已有的意見，藉此檢查持有它的邏輯結果；

（iv）展示式的或亞里斯多德式的實驗，它是用來顯示已有的真理並說服人們它的有效性。【80】

即使我們完全從胡適觀點看問題，而把科學方法等同實驗方法，我們仍可以說（而他也不會反對），考證與考據大都用不上實驗室的科學方法，但卻非常需要一般治學的經驗方法、文字的手段、多聞闕疑。胡適比較不強調理論和概念（如出名的「多研究問題，少談些主義」論爭所顯示者），抽象化的層次與此有關。他太誇大了證據（如「有七分證據，不說八分話。」所示者）和實用的作用了，太忽略邏輯之致遠功能。他也有所忽略演繹的角色，反映了他所理解的實證主義、實驗主義傳統上對理性主義的戒心。他不是不知道這些，而是因為不要人們往演繹的方向走，只保留給自己做（如十字訣所蘊涵的）。同時他也是看到傳統裏和當時許多讀書人不務實，為了改正是風，寧可走到了另一極端（如主張實證主義、實驗主義）。在西方也有這個問題，如長期對歸納法之過分強調，誤導了人們對產生科學知識的真正根源的了解。成功的科學家和一流科學哲學家皆知道科學是實驗和理論的精緻產物，但為了區分和說服，許多科學家言不由衷，只強調實驗和歸納的重要，實事求是的精神，而不大談觀念指導的價值、想像之作用、直覺和洞識、玄想和概念系統和形而上學的問題，因為他們怕失去辛苦得來的成果和地位，也為了區別他們漸漸取代的以書本和權威為基礎的神學人士。

即使實驗方法不足以等同科學方法，但若嚴格地把科學實驗應用到非科學能勝任的領域，則要嗎把這些領域變成實驗室，或把實驗室的要

【80】 P. Medawar, " Induction and Intuition in Scientific Thought", *Pluto's Republic*, pp.94-5.

求放寬，做些妥協，不然就無法應用它。科學若放鬆或放棄其標準，還是科學嗎？此意義的實驗室若成立，則為何還要有小型的實驗室呢？可以更便宜更廣泛應用的方法為何要限制在大學或研究機構的小範圍裡？把人類社會變成實驗可能嗎？其實胡適是承認實驗室的態度是不容易養成的：

〔1941年6月中旬〕**所以大學生離開學校後，最困難的問題就是如何繼續培養精湛實驗室研究的思考態度和技術，以便將這種思考的態度和技術擴展到他日常思想、生活，和各種活動上去。**【81】

胡適雖然最重視他所了解的科學實驗的精神和態度，但他不是（自然）科學家，沒做實驗，不能做試驗，只好退而求其次，也只能求其次——以鼓吹科學實驗的精神和態度代替具體的科學實驗行動。但從他有許許多多的考證、考據文章，以及許許多次談讀書、為什麼讀書、如何讀書的文章裡，雖可以看出他的重心所在容或是科學方法，但他最感自然和最具自信心的探索仍在歷史考證和考據方面【82】。胡適儘管有時不滿意考據學即是對此傳統之不滿，但他從未放棄。他畢竟是有考據癖和歷史癖的中研院歷史門的院士。

因此可以說胡適雖更中意科學實驗方法和精神，但他實際上卻落得退而求其次，只能講求書本知識，並從中找到快樂。【83】即使我們讀書是因為書中有思想，甚至可能有真理。胡適曾很有見地地說讀書是為了讀更多的書，因為書記載著人類的經驗和智慧。但我們仍有很強的理由和論證說，從科學實驗方法和精神而言，所有書本裡知識大多都只是最

【81】〈知識的準備〉，頁200。

【82】歐陽哲生，第五章，〈「整理國故」的火焰〉，《自由主義之累——胡適思想的現代闡釋》，（上海：上海人民出版社，1993），頁159－189。

【83】季羨林主編，季維龍、柳芳整理，〈找書的快樂〉，《胡適全集20：教育・語言・雜著》，（合肥：安徽教育出版社，2003），頁755。

好的二軍知識而已。愛因斯坦估價說：「『知識以兩種形式存在：一種是存在于書本上的無生命的知識，另一種是存在于人的意識中的活生生的知識。歸根結底，第二種存在形式是本質性的，而第一種雖然絕對必要，卻佔據著低一級的位置。』……」【84】這是走在知識前沿，開疆拓土的科學家的洞識。一般研究者大都侷限在原有的知識領域裡，根據傳統，做傳道、授業、解惑的工作，甚至只當個還算稱職的管理員而已。

三、（六）：「拿證據來！」：論證／推理的根據及其的限度

十字訣前半部「大膽的假設」如何與「拿證據來！」協調？

胡適之所以走上考據的不歸路至少還有一部分原因是因為他的證據觀太嚴苛了，即他對許許多多問題都企圖抱狹隘的經驗主義或實證主義求真求實的態度，正如「有七分證據，不說八分話」所顯示者，以致於當他發現證據有任何問題，不論大小，不能解決時，他就無法往前，而只得先解決此證據問題，而此問題之解決又會歧出至更多問題，最終甚至只好懸而未決，或索性就停止或僵化在企圖解決小問題之上。【85】但把一個洞挖得再深，也不可能達到另一個洞，或產生兩個洞。此外，也會出現報酬遞減律呢。這種困境因他認為所有問題，不論大小，就求知而言，皆同等價值而加強。從求真的觀點，小題大做，大題小做皆同等合理，因為差之毫釐，謬之千里，但從實際觀點，就有差別，因價值而異。我們都得做價值判斷，因為得選擇、得行動。這就是為何也要做大

【84】I. B. 科恩，〈愛因斯坦的最後談話〉，見羅賓遜（Andrew Robinson）著，張卜天譯，《愛因斯坦：相對論一百年》（*Einstein: A Hundred Years of Relativity*）（長沙：湖南科學技術出版社，2005），頁226。

【85】這是不平衡對待十字訣而把「小心的求證」過分著重的後果。〈治學方法〉（1952年12月1日），《胡適全集20：教育・語言・雜著》，頁656：「單是假設是不夠的，因為假設可以有許多……最要緊的是要求證……」但若先無假設、觀念，如何求證、實驗？

題目的一些重要原因了。

　　胡適提倡治學與科學方法時，為了證明，極力鼓吹「拿證據來！」一語所蘊涵的普遍證據觀的要求是不一致的。不同的證據當然是為了證明不同的事物。不同的方法當然是應付不同的事物，解決不同的問題。相反亦真。相同的證據，相同的方法大概也是處理相同或類似的事物而來的。若有萬用的證據或方法，一定是極抽象或極空泛的。這點胡適不是不懂，而是他太堅持在邏輯上和實際上都無法滿足的證據觀，如由「拿證據來！」而推衍出來的「有七分證據，不說八分話」所示者──這個證據觀其實要求人們全面地兼顧各方面或要面面俱到，這在邏輯上和在實際上都是做不到的。

　　一方面可說胡適很認真實行他的「拿證據來！」，所以他只能把大部分時間放在考據上，因為在研究古籍上這常是第一步，但古籍考據也是個學問，因此足以消磨一生。問題是為何他要集中在古籍上呢？因為這就是他的興趣和最了解的東西。這與家庭、教育很有關，也與他之所以能留學是靠一篇模仿考據式作文得高分有關。後來為了肯定其既有的做法，他大概只好強調，過分強調考據之重要了。這是互為因果的問題，也是他自認可以做得好的抉擇問題。當然也是心安理得的問題。【86】

　　「拿證據來！」可能是胡適治學方法中最重要的要求。他甚至可以說是「證據主義者」，雖從未有胡適研究者如此稱呼他。他用它來質疑、釋疑、定奪接受某種看法、推翻某種看法、保留某種看法的最重要條件，也是他一輩子矻矻碌碌──「上窮碧落下黃泉，動手動腳找東西。」【87】──的原因或動力，好像有了證據，什麼問題都可以迎刃而

【86】參考《胡適口述自傳》，頁226－8，唐德剛分析「胡適後半生為什麼專鑽字紙簍呢？」

【87】胡適告訴我們：「這兩句話前一句是白居易《長恨歌》中的一句，後一句是傅先生加上的。今天傅校長已經去世，可是今天在座的教授李濟之先生卻還大為宣

解似的，雖他還沒有傅斯年的「史料學便是史學」【88】那樣極端。這是因為胡適也強調：

> 〔載於1926年9月4日至11日〕史學有兩方面：一方面是科學的，重在史料的搜集與整理；一方面是藝術的，重在史實的敘述與解釋。……【89】

> 〔1933年6月7日〕史家有兩重責任：一面要搜求史料，審慎的評判史料的真偽，這是科學的工作。一面他又要能把整理過的材料用明白而有趣味的文筆寫出來，使人感覺歷史的真實，使人從他的書裏可以想像往事與古人的實在狀態，這是藝術的工作。【90】

智者確有共識。羅素也有極類似的看法如下：

> ……**歷史學必須受忠於事實的企圖來支配**，不管它在多大程度上可以作為藝術來從事研究。忠實於事實是藝術的一個規則，但忠實於事實這件事本身並不能使歷史學具有藝術上的優點。它就像十四行詩的規則一樣，儘管被嚴格遵守，卻不一定增加詩篇本身的價值。但是，甚至從最純粹的藝術觀點來看，除非歷史學家盡最大努力來保持對事實的忠實，否則歷史學就不值得稱讚。在這種意義上說，研究歷史是絕對不可少的。【91】

傳這個口號，可見這的確是我們治學的人應該注意的。」（〈治學方法〉（1952年12月1日），《胡適全集20：教育・語言・雜著》，頁661。）

【88】參見布占祥、馬亮寬主編，《傅斯年與中國文化——「傅斯年與中國文化」國際學術研討會論文集》，頁121註3李恩涵等人的批評。

【89】〈介紹幾部新出的史學書〉（載1926年9月4日至11日）《胡適全集13：史學・論集》，頁66。

【90】《胡適語萃》，頁15。

【91】羅素（Bertrand Russell）著，何兆武、肖巍、張文杰譯，〈歷史學作為一種藝術〉《論歷史》（*Understanding History*）（桂林：廣西師範大學出版社，2001），頁55。

此段既可為胡適的歷史考據學辯護，也可以做為批評歷史考據學不足為歷史的理由。既有這種看法，若又要把考據幾乎等於證據，證據又幾乎等於事實或史實，則不免不一致，以致無法自圓其說了。其實，沒有一個考證不超出證據而無推論，也沒有一個考據學家不做推論的，只是收集證據而已。可見，胡適的「拿證據來！」其實是在提論證的必要條件，而其弟子則是把此必要條件擴大成充足條件，才會有「史料學便是史學」這樣極端的證據主義的主張了。

Arthur C. Danto 分析云：

> 比較不隱喻的說法是，單只瞭解某些東西是證據〔原文如此〕已是超越過純是做相關於它的陳述之階段：把某些東西當做證據已是在做關於某些其他東西的陳述，即是這個東西的陳述是被當成針對那個其他東西的陳述的證據。而把 E 當做 O 的證據是把 E 看成不同的樣子以別於若我們對 O 沒有任何觀念，我們將會看它的那個樣子，因而單把某些東西看成是證據已經是透過組織看它且超越之。【92】

即是說，單單堅持說「拿證據來！」是不夠的，因為證據本身是不會說話。我們若不知道要什麼證據，即使證據在眼前，還是不知所云，而要懂得什麼是所要的證據則非心中已有個譜不可。這個譜即是假設、標準或理論。要證據自己說話，以及說什麼話都要有背景、條件和解釋的能力以及尋找它的意願。

證據、事實是針對問題、假設、標準或理論才顯出其意義、目的的。

是什麼、為何、如何、何時、何地、何人六大問是互為關聯的，但每一提問皆可能錯。無論從那一個提問出發，若要完全貫徹，則成一循

【92】 Arthur C. Danto, *Narration and Knowledge*, (New York: Columbia University Press, 1985), p.89.

環，但我們也可以相對地加以切割，只處理一大提問內的議題。如何問問題會得出不同的答案。問題不同，答案也不同。要什麼答案，就問什麼問題！胡適不是說「要怎麼收穫，先那麼栽。」嗎？以求真而言，是什麼是根本，得確定才能問其他五大問題。

可以說，就「拿證據來！」的一般意義而言，胡適的「有七分證據，不說八分話」比傅斯年的「上窮碧落下黃泉，動手動腳找東西。」極端，但在史學上，傅斯年的「史學便是史料學」則比胡適的「史學有兩方面」極端。所以兩人在主張上有時各走極端，但他們的學問成就，還得就個案和範圍詳加分析，因為學者、理論家和一般人並無兩樣，都無法絕對或充分做到言行一致，尤其與其生存無關的層次上。這個層次其實允許很大的自由，也須要這樣的自由。

把證據幾乎等同考證當然是極端的看法，因為考證並不等於證據，證據也不等於考證，儘管兩者有極密切的關連。這使我們想起傅斯年出名的論斷「史學便是史料學」、「史料學便是史學」的邏輯和實際困難。胡適是不同意「史學便是史料學」的，因為他已說過「史學有兩方面」、「歷史可有種種的看法」。[93]

「史學便是史料學」、「史料學便是史學」的邏輯和實際困難之一在於沒有分清楚證據與論證和證明之不同。「所謂證據，就是用來證明一個題目的真偽的材料。『證據』的意義，與『證明』的意義是不同。『證明』是『證據』所生的結果；『證據』是『證明』所用的材料。無論證明甚麼事，都要有充分的證據繞行……要證明一句話，不是只用一個事實便能證明的。若果一個事實就能把他證明，除非只這一事實便足以使這句話的真理成立。不然，一個事實便只能算是可以證實這句話的諸證據裏的一個證據。換一句話說，就是『一個證明，多半是許多證據合成

---

[93]〈中國歷史的一個看法〉（1932年12月1日演講詞）《胡適全集13：史學·論集》，頁140。

的。』不可不把他認個清楚。切不可得了一個證據,便以為是一個完全的證明了。」【94】

於此陳大齊針對相關概念的描述與邏輯分析既精要且可取:

> 有所主張,必須有所依據……主張所依據的,即是通常所說的理由,以理由證明其主張之確能成立,即是通常所說的論證。論證所證明的主張,即是邏輯所說的結論,因明則稱之為宗。論證亦稱推理,其所以有兩個不同的名稱,祇因其陳述的次第有所不同。通常以先述主張而後提示理由者,稱為論證,以先述理由而後推出結論以為主張者,稱為推理。二者的陳述次第雖相反,其實質則並無差異。【95】

在歷史領域,甚至在科學領域,若能指出、提供能提供在事實上需要的證據,常已足夠幫助證實與證明或否證許多事情了,而要絕對證明或否證某事常在根本上是不可能的,更何況要件件事皆有證實與證明呢?胡適在「拿證據來!」的前提下沒有修正其「有七分證據,不說八分話」的證明標準是太嚴厲的證成要求了。如此堅持的結果是他得花了一生大半時間在考證、考據上。

但胡適顯然有執意要考據基本事實的傾向(即考據癖),即求證不能求證(因證據不足或消失了)的最根本事實,如老子的生卒年、某書

【94】克契門(Ketcham)著,費培傑譯,《辯論術之實習與學理》(*The Theory and Practice of Argumentation and Debate*),(台北:台灣商務印書館,民國69年台一版),頁72。

【95】陳大齊,〈主張的是非與論證的是非〉,《名理論叢》(臺北:臺灣商務印書館,1970年台三版),頁160。詳論見陳大齊,《大眾理則學》第二十二章「論證」,(台北:台灣中華書局,1982年2版)。參見 M. 柏立基原著(Max Black,),〔許冠三譯〕,《邏輯與科學方法》(*Critical Thinking: An Introduction to Logic and Scientific Method*, (Prentice-Hall, Inc., 1953 2nd Edn; 1952 1st Edn.)(台北:萬年青書廊,無出版年月),頁45。

的著者、某本已不存在的原書原稿的校勘等等,也同樣是吃力不討好的,雖功不唐捐。明智的做法或是進一步往前進的策略,反而是合理的推論,或暫時的存疑或保留的態度。堅持一定要按部就班處理問題,首先碰到的是,何謂按部就班?在事情未明朗或未解決前皆是摸索的階段,是沒有完全有把握講得十分清楚的。只有做到了,或成功了,回顧起來,才能做個完整的報告和陳述。這是發現的邏輯或發現的心理學與發現的證成之分別。【96】

胡適要一點一滴做起,從邏輯上而言,沒錯。問題是,事物並非邏輯,美好的事物不是按部就班來的。只有完全掌握的理想的理性世界裡才有此可能。

既以胡適在方法論上功力最深或付出精力最多最大的考據成就為例,我們有時也會發現胡適也不一致。他有時說考據容易做【97】,有時

【96】K.R. Popper, *The Logic of Scientific Discovery*, (New York: Harper & Row, 1968); Pluto's Republic, pp.33; 88,129.

【97】(季羨林主編,曹伯言整理,《胡適全集33:日記》(1938－1949),(合肥:安徽教育出版社,2003),頁257:

「我寫文字,無論是中文英文,都很遲鈍。人家見我著作在三百萬字以上,總以為我的文思敏銳,下筆千字。其實我的長處正在于「文思遲鈍」,我從不作一篇不用氣力的文字。

我覺得最容易寫的文字是考據的文字〔因此胡適是在逃避其他更辛苦的研究?〕,例如我寫《辨偽舉例》,一點鐘可寫一千字,比抄手還更快。但這是因為搜集證據,整理判斷的工夫,都早已做了,故坐下來寫,毫不費力。即如《醒世姻緣》的考證,寫時不大費力,但材料的收集,費了我五年多的時間!〔確是功不唐捐,但有些吃力不討好,或徒勞無功吧!〕

《科學與人生觀》序的最後一節(paragraph)費了我一個整天!〔無意中透露說明胡適為何怕寫理論文章?〕」(以上引言又見曹伯言整理,《胡適日記全集》第七冊(1934－1939),(臺北:聯經,2004),頁685。)

又說很難。【98】前者是指寫這種文章，後者是指找這種資料和研究。無論如何大都是書本的知識。

當然對胡適以考證成績（本身可能意義不大的考證成績）來引介具有重大意義的方法，我們可以問為什麼不用重大問題來介紹方法？答案：可能是重大問題本身可能使方法介紹染上色彩，以致無法介紹方法，因為方法本身用在具有爭議的事物上時可能會引起思想混淆、甚至利益上的衝突，因而得做一選擇。顯然，胡適以考據方式介紹治學與科學方法是因為他是著重方法本身更重於實質問題之解決，雖然其最終目的的是要用此方法解決具有重大意義的實質問題。

三、（七）：為考據學辯護：但考據學不可能只是（自然）科學

誇誇其談批評考據學是雕蟲小技的人很可能是沒有做過考據的人，或是失敗的考據學家，或是另有與考據無關動機的人。其實，考據雖然常注重很小的細節課題，但其發現之興奮是同樣強烈的。【99】

就學術而言，確是如胡適所說的：「〔928年12月9日〕……*考據單*

【98】早在 1916 年十二月廿六日他曾說：

「**校勘古籍，最非易事。……**」（曹伯言整理，《胡適日記全集》第二冊（1915－1920），（台北：聯經，2004），頁 448 。）

【99】羅炳良，《清代乾嘉歷史考證學研究》（北京：北京圖書館出版社，2007），頁 17－8：「崔述考證我國上古歷史，付出艱巨的勞動。其妻成靜蘭作詩描繪他考證歷史的神態說：『近來學古益成癖，獨坐搔首常寂寂，喚之不應如木石。忽然絕叫起狂喜，數千餘言齊落紙。五行、三行細剖分，創論驚天思入雲。直欲掃除千載惑，豈效小兒弄筆墨！』」；「……王鳴盛考史，投入了全身的精力：『暗砌蛩吟，曉窗雞唱，細書飲格，夾祝跳行。每當目輪火爆，肩山石壓，猶且吮殘墨而凝神，搦禿毫而忘倦。時復默坐而玩之，緩步而繹之，仰眠床上，而尋其曲折，忽然有得，躍起書之，鳥入雲，魚縱淵，不足喻其疾也。顧視案上，有藜羹一杯，糲飯一盂于是乎引飯進羹，登春臺，飽太牢，不足喻其適也。』」

是考據古文的真偽。…」【100】但也不止此。余英時提醒我們：

> ……清代考證學的典範是通過文字訓詁以明古聖賢在六經中所蘊藏的「道」。這是他們共同遵奉的信仰、價值和技術系統。……清代考證學的基本假定本是通過「訓詁」以明六經、孔、孟的「義理」。……【101】

即是說，不經過「訓詁」是無法獲得六經、孔、孟的「義理」的。胡適自己明白得很：「淺學的人只覺得漢學家斤斤的爭辯一字兩字的校勘，以為『支離破碎』，毫無趣味。其實漢學家的工夫，無論如何瑣碎，卻有一點不瑣碎的元素，就是那一點科學的精神。」；「凡成一種科學的學問，必有一個系統，決不是一些零碎堆砌的知識。……」【102】

話說回來，考據不煩瑣成其考據嗎？考證家容易當嗎？想想胡適自己在考證上所花的時間、功力罷！他說：「……《紅樓夢》的考證是不容易做的……」【103】果不其然。他費了五年考證《紅樓夢》；又說《醒世姻緣》的考證，「材料收集，費了我五年多的時間」；至於《水經注》的考證他費了二十年還沒有完成。而他最後說：「〔1962年12月16日發表〕……做考據工作，沒有書是很可憐的。……」【104】也說明他畢竟是讀書人與學者而已。再看看，這長期間裡，他有時如何歌頌，而有時如何貶損考據的重要性吧，諸如「三百年的第一流的聰明才智銷磨在這故紙堆裏，還沒有什麼好成績。」與「等你們在科學試驗室裏有了好成績，然後拿出你們的餘力，回來整理我們的國故，那時候，一拳打倒顧亭林，兩腳〔！〕踢翻錢竹汀，有何難哉！」等等斷論所顯示的無可奈何又不得不為之困境。這大概不是學科學的人會有的心境。

【100】〈治學方法〉，《胡適全集20：教育•語言•雜著》，頁565－6。
【101】《中國近代思想史上的胡適》，頁83－4。
【102】〈清代學者的治學方法〉，《胡適全集卷1：胡適文存一集》，頁387。
【103】〈《紅樓夢》考證〉，《胡適全集卷1：胡適文存一集》，頁545。
【104】〈找書的快樂〉，《胡適全集20：教育•語言•雜著》，頁755。

但胡適要藉考據以提倡他所謂的科學方法是真切的。如他在〈介紹我自己的思想〉(《胡適文選・自序》)中說:「少年的朋友們,莫把這些小說考證看作我教你們讀小說的文字。這些都只是思想學問的方法的一些例子。在這些例子裏,我要讀者學得一點科學精神,一點科學態度,一點科學方法。」

民國四十七年〔12月16日六十八歲前夕〕他曾回顧云:

> 我要青年人不要跟著別人走,也決不要跟著我胡適之走。只要跟著證據走,跟事實走,讓證據引你到結論上,就接受這個結論。這種科學的考證方法,實在是古代相傳下來,我們的老祖宗,頂聰明的學者們,苦幹得來的考據方法,跟西方科學方法的精神是一致的。【105】

同一訪談裡胡適也再一次認定考證方法是科學,因此也就沒有放棄考據方法換跑道而學科學的問題了。但為何胡適要採取如此迂迴的作法來宣傳科學方法?因為他在行的就是此行(考據學)!如此一來,就有必要談歷史與考據。他人可能不會如此做,他國——沒有豐富歷史文獻的國家——也絕不會如此聯結。如此聯結後,胡適也並不完全滿意,而有要人們不要跟上來的勸告!

其實,有五點可以為胡適(或任何人)幾乎一輩子都在做考據辯護:

其一,考據學確是很難,即使是雕蟲小技,也沒有幾人能做到。只要想一想考據之困難和發表無據或證據不足意見之容易就足以替胡適式的小題大作張目了。

其二,胡適對自己的考據成就的態度和批評比批評者更重、更苛、更嚴肅。

【105】胡頌平編著,《胡適之先生年譜長編初編》(十冊)(台北:聯經出版公司,民國73年),第七冊,頁2772。

其三，中國有最豐富的考據資料、對象和傳統，可供有興趣且有能力者耗盡一生。

其四，中國文化傳承不能沒有人搞考據。

其五，方法論之傳播，不管成功與否，都是功不唐捐。

考據學是古文獻學之一部分[106]，其性質諸如對事實之追求和實事求是，尚不足等於科學，至多只是科學的開始，因為即使按最通常的理解，科學並不能簡化為事實之累積而已。而歷史也不只是事實的累積、實事求是而已。胡適不能以範圍更小的（必要條件）來涵蓋範圍更大的（充足條件、必要且充足條件）。

胡適之所以會以考據、考證來附會科學，當然是與他的興趣以及中國豐富文獻分不開。使人震驚的是，面對中國這個巨大的文化資產，即使都是錯的，也可能是個寶藏——因為人從錯誤學得的教訓並不見得比成功少——不經一事，不長一智。失敗是成功之母，為何「五四」時代的人（包括胡適有一段時期以及疑古派的「英雄們」長時期）會把這個巨大的文化資產看成是不中用的東西呢？若是無用的，為何有那麼多學人一輩子都泡在裏面，皓首窮經，且總的來講是肯定的——連疑古派的「英雄們」最終也包括在內？

其實，若經典值得研究，但還弄不清，則是否值得更多的投入？其實，梁啟超和胡適一樣，並沒有因朱熹所言「……**考證**……**工夫，所得無幾而費力不少。**……」[107]而放棄古經典研究和考據學。這在實際上是做不到的，因為：「中國現存的古籍有十多萬種。……」[108]即使傾

---

[106] 劉琳、吳洪澤，《古籍整理學》（成都：四川大學出版社，2003）5：「整理古籍的目的，是為了便於人們更好地閱讀與研究古代文獻，從而促進古代文化的傳播。……」

[107] 漆永祥，《乾嘉考據學研究》（北京：中國社會科學出版社，1998），頁1。

[108] 《古籍整理學》，頁7。

清代考據學家的精力,也只能處理其中上千種而已。可見考據仍大有作為,只是現在學問家的興趣已不如從前那麼熱衷於它罷了,並非此領域沒有發展的餘地。其實「**整理古籍的目的,是為了便於人們更好地閱讀與研究古代文獻,從而促進古代文化的傳播。……**」【109】這個目的,無論漢學家、宋學家如何爭議,大概都不會有反對的意見吧。【110】

胡適的考據學經驗,使他重視書本知識、文字知識,而比較不重視概念性、哲學性的事物,也使他不能成為一流的哲學家(其實胡適從未自稱是哲學家),甚至放棄(純)哲學,而搞哲學史、文學史、小說史等與考證考據分不開的學問。

三、(八):如何理解考據學、歷史學是科學的問題

1958年記錄的《胡適口述自傳》於此議題有最權威且清楚的歸納主義信條的說明云:

> 所以我在「紅樓夢」考證文章的結論上說,我的工作就是用現代的歷史考證法,來處理這一部偉大小說。我同時也指出這個「考證法」並非舶來品。它原是傳統學者們所習用的,這便叫做「考證學的方法」。這一方法事實上包括下列諸步驟:避免先入為主的成見;尋找證據;尊重證據;讓證據引導我們走向一個自然的,合乎邏輯的結論。【111】

若近代西方考據學只是十七世紀以後的事,而近代科學是十六世紀的事,因而在西方是先有科學後有考證,而中國是先有考據後有科學,但胡適已告訴我們兩者的精神【112】、方法是一樣的,唯一不同的只是材

【109】《古籍整理學》,頁5。
【110】參見中央研究院第28次院士會議(中華民國97年7月1日)主題演講一,即余英時的「『國學』的概念與中國人文研究」。
【111】《胡適口述自傳》,頁246;參見同書,頁122、126–7、136。
【112】〈治學方法〉,《胡適全集20:教育‧語言‧雜著》,頁668–9。

料而已,那為何東西方會如此差異呢?更甚於此的是,胡適也告訴我們,即使精神、方法是科學的,但材料不同,也不會出現科學。這蘊涵精神、方法和材料都要有,才會有科學,但胡適卻又分別在 1923 年和 1956 年呼應丁文江(1923 年)的看法,說他(胡適)的《紅樓夢》考證也是科學。

若考證、考據已是科學,為何又要人們不要跟著來搞考證、考據呢?難道漢學研究對中國的文化復興,再造中華文明的重要性會低於科學?沒有中華文明之支持,沒有了文化中國,在中國還能有科學嗎?即使考據學是低於科學,但在中國這樣一個文獻最豐富的國家,沒有理由不投入更多人力物力研究它,更何況若同是學問,若同是科學,沒有理由厚此非彼。

胡適之所以須談考據學的起源是因為他有時明確地把它等同科學,因此若中國已早有考據學,則中國也就有了科學,甚至比西方還要早呢。[113]而考據方法是什麼,何時產生也必然與科學是什麼、其方法如何連在一起,因為胡適是如此提問題。但考據學何時發生?胡適的答案搖擺不定。有時說是「兩漢以下」,有時說是宋朝,但無論何種說法,都不會晚過西方近代科學興起之際。由於中國考證學來歷的時期認定不同,他的中西科學方法、精神、態度比較也就不一致。他比較認真比較的年代是 1600－1900 三百年間。這表示他雖有不同的考證起源年代,但他心目中的年代是明清之間與西方近代。其實,他是以近代西方科學興起的年代來比較中西異同。

胡適把中國已有千年的考據學等同只有三、四百年的近代西方科學還有一個嚴重的混淆問題,即把人文學科與自然科學的差異同化了。而這與他做為人文學者的前提和要求很相反。一般的批評是說他是科學主

---

[113]〈考據學的責任與方法〉,《胡適全集 13:史學・論集》,頁 575－6。《胡適語萃》,頁 20。

義者,那是理解成他誇大了科學,但若他認為考據學也是科學,則是誇大了人文學科的科學性,則是屬於誇大或膨脹了人文的學科的(自然)科學精神,犯了另一極端之錯誤。這點幾乎沒有胡適研究者明白指出。科學主義與人文主義雖相反但其極端一元化的模式竟然可以相同!【114】

科學與文史當然有一部分相同,例如都得用邏輯。除此之外,還有根本和次要的不同,這才是最重要的。胡適則有時忽略之且極堅持相同的部分,而所說出的,則是很不一致的。他甚至有時也看不起,甚至蔑視他一生花費精力最多的考據學,並有時有相當嚴重的科學主義的話。

胡適的真正意思是否只是所強調考據學有些科學的種籽【115】?若是如此,則問題不大。但意義也就不如想像中的大了。這與他認為什麼是「科學的」分不開:

> 〔1947年10月11日登載〕……。**我在政治上沒有顏色,在科學上也沒有顏色。我也可算是一個科學者,因為歷史也算一種科學。凡是用一種嚴格的求真理的站在證據之上來立說來發現真理,凡拿證據發現事實,評判事實,這都是一種科學的。**……【116】

胡適說考據也是科學*的*,「歷史也算一種科學」,並沒有錯,因為我們近、現代以來已幾乎無法想像有那一種研究和行動不受科學影響而沒

【114】楊壽堪等著,《20世紀西方哲學科學主義與人本主義》(北京:北京師範大學出版社,2003)。

【115】〈清代學者的治學方法〉,《胡適全集1:胡適文存一集》,頁371:「中國舊有的學術只有清代的『樸學』卻有『科學』的精神……」這並不是不可能的立場:「科學的主旨(我將聲稱)在於智能創造的領域:其他活動——診斷的,分類的,工業的,或預測的——皆可正當地稱為『科學的』,基於它們與解說性的觀念和理想相關聯,而這些解說性的觀念與理想是自然科學的核心。」(Stephen Toulmin, *Foresight and Understanding; An Enquiry into the Aims of Science*, (Westport, Conn.: Greenwood Press, 1981 Reprint), p.38.); *Pluto's Republic*, p.46.

【116】〈大學教育與科學研究〉,《胡適全集20:教育・語言・雜著》,頁239。

有幾分達到科學的一些基本要求或以科學方法或目的為號召,但我們仍可以堅持科學是科學,考據學是考據學或歷史學是歷史學,把這三者混在一起並不定有好處,或好處不一定多於壞處,因為任何精準的知識的追求是要分清,嚴格分清差異,不然只強調相同方面,則任何研究都無法證成其為單一獨立的學問。當然知識最後得有一個共同的基礎或預設的基礎,但知道這點是不夠的,就好像知道所有事物都是由一百多／109種元素組成[117]並不能滿足我們所需要知道的某一特定物質,某一類型物質的性質和用處。科學知識追求的對象和歷史、考據知識追求的對象和目的並不能等同,因此胡適於此處是比較寬泛的追求學問,而不是嚴格且細緻地追求學問。

但把科學等同科學方法,把凡是應用科學方法的看成即是科學,進而把應用科學方法的考據學看成是科學,因而分享科學的榮耀,但又看不起考據學,這意謂著矛盾地認為考據學與科學實屬不同位階,就好像 G. Orwell 的《動物農莊》(*Animal Farm*)所言,所有動物都是平等的,但有些動物比其他動物更平等。這種邏輯矛盾在胡適的考據觀裡出現,即使我們不問(1)他的科學觀和科學方法是何意義?(2)考據學與科學是否可以只用科學方法來聯結?(3)這個聯結夠充分嗎?以及(4)它與其他人文學門對比又如何?

胡適也許(萬萬)沒有想到,若考據方法就是科學方法,考據學就是科學,則邏輯地而言,科學所有的原則、定理、定律、理論得必然多多少少可以應用到考據學。若是如此,則不就與胡適一向強調的,歷史

---

[117] 艾金斯(Peter W. Atkins)著,歐姿漣譯,《化學元素王國之旅》(*The Periodic Kingdom: A Journey into the Land of the Chemical Elements*)(臺北:天下文化,1996),頁 11,129;參見《觀念化學》Ⅰ,頁 288,提出 112 種元素,其中包括有人在實驗中創造出來的 20 種,即元素週期表中第 92 種元素以後的 20 種(同書頁 118)。

（含考據）沒有規律、沒有定理相矛盾。胡適大概不會說人們能夠科學地證實、實驗歷史、歷史的「定律」、「定理」罷！胡適自己說：「**我是反對歷史單因論的。我常時開頑笑的說。〔歷史上的〕意外事件往往比『單因』（monistic cause）—— 例如經濟、色慾、上帝等等——更為重要。上述這些『單因』對歷史上所有的事件，皆可解釋。正因為它們對所有的事件皆可加以解釋，它們也就不可解釋任何事件了。……**」[118]誠然。這是在文字上少見的胡適式的幽默了。[119]他又說：「……。歷史家只應該從材料裏，從證據裏，去尋出客觀的條理。……」[120]「高明的思想家儘可以提出各種假設來做文化史的概括見解。但文史學者的主要工作還只是尋求無數細小問題的細密解答。」[121]對照他如下的觀察：「凡是開先路的書，總不免有忽略小節的毛病。……」[122]可見胡適不是不知學術，而是寧失在過嚴一方。

與「拿證據來！」和「有七分證據，不說八分話」一致，當胡適鼓吹「寧疑古而失之，不可信古而失之」時，我們不能說胡適沒有深切體會到任何複雜的東西、作業、事物皆需要小心整理、排比、分類、分析、組織、系統化以便掌握，而任何條規、制度和系統皆得十分注重程序和作業以便能讓人有所遵循。要做到如此，除了精確事實不可少外，就是要小心謹慎處理每一步驟，還要在推論上步步為營，否則會輸了一

---

[118]《胡適口述自傳》，頁 144。

[119] 參見《胡適口述自傳》，頁 161，唐德剛對此歷史單因論之實驗主義之解釋以及他同意余英時的「余英時先生說得好，歷史無成法，但是歷史有成例。……」（《胡適口述自傳》，頁 278。）

[120]〈古史討論的讀後感〉，《胡適全集 2：胡適文存二集》，頁 108。

[121]〈《文史》的引子〉（1946 年 10 月 16 日載），《胡適全集 13：史學・論集》，頁 585 – 6。

[122]《中古文學概論・序》（1923 年 9 月 24 日），《胡適全集 2：胡適文存二集》，頁 799。

子，全盤皆輸的局面或會使後來者付出更巨大的代價。但要在開始時候，即知答案是何等困難的事。因此，除了採取假設、演繹、求證重覆程序外，似乎沒有其他更好的辦法。當然就能掌握或能看到的為出發點是對的，但人能看到能掌握的就是不多且不遠。因此小心的人，像胡適常會有堅持小題大做的傾向，【123】之所以如此是因為求精求確的必然結果：大題必然得化為小題目，才能研究，而小題目一進行研究，必然發現與另或大或小題目相關，而變成複雜的更大或更小題目了。故不論大題的明顯重要性和意義，即使小題目，也不能小覷，因為有鼠屎雖小，卻常可以毀壞一缸米／飯／粥。正如 Herbert A. Simon 所言：「……如果你把劣等的資料或不正確的知識加進到人類的想法程序，你將會在遙端得到錯誤的結論。」【124】此中實涉及羅素所謂的「科學的心境」：「因為我們的行為是建立在信念基礎之上的，所以我們應當對細微的錯誤之處保持特別的警覺，不然，小錯就可能導致大禍。無論如何，我們總是先確立信念，然後再採取行動。一方面需要高度的智慧和文化，一方面又需要不會衰減的熱情；而要保持這樣的心境實屬不易，但是，盡管有困難，我們還是有可能獲得這種心境；事實上，這就是科學的心境。知識正如美好的事物一樣，雖然難得，但并非不可獲得。教條主義者忘記了獲得知識時可能遇到的困難，懷疑論者則否認獲取知識的可能性。這兩種態度都是錯誤的；但這種謬誤被推而廣之以後，就會導致社會性的災難。」【125】胡適在考據學上不能說沒有此處羅素所說的「科學的心

【123】〈要「小題大做」——覆吳晗〉（1931年9月12日），《讀書與治學》，頁298。

【124】Herbert A. Simon, *Reason in Human Affairs*, (Stanford: Stanford University Press, 1983), p.91; 卡爾‧波普爾（Karl Popper）著，李正本譯，《開放的宇宙》（*The Open Universe: An Argument for Indeterminism*）（杭州：中國美術學院出版社，1999），頁9：「一項計算的結果通常不會比它的數據的最低精確度更精確，因此，一個預測通常不會比它所根據的任何已知初始條件更精確。……」

【125】伯特蘭‧羅素（Bertrand Russell）著，戴玉慶譯，〈論教育的目的〉，《羅素

境」，姑不論其他。

　　考據學、考證學的起源主要是由於經典的解釋上有了問題，因文字不可信、有缺失、內容不易懂、或散失、或偽造，是西方現在所謂解經學的範圍。就其內容的了解而言，其目的是人倫、社會、禮教的範圍，或現在通稱的道德、哲學、價值、傳統的領域，即使把它的範圍擴大包括歷史、文學等領域，仍然與科學的領域，不論是廣義或狹義而言，都有巨大的距離。一端是社會、文化的價值；一端是應付自然的價值，把一方歸屬另一方，或企圖吞併另一方都是吃力不討好，甚至不可能，中間還有許許多多科目得跨越。試想想科學化的古典／人文學科講得通嗎？正如經典化、人文化、詩詞化的自然科學是不通的一樣。雖然有許多人認真努力在溝通兩者，但迄今仍無大成就可言，甚至越離越遠，兩敗俱傷。且看看西方的人文學科、社會科學、神學與自然科學的關係吧！在中國有幾個經典學者，讀文科的人，對科學有興趣？有幾個科學家對人文經典有興趣？即使有，有幾個科學家企圖科學化人文經典？科學化歷史？雖然多的是政治化的歷史、社會科學化的歷史。（完全）現代化科學化一切可能嗎？有何好處？

　　總之，考據、考證的主要對象──經典──有可能科學化嗎，如何進行？

　　胡適有時想把歷史學化約成考據，已是大大縮小範圍，若能其成事，已是連他自己都無法接受的。更何況關於考證、考據的來源，以及何謂科學方法，其來源，他的敘述充滿不一致。胡適方法論中的歷史因素（子孫的方法）與非歷史因素（哲學的、認識論的即實驗主義）常是相衝突的。這涉及歷史科學的性質與哲學、認識論的性質之不同。而後兩者是胡適沒有興趣，甚至是所不喜歡的。

自選文集》（*Selected Papers of Bertrand Russell*），（北京：商務印書館，2006），頁 134 − 5。

史學科學化在某方面是狹化了史學，可能得不償失。它的本質喪失了。人的因素沒了。這是科學化史學者的目的嗎？張東蓀說：「……英人斯太冰（L.S. Stebbing）女士在其《現代名學》上說，實驗科學與歷史科學之區分就在於前者應用數學以明其相涵關係，而可以刪除「主體」（the substantive，按亦即是 subject），而歷史科學則不能如此。」【126】

幾乎所有歷史學家和科學家都分別強調他們各自所使用的方法，而胡適卻有時說兩者根本上沒有不同，這當然是極簡化，極化約的看法。這對深入探討問題並沒有幫助，因把該分辨不分辨，該分清楚的不分清楚，而令人困惑的是，胡適的實際研究，卻常顯示有如此分辨，卻是毫無疑義的：

> 歷史不是一件人人能做的事；歷史家需要有兩種必不可少的能力：一是精密的功力，一是高遠的想像力……【127】
>
> 做文學史，和做一切歷史一樣，有一個大困難，就是選擇可以代表時代的史料。……【128】；

胡適既然已承認科學實驗可以製造證據以印證理論是否成立，而歷史則只能找證據以印證看法、理論是否成立，為何他不進一步說明其中之不同（因此而引起之不同），或胡適為何不退一步在理論上說，或許考據學還得有其他非嚴格意義的治學與科學方法呢？其實，即使試驗／實驗的方法是科學的方法——歷史考證的方法與科學方法仍不可能完全一樣吧！即使就方法來看，各科也有些不同，不然為何要加「考證學」方法、「歷史學」方法、「科學」方法來形容呢？

任何想科學化（自然化）歷史的人【129】都得想辦法克服根本無法克

【126】張東蓀，《知識與文化》（上海：商務印書館，1946），頁 163 – 4。

【127】〈《國學集刊》發刊宣言〉，《胡適全集 2：胡適文存二集》，頁 14。

【128】〈中古文學概論・序〉《中古文學概論・序》（1923 年 9 月 24 日），《胡適全集 2：胡適文存二集》，頁 795。

【129】張越，《五四時期中國史壇的學術論辯》（南昌：百花洲文藝出版社，2004），

服人的問題:如何排除歷史必備的人、時、地、事四要素。科學基本上不考慮或努力排除人的因素、化約人的因素。而歷史則是突出這些因素。是其生命線。歷史上自然科學的興趣是以擺脫歷史而起家的,而今確有人要再歷史化科學。這引起主流科學家的強烈反彈,這與主流歷史學反對自然科學化歷史的反應成一相稱的對照。西化歷史學家似乎有一共識,正努力於歷史的科學化或科學化歷史。這涉及學科的化約性有多大的問題。人、時、地、事四要素的多寡是鑑定一個學科較像歷史或科學的重要標準。企圖混淆這些都非造福兩者,而是斲傷之。「……愛因斯坦多次講過,他從陀思妥也夫斯基(Fyodor Dostoyevsky)那裡學到的東西比向物理學家學到的還多。……」[130]

若科學是指分科之學,則得排除人文或不必包涵人文,而若包涵人文,也不能說它(人文學科或人文科學)的重要性或必要性一定比自然科學低,因為既是分科,則每科有每科的特徵。要比較得有共同的標準,而此共同的標準絕不能只是來自自然科學。一般是把此標準化約為精神或工具,但這些標準和工具,若同樣適用於各科學,當是極抽象的,內容很不豐富,且所剩的會只是程度的問題。這個答案沒有人會滿意。

至於把科學看成是有系統的知識,則可以說幾乎所有人文以及社會學科都是科學了,最後也只是個程度問題。自然科學要吞併人文學科可能反被吞併。它本身原來不就是從人文學科或文化的母體分離出來的

第四章「兩個史學理論問題的爭論」:其一、歷史是不是科學?——關於歷史學性質的討論,見頁 326 – 404;《科學與文化》,頁 92 – 120,尤其 94 – 94 – 100 談「歷史是科學嗎?」

[130] 伊利亞・普利高津(ILya Prigogine)著,伊莎貝爾・斯唐熱(Isabella Stengers)合作,湛敏譯,《確定性的終結——時間、混沌與新自然法則》(*The End of Certainty: Time, Chaos and the New Laws of Nature*)(上海:上海科技教育出版社,2000 第 3 次印刷),頁 150。

嗎【131】？既脫離之後，有了大發展，如今要反攻或獨佔，可能會失敗，因版圖太大，以致造成四分五裂呢。

三、（九）：傳統考據家的科學家地位

若我們從胡適極力鼓吹考據學方法就是科學方法即是科學的觀點看來，是否可以說胡適是科學的考據家呢？在暫時為了推論而承認他的科學主義和科學方法無問題的情況下，這與他讚揚有加，甚至自認不如的傳統考據學家，和他欽佩的少數當代大考據家如陳寅恪、陳垣有何不同？若沒有不同，甚至不如這些不帶「科學的」稱號的考據家（如清代樸學家），那自稱或接受人們稱呼他為「科學的考據家」不是個諷刺嗎？除了標榜之外，如此意義的「科學的考據家」有何意義？科學方法是否成了晃子、招牌而已？

胡適研究者似乎沒有注意到胡適如下觀察裡所顯示的，胡適對近代方法論的興趣已比他要輸入的培根、笛卡兒的方法論晚了三、四百年，雖然他回頭到中國傳統裡找到了八百多年前的二程及其繼承者朱熹已做了些開創的工作：

> 在這些〔有新見解的〕研究之中，他們也找到了一項新發現；那便是在儒家的一本小書「大學」裏面，發現了一種新的科學方法。在這項從公元第十一世紀便開始的中國文藝復興裏，他們在

【131】卡爾・波普爾（Karl Popper）著，賈恩卡洛・博塞蒂（Giancarlo Bosetti）訪錄，王凌霄譯，《二十世紀的教訓：波普爾訪談演講錄》（桂林：廣西師範大學出版社，2003），頁95：「15世紀的古登堡革命（Gutenberg Revolution）也是驚天動地的變局，繼之而起的蓬勃發展的出版市場，持續地帶動了文化革命，也就是所謂的人文主義浪潮。藝術蘊涵了旺盛的生命力，新契機灌注到古典文學中；新的自然科學於焉誕生；在英國，宗教改革運動導致了兩場革命：1648年到1649年的流血革命，以及1688年的不流血革命──由議會持續轉化為民主。」

尋找一個方法和一種邏輯。這就是培根（Francis Bacon, 1561-1650）所說的「新工具」（Novum Organum）；也就是〔法國哲學家〕笛卡兒（Rene Descartes, 1596-1650）所提倡的「方法論」（Discourse on Method）。「現代」的中國哲學家要尋找一種新邏輯、新方法，他們居然在這本只有一千七百字的小書裏找到了。【132】

「大學」裏有一句〔原作者〕從無解釋的話叫「格物」。他說，「致知在格物。」一切始於格物。「格物」這兩個字，〔歷代解經的學者〕對它作不同的解釋大致有五十餘條。但是其中最令人折服的一家，便是十一世紀的二程（程顥，一○三二──一○八五；程頤，一○三三──一一○七）兄弟和承襲而完成二程子之說的，更偉大的十二世紀哲學家朱熹（一一三○──一二○○）了。他們解釋「格物」是：「『格』至也；『物』猶事也。窮至事物之理；欲其極處無不到也。」【133】

「物」者何？二程子兄弟中的弟弟，伊川程頤，認為「物」無不抱。大及天地之高厚；小至一草一木，皆為「物」。「致知在格物」是把你的知識延伸到極限，這便是科學了。【134】

從某些方面來說，朱子本人便是一位科學家。他對古代典籍深具批判能力。朱熹也是研究古音韻的急先鋒。他開始懷疑「書經」中大部都是偽作；平時對古籍的處理也完全不拘泥於傳統；每每使用新方法，另創新論。所以從這一方面來說，我國自十七世紀初期其後凡三百年的學術研究，實在並不是反對朱熹和宋學；相反的，近三百年來的學者文是承緒了朱子治學的精神。這也是個嶄

【132】《胡適口述自傳》，頁271。

【133】《胡適口述自傳》，頁271－2。

【134】《胡適口述自傳》，頁272。

新的觀點……！【135】

注意文中的「*從某些方面來說，朱子本人便是一位科學家。*」所蘊涵庶幾近之的「科學家」意義。其實，胡適不是不知道漢學（樸學），甚至考據學，還不是近代式的科學：

> 我還有些其他成書著作，如《戴東原的哲學》〔民國十六年，亞東圖書館出版〕戴震〔東原，一七二四──一七七七〕是他自己那個時代中*比較最接近科學的學者之一*；他可能也是〔乾家學派中〕沒有尾隨〔當時的學風，對宋明〕哲學傳統革命的少數學者之一。相反的，他在致力於精湛的校勘學和訓詁學之外中也還〔承繼宋明理學的傳統〕，寫了一些他自己的哲學著作。【136】

注意文中的「戴震是他自己那個時代中*比較最接近科學的學者之一*」所蘊涵庶幾近之的「科學家」意義。因此，針對唐德剛如下兩個評論揭露胡適自己已說過且承認多次的想借考據學來傳播治學、科學，以及思想方法，當不會吃驚，甚至會覺得是有點在借題發揮之發揮：

> 胡適之搞「紅樓夢」，不但比「老」紅學家要「對一點」；恐怕比「新」紅學裏的吳世昌、趙岡、余英時等小將，可能也還要「對一點」，也很難說。可是胡氏「整理國故」如他在本文裏所列舉的「方法」，就有「對」，有「不對」了。他「不對」的地方，便是胡老師把「科學方法」，誤為「科學」的本身。以為掌握了「科學方法」（其實胡先生的「方法」，只能說是「合乎科學的方法」，而不能逕名之為「科學方法」），「科學」便在其中矣。這就「不對」了。【137】

> ……。在「整理國故」內，他的「科學」還不太夠；在「整理佛教」裏，他的「科學」又太多了點。「學問」和「宗教」是兩個

【135】《胡適口述自傳》，頁273。黑斜體字為本文作者所加。

【136】《胡適口述自傳》，頁216－7。黑斜體字為本文作者所加。

【137】《胡適口述自傳》，頁229。

時時有邊界糾紛的大國,但他二位並不是一樣東西。搞學問重在「學」、重在「識」;搞宗教重在「信」、重在「悟」。尤其是佛教,如果一位學者,既不信又不悟而偏要在「思想」上去碰它,那就只能搞點佛教的「史實」(factual history)來消遣消遣了。【138】

話說回來,其實,胡適的科學定義和方法本身就不一致,但以最善意的解釋來說,也不能把科學與考據學劃上等號。這或是既通俗且具有宣傳、鼓吹不太嚴格的科學觀和方法的用意,並可能有開風氣的作用,但不宜太當真,因為即使考據學是科學,或是科學的,但它之為科學,或是科學的層次不是很高的。一般對科學,科學的理解很少以考據學為典範,也少以歷史為典範。相反的,正如胡適明裡、暗裡在做的,只是想要提升考據、考證的科學地位,而不是要把考據、考證當做其他學科學習科學的典範。即是說,胡適雖極盡其力在為不是科學典範的考據、考證學提高其科學地位,但自己卻不滿意這個努力,因他也曾不只一次自嘆「我胡適之這樣的考據家,一點用處都沒有。」:

〔1932年7月10－12日登載〕最後還要說一點,書本子的路,我現在覺得是走不通了,那只能給少數的人,作文學,作歷史用的,我們現在所缺的,是動手。報紙上宣傳著學校裏要取消文科、法科,那不過是紙上談兵,事實上辦不到,如果能夠辦到,我是非常贊成,我們寧可能夠打釘打鐵。目不識丁,不要緊,只是在書堆裏鑽,在紙堆裏鑽,就只能作作像。我胡適之這樣的考據家,一點用沒有。中國學問並不是比外國人差,其實也很精密,可是中國的顧亭林等學者在那裏考證音韻,為了考證古時這個字,讀這個音不是讀那個音,不惜舉上一百六十七個例!可是外國牛頓,他們都在注意蘋果掉地,在發明望遠鏡、顯微鏡,看天看地,看大看到無

【138】《胡適口述自傳》,頁232。

窮,看小也看到無窮,能和宇宙間的事物混作一片,*那才是作學問的真方法*。【139】

最後一句透露無遺胡適的價值取向的優先秩序。

其實,胡適盡力為提高考據、考證學之地位時,既已意味傳統的考據、考證學不夠科學。這很容易從他批評傳統的考據學與考證學的文字看出。但很少胡適研究者邏輯地注意到這點,而更少胡適研究者邏輯地注意到這與胡適把考據、考證方法、精神、態度、等同科學是不一致,甚至矛盾的。

胡適上述不滿意考據學即可看成是對此中國沒有近代科學的傳統之不滿,但他從未放棄此傳統,尤其是清代樸學的成果。看來如下的話是關鍵性的:

「〔1952年12月5日〕我們的方法是科學的,然而材料是書本文字。」【140】

「〔1932年12月1日講〕『實事求是』的精神──科學的精神,而成就了一個所謂的『漢學』……」;「我們素來是缺乏科學,文治教育看得太重。」【141】

〔1933年12月19日作〕十七世紀以後的「樸學」(又叫做「漢學」),用精密的方法去研究訓詁音韻,去校勘古書。他們做學問的方法是科學的,他們的實事求是的精神也是科學的。但他們的範圍還跳不出「讀書窮理」的小範圍,還沒有做到那「即物窮理」的科學大範圍。【142】

【139】〈治學方法〉(1932年7月10日至12日登載),《胡適全集20:教育・語言・雜著》,頁591－2。

【140】〈治學方法〉(1952年12月5日)《胡適全集20:教育・語言・雜著》,頁565。

【141】〈中國歷史的一個看法〉(1932年12月1日講)《胡適全集13:史學・論集》,頁148。

【142】〈格致與科學〉(1933年12月19日作),《胡適全集8:哲學・論集》,頁82。

這些話蘊涵自然科學是科學的正宗,且可以用來說明中國沒有科學,雖有科學方法和精神,——讓我們且借胡適自己的話來說明之——因為「他們的範圍還跳不出『讀書窮理』的小範圍,還沒有做到那『即物窮理』的科學大範圍」是與「他們做學問的方法是科學的,他們的實事求是的精神也是科學的」不同的!換言之,有幾分是科學的不等於是科學(如許多社會科學,甚至人文科學所宣稱的),努力成為科學也不是科學(如星相學、頭顱學)。

我們要問,(1)為何中國既已有「即物窮理」仍跨不出「讀書窮理」此步?(2)材料出問題?(3)還是問錯問題?

但若要做到「**即物窮理**」才是科學,則「**讀書窮理**」按邏輯仍不是科學,或不是自然科學,則其邏輯的推論就會是他如下 1935 年 11 月 11 日年斷論:

> 但每一種新發展,不能孤立,必定有他的文化背景、必定是那個文話化的背景的產兒。埋頭做駢文、律詩、律賦、八股,或者靜坐講理學的知識階級,決不會產生一個佛薩利司(Vesalius),更不會產生一個哈維(Harvey),更不會產生一個巴斯脫(Pasteur)或一個郭霍(Koch)。巴斯脫和郭霍完全是十九世紀科學做發達時代的人傑,是不用說的。佛薩利司和哈維都是那十六七世紀的歐洲一般文化的產兒,都是那新興的醫科大學教育的產兒,——他們都是意大利的巴度阿(Padua)大學出來的。那時候,歐洲的大學教育已有五百年的發展了。那時候,歐洲的科學研究早已遠超過東方那些高談性命、主靜、主敬的『精神文明』了。其實東方文化的落後,還不等到十六七世紀——到了十六七世紀,高低早已定了,勝敗早已分了:我們不記得十七世紀初期利瑪竇帶來的天文學在中國是無堅不摧的了嗎?——我們的科學文化的落後還得提早兩千年!老實說,我們東方人根本就不曾有過一個自然科學的文化背景。……我們在今日重讀兩千幾百年前的《黑剝克萊底斯〔Hippocrates〕誓

詞》……不能不感覺歐洲文化的科學精神的遺風真是源遠流長，怪不得中間一千年的黑暗時期始終不能完全掃滅古希臘、羅馬的聖哲研究自然愛好真理的遺風！這個黑剝克萊底斯——蓋倫的醫學傳統，正和那多祿某（Ptolemy）的天文學傳統一樣，雖然有錯誤，終不失為最可寶貴的古代科學的遺產。沒有多祿某〔Ptolemy〕，也決不會有解白勒（Keppler）〔Kepler〕、葛利略（Galileo）、牛頓（Newton）的新天文學。沒有黑剝克萊底斯和蓋倫，也決不會有佛薩利司、哈維以後的新醫學。——這樣的科學遺產就是我們要指出的文化背景。【143】

　　幾乎一輩子主張樸學中有科學精神、方法和態度的胡適，多次贊揚王清任《醫林改錯》的胡適不該有上引《人與醫學》上的論斷！胡適此處斷論「我們的科學文化的落後還得提早兩千年！」與他1959年7月在〈中國哲學裏的科學精神與方法〉【144】的強力辯護可說兩極。

【143】〈《人與醫學》的中譯本序〉，《胡適全集20：教育・語言・雜著》，頁595－6。又見西里斯（Henry S. Sigerist）著，顧謙吉譯，胡適校，《人與醫學》（*Man and Medicine*）（臺北：臺灣商務印書館，1979年（1967年臺一版）臺三版），頁3。此書原文為德文。對照任鴻雋同樣反省二千多年來而得的結論：「……。是故吾國之無科學，第一非天之降才爾殊；第二非社會限制獨酷，一言以蔽之曰，未得研究科學之方法而已。」（見氏著，〈說中國無科學之原因〉，原見民國四年《科學》第一卷第一期。後收在中國科學社編輯，《科學通論》，（上海：中國科學社，1934年再版），今有收在《民國叢書》編輯委員會編，《民國叢書》第88冊（為它之第二部份），（上海上海書店，1992）。今引自後者，頁353。）

【144】此文是他在一九五九年七月第三次「東西哲學家會議」上宣讀的英文論文" The Scientific Spirit and Method in Chinese Philosophy "之中譯。其重點，正如標題所示者，是要強調中國哲學／思想裡也有與西方一樣的「科學精神和方法」，用以反駁 F. S. C. Northrop 的看法。Northrop 認為東方沒有西方式的

是故吾國之無科學,第一非天之降才爾殊;第二非社會限制獨酷,一言以蔽之曰,未得研究科學之方法而已。【145】

科學,並以「直覺得來的概念」（concepts by intuition）和「由假設得來的概念」（concepts by postulates）來解釋。此中譯文在胡適去世後由徐高阮完成的,以後收在東海大學哲學系編譯,《中國人的心靈——中國哲學與文化要義》（台北：聯經出版事業公司,1984）,頁67－98；又見徐高阮,《胡適和一個思想的趨向》（台北：自印本,無出版日期）,頁93－124。對照胡適在一九六一年十一月十六日發表的〈科學發展所需要的社會改革〉裡說:「我相信,為了給科學的發展鋪路,為了準備接受、歡迎近代的科學和技術的文明,我們東方人也許必須經過某種知識上的變化或革命。」（見《胡適全集》,卷20,790）若是如此,則就與他在〈中國哲學裏的科學精神與方法〉裡一再強調,中國也有科學精神和方法相矛盾——至少「科學精神和方法」之養成,已不像他所常說的那樣簡單了。此處有關所謂「李約瑟議題」需要另文處理。本文不能詳論所謂『李約瑟難題』—— 其最正式的陳述見李約瑟,《中國科學技術史》第一卷導論,（北京：科學出版社、上海古籍出版社,1990）,頁1－2。參見陳積芳,〈卷首語〉,頁I:「……據《李約瑟研究》第一輯載文,從1915年到1998年,關於近代中國科學落後問題的論文有341篇,論著44部。」（《東西方科學文化之橋——李約瑟研究》）。單單 A.C. Crombie 的煌煌巨著（三大冊共2400多頁）*Styles of Scientific Thinking in the European Tradition: The History of Argument and Explanation Especially in the Mathematical and Biomedical Sciences and Arts, 3 Vols.* (London: Gerald Duckworth & Co. Ltd. 1994)。即足以提出如下大問題：若中國的科學與技術,正如許多人所指出者,是獨立與個別發展出來的,與西方的科學與技術不同,起源不同,目的不同,前提不同,則比較時的困難就很嚴重了。首先,我們得擬定共同的對照標準,否則就有沙文主義之嫌,但要擬定一個比較標準談何容易。

【145】任鴻雋,〈說中國無科學之原因〉,原見民國四年《科學》第一卷第一期。後收在中國科學社編輯,《科學通論》,（上海：中國科學社,1934年再版）,今有收在《民國叢書》編輯委員會編,《民國叢書》第88冊（為它之第二部份）,（上海：上海書店,1992）。今引自後者。頁352－3。

胡適對中國是否有科學搖擺不定，有時認為有，有時認為沒有，有時認為有一點，因而與他認定中國一定有的考據學之間的關係也就隨這種搖擺而搖擺。此外，更關鍵的、根本的是他的科學觀（含方法、材料、歷史、甚至精神）也搖擺不定。

胡適常以實驗方法來定義科學，而在〈治學方法〉既說，明、清已有、已是「科學的治學時代」，按邏輯當含有實驗科學所有的特色或結果。所以他說：

> 〔1928年12月9日〕……。我今天要說的，就是材料很重要，方法不甚重要。用同等的方法，用在兩種異樣的材料上，所得結果便完全不同了。所以說材料是很要緊的。中國自西曆一六〇〇至一九〇〇年當中，*可謂是中國科學時期，亦可說是科學的治學時代*，如清朝的戴東原先生在音韻學、校勘學上都有嚴整的方法。西洋人不能不承認這三百年是中國科學時代。……【146】

但他在〈格致與科學〉裡卻說：

> 〔1933年12月19日作〕王陽明這段話〔去格庭前的竹子〕最可以表示中國的士大夫*從來沒有研究自然的風氣，從來沒有實驗科學的方法*，所以雖然有「格物致知」的理想，*終不能實行「即物窮理」，終不能建立科學*。【147】

「沒有研究的遺風」是精神、態度出了問題，為何又說沒問題？說他們的態度與精神是科學的？若態度和精神已是科學的，還剩什麼不是科學的？是材料不適合科學？若是如此，則丁文江的「梁啟超講歷史研究法，胡適之講紅樓夢，也是科學。」還能成立嗎？

又說中國沒有實驗科學的方法，如此一來，即蘊涵中國沒有科學，而與〈治學方法〉（1928年12月9日）裡聲稱的「科學的治學時代」矛

【146】〈治學方法〉，《胡適全集20：教育・語言・雜著》，頁564。

【147】〈格致與科學〉，《胡適全集8：哲學・論集》，頁82。

盾。

按他的科學方法即是實驗的方法,則「從來沒有實驗科學的方法」即等於沒有科學方法了!

其實,胡適在〈格致與科學〉[148]進一步觸及後來稱為「李約瑟議題」的重點。而他的〈格致與科學〉一文即是要說明單單有科學的目標、範圍、方法還是不夠的。嚴格或細膩而言,近代以前中國是沒有近代西方的科學,不然此標題(〈格致與科學〉)即是重覆或贅詞了。同樣的,〈中國哲學裏的科學精神與方法〉[149]此文的標題即蘊涵科學精神與方法是有分別的,雖然關係極密切,不然此標題即是費解了,就是說,胡適其實不是方法一元論者,當然更不是全能論者,儘管他常給人如此印象。

胡適幾乎所有談方法論的著作都企圖在鼓吹科學輸入或辯護中國有科學精神。這兩者邏輯地而言可能是矛盾的,除非強行以質量來分辨。即是說,中國有科學的質(如精神、態度、和方法),但沒有科學的量[150](如實驗室、科技、資本主義、工業革命)。或者說若中國早有科學,是科學的祖國之一,但後來消失了,因而要做得做的是復興的工作,而不是輸入或感嘆、詛咒沒有科學。但是要輸入科學則是西化論者的共識。這個令人困惑的結論是深入研究胡適的治學和科學方法的邏輯結果,大概連胡適本人也不會接受,或難以回答。

為什麼這種科學精神和方法沒有產生自然科學呢?有了科學精神是否即有科學?搞邏輯的胡適似乎沒有記住或分清邏輯上的三種形式,即

---

[148]〈格致與科學〉,《胡適全集8:哲學‧論集》,頁80:「本文作於1933年12月19日,收入(胡適遺稿及秘藏書信)第9冊,黃山書社1994年12月版。——編者」

[149]〈中國哲學裏的科學精神與方法〉,頁95。

[150]〈這一周〉,《胡適全集2:胡適文存二集》,頁539:「……中國學科學的人,只有地質學者在中國的科學史上有可算得已經有了有價值的貢獻。……」

必要條件「有之不必然，無之必不然」；充足條件「有之必然，無之不必不然」；必要條件且充足條件「有之必然，無之必不然」[151]

在經驗界絕對無法滿足充足而又必要理由律／條件，因為那是百分之百的情況。但任何必要條件若沒有滿足，則任何事都無法發生——「有之不必然，無之必不然」；而任何事若已發生則表示不但滿足了必要條件且也滿足了充足條件。我們不能說必要條件等於充足條件，但我們一定可以說充足條件包涵必要條件。

總之，胡適沒有分清必要條件與充足條件，以及必要且充足條件之差別。若以必要條件而言，他的所有方法（論）都沒有問題，但若以必要且充足條件而言，則大有問題，但這並不限於他一人。

於此本文的主要論證是，若我們接受胡適認為的，考據學（漢學）是中國本有的，而此考據學的精神和方法與西方科學的精神和方法是相同的，則我們是否可說，中國不必輸入西方科學精神和方法，因為自己已有了，至少只須發揚固有的考據學的精神和方法即可，因為考據學與西方科學的精神和方法是相同的。但胡適也說中國沒有科學[152]，這蘊涵中國的考據學不是科學或西方式的科學。於是我們面臨的困惑：即是說，若考據方法（中國早有，不管是在漢或宋或清）[153]＝歷史方法（中國早有，不管是在漢或宋或清）＝科學方法／精神（中國像有也像沒有；若有，不管是在漢或宋或清），則結果是中國老早有科學科學／精

---

[151] 殷海光，〈三種形式方式〉，《怎樣判別是非》（臺北：傳記文學出版社，1970年）

[152] 如晚至1962年2月24日他逝世一年前的〈「國家」長期發展科學委員會兩年來的工作報告〉（1961年1月29日）《胡適全集20：教育・語言・雜著》，頁773－4：「中華民族從前在學術思想方面盡管有光榮的成就，但是現代的科學無可諱言的，是產生在西方的。我們要趕上西方的科學成就，而環境又不容許我們聽任自然演變，有計劃的發展是避免不了的。……」

[153] 〈治學方法〉（1952年12月5日），頁668－9。

神,至少不會晚於歐洲。那這三、四百年來(自明末的徐光啟)要從歐洲輸入科學(含方法和精神)就是廢話,庸人自擾、杞憂了。說中國早有近代科學且超越西方很難與大量輸入這方面的器械和書籍相一致,也與大量鼓吹近代科學的文字不一致。

胡適之所以耿耿於懷,不忘再三強調的考據或歷史的方法為科學的方法——是因為這太涉及其思想的核心了,即使如此等同有矛盾且做起來也不一定順遂:

> 〔(1952年12月5日)〕像昨天所說的顧亭林要證明衣服的「服」字古音讀作「逼」,找了一百六十個證據。閻百詩為《書經》這部中國重要的經典,花了三十年的工夫,證明《書經》中所謂古文的那些篇都是假的。差不多偽古文裏面的每一句,他都找出它的來歷。這種科學的求證據的方法,就是「大膽的假設,小心的求證」的方法。這種方法與西洋的科學方法,是同樣的了不得的。【154】

於此胡適又似乎發現古書考證裡也有了近代科學的種子。而若研究的是書本上學問,如考據學,為何要以自然科學為模仿的對象呢?果不其然,他又說:

> 〔1952年12月11日〕關於考證學的方法,我在台大的三次講學中曾經提過。*所謂考證學也可以說是治文史的方法並沒有什麼秘訣,更不是三更半夜得過師傅的真傳,只是在暗中摸索出來的;也就是我講「治學方法」的結論「勤、謹、和、緩」四字。——養成不拆爛污、不躲懶、不苟且、不武斷,虛心找證據,不急於發表的好習慣*。【155】

若「所謂考證學也可以說是治文史的方法」,則與張東蓀在〈考據

【154】〈治學方法〉,《胡適全集20:教育‧語言‧雜著》,頁685。讀者或已注意到此處的「一百六十個證據」與頁46註67的「一百六十七個例!」有出入。

【155】〈選科與擇業〉,《胡適全集20:教育‧語言‧雜著》,頁282-3。

方法是科學方法麼？〉【156】的看法有可不同？接下來，他反而（在〈科學精神與科學方法〉（1959年11月29日））把治文史的方法或治學方法化約成「勤、謹、和、緩」的好習慣，因而更不像是「科學方法」了，【157】也與他在他處強調「往往把方法看得太不嚴格」不一致。——其實若有科學方法，則竟然沒有產生科學，諸如他在〈治學的方法與材料〉最雄辯討論的：這可能因材料不同、目的不同有以致之，則就顯示有沒有科學的問題並不是如胡適有時所講的是有沒有科學精神、態度、方法和習慣這些必要條件那麼簡單了。又對照：

〔1953年1月12日〕我所提到的「大膽〔的〕假設，小心〔的〕求證」，也是根據法律觀點得到的，考證、考據，也是由法律的傳統得到的；但由於法律、習慣的不同。證據的觀念也就不同了。【158】

「由於法律、習慣的不同。證據的觀念也就不同了。」當然至為平實，無懈可擊，但該令胡適研究者該吃驚，因為這個看法至少足以修正他出名的「拿證據來！」此外，此處胡適更蘊涵說中國有科學方法與精

【156】東蓀，〈考據方法是科學方法麼？〉，《天津益世報》第三張，《社會思想》第六六期（民國二十三年二月十二日，星期一）。把科學分廣狹義是很流行的看法：汪榮祖，〈歷史與科學以及科學的歷史〉，《學林漫步》（南京：江蘇教育出版社，2005）。

【157】但對照一九〇四年榮獲諾貝爾醫學獎得主，以「制約反應作用」（conditional reflexes）為一般讀者所知的 Ivan Petrovich Pavlov (1849-1936) 科學家三點特質：第一、循序漸進、第二、虛懷若谷、第三、保持熱誠。（詳見，周增祥輯譯，《看小品讀英文》3，（臺北：宇宙光，2000），頁6？－7。）於此胡適四字訣可說是獲得了最權威的支持或辯護了。其實，我們甚至可以說胡適的四字訣方法論比上述 Pavlov 精簡但類似的三特點還要明白些呢。但我們不要忘了方法論與實踐不一定有因果關係：講可以是一套，做可以是另一套。

【158】胡頌平編著，《胡適之先生年譜長編初編》（十冊）（台北：聯經出版公司，民國73年），第六冊，頁2315。

神（十字訣）可見諸於以訴訟、審案為來源的考證學。這與他不只一次說考證學是在故紙堆中找生活，該放棄或留給老朽去做不無矛盾！且不免使人奇怪要人走入／進實驗室的胡適反要人們重視（不是實驗室常用的）書本資料（法律傳統）裡去找科學精神與方法（十字訣）。

三、（十）：科學家與科學方法

本文所有關於胡適治學與科學方法（論）的討論是基於本小節為前提而開展的。即是說，本小節是本文評判胡適治學與科學方法（論）或任何類似的討論的標準。

1965年物理學諾貝爾獎得主費曼（Richard P. Feynman）把科學定義為「對大自然現象的理解」。[159]

獲得比胡適（35個）還要多榮譽博士學位（40餘所大學）的1977年諾貝爾化學獎得主伊利亞·普利高津（ILya Prigogine）寫道：「我總是把科學看成是人與自然的對話，如同在現實的對話中那樣，回答往往是意料之外的 —— 有時候是令人驚訝的。」[160]

我們不要忘了，我們現在用的英文詞 "scientist" 是經由 William Whewell 在他的 *The Philosophy of Inductive Sciences* (1840) 創建的。[161] 科學家是何許人並不如一般想像容易釐清。Peter Medawar 寫道：

> 數學家素有稀少和特別之人之名，狂歡於某種稟賦的使用上，而這稟賦是遠超於一般人所能表現，甚或想像之上。但科學家不是這種人；相當一般的人可以學好科學。這樣說不是貶低科學，而是讚許一般人。但要學好科學，我們必須要 —— 並一定要首先覺

---

[159] 費曼（Richard P. Feynman）著，吳程遠譯，《別鬧了，費曼先生 —— 科學頑童的故事》（*Surely You're Joking, Mr. Feynman! --- Adventures of a Curious Character*）（臺北：天下文化，1997年第2版11次印刷），頁286。

[160] 《確定性的終結 —— 時間、混沌與新自然法則》，頁45。

[161] Peter Medawar, *The Limits of Science*, p.9.

察到那種對缺乏了解不安之感。這種感覺是分辨一個科學家的幾個確定的標誌之一。我認為就是這個缺乏探索的、追逐的特質使許多人無法想像他們可能成為科學家，應該成為科學家。好的科學家常具有仁慈的學校教師常失望地承認未曾灌輸給我們的舊式德性。這些是：期待能解決問題的達觀氣素；能用功的能力和那種使科學家能面臨諸多使他們氣喪時能挺起來的毅力；而最重要的，是能耐──一種近乎頑固地不放棄並承認失敗的抗拒力。【162】

……因為一個科學家的生涯不需要稀有、高等的或異常的能力，科學乃是對幾乎所有的人皆可企及的，而一個科學的生涯標誌著一個自由和民主的社會的最偉大的機會之一。並且，科學本身也夠多樣化，足以滿足所有的性向。「在科學中」，我曾寫道，「有收集者，分類者和不由自主的清理者；許多人因性向是偵探者，而許多人是探險者；有些是藝術家，而其他則是工匠。也有詩人──科學家與哲學──科學家，並且甚至有為數不多的神秘主義者。而部份事實上是科學家的人，可以輕易地是其他行業的人。」【163】

Bernard Dixon 說：

不像會計師、屠夫、鋼琴師或書記，科學家一詞涵蓋了很大的一群不同職業的人。一個科學家可能被發現在麻州劍橋的試驗台上做試驗，在記事本上記錄比較一系列合金的伸張力的所得的數字。另一科學家週復一週在中非洲與山猩住在一起並觀察它們的行動。另一個可能花了他或她大部分時間在委員會的房間裡，管理巨大的研究計畫。有些科學家是理論家，具有計算和玄思的才

【162】 Peter Medawar, *The Limits of Science*, pp.9-10.

【163】 Peter Medawar, *The Limits of Science*, pp.10-11.

份，他們從未走近試驗室。其他科學家像福爾摩斯或 Hercule Poirot 一樣工作，貫穿起分散的線索，以追求他們的獵物——例如，找到新近才認識是導致像退伍軍人協會症（Legion-naires' disease）這樣的傳染病的微生物。儘管在小說和漫畫裡常有稍微怪異、穿白袍的科學家的諷刺畫，科學家是極多樣化的一群人，比任何職業都多樣化。」【164】

若緬甸女孩（Yimon Aye）在入大學前從未進過試驗室，到英國不到四年進入牛津大學學化學後的第一年考試，即能達到名列前茅的程度，則我們馬上可以推論說，科學之掌握並非有不可逾越的實際和邏輯障礙。【165】而若古典人文學者（Anthony Leggett）能在轉讀物理學後且能拿到諾貝爾物理獎【166】，則我們更可以說科學與人文的爭議最終很可能是假議題。其實，這可從實際經驗輕易地加以證實：中智的人都可以成為兩者之一，或兼而有之，或兩者皆是。於此並沒有實際和邏輯的鴻溝存在。

戴西・拉德納、邁克爾・拉德納（Dasie Radner & Michael Radner）似乎是針對科學方法論的充足條件兼批評類似杜威（科學、思想）五步而寫道：

> 人們常把科學家說成是遵循科學方法的人。科學方法一詞的通常概念是：搜集資料，作出一個用以說明這些資料的假設，再通過實驗對假設進行檢證。但這僅僅開始涉及到科學怎樣發揮作用，就此而言，這還不足以區別科學與偽科學。……在科學方法中，除了搜集資料、作出假設和做實驗外，還必須有更多東西。科學方法一詞的通常概念顯然是不全面的。只是再加上一兩個條件

---

[164] Bernard Dixon, *The Science of Science: Changing the Way We Think*, (Oxford: An Equinox Book, 1989), p.33.

[165] *Oxford Today*, Volume 16 No.1 (Michaelmas 2003), p.36.

[166] *Oxford Today*, Volume 16 No.2 (Hilary 2004), p.4.

（例如，假設必須簡明，實驗必須反覆進行）也不能是其前面。用幾個籠統的詞句是無法將科學方法闡明的。科學方法的應用與實際科學論題密切相關：為了了解這種方法，人們必須按某一具體科學領域的實際內容來查看科學論據。」[167]

吳程遠在介紹費曼似乎只談科學方法論的必要條件（類似假設－演繹模式）時提醒云：

……。我們都應該知道，技巧是短暫的，但方法（態度）是長遠的。而什麼是科學方法呢？費曼指出：「首先是用猜的，然後計算一下，假定這個定律是正確的話，會出現什麼樣的結果。接下來，將這些計算結果跟大自然的現象作一比較，也許是根據原有的經驗，也許是跟實驗結果直接比較，看看這理論行不行得通。『如果它跟實驗結果不符，這定律便錯了。』這輕描淡寫的短短一句話，實際上就是科學精神，是打開科學大門的鑰匙了。[168]

他還特別強調：「用猜的不一定就不夠科學，雖然許多不從事科學研究的人認為如此。」「只有說什麼是比較有可能、以及什麼比較不可能發生，才是真正的科學態度，而不是不停地證明什麼是可能、什麼又是不可能發生。」[169]

Peter Medawar 也毫無疑問地告訴我們：

科學中的猜想。科學中的創發之舉是假設之提出──即是 Whewell 所說的，做猜想（這也是羅素的用法）。許多人，像約翰・穆勒

---

[167] 戴西・拉德納、邁克爾・拉德納（Dasie Radner & Michael Radner）著，安寶明、張松林譯，《科學與偽科學》（臺北：久大文化，1991），頁35。

[168] 吳程遠，〈不一樣的鼓聲〉（導讀），費曼（Richard P. Feynman）著，陳芊蓉、吳程遠譯，《物理之美 —— 費曼與你談物理》（*The Character of Physical Law*），臺北：天下文化，1996年第1版第2次印刷），頁15。 陸健體，《關於世界的問答：科學說明》（臺北：淑馨出版社，1994）。

[169] 〈不一樣的鼓聲〉（導讀），頁15。

（John Stuart Mill）因這樣的描述而不悅。說科學經由猜想而前進，正如說莫札特寫許多迷人的曲子，以及柯立茲（Coleridge）寫了許多創意的韻詩一樣真切。煩惱只是這些描述在被認為某種需要更加嚴肅的場合才顯得不敬。[170]

看來這兩個諾貝爾獎得主的看法與胡適的「大膽的假設，小心的求證」並無不同。胚胎學家華伯特（Lewis Wolpert）的書開頭即提出如下看法：「……。科學家們在思考問題時所使用的心理器官與我們其他人并無二致。只須瀏覽幾頁手稿就會很清楚地知道，并沒有什麼『做』科學的途徑，即使是在公認的學科或群體之內。在實驗家與理論家、生物學家與物理學家之間，工作風格和動機迥然有異，就像他們的法型和說話的口音一樣各不相同。」[171]；「……。科學家像我們剛剛指出的那樣，異彩紛呈，充滿多樣性。部分樂趣是探尋、品味每個天才科學家的獨到之處。另一方面，尋找某些模式和潛在的一致性同樣可以啟迪心智。我們絕不相信存在什麼科學發現的完美理論，就像我們絕不相信存在什麼繪畫藝術的完全理論一樣。……」[172]

Melvyn Bragg 觀察到：

> 在本書的科學巨擘裡，華生是我唯一見過面的。就舉止及氣質而言，我發覺他不是普通人——說話時突如其來，有時心不在焉，但總是樂於設法解釋。我引用他的著作《雙螺旋鏈》（The Double Helix）為開場白，他說：「科學不以外行人所想像的直線邏輯方式來前進。它的前進（及後退）通常是極人性化的，人格特性及

---

[170] *The Limits of Science*, p.33.
[171] 劉易斯・沃爾珀特、艾莉森・理查茲（L. Wolpert and A. Richard）著，柯欣瑞譯，《激情澎湃——科學家的內心世界》（*Passionate Minds: The Inner Worlds of Scientists*）（上海：上海科技教育出版社，2000），頁 1。此書收有七位諾貝爾獎得主的訪談錄。
[172] 《激情澎湃——科學家的內心世界》，頁 2。

文化傳統在此扮演重要的角色。」有趣的是，他的敘述與龐加萊相去不遠。……【173】

羅素寫道：

科學方法雖在其比較細緻形式可能看起來繁複，在基本上是出奇簡單。它的根本在於觀察那些能讓觀察者發現統御觀察中事實的普遍法則，此中兩個階段第一是觀察，第二是推論出一個法則，兩者皆是必要的；而每一階段皆可容許幾乎無限的精緻化，但基本上第一個人說「火燒」無論如何是在使用科學方法，若他已經歷過觀察與概括的階段……【174】

羅素更注意到：

科學方法，儘管它基本上是如此簡單，但其獲得是艱困的，而仍只有少數人在使用。這少數人把它限制在一小部分他們有意見的問題上。

科學的態度在某程度對人是不自然的；我們大部分的意見是願望滿足，像佛洛依德理論中的夢。我們之中最具理性的心靈或可比喻成是數隻小船裝載著科學地實驗過的信仰物品，險惡地漂浮在

【173】 引自梅爾文・布萊格（Melvyn Bragg）著，周啟文譯，《站在巨人肩膀上：史上最偉大的十二位科學家》（*On the Giants' Shoulders: Great Scientists and Their Discoveries from Archimedes to DNA*）（臺北：先覺，1999），頁274。文中的《雙螺旋鏈》引言轉引自「勞倫斯・白萊格爵士前言」，詹姆士・D・華生（James D. Watson）著，童亦暢，譯，《雙螺旋鏈》（*The Double Helix: A Personal Account of the Discovery of the Structure of DNA*）（香港：今日世界社，1970），頁2。

【174】 Bertrand Russell, *The Scientific Outlook*, (New York: W.W. Norton & Company, Inc. 1931), p.13。李靜、宋立軍、張大松，《科學思惟的推理藝術》（臺北：淑馨出版社，1994），頁195：「科學作為人類智慧的輝煌成就，主要得意於觀察實驗與理性推導。」

以熱切信念為基礎的慾望的風暴之洋。這不是得全然遺憾的情況：生命得過，而並沒有時間合理地考驗調節我們行動的所有信仰。沒有某種確定健全的魯莽性，沒有人能久活。因而科學的方法必須依其性質，侷限於我們比較嚴肅和正式的意見。

在達致一個科學法則的過程中有三個主要步驟／階段：第一在於觀察有重大意義的事實；第二步是達致一個假設，這個假設若是真的，將能說明這些事實；第三步是從這個假設演繹可以由觀察檢證的結果。若這些結果被證實了，那這個假設暫時被接受為真的，雖它隨著後來發現更多事實而常需要修正。【175】

於此我們得提醒「事實」的掌握是不容易的，以及科學所尋找的到底是何種「事實」。羅素提醒說：

科學家尋找有重大意義的事實，即是導致普遍法則的事實，而這些事實常是本身不具有內在趣味的。任何一位非科學家的第一個印象，一聽到在某一出名實驗室進行的事情，是所有探討者浪費時間在毫無事物上，但智能上有啟發性的事實常是本身做不足道或無趣的。【176】

這就很可以明白，為何我們看手冊類的書（純事實陳列或純描述的文獻或資料）常會看不下去，昏昏沈沈，也說明事實本身不會激發行動力。其實，客觀地看問題，看世界是極難的事，而任何反對客觀地看問題的人一定根本沒有嘗試如此做的，而這種人居大多數，因此反對客觀地看問題，以及提出反對客觀地看問題的人都會得到大多數人的支持。其實，甚至曾經企圖或認真客觀地看問題，看世界的人也不能持續或不斷如此做，因而達不到理想地、客觀地看問題看世界的境界呢。

科學之所以困難是要求以最熱情的投入於最冷靜客觀的觀察、思考，沒有幾人不受嚴格的訓練能做到。這就是為何它出現如此之晚，且

【175】 *The Scientific Outlook*, pp.13, 14, 57.

【176】 *The Scientific Outlook*, p.48.

很可能會再喪失,若失去了此特別的熱情和物質支持,以及如制度的、社會的、環境的條件之配合。而「對任何科學問題的研究幾乎都會導致到這些問題歷史的研究。……」【177】這就是所謂李約瑟問題了,乃非本文所能進一步置喙的課題。

也許歷史研究須要越多資料越好,但自然科學卻非如此。羅素說:

> 科學進展的特色是它越來越少見諸於予料,而越來越多見諸予於推論。當然此中推論是不自覺的,除了那些把自己訓練成哲學的懷疑主義者;但我們決不能認為不自覺的推論必然是有效的。……我們的許多不自覺的推論其實是我們在孩提時所學得的條件反射,它們是高度可疑的,一旦付諸邏輯的審查。
> 或許最終完善而言,所有科學將是數學的,但與此同時有很大的領域數學幾乎用不上,而包括在這些領域的是現代科學的某些極重要成就。【178】

Peter Medawar 也說:

> 科學是,或切望於,演繹地安排其階序〔原文如此〕:它展示原則、法則和其他概述,從中推出關於特例的原理。顯然的,諸科學並不是如此開始,它們也不是經常是以如此整齊、演繹地按階序安排的形式而結束。【179】

數學家 K.C.Cole 提醒說:「……真相或真理可以是高度反直覺的……」【180】這很可以說明,為何一般人不喜歡科學,因為它的學習是

【177】恩斯特・邁爾(Ernst Mayr)著,田洛譯,《很長的論點:達爾文與現代進化論的產生》(*One Long Argument*)(上海:上海技術出版社,2003),序,頁1。

【178】*The Scientific Outlook*, pp.73, 40.

【179】*The Limits of Science*, p.3.

【180】柯爾(K.C.Cole)著,丘宏義譯《數學與頭腦相遇的地方》(*The Universe and the Teacup: The Mathematics of Truth and Beauty*)(台北:天下遠見出版公司,2006年(2001年第一版)第6次印刷),頁8。

很不自然的,且最終可能是數學和反直覺的。但沒有一個人能拒絕科學的實際功用,包括批判科學的人。伯林(I. Berlin)曾引用美國哲學家C.I. 路易斯(Clarence Irving Lewis)的話云:「沒有什麼優先的理由認為,當我們發現真理的時候,它會是有趣的。」[181]其實,真理——事實的本來面目——[182]不見得有趣,令人興奮、代表正義、美麗;它也可能如夢魘一樣,很恐怖,醜陋,黑暗,陰森,掙扎,怒吼。但不面對真理,代價可能更大。

儘管費曼(Richard Feynman)認為科學方法論對於科學沒有幫助,正如鳥類學家研究鳥類的飛行對鳥沒有任何幫助一樣,而他本身仍然有談科學方法;儘管 Peter Medawar 堅持沒有獨一無二的科學方法,甚至懷疑有科學方法這種東西[183],他仍然寫有討論科學方法的書(*Advice to a Young Scientist*),因他認為討論科學方法其實就是要有科學方法論:

> 如果我已經造成那樣的印象〔反科學的方法論〕,我一定得立刻改正它。即使從來不可能制定獨一無二的科學方法,也許因為沒有如此的事物,然而科學的方法學,當做一門學科,仍將會扮演若干特有且重要的功能。因為科學的實踐和詮釋中,有若干共同於所有科科學的真正問題出現,這些問題是「形式的」,即是它

---

[181] Henry Hardy 編,伯林(I. Berlin)著,潘榮榮、林茂譯,《現實感:觀念及其歷史研究》(*The Sense of Reality*)編者前言,(南京:譯林出版社,2004),頁8。參考穆蒂莫・艾德勒(Mortimer J. Adler)著,郗慶華、薛笙譯,《六大觀念》(*Six Great Ideas*)(北京:三聯書店,1991)一書提出的,我們據以進行判斷的觀念是真、善、美;據以指導行動的觀念是自由、平等、正義。

[182] 梅勒(D.H. Meller),〈說真話〉("Telling The Truth"),梅勒(D.H. Meller)編,彭程譯,《交流方式》(*Ways of Communicating*)(北京:華夏出版社,2006),頁86。

[183] *The Limits of Science*, p.51; p.101note3; *Pluto's Republic*, pp.14, 47, 73, 78, 132.

們不依賴於某特定科學門類的屬性。一個方法論的派別有很多議程可處理：讓我現在只簡單提出三個。

（1）檢證的問題；……（2）化約的可能性；突創；（3）因果律；……」【184】

胡適對這三個科學方法論的大問題並沒有長篇的理論探討。但於此針對胡適的治學與科學和思想方法（論），余英時在《中國近代思想史上的胡適》裡的第六大節（章）「方法論的觀點」一開頭如下極相關的評論是任何胡適研究者，尤其是對胡適治學與科學方法的研究者，不能迴避的：

> 這裏應該指出，胡適思想中有一種非常明顯的化約論（reductionism）的傾向，他把一切學術思想以至整個文化都化約為方法。所以他在《中國哲學史大綱》中認定古代並沒有什麼「名家」，因為每一家都有他們的「名學」，即「為學的方法」。後來他更把這二觀念擴大到全部中國哲學史，所以認為程、朱和陸、王的不同，分析到最後祇是方法的不同……。一部西方哲學史在他的理解中仍然是哲學方法變遷的歷史……。據他自己說，他特別強調「方法」是受了杜威的影響……。這也許是事實，因為，杜威的實驗主義的確是以方法為中心的。但是我們前面已看到，胡適早在一九一四年已特別注意「術」了。大概嚴復介紹的西方名學和章炳麟闡釋的佛教因明學與墨子、荀子的名學都會對他有過重要的啟示。此外清代的考證學也可能對他發生過某種程度的暗示的作用。姑不論起源如何，也不論理論上有何困難：胡適這種化約論確實決定了他接受西方學術和思想——包括杜威的實驗主義在內——的態度。他所重視的永遠是一家或一派學術、

【184】 Peter Medawar, "Induction and Intuition in Scientific Thought", *Pluto's Republic*, . pp.82-3.

思想背後的方法、態度、和精神,而不是其實際內容。同時又由於在進化論(他肯定這是已經證實而毫無可疑的科學真理)和實驗主義方法(他肯定這是科學方法)的巨大影響之下,他認為一切學說的具體內容都包括了「論主」本人的背景、時勢、以至個性,因此不可能具有永久的、普遍的有效性……。但是方法,特別是經過長期應用而獲得證驗的科學方法,則具有客觀的獨立性,不是「論主」本人種種主觀的、特殊的因素所能左右的。……【185】

茲僅引出名地理學家段義孚對備受人文學者批評的化約性所持的中肯看法以供參考、對照:

> ……化約主義是現代哲學的一個重要特徵,現代科學驚人的發展與成功大都是因為化約主義的存在。所謂化約主義,指的就是將與當前問題沒有嚴格聯繫的所有訊息全部排除掉。正因為如此,它也促使人們在思想上養成了一種輕視的習性,在化約主義的眼中,一切都可用「只不過」這樣的詞語來形容,桌子只不過是大量旋轉的原子,日出只不過是一種意識上的幻覺。我們絕大多數人不是科學家,但是我們也在使用著各種的技術,我們知道,就人類居住的生活環境而言,技術就像是化約主義者;也就是說,當今的技術已經發展得極其纖細、極其豐富,並將其觸角伸展到各個角落,企圖揭開所有隱藏的神祕性。【186】
> 研究問題所採用的分析法與化約主義方法為人類提供了巨大的力量,這就證明了這些方法與現實是緊密聯繫的,並不是人類隨意創設的解決問題的方法。這裡,我還要補充一點,如果我們想要

【185】《中國近代思想史上的胡適》,頁 49－50。

【186】段義孚(Tuan Yi-fu)原著,周尚意、張春梅譯,《逃避主義》(*Escapism*)(臺北縣新店:立緒文化,2006),頁 251。

遵循康德（Immanuel Kant）的觀點來認識現實本身，那麼我們是不可能做到的。雖然我們不能了解到現實本身的所有傾向，但還是有能力了解到真實的更多面向，而不只是科學所能揭示的某一面向。……現實的這些面向，不管是單獨的，還是複合的，都會隨著人類思維能力和感知能力在廣度和深度上的不斷增長而逐步被揭示出來。與科學不同，這種增長來自於一種思維習慣、一種綜和性而非分析性的習慣；這種習慣能將人引入更豐富、更有啟發的現實中。……【187】

化約在學問上是必要手段，甚至是必要的罪惡，沒有化約，人們常無法存活下去。到處都有化約，以簡馭繁是完全合理的做法。如化學上把所有東西化約成由一百零幾種元素所組成；中國史學裡有史家四長、物理學裡有次原子世界、愛因斯坦的廣、狹義相對論、黑洞、宇宙大霹靂；生物學上有遺傳基因；人類社會有身份證、電腦、工資、上班時間、工作地點、地圖等等。以上都是某種化約的結果。把歷史事件分成近因、遠因、人為因素、地理因素、客觀因素、主觀因素、思想因素、甚至所謂思潮等等也是某種化約的結果。

但即使有了化約而來的共同目的，它實現的方法仍然可以很不同的。其實，姑不論目的和方法都可以化約，都得化約。要達到一個目的，仍可以有多種途徑，雖不見得條條大路通羅馬。真是有如「……俗話說『一張膏藥，各人的熬法不同』，……」【188】「每餐都用一樣烹飪方法的廚子，就是個爛廚子。」【189】林正弘說：

【187】《逃避主義》，頁 251－2。

【188】《古籍整理學》，頁 293。

【189】 墨爾（David S. Moore）著，鄭惟厚譯，《統計，讓數字說話！》（*Statistics: Concepts and Controversies*）（臺北：天下遠見，1999（1998年第1版）第6次印刷），頁 313。

有許多研究方法論的學者主張：一切學科的理論結構具有共同的基本模式，因而建構理論的方法，各不同學科之間，基本上並無太大差異。對於這種方法論的統一論調，我們採取存疑、保留的態度。然而，一門學科可以從另一門學科的方法論獲得啟示，做為比較及反省的依據，則似乎無庸置疑。【190】

其實，一個學科的研究者到底可以從別的學科得到何種啟示，是很難預料的。這些啟示對其本門的研究會發揮如何作用，也必須由研究者自行考量斟酌，並沒有固定的常規可循。【191】

汪敬熙早在1940年已有極端的看法：「……知識的進步是來自努力工作，而不由於方法的討論，並且空洞的無實際工作做背景的方法論不僅無補於知識的進步，並且也要費了可以用在工作上的寶貴時間。空想思想方法的無意，恰似一個人終日坐在家內計劃怎樣周遊世界而不出大門口一步一樣。因談思想方法而起爭論便更是不值得做的事了。」【192】但他仍有同一課題的漫談！

四、結論：無方之方？

本文的寫作，開始時只因想探討1923年「科玄論戰」時所謂「科學是什麼？」或「什麼是科學？」所涉及的其中一個關鍵問題，即「什麼

【190】林正弘，〈科際整合的一個面向 —— 各學科間方法的互相借用〉，《伽利略‧波柏‧科學說明》（臺北：東大圖書，1991年第2版），頁115－6。

【191】〈科際整合的一個面向 —— 各學科間方法的互相借用〉，頁122。參見朱麗‧湯普森‧克萊恩（Julie Thompson Klein）著，蔣智芹譯，《跨越邊界：知識、學科、學科互涉》（*Crossing Boundaries: Knowledge, Disciplinarities and Interdisciplinarities*），（南京：南京大學出版社，2005）

【192】《科學方法漫談》，頁69。

是科學方法?」而來。而它之所以涉及胡適是因為他是鼓吹科學方法的極重要人物;他所提的「大膽的假設,小心的求證」治學(科學)方法論數十年來是此方面討論中最出名的一句話。

胡適不是他提出的十種八種治學與科學方法的始作俑者。但除了十字訣外,其他的看法都比較少受到研究者的關注。本文嘗試除了對他此十種八種治學與科學方法就其歷史嬗變加以描述外,更想探討其**邏輯關聯性**。後者從未有人做過。兩者在一篇文章裡一起做是困難度極高的嘗試。

胡適像希臘神話裡的西西弗斯(Sisyphus)受罰不斷推石上山,明知不可為而為之似的。他提出這許多治學與科學方法論,並需要三翻四次重述它們的事實,已蘊涵他不滿意只有一種看法,或在找唯一看法時發現有其他看法可以補充,但也帶來問題。揆諸於事實,也確是如此。其實,胡適的諸種治學與科學方法間不但存在著有一致不一致的問題,甚至有高低層次之別。

誠然胡適的十字訣是總結包括杜威的想法在內的治學、科學和思想方法論,但把它與考據學連在一起是胡適特別的地方。當然在中國這樣具有極豐富歷史、文學和文獻的文化裡提供了這個可能性。其實,其他人做了些鋪路,如胡適津津樂道的清代漢學,以及現代的考古發現,在在都有利於他提出考據學既是科學此看法。

在中華文化以外的地方,大概至多是把科學方法應用到文史哲方面,很少人或根本不會人有像胡適這樣宣稱文史哲***就有***——更不要說***就是***——科學精神和方法之總匯這個終究不能被接受的做法,因為若文史哲既是科學,則就沒有科學化文史哲的問題了,而科學化文史哲則是他要完成的任務。若要完成的已經完成了,那還有啥可完成的?更糟的是,若文史哲已經有科學,就是科學,這不就是保留文史哲現狀最好的理由了嗎?根本與他們要「***重新估定一切價值***」背道而馳了。

本文發現胡適的每一說法容或皆有其原委,但連結在一起,即是以

94

等號式出現時,卻是無法完滿論證的,同時有每況愈下或起起伏伏之嫌。也就是說,胡適一輩子努力的方法論並沒有令他滿意的成功。當然功不唐捐,而失敗可能是成功之母,因此我們大可不必低估他的方法論的價值,更不可以成敗論英雄了。

　　十字訣可說是他最主要的科學方法觀;四字訣則是他最重要的治學方法觀。四字訣與十字訣後半部分比較有關係,但胡適卻有時說四字訣更重要。這從他以考據學者的觀點而著重這些經驗之談是完全可以理解的。但若胡適已認定中國沒有科學傳統,則就不能說十字訣即是科學方法又是清代學者的治學方法。若清代的學者的治學方法即是科學方法,則問題變成為何仍說中國沒有科學,只有樸學?而樸學不等於科學?胡適曾說兩者只是材料不同而已。但也有其他文章說不只此。更甚於此,他有時也把科學精神與方法往前推到孔子。有時(比較罕見)則說根本缺少這種精神與方法。至於強調考據學、歷史學材料與自然科學材料不同則比較一致,但即使擴大了考據學、歷史學的書本材料,加入考古文物、實質資料的發現,仍然因為這些學門問的是人文問題,在性質上仍不同於自然科學。史料學即史學只強調材料,雖與其鼓吹者的專長有關,也與中國極吸引人,極豐富的文獻有關,但從其鼓吹者更尊崇自然科學,以自然科學為師的觀點看來,卻是誤解了自然科學。

　　若十字訣有問題,其他表達科學方法的方案更站不住腳。是否當局者迷?像胡適如此自覺的人在追求科學方法論時都已是如此不太令人滿意。那不自覺的人是否更糟?

　　一生求方法、找尋金手指、或聖杯(Holy Grail),不見得就一定會真正獲得它,雖然在追求的過程中,一定會有所收穫,但此收穫是否就是原來所設想的,答案很可能是不一定,且甚至更豐富的意外收穫,如哥侖布原是要尋找到印度的香料之路卻意外發現新大陸(對他而言)、X光的發現、鐳的發現、盤尼西林的發現等等——都不是預料中的事。我們可以說,胡適所鼓吹的方法論也有此情形,就是說,就方法論而論

方法論而言,他實在並沒有太大貢獻(而非一般所謂的大錯特錯或膚淺),但在宣傳、努力應用此方法論時,他獲得較大的成績。這表面看起來弔詭的現象是因為方法與理論或行動與思想的關係並不是一對一的,且不必有嚴格的因果關係或有簡單的因果關係。

胡適每一個治學與科學方法(論)都或多或少有些問題,但另一方面幾乎每一個都可以或多或少支持其他看法。整個合起來看,當然也重覆了上述個別看法之內與個別看法之間存在的問題。但就與其他談治學與科學方法(論)的作者比較,在中國胡適的貢獻仍是最大的,最明顯的:沒有任何其他作者有如他如此多的治學與科學方法(論),沒有任何其他人有如此廣泛的影響,幾乎沒有一個受過文史教育的大學生沒有聽過胡適的治學與科學方法(論)的某些層面。

不同說法還可以說是多面向的解說複雜事物所必需的做法,但矛盾其詞,前後不一致,則是邏輯出問題或錯誤了。之所以如此很可能是因為他(1)後來越來越不重視邏輯;(2)徘徊於重述各個前後不一致且多變的治學與科學方法(論)之間;(3)堅持並傾向於武斷地要科學化考據學與歷史。科學化史學已進行之一百年,仍然無成功之日。

當我們說某人的思想是不一致或混淆的,這並不在任何意義上有蔑視或看不起之意味,因為要清楚明晰地思考是很困難的,用文字表達出來也同樣有困難。就歷史記錄而言,所有思想大家的思想都有不一致或混淆的地方,只是程度不同。對一個思想家最大的侮辱不是不一致或混淆,而是不知所云或是廢話連篇。胡適沒有此毛病。當然有些人是故意混淆問題,以暗示深度。這是把淺水弄濁,讓人看起來好像比較深些。不知所云的文字很少是智慧之言,而更可能是癡人說夢。胡適也沒有此毛病。

博、大、精、深很難全俱,或是不能兼得的。胡適雖早年自承「……哲學史成了我的職業,文學做了我的娛樂。」[193]但晚年連自己

---

[193]〈我的歧路〉《胡適全集2:胡適文存二集》,頁467。

的專業都無法確定,而說:「……今年我六十九歲了,還不知道自己的本行到底是那一門?是中國哲學呢?還是中國思想史?抑或是中國文學史?或者是中國小說史?《水經注》?中國佛教思想史?中國禪宗史?我所說的「本行」,其實就是我的興趣,……」【194】

「博而寡要,勞而少功。」(《史記・太史公自序》):「太多」好事可能會變成壞事,「太多」已蘊涵負面,但什麼是夠?是理想狀態?用Isaiah Berlin 的兩大學者類型的比喻,胡適是隻想當刺蝟的狐狸,還是隻想當狐狸的刺蝟?還是正如其論敵所言,胡適只是鼴鼠飲河?余英時注意到:

> 幾十年來,頗有人批評胡適的思想太淺,對於許多比較深刻的問題都接觸不到。他提倡的「科學方法」僅流為一種通俗的「科學主義」和「實證主義」,他不但對歐洲大陸的哲學傳統缺乏認識,甚至在英美經驗主義一派的思想方面也未能深造自得。金岳霖曾公開指出「西洋哲學與名學又非胡先生之所長,所以在他兼論中西學說的時候,就不免牽強附會。」(見馮著《中國哲學史》審查報告二)。同時在中國學術思想方面,他的興趣也限於清代的考據學,對於宋明理學,以及他專門研究的禪宗也沒有相應的瞭解。這一類的批評很多,我們不必一一列舉。本文所作的是思想史的工作,因此我既不必為胡適辯護,更無意討論這些批評。從思想史的角度看,這些批評縱使完全正確,也和胡適在歷史上的客觀位置不相干,更和胡適本人所希望扮演的歷史角色不相干,尤其和他抵擋不住馬克思主義的思潮不相干。【195】

> 以「舊學邃密」而言,胡適不但比不上章、梁、王等老輩,而且也未必能駕乎同輩以至早期弟子之上。但是關鍵根本不在這裏。

【194】〈找書的快樂〉,《胡適全集20:教育・語言・雜著》,頁 754。
【195】《中國近代思想史上的胡適》,頁 61 - 2。

他的基本貢獻是一種綜合性的創造。即以「新知深沉」而言，他也不一定真的超過了當時許多留學生。事實上，我們已看到，他對西方的「新奇的學說、高深的哲理」並沒有很高的興趣。他服膺杜威的實驗主義主要是在方法論的層次上面。他對西學的態度可以說是「弱水三千，我祇取一瓢飲」。而且他所「取」的不是繡好的鴛鴦，而是繡鴛鴦的金針和手法。他沒有深入西學固是事實，但也正因如此，他才沒有滅頂在西學的大海之中。對於今天許多迷失在五花八門的西方理論中的人而言，胡適倒不失為一個比較健全的榜樣。但是他有十分豐富的西學常識和明銳的判斷力，更重要的是他的舊學和新知配合運用得恰到好處。他能在國故研究上建立新典範、開闢新風氣者，以此；他能提倡文學革命和領導新文化運動者，也莫不以此。【196】

以極樂觀的態度，從事伏爾泰式的開民智文化事業和宣傳的胡適自承他的文章「長處是明白清楚，短處是淺顯。」【197】他的朋友不看他的文章時，因此當我們指責胡適膚淺時，我們必須記住，若有這種情形，並不是因為他不知道有高深的學問或理論存在，而是因為他不認為有此必要掌握它們。他認為常識，一般的常識，更不要說健全的常識，有批評過的常識⋯⋯若認真執行起來，已很足夠得到小康的境界。這是很起碼的要求。為什麼他會停止在此階段，而不百尺竿頭，更進一步呢？這很可能與他終身的表面的樂觀主義下面的悲觀人生看法和態度有關。胡

【196】《中國近代思想史上的胡適》，頁88－9。讀者於此當不會忘記胡適仍在康乃耳（Cornell University）當農學生時（1911年1月30日）已購進五十巨冊的《五尺叢書》（又名哈佛叢書）。

【197】《胡適語粹》，頁379：「⋯⋯余失之淺者也，不可不以高深矯正之。」；《胡適口述自傳》頁148：「⋯⋯。凡言要以達意為主，其不能達意者，則為不美。⋯⋯」

適雖自稱勇敢,實際他是很膽小的人。文字上很大膽,思想也無禁忌,不保守,但在行為上和活動上卻是非常小心謹慎的。他寫道:「**胡適自己常說他的歷史癖太深故不配作革命的事業。**」【198】;「**我們不信政治上有什麼包醫百病的良藥……**」【199】但對照他的〈一貼防身葯方的三味藥〉一文!

　　最終我們似乎發現或可以說,胡適的思想和著作有許許多多缺憾、不完美、甚至錯誤,但都是瑕不掩瑜,正如蘇非亞·羅蘭自諷地說的,她的嘴巴太大、她的腿太長、她的顴骨太突出……但合起來,她仍是個罕有的美女。就是說部分有時並不能決定全體,這在非科學領域尤其是如此。因為整體並不是簡單的湊合或累積,而是有機的組織和觀察,整個看和個別看是很不同的。各方面各組成部分都是完美的事物和人是沒有的。柏拉圖的理型世界是個評斷的理想標準,現實中並沒有;若有,則它就不再是理型了。若胡適是個沒有缺點的人,那他就不是活生生的人了。

　　胡適曾言若沒有蔡元之提拔,他至多只能當二、三流的報館編輯。其實,胡適曾只自詡是中國的曼鏗(H.L.Mencken)而已——少有的自我評估。【200】但他絕不只此。羅素早在1922年出版的《中國問題》一書就寫道:

【198】〈五十年來中國之文學〉,《胡適全集2:胡適文存二集》,頁331。

【199】〈一年半的回顧〉《胡適全集2:胡適文存二集》,頁507。

【200】胡適認為:「……新聞記者叫做曼鏗(H.L. Mencken),真是一位了不得的人,他在美國的影響,正如中國的胡適之。我在美國讀書時,他辦〔太陽報〕,又辦一種〔水星雜誌〕,是月刊。他對美國的種種都來批判,一出來,就167被賣空了,在路上看見的學生,差不多每人手中都有一本。〔太陽報〕是曼鏗吃飯的地方,〔水星雜誌〕是他好玩來辦的。……」(胡頌平編撰,《胡適之先生晚年談話錄》(台北:聯經出版公司,民國73年),頁166-7。)

> 想要克服上述〔指學術研究〕困難，必需多加兩件事：鼓勵性的領導能力和對所追求的文化有明晰的概念。領導能力必須是知識和實用兩方面。關於知識的領導，中國是一個作家有廣泛影響力的國家，一個有力的改革者同時兼具文學技巧，必能得到大多數中國青年的擁護。中國有這種天賦的人，據我所知，胡適博士就是一個例子。……
>
> 他有豐富的學識，深厚的修養，驚人的精力，和對改革毫不畏懼的熱情；他用白話文寫成的作品在前進的中國人中激起了狂熱。他喜歡吸收西方文化的優點，但絕不是一昧崇洋的奴隸。
>
> 我認為中國最需要的社會裏，實際的政治領導者需要與知識的領導者不同的天賦。因此一個人不能同時具有這兩種能力，就像是列寧和馬克斯那樣各是其中之一。【201】

單單提羅素的看法就足以應付許多質疑胡適的學術和歷史貢獻了。本文的論證是，越研究胡適越發現他的治學與科學方法論並不如一般想像的膚淺，沒深度，而他的批評者則絕大多數沒有他們自以為或想像的深度，甚至還有許多比胡適的比上不足比下有餘的思想和治學與方法（論）還要不如。

若羅素早在1922年已欣賞他的學術領導地位並表示敬意，而我們在八十六年後，仍覺得有此必要如此做，這不是胡適之過，而是我們不長進了。

胡適既對他所謂「蜘蛛式」的哲學系統【202】深不以為然，可以預期他不會是很有系統的思想家，因此即使他的基本方向沒有大改變，但在

【201】羅素（Bertrand Russell）著，宋誧平譯，《中國問題》（臺北：有志圖書，1973），頁229。原文見 Bertrand Russell, *The Problem of China*, (London: George Allen & Unwin, 1922), pp.249-250.

【202】〈五十年來中國之文學〉，《胡適全集2：胡適文存二集》，頁346。

論證上有許許多多前後不一致，甚至矛盾的地方，就不足為奇了。

　　總之，本文最後的論點是要問：像胡適所提的治學與科學方法的文字或許多主張，若與西方一流的論點比較，既不十分徹底、不十分清楚，也不很深刻，而邏輯而言也並不一致，為何在中國這樣古老的文明裡反沒有遭遇到大抵抗、大爭論，但卻造成如此重大的影響或衝擊？這是否與一時失去信心、失去鬥志、失去方向；或老成自滿、失去適應能力、彈性疲乏有關嗎？這些令人困惑的議題足以使我們三思，並重新研究胡適，尤其是他的治學與科學方法（論）。

景印香港新亞研究所《新亞學報》(第一至三十卷)

中國初傳佛教圖像述評

屈大成*

提要

佛教初傳中土的情況，由於文獻記載有限，一向所知不多。可是，自上世紀始，於漢晉之墓葬畫，神樹、銅鏡、魂瓶等隨葬品，以及孔望山摩崖石刻，發現不少佛教圖像，引起考古和美術界的熱烈討論，令有關佛教入華的年代、路線，以至最初的流布範圍和信仰形態等，有了嶄新的研究材料，提供了文獻以外的信息，卻為許多佛教學者所忽略。本文分類介紹這些佛教圖像，並嘗試作初步討論，以作進一步研究的基礎。

根據常途認識，佛教於兩漢之際傳入中國；東晉以後，名僧道安（314－385）、慧遠（334－416）輩出，著書傳世，鳩摩羅什（約334－約413）等譯家紛紛入華，譯出各類佛典，佛教才在中國正式扎根。而在此之前佛教初傳中土的情況，文獻記載不多，討論區域也局限在洛陽（今河南洛陽市東北）、彭城（今江蘇徐州市）等幾處。其實，漢至西晉帶佛教色彩的文物遺跡在各地近幾十年陸續被發現，令佛教初傳中國的年代、路線、流布範圍，以至信仰形態等課題，都有重新檢討的必要。[1]

---

*香港城市大學中國文化中心講師。

[1] 有關早期中國佛教圖像的研究，參看楊泓：〈國內現存最古的幾尊佛教造像實物〉，《現代佛學》1962年4期，頁31－34；俞偉超：〈東漢佛教圖像考〉，《文物》1980年5期，頁68－77；劉鳳君：〈中國早期佛教雕塑藝術研究〉，收

漢代罷黜百家，獨尊儒術；儒家提倡孝道，加上漢代經濟發達，而社會彌漫著敬畏鬼神、靈魂不朽、羽化成仙等意識，引致漢代人極度重視家族的喪葬，形成所謂「事死如事生、事亡如事存」的厚葬風氣，故墓地面積廣，喪禮規模大，隨葬品多。又漢代盛行墓祀，上至天子，下及臣民，都會上冢祠祭先人、師長、摯友，以及拜謁賢達或聖賢之墓。

入氏著：《考古學與雕塑藝術史研究》（濟南：山東美術出版社，1991年），頁109－126；吳焯：《佛教東傳與中國佛教藝術》（杭州：浙江人民出版社，1991年）第4章；荒牧典俊：〈從漢晉壁畫及副葬物中發現佛像的意義〉，收入楊曾文等編：《中日佛教學術會議論文集》（北京：中國社會科學出版社，1997年），頁461—468；郭麗英：〈中國南北朝以前的佛教造像與江南地區佛教的傳入〉，收入遠望集編委會編：《遠望集——陝西省考古研究所華誕四十周年紀念文集》（西安：陝西人民美術出版社，1998年）下冊，頁782－812；李正曉：《中國早期佛教造像研究》（北京：文物出版社，2005年）；林梅村：〈漢晉藝術之犍陀羅文化因素〉，收入氏著：《松漠之間》（北京：三聯書店，2007年），頁46－73；Wu Hung, "Buddhist elements in early Chinese art (2nd and 3rd centuries A. D.)," *Artibus Asiae*. Vol. 47 no. 3/4 (1986), pp. 263-303; Marylin M. Rhie, *Early Buddhist Art of China and Central Asia*. Leiden: Brill, 1999. Vol. 1 part 1; Stanley K. Abe, *Ordinary Images*. Chicago: University of Chicago Press, 2002. Ch. 2。早期佛教圖像在西南和東南部發現頗豐，專論亦多，參看唐長壽：〈四川早期佛教遺物辨識〉，《東南文化》1991年5期，頁62－68；阮榮春：《佛教南傳之路》（長沙：湖南美術出版社，2000年）；何志國：〈論早期佛像在長江流域的傳播〉，《東南文化》2004年3期，頁27－32；宿白：〈四川錢樹和長江中下游部分器物上的佛像〉，《文物》2004年10期，頁61－71；羅二虎：〈論中國西南地區早期佛像〉，《考古》2005年6期，頁66－73；肥田路美：〈仏教美術からみた四川地域〉，收入奈良文化研究所編：《仏教美術からみた四川地域》（東京：雄山閣，2007年），頁1－20。按本文參考的資料逾百種，文繁不錄，可參看筆者另一文章〈中國早期佛教圖像研究綜述〉，《民族藝術》2008年3期，頁94－100。

簡單的就在墓前以酒酹地或鏟除雜草露祭,具規模的在墓上建祠廟;東漢以後,流行在墓內前室或棺前設奠。一些墓葬畫像、隨葬品,以至其他出土物和摩崖石刻便帶有佛教色彩。【2】這類文物遺跡,可稱佛教圖像或佛教造像,分人物圖像(例如佛、菩薩、天神、僧侶等)和象徵圖像(例如寺塔、舍利、白毫俑等)兩大類。有關它們的來源、年代、形態、屬性等,成為考古和美術界的討論熱點,成果散見各種期刊和考古報告等,標題卻不一定跟佛教有關,很容易被忽略,以致許多佛教史書都沒有提及。【3】本文嘗試補足這空白。以下先分類逐一介紹,最後作總結討論。

一、墓葬的佛教圖像

1. 墓葬畫像【4】

(1) 佛教人物圖像

墓葬畫像中的佛教人物圖像,最著名的是中國西南部的四川樂山崖墓佛像。崖墓,乃依山開鑿的橫穴墓;經墓門走過墓道後,進入前堂,

【2】漢代墓葬的制度和運作,非本文範圍。有興趣的讀者參看楊樹達:《漢代婚喪禮俗考》(上海:上海古籍出版社,2000年);李如森:《漢代喪葬禮俗》(沈陽:沈陽出版社,2003年)。

【3】湯用彤、Erich Zurcher、呂澂、鎌田茂雄所著的中國佛教史均未及注意考古材料。談到考古發現者有:任繼愈主編:《中國佛教史》(北京:中國社會科學出版社,1981年)卷1「東漢三國時期的佛教造像」一節;周伯戡:〈佛教初傳流佈中國考〉,《文史哲學報》47期(1986年),頁289－319;Erik Zurcher, " Han buddhism and the western region," *Thought and Law in Qin and China.* Edited by W. L. Idema and E. Zurcher, Leiden: Brill, 1990, pp.158-182。

【4】這裏所謂的畫像,取最廣義,泛指壁畫、畫像石、畫像磚、模印拼鑲磚畫、線刻畫等。

空間寬敞，相當於祭奠用的墓祠，其後壁開鑿一條或幾條俑道，通向一個或幾個墓室。四川樂山兩座東漢晚期崖墓的前堂，都刻有佛像。【5】一座是樂山柿子灣Ⅰ區一號崖墓，該墓前堂右壁雕刻孝孫元覺、步輦，左壁雕刻柏榆悲親、老萊子娛親、閔子騫、董永事父、宴飲等畫像，後壁的中部和左邊開鑿兩墓道，通兩墓室，右邊也應有墓室，但未鑿成。中部和左邊兩墓道門的兩旁雕刻門卒和鎮墓神，兩門上正中均刻佛像。另一座是樂山麻濠Ⅰ區一號崖墓，該墓前堂左壁雕刻荊軻刺秦王，右壁雕刻挽輦、居宅等畫像，後壁開鑿三墓道，通三後墓室。左邊墓道門旁雕刻高冠人像，其跟中間墓道門之間雕刻對奕、挽馬等畫像，右邊墓道門旁雕刻門卒。左中右三墓道門上方正中分別刻有朱雀、佛、饕餮，再右邊刻釣魚夫和魚。此外，前堂牆壁頂部仿屋檐瓦當雕刻下有「勝」的圖案。【6】

【5】對這兩墓結構的介紹，參看樂山市文化局：〈四川樂山麻濠一號崖墓〉，《考古》1990年2期，頁111－115、122。有關這兩墓的年代、雕刻及其含意的討論，參看唐長壽：〈樂山漢崖墓石刻畫像概述〉，《東南文化》1986年2期，頁58－65和〈樂山麻濠、柿子灣崖墓佛像年代新探〉，《東南文化》1989年2期，頁69－74；何志國：〈四川樂山麻濠一號崖墓年代商榷〉，《考古》1993年8期，頁760－763。又高文指樂山虎頭山3號崖墓墓門上和山東兩城山畫像也有跟麻濠崖墓相似的圖像，但沒有提供圖片或出處，筆者翻查相關畫冊也不見。參看氏主編：《中國畫像石全集》（濟南：山東美術出版社，2000年）卷7，解說頁1。又劉長久記四川彭山652號東漢崖墓門柱內側刻有帶項光的佛像兩尊，墓壁刻有高24厘米高的佛像八十一尊，但未見圖版。參看氏著：《中國西南石窟藝術》（成都：四川人民出版社，1998年），頁2。

【6】兩墓佛像圖版參見賀雲翱等編：《佛教初傳南方之路文物圖錄》（北京：文物出版社，1993年），圖1、2。霍巍指樂山崖墓佛像是凸出來，非凹陷進去，不會是補雕。參看氏著：《西南天地間》（香港：香港城市大學出版社，2006年），頁69。

在這些雕刻中，孝孫元覺、柏榆悲親、老萊子娛親、閔子騫、董永事父，均為著名的孝道故事；荊軻刺秦王乃著名的忠信故事；[7] 步輦、挽馬、宴飲、對奕、居宅描繪墓主的世間生活；門卒，戴幘，短衣，右手持箕，左手執掃柄，負責守門除穢；鎮墓神，人身怪首，有角，大耳，吐長舌，左手執兵器，右手執蛇或繩索，負責辟邪；凡此都是漢墓畫像常見的題材。

佛跟朱雀、饕餮、魚、勝，同樣刻在高處。朱雀，四大神獸之一，代表南方，有抵御魑魅、守衛門戶，以至帶引升仙的功能，也是吉祥如意的象徵。饕餮，常見於古代青銅器，乃凶惡貪婪的神獸，會吞食來侵的野鬼。魚，在古代畫像中，乃引導、陪伴墓主升天者。勝，又叫華勝，是西王母佩戴的髮飾，成為其象徵物。西王母乃中國古代神話人物，衣著像貴婦人，附羽翼，華蓋置頂，龍虎脇侍。從旁更有三足鳥、九尾狐、玉兔、蟾蜍，傳說她住於崑崙山，擁有不死藥，吃了可以升仙。[8] 柿子灣崖墓兩佛像風化頗嚴重，麻濠崖墓佛像頭後有圓輪，高髻，穿通肩衣，U行紋，右手開掌向外，舒五指，上舉至近肩處，左手握衣角，似盤腿而坐。頭後圓輪，即所謂項光；按佛的像容特徵有三十二相八十種好，無項光一項，相近的有大光相，即佛向四周輝散著一丈長的光，如身光單就頭而言，可謂項光；又三十二相之末為白毛相，即

---

[7] 這六個故事內容簡述如下：元覺之父嫌老父病衰，棄在深山，元覺規勸成功，把祖父帶回來，是為孝孫；柏榆感受到母親年老體衰，悲從中來，痛哭流涕；老萊子雖年逾老稀，仍舉袖而舞，其妻搖旗相伴，逗得老父母笑逐顏開；閔子騫雖受後母虐待，但為顧全家庭完整，勸說父親不要驅逐她；董永一邊工作一邊照顧父親，乃古代著名孝子；荊軻受燕國太子丹所託刺殺秦王，功虧一簣，為秦衛士所殺。

[8] 有關西王母的來源和形象的討論很多，參考李淞：《論漢代藝術中的西王母圖像》（長沙：湖南教育出版社，2000年）；巫鴻著、柳揚、岑河譯：《武梁祠》（北京：三聯書店，2006年）第4章。

兩眉之間有白毫，常放光，項光也有可能是這毫光的強化和形相化。[9] 高髻，即頂上有肉，隆起如髻形之相，也是三十二相之一。其所穿的通肩衣，乃一整塊布的無袖衣，從身後搭敷雙肩，右片向左側覆蓋，在頸下繞過，然後搭在左肩。穿上後，需在身體左側把垂衣的左下角和下角對齊，由左手握著，故坐佛左手握衣角；[10] 右手的動作似作施無畏印，意為佛陀為了救濟眾生，故布施無怖畏給予他們。坐姿即佛像常作的結跏趺坐。這造型跟印度犍陀羅、馬土臘的早期佛像接近，毫無疑問是佛像。

在中國之東浙江紹興市出土吳建衡三年（271）畫像磚，刻立佛，有項光，雙手微下垂，沒有特別動作。[11] 江蘇盱眙縣西晉太康九年（288）墓出土的畫像磚，刻坐佛，有項光，雙手執蓮苞。[12] 這些磚只單獨出土，不見其在墓室的位置或跟其他畫像的關係，難以推論所刻佛像的含意。山東沂南東漢末畫像石墓有疑似佛的圖像。這墓有前、中、後三主室，分別描繪墓主身後的哀榮、生前富厚逸樂的生活，以及墓主夫婦生前的閨房生活的畫像；另三室同樣刻畫各種神話人物、奇珍異獸，佛像便出現在中室。中室中央豎八角擎天柱，柱東面頂端刻東王公，其下有龍、龜、朱雀、羽人、虎等；西面頂端刻西王母，其下有龜、翼虎、麒麟。南面頂端刻童子立像，繞頭有一圓圈，穿花領衣，腰束華巾，雙手拱於胸前，其下為雙頭鳥身四足怪物，再下有一端坐像，

---

[9] 參看林保堯：《佛教美術講座》（台北：藝術家出版社，1997年），頁78。

[10] 有關通肩衣和握衣角的討論，參看費泳：〈漢地佛像服飾民族化進程中的若干問題〉，《藝術學研究》卷1（2007年），頁131－132。

[11] 參看任林豪：〈建衡三年佛像磚略說〉，《東南文化》1994年2期，頁174－175。圖版見《佛教初傳南方之路文物圖錄》，圖4。

[12] 參看秦士芝：〈盱眙縣發現一批西晉墓磚〉，《文物資料叢刊》1983年8期，頁126－127。圖版見賀雲翱等編：《佛教初傳南方之路文物圖錄》，圖5。

肩生兩翼,左手置胸前似持物,右手舉置胸側,手掌朝外,五指張開;北面頂端也刻有童子立像,裝束似南面的童子,雙手捧一似鳥狀物,其下一人赤裸上身、佩長刀,再下有翼牛和長頸翼龍。【13】按這兩童子有如佛的項光,身材修長,可能是釋迦太子,也有推測是彌勒佛。【14】南面肩生兩翼的端坐像,右手似作施無畏印。按肩生兩翼,乃西王母和東王公的特徵,但他們多寬袍大袖,體態臃腫,雙袖籠手或作拱手,這顯然是結合中國神仙和印度佛像的混合物。

至於菩薩像和僧人像,最多學者舉出的是新疆民豐尼雅東漢晚期墓出土的一塊臘染棉布殘片,畫半身女像,帶項光和背光,頸佩纓珞,胸懷袒露,臂上有裝飾品,雙手捧著一喇叭口形狀的長筒容器,盛滿果實,有以為是菩薩像。【15】又青海平安縣𡧗房村畫像磚墓,年代為東漢末至三國。【16】據發掘報告,墓室西壁畫像磚共有四層八塊,「一層力

【13】參看曾昭燏等:《沂南古畫像石墓發掘報告》(北京:文化部文物管理局,1956年),頁26－27、57,圖版65－68。

【14】按彌勒多以菩薩身份出現,頭戴寶冠,身披瓔珞等飾物,身材修長,姿勢多採交腳坐式,也有作說法印,以手支頤作思維狀等。故童子像是彌勒,非無可能。有關彌勒像的造型,參看趙超:〈略談佛教造像中彌勒形象的演變〉,收入何勁松主編:《布袋和尚與彌勒文化》(北京:宗教文化出版社,2003年),頁41。

【15】參看新疆維吾爾自治區博物館:〈新疆叫豐縣北大沙漠中古遺址墓葬區東漢合葬墓清理簡報〉,《文物》1960年6期,頁9－12。有關這女像身份的各種說法,參看王華、張伍連:〈尼雅遺址出土的東漢蠟染布研究〉,《東華大學學報》6卷1期(2006年),頁24－27。

【16】何志國指這墓缺乏紀年材料,他並根據雕刻技法,認為三國初是年代上限,不是下限;張朋川等更認為年代上限為北朝晚期,下限可至唐初。參看何志國:〈「仙佛模式」和「西王母＋佛教圖像模式」說商榷〉,《民族藝術》2005年4期,頁101;張朋川、李漢才:〈湟中、平安畫像磚墓內容和年代考訂〉,《絲綢之路》2000年1期,頁46－49。

士，二層甲騎，三、四層為宴飲、神鳥、日月舞人」等。日月舞人左手提一淨瓶，右手上舉托一鉢或月，肩披掛帛帶，帛帶下端分叉，有點似菩薩。宴飲圖中，二人對坐於巨案上，戴半球形帽，左側者著袒右肩衣，右側者似穿交領衫，右肩下一條，似帔帛，腰間有蓮瓣狀圍腰；案下一小人雙手捧細頸圓腹罐，作跪伏侍奉狀等。有學者認為二人是僧侶，小人是餓鬼，整幅畫乃表現送葬的情景；也有以二者是供養人。[17] 山東鄒城市高李村東漢末墓前室的一塊畫像石，正中立一建鼓，二人騎虎揮臂擊鼓，另有人起舞奏樂；右上方五人戴高冠，懷抱嬰兒，三人還執便面，似正觀看歌舞；再上七人光頭，穿肥大衣袍，雙手袖於胸前，盤腿而坐，疑是僧侶。[18] 徐州漢畫像石館徵集的一塊漢畫像石，刻五人，頭戴巾幘，衣著長袍，騎在象背上，有以為是僧侶騎象圖。[19]

（2）佛教象徵圖像

墓葬畫像中的佛教象徵圖像主要有塔、舍利和六牙象。塔，原為安置佛舍利處，塔基為方形，置半圓形覆鉢，頂置輪竿和相輪。山東嘉祥縣武氏祠，為東漢末武氏家族墓地祠堂之一，其前石室後壁下部小龕東壁畫像第二層刻有兩羽人正在禮拜一座類似佛塔的建築物。[20] 又同縣

---

[17] 參看許新國：〈青海平安縣出土東漢畫像磚圖像考〉，《青海社會科學》1991年1期，頁80－81。圖版見文化部文物局、故宮博物館編：《全國出土文物珍品選1976－1984》（北京：文物出版社，1987年），圖352。

[18] 參看鄒城市文物管理處：〈山東鄒城高巢村漢畫像石墓〉，《文物》1994年6期，頁24－30。圖版見蔣英炬主編：《中國畫像石全集》（濟南：山東美術出版社，2000年）卷2，圖61。

[19] 參看楊孝軍、郝利榮：〈徐州新發現的漢畫像石〉，《文物》2007年2期，頁81－83。

[20] 參看蔣英炬、吳文祺：《漢代武氏墓群石刻研究》（山東美術出版社，1995年），頁66－67、圖22。

滿硐鄉宋山出土東漢末畫像石，刻季札挂劍的故事，包括墳堆，上插一劍一盾，前置案和祭具，二人跪拜，有以為是佛塔的原始形象。【21】四川什坊縣皂角鄉白果村東漢墓出土畫像磚，刻三佛塔，平列，塔之間有蓮柱相隔，四層重樓上置三級塔刹，塔角尖直，像是佛塔。【22】

舍利，乃佛陀或高僧的遺骨，為佛教徒所尊敬供養。河南密縣打虎亭2號漢墓中室壁畫繪長耳羽人雙手捧盤，盤載兩顆白色圓形物，並有五豎道朱紅色的火焰紋，圓形物或是舍利。【23】內蒙古和林格爾縣東漢末磚室墓的壁畫，據當時的調查記錄，前室頂部南面繪一人騎著一頭白象，旁題「仙人騎白象」，北面繪一盤狀物內放有四個圓球形物，旁題「猞猁」，有以之為表現菩薩化乘六牙白象來就摩耶夫人母胎和佛舍利，惜後者在清理時已毀壞，無法再查證。【24】又六牙象是佛陀的化身，乃佛教信仰裏極受尊重的動物，山東滕州市龍陽店鎮附近出土東漢末淺浮雕六牙象畫像石；【25】江蘇徐州銅山縣洪樓漢墓祠堂也有持鈎者馭六牙

【21】參看張馭寰：《中國佛塔史》（北京：科學出版社，2006年），頁6。圖版見蔣英炬主編：《中國畫像石全集》卷2，圖95。季札挂劍的故事是：季札是春秋時吳國有名的公子，一次路過徐國，徐國國君很欣賞季札的寶劍。但季札考慮到自己還要出使別國，不能無劍，故未送出。後來季札完成任務後想贈劍，但徐君已逝世。季札唯有來到徐君墓前，把寶劍掛在墓前樹上。

【22】參看謝志成：〈四川漢代畫像磚上的佛塔圖像〉，《四川文物》1987年4期，頁62－64；圖版見賀雲翱等編：《佛教初傳南方之路文物圖錄》，圖3。

【23】圖版見河南省文物研究所：《密縣打虎亭漢墓》（北京：文物出版社，1993年），彩版20。

【24】引述自俞偉超：〈東漢佛教圖像考〉，頁69。圖版見內蒙古自治區博物館文物工作隊：《和林格爾漢墓壁畫》（北京：文物出版社，1978年），頁25、26、33、68、118。阮榮春認為「猞猁」二字有犬旁，乃漢代百戲中流行的一種善於變幻的動物，絕非佛舍利。參看氏著：《佛教南傳之路》，頁94－98。

【25】圖版見蔣英炬主編：《中國畫像石全集》卷2，圖162。討論參看 Lao Kan,

白象圖。【26】其他墓葬不少還有象、蓮花等圖像，卻不一定跟佛教有關。【27】

2. 隨葬品的佛教圖像

漢人尚厚葬，尤其在東漢中期以後，隨葬品日多。例如有：勺、案几、耳杯、洗、盤、樽、鼎、盒、壺、熏爐、燋斗、火盆等禮器或日用器皿；杵、臼、磨、碓、簸箕、篩等穀物加工用具，倉、灶、井、桶、廁所，雞、豬、羊、狗、豬圈、狗窩、雞籠畜舍、樓閣等的模型；玉石、琉璃、金銀等裝飾品等，凡此象徵墓主仍能繼續死前的生活。隨葬品中，更包括單尊佛像，另神樹、銅鏡、魂瓶、俑以及一些器皿，都具佛教圖像。簡介如下。

Six-tusked elephants on a Han bas-relief," *Harvad Journal of Asiatic Studies*. Vol. 17 (1954), pp. 366–369.

【26】圖版見武利華主編：《徐州漢畫像石》（北京，綫裝書局，2001年）下冊，圖127。討論參看劉尊志：〈徐州漢墓與漢代社會研究〉，鄭州大學博士學位論文，2007年，頁140。

【27】例如象今只有印度和非洲兩種，常令人誤會古代中國雕刻出現象的圖像，便跟印度有關。其實中國古代北起河北陽原盆地，南達雷州半島，都有象踪，故象的雕刻乃中國本有。參看文煥然等：〈歷史時期中國野象的初步研究〉，收入氏等著：《中國歷史時期植物與動物變遷研究》（重慶：重慶出版社，1995年），頁185－202。其次，不少學者指出早在商周銅器已有蓮瓣裝飾，故除非它們明顯聯同佛教圖像一起出現，否則很難確定其必跟佛教有關。但無可否認，佛教的傳入令中國固有的蓮花圖紋的表現範圍擴大，含義更多。參看張朋川：〈宇宙圖式中的天穹之花〉，《裝飾》2002年12期，頁4－5。又如甘肅省敦煌佛爺廟灣畫像磚墓，年代約為西晉初年，有白象、蓮花圖像，不見其他佛教圖像，不少學者仍以之為跟佛教有關。鄭岩便提出異議，參看氏著：《魏晉南北朝壁畫墓研究》（北京：文物出版社，2002年），頁167－170。

（1）單尊佛像【28】

年代確實在西晉前的單尊佛像，據筆者查考僅有兩例：江蘇邳州東漢桓帝元嘉元年（151）墓出土的鎏金銅佛像，右手作施無畏印，左手作觸地，跪坐，髮髻和服飾皆為漢式；墓主為彭城相繆宇，當為佛教徒。【29】湖北鄂州市塘角頭4號吳墓（永安四年〔261〕之前）出土的釉陶坐佛像，面相橢圓，高髻，穿交領衫，雙手交疊於腹前，足不露，兩側有侍立俑。【30】還有幾尊佛，年代未有定論，但常為人徵引：一尊是燃肩金銅坐佛（美哈佛大學藏），頂髻高鼻，蓄兩撇小鬍鬚，兩肩分別升起四束向內彎成弧形的火焰，雙手作禪定印，台座中置水瓶花葉，左右伏獅子像，兩側各鑄一中國臉孔供養人；這尊佛一向以為是四世紀新疆地區之作，近有學者認為可能早至二世紀後半期，出自石家莊或洛陽一帶。【31】另一尊乃於陝西長安縣黃梁鄉石佛寺村出土的金銅坐佛像，磨光肉髻，通肩衣，底座鐫刻犍陀羅文：「此佛為智猛所贈，謹向摩列迦之後裔弗斯陀迦‧慧悅致意」，或是早於三世紀之作。【32】還有新疆

【28】按河北石家莊市郊北宋村第2號漢墓出土鎏金佛和銅佛各一，但這墓曾經盜掘，它們是否原墓物品，不能確定。參看河北省文物會管理委員會：〈石家莊市北宋村清理了兩座漢墓〉，《文物》1959年1期，頁55。

【29】參看陳永清、張浩林：〈邳州東漢桓紀年墓中出土鎏金銅佛造像考略〉，《東南文化》2000年3期，頁103－104。

【30】參看湖北省文物考古研究所、鄂州市博物館：〈湖北鄂州市塘角頭六朝墓〉，《考古》1996年11期，頁12－13、15；楊泓：〈跋鄂州孫吳墓出土陶佛像〉，收入氏著：《漢唐美術考古和佛教藝術》，頁291－295。圖版見故宮博物院編：《故宮博物院50年入藏文物精品集》（北京：紫禁城出版社，1999年），圖129。

【31】參看Marylin M. Rhie, *Early Buddhist Art of China and Central Asia.* Vol. 1, pp. 71-95。

【32】參看金申：《佛像的鑒藏與辨偽》（上海：上海辭書出版社，2002年），頁5；林梅村：〈漢晉藝術之犍陀羅文化因素〉，頁56。

和田市南玉龍喀什河畔的買力克阿瓦提遺址出土的泥塑立佛，原認為屬東漢末期，但當是遲至四世紀的製作。【33】

（2）神樹【34】

神樹，現常稱為搖錢樹，為西南地區墓葬獨特的隨葬品，於四川出土最多。樹分樹座和枝幹兩部份，前者為陶質或石質，後者為青銅鑄造，當中塑造西王母、力士、羽人、方士、朱雀、熊、龍、馬、鳳鳥等各種神靈神獸，以及璧、方孔圓錢等形象，包含豐收、財富、生殖、吉祥、長生、升仙等意義。神樹佛像塑造在樹幹或枝葉上，造型不一，例如重慶豐都縣東漢延光四年（125）磚室墓出土的神樹佛像，高髻，有橫橢圓形項光，上唇有向上彎曲的口髭，圓領，袒右肩，右手作施無畏印。【35】四川梓潼縣磚室墓出土的神樹坐佛，右手握左手貼於胸前，左

【33】參看李遇春：〈新疆三仙洞的開窟時代和壁畫內容初探〉，《文物》1982年4期，頁13－17；李剛：〈漢晉胡俑及佛教初傳中國摭遺〉，《東南文化》1994年1期，頁125。

【34】神樹，又稱搖錢樹、錢樹、菩提樹、升仙樹、天梯、柱銖、社樹等。可是，神樹不止象徵追求財富，稱搖錢樹失之偏狹，反而稱為神樹，涵蓋面更廣，也能凸出其信仰的性質。參看巫鴻：〈地域考古與對「五斗米道」美術傳統的重構〉，收入氏主編：《漢唐之間的宗教藝術與考古》（北京：文物出版社，2000年），頁439。迄今對神樹最全面的討論是何志國：《漢魏搖錢樹初步研究》（北京：科學出版社，2007年）。另可參看賀西林：〈東漢錢樹的圖像及意義〉，《故宮博物院院刊》1998年3期，頁20－31；周克林：〈搖錢樹：西南地區漢人的引魂升天之梯〉，收入四川大學歷史文化學院考古學系編：《四川大學考古專業創建四十周年暨馮漢驥教授百年誕辰紀念論文集》（成都：四川大學出版社，2001年），頁362－375；金子典正：〈四川地域出土の搖錢樹にみられる初期仏像〉，收入奈良文化研究所編：《仏教美術からみた四川地域》，頁57－88。

【35】參看何志國：〈豐都東漢紀年墓出土佛像的重要意義〉，《中國文物報》2002年

右分別有人像馬像,或是表現悉達多出家和成道的經變故事。【36】四川安縣崖墓和陝西城固縣磚室墓出土的兩株神樹的佛像,均坐於頂葉的壁之上,有項光,高髻,右手施無畏印,左手握衣角,佛旁側跪一人,戴尖頂帽,大眼高鼻。【37】其他還有四川綿陽何家山1號崖墓神樹佛像五尊、綿陽雙碑白虎嘴崖墓神樹佛像四尊、忠縣塗井崖墓神樹佛像九尊、陝西漢中神樹佛像五尊、貴州清鎮漢墓神樹佛像兩尊等。【38】

此外,四川彭山豆芽坊166號崖墓出土的陶座,【39】座上塑三尊像,中坐者右手作施無畏印,結跏趺坐,當為佛,兩旁有侍立像;左侍

5月3日第7版;同氏著:《漢魏搖錢樹初步研究》,頁60。何氏以此為我國最早有確切紀年的銅佛像。霍巍指這墓曾被嚴重盜擾,具體情況不明,故對其出土的搖錢樹的年代甚有保留。參看氏著:〈中國西南地區錢樹佛像的考古發現與考察〉,《考古》2007年3期,頁74。

【36】參看何志國:〈四川梓潼漢末搖錢樹小記〉,《中原文物》2006年3期,頁73－77;同氏著:《漢魏搖錢樹初步研究》,頁40－41。

【37】參看何志國、劉佑新、謝明剛:〈四川安縣文管所收藏的東漢佛像搖錢樹〉,《文物》2002年6期,頁63－67;何志國:〈安縣與城固搖錢樹佛像的比較研究〉,《敦煌研究》2004年4期,頁15－18;同氏著:《漢魏搖錢樹初步研究》,頁50－52、66－68。

【38】參看何志國:《漢魏搖錢樹初步研究》,頁43－45、49－50、59－60、63－66;羅二虎:〈略論貴州清鎮漢墓出土的早期佛像〉,《四川文物》2001年2期,頁49－52。溫玉成認為神樹佛像不過是帶佛教元素的太上老君;巫鴻認為它們雖源自印度佛教,但已失去佛教的文化內涵和宗教功能,稱之為道教圖像更合適。不過,據圖像特徵來說(例如項光、高髻、手印、結跏趺坐等),儘管有偏差,它們是佛像無疑。參看溫玉成:〈用「仙佛模式」論說錢樹老君〉,《新疆師範大學學報》27卷1期(2006年),頁64－70;巫鴻:〈地域考古與對「五斗米道」美術傳統的重構〉,頁446－448。

【39】有學者指出陶座插孔略大,神樹豎不穩,懷疑這非神樹基座。

像著長褲，上身似穿一件大塊上衣，右侍像著衣褲，右手屈向上，左手似置腰間。座下有龍虎爭璧造型。這兩侍者曾有以為是大勢至和觀世音兩菩薩，現多以為是僧人或供養人。【40】

（3）銅鏡【41】

銅鏡的鑄造自商代已開始，除用作照面外，背後還刻紋飾，是藝術品的一種，或會隨主人入葬。漢代銅鏡上多雕西王母、東王父、鳳鳥、異獸等，有的刻「上有仙人不知老，渴飲玉泉飢食棗，壽而金石天之保，長樂未央如侯王」、「獅子辟邪□其嬰，僊人執節坐中庭，取者大吉樂未央」等文字，帶有濃厚神仙信仰的色彩。【42】而於墓葬發現的銅鏡，或直接放在棺內，以破除黑暗，照亮屍首。周密（1232－1308）《癸辛雜議續集》便引述《漢書・霍光傳》及服虔（東漢中平年間〔184-189〕任九江太守）的注文，證明這做法其來已久：

> 今世有殮而用鏡懸之棺蓋，以照尸者，往往謂取光明破暗之意。按《漢書・霍光傳》，光之喪，賜東園溫明。服虔曰：「東園處此器，以鏡置其中，以懸尸上」。【43】然則其來尚矣。【44】

【40】圖版和解說參見南京博物院編：《四川彭山漢代崖墓》（北京：文物出版社，1991年），頁37－38、圖1。

【41】有關銅鏡飾紋及其入葬的意義，參看張金儀：《漢鏡所反映的神話傳說與神仙思想》（台北：國立故宮博物館，1981年）；K. E. Brashier, "Longevity like metal and stone: the role of the mirror in Han burials," *T'oung Pao*. Vol.81(1995), pp.201－229。唯兩者都沒論及佛教圖像。

【42】前一刻文見孫祥星、劉一曼：《中國銅鏡圖典》（北京：文物出版社，1992年），頁270；後一刻文轉引自羅世平：〈漢地早期佛像與胡人流寓地〉，《藝術史研究》第1輯（1999年），頁87。羅氏注釋說參見《黑塚古墳》（東京：學生社，1998年），但筆者翻檢原書，不見這引文。

【43】原文見上海書店編：《二十五史》（上海：上海古籍出版社、上海書店，1986年）第1冊，頁636第4欄。

其次可保護屍首,以免腐化,這當由於鏡用金屬鑄造,堅實不朽的緣故。謝肇淛(1592－1607)《五雜組》指在山東、河南、關中掘古塚,獲鏡無數,原因在此:

> 云古人新死未殮,親識來吊,率以鏡護其體云,以防屍氣變動;及殯則內之棺中。【45】

由此可見銅鏡在墓葬的作用,有別於一般隨葬品。三國吳都武昌(今湖北鄂城縣)乃製鏡中心,周遭出土最多,且有包含佛教圖像者,今人根據造型和紋飾,分三類:

i. 夔鳳佛像鏡──這種鏡在鈕座外的主題紋飾為四瓣對稱的柿葉,柿葉紋之間為夔鳳紋,鏡緣內側一般有十六個連弧紋,佛教圖像就裝飾在樹葉或連弧內。例如鄂城五里墩西晉墓出土的一面,四柿葉內各有一佛,三尊結跏趺坐,高髻,有項光,上有華蓋;另一尊半跏趺坐,前跪一人,作禮佛狀;十六個連弧內有青龍、白虎、朱雀、赤鳥等。【46】鄂城重型機器廠西晉墓出土的一面,四柿葉內各有一組三像,相對的兩組坐佛居中,上飾華蓋,下有蓮座,兩側二侍站立;另一相對的兩組半跏趺坐佛居中,前有跪拜像,後有持曲柄華蓋侍從;十六個連弧內皆有一奔騰跳躍的異獸,外緣為一周由各類禽獸組成的畫紋帶。【47】此外,鄂城博物館藏的一面,其中一葉內有一尊側身趺坐人像,戴高冠,蓄長

【44】 卷下,《四庫全書》(上海:上海古籍出版社,1987年),第1040冊,頁104上。

【45】 卷12「物部」4,參見郭熙途校點:《五雜組》(瀋陽:遼寧教育出版社,2001年)下冊,頁250。

【46】 圖版見湖北省博物館、鄂州市博物館編:《鄂城漢三國六朝銅鏡》(北京:文物出版社,1986年),圖81。

【47】 圖版見《佛教初傳南方之路文物圖錄》,圖23。

髻，似結禪定印，有以為是在家佛教徒像；連弧內飾飛禽走獸。【48】

ii. 平緣畫紋帶佛像鏡 —— 這種鏡鏡緣平坦，飾有流雲帶和獸紋帶等。鄂城修寒溪公路時出土了一面，內區有一佛坐於蓮座上，帶項光，旁立侍者。【49】

iii. 三角緣佛像鏡 —— 這種鏡鏡緣隆起，頂尖，斷面呈三角形，日本出土最多，可能由吳地傳入，也有推測是東渡吳地工匠的製作。【50】例如奈良縣新山古墳出土的一面，內區一佛二神與三獅交相配置，佛像高髻，有項光，兩旁置蓮花。【51】另江蘇省盱眙縣出土的一面，有一組圖中部置一鉢狀物，上放碩大蓮花，兩側各一人彎身作揖。【52】按僧傳記佛圖澄（232－348）為取信後趙石勒（274－333），施展神通，取一容器盛水，燒香念咒，便生出青色蓮花。這跟銅鏡畫像可相印證。【53】

此外有兩面鏡很值得一提，一面是湖北荊州博物館藏神人畫像鏡，約東漢晚期，圖像四方為東王父、青龍、西王母、一鉢蓮花。一般來

【48】同上注，圖24。

【49】圖版見《鄂城漢三國六朝銅鏡》，圖102。

【50】阮榮春主前說，王仲殊主後說，參看阮榮春：《佛教南傳之路》，頁122－126；王仲殊：〈關於日本的三角緣佛獸鏡〉，收入氏著：《中日兩國考古學‧古代史論文集》（北京：科學出版社，2005年），頁270－283。

【51】參看樋口隆康：《三角緣神獸鏡新鑑》（東京：學生社，2000年），頁155和圖65上。

【52】圖版見《佛教初傳南方之路文物圖錄》，圖20。

【53】參看《高僧傳》卷9〈佛圖澄傳〉，見高楠順次郎、渡邊海旭編：《大正新修大藏經》（台北：新文豐出版社股份有限公司，1983年翻印本）卷50，頁383下。

說,跟青龍相對的是象徵西方的白虎,這裏代之以蓮花,令人聯想到西面傳來的佛。【54】另一面是河南洛陽孟津縣出土的銀蓋畫像鏡,紋飾主要有兩造像,其一戴三角形小冠,大耳、張口、長髯,兩側有彎曲向上的條紋,盤坐於橢圓形座墊上;另一戴蓮華紋冠,面長圓,直鼻大眼,兩側有彎曲向下的條紋,盤坐於長方墊上,墊下有蓮花。有以兩皆是佛,有以前者是老子、後者是佛,也有認為前者是佛、後者是神人等。更惹人注意的是鏡緣刻有東漢和帝年號「永元五年(93)」等字,如是這是出自洛陽的少數東漢佛教文物之一,但不無異議。【55】

(4)魂瓶【56】

【54】參看翟王莘:〈介紹一面與佛教有關的漢代銅鏡〉,《江漢考古》1996年3期,頁92－93。

【55】圖版見洛陽博物館編:《洛陽出土銅鏡》(北京:文物出版社,1988年),彩版4,題為銀殼畫像鏡。溫玉成名之為「老子浮屠鏡」,參看氏著:〈公元1至3世紀中國的仙佛模式〉,《敦煌研究》1999年1期,頁161－163。孫機和何志國主張是唐代仿製品,參看孫機:〈孟津所出銀壳畫像鏡小議〉,《中國文物報》1990年9月20日第3版;何志國:〈試論河南孟津出土「老子浮屠鏡」的年代以及相關問題〉,《敦煌研究》2006年1期,頁33－37。也有學者相信是漢製品,參看賈娥:〈說洛陽新獲東漢永元五年佛像、神人、車馬銅鏡〉,收入洛陽市第二文物工作隊編:《河洛文明論文集》(鄭州:中州古籍出版社,1993年),頁352－363。

【56】魂瓶,又稱神亭、魂亭、穀倉罐、五壺罇、堆塑罐、飛鳥人物罐等。魂瓶一名喪葬意味濃厚,切合其象徵作用,乃最流行者。有關魂瓶的討論,參看謝明良:〈三國兩晉時期越窰青瓷所見的佛像裝飾〉,《故宮學術季刊》3卷1期(1985),頁35－68;長谷川道隆:〈吳‧晉(西晉)墓出土の神亭壺〉,《考古學雜誌》1986年3期,頁61－78;小南一郎:〈神亭壺と東吳の文化〉,《東方學報》冊65(1993),頁223－312;謝明良:〈六朝穀倉罐綜述〉,收入氏著:《六朝陶瓷論集》(台北:台大出版中心,2006年),頁257－276;仝濤:

江浙一帶墓葬的隨葬品中,瓶罐類不少,當中以魂瓶的造型豐富,多堆塑佛像,最為矚目。魂瓶是以五聯罐為藍本發展出來。五聯罐的構造,是在中間一大罐的肩部等距離堆附四只小罐,有的在肩腹間堆塑少量鳥獸人物。[57] 魂瓶的造型,乃罐中間有明顯的凸棱,形成堆塑平台,把瓶罐分成上下兩部,塑像極多,上部設殿宇、樓閣、院落、迴廊、雙闕、龜趺碑、棺材等,上下部堆塑佛、人、鳥、熊、狗、猴、獅、虎、馬、羊、兔、鼠、鹿、鴨、蛇、魚、蛙、蟹、鱉、蜥蜴、麒麟、朱雀、鳳凰、天祿、辟邪、鋪首銜環、騎獸仙人、持節仙人等。魂瓶之樓閣建構、塑像種類和數量、位置編排等,無一相同;但就整體造形來說,下部保持罐形,上部變化很大,可分三類:

1. 上部塑造樓閣,但五罐造型仍明顯,頂部為大罐口。
2. 上部以樓閣為主體,頂部為殿宇,而非大罐口,四小罐也成陪襯。
3. 上部全改為樓閣模樣,罐形消失。

魂瓶和五聯罐,最初當用來盛載穀物,象徵五穀。後來魂瓶的堆塑內容繁多,所象徵的事和物也越複雜,例如熊、鳥等動物表現豐衣足食,亭臺樓閣保祐繼續享受財富,仙人瑞獸傳達靈魂不死、羽化升天的願望。又魂瓶上部所立的龜趺碑,刻文說憑著這器物,子孫可做官、長壽、快樂,故魂瓶也有利益後人的作用:

　　出始寧,用此,宜子孫,作吏高,其樂無極。
　　富且洋(祥),宜公卿,多子孫,壽命長,千意(億)萬歲未見英(央)。[58]

〈長江下游地區漢晉五聯罐和魂瓶考古學綜合研究〉,四川大學博士學位論文,2006年; Albert E. Dien, "Developments in funerary practices in the six dynasties period: the duisuguan or 'figured jar' as a case in point," 收入巫鴻主編:《漢唐之間文化藝術的互動與交融》(北京:文物出版社,2001年),頁509 – 542。

[57] 五聯罐,又稱五壺罇、五管瓶等,也是今人的叫法,古名不詳。

又瓶口與肩部開孔,或供亡魂出入,令魂瓶成為亡魂的居處或出天入地的階梯;也有推測魂瓶乃舍利函的另一形式的表達。【59】此外,魂瓶在墓室位置也值得留意,例如:江蘇儀徵市胥浦鄉墓,前後室都砌較高平台,魂瓶置於後室平台,陶製狗、碗、杵臼、碓等在前室平台上。同省江寧縣張家山西晉墓,魂瓶單獨置於前室右邊平台,其餘隨葬品在左邊地上。江蘇吳縣獅子山4號西晉墓,魂瓶和盤口壺置前室左邊平台,其餘隨葬品散落在前室和後室較前部份。吳縣獅子山1號西晉墓,出土兩魂瓶,分置耳室和後室右前角。【60】墓內平台即是祭台,魂瓶多在其上,看來是很重要的祭器。

佛和人可說是魂瓶塑像的主題。【61】佛像全為坐佛,高髻,有項光,穿通肩衣,結禪定印,坐蓮華座,兩側有雙獅,模式頗一致。人像造型,不一而足,有祈禱、奏樂(例如擊鼓、彈阮或琵琶、吹排簫、吹豎笛等)、吟誦、持棒守衛、拜揖、跳舞倒立、乞食、捧鉢、煮食、跪棺等;他們的樣貌,多深目高鼻,戴尖頂帽、寬沿圓頂帽、三山帽等,

---

【58】 參看《佛教初傳南方之路文物圖錄》,頁184;陳萬里:《中國青瓷史略》(香港:中華書局,1972年),頁4。

【59】 參看陶思炎:〈魂瓶、錢樹與釋道融合〉,《學術月刊》1994年5期,頁99。

【60】 參看胥浦六朝墓發掘隊:〈湯州胥浦六朝墓〉,《考古學報》1988年2期,頁233-234;南京博物院:〈江蘇江寧縣張家山西晉墓〉,《考古》1985年10期,頁908-914;吳縣文物管理委員會:〈江蘇吳縣獅子山四號西晉墓〉,《考古》1983年8期,頁707-713;張志新:〈江蘇吳縣獅子山西晉墓清理簡報〉,收入文物編輯委員會編:《文物資料叢刊》1980年3期,頁130-137。

【61】 楊泓指魂瓶的佛教造像,由貼塑在瓶腹,至轉塑在瓶上,以至放在全瓶最高處的樓閣室內,顯示出佛教造像日益受到尊敬。參看氏著:〈跋鄂州孫吳墓出土陶佛像〉,頁294。鄒清泉依據更多魂瓶的例子,有力地證明佛像的位置不能反映其等級差別。參看鄒清泉:〈吳地魂瓶上的佛像初探〉,《美術研究》2001年3期,頁61-66。

一些帽正中有圓點,也有光頭,大部份當是胡人。有學者推測魂瓶是寺塔的縮影,【62】胡人或為僧侶,他們祈禱和奏樂,配合佛、仙人、異獸等像,乃模仿喪葬儀式,為死者祈禱冥福。【63】而魂瓶的整體造型確多滲透出肅穆、哀傷的氣氛。以下據前分三類例舉如下:

1. 屬第一類者,例如浙江鄞縣橫溪鄉櫟斜村東山出土的一件,上部正面闢門和雙闕,後面塑六尊坐佛。又如同省嵊縣大塘墳山吳太平二年(257)墓出土的一件,上部正面開門,兩旁各塑一人,右邊一人手握長棒;另兩面各塑三人,雙手抱在胸前似合什;再另一面三人,右者握長棒,左者倒立;而十一人均口微張,似在唸誦。

2. 屬第二類者,例如江蘇南京市甘家巷高場1號吳墓出土的一件,上部分兩層,上層作方形陶屋,四門各塑坐佛,圍繞陶屋置坐佛一周十四尊,下層正面開一門,門中置坐佛,周邊亦塑坐佛。這些坐佛有背光,雙手合什胸前,僅此一例。又如浙江上虞市江山南穴東吳天紀元年(277)出土的一件,堆塑平台上正面開一門,餘三面環列十跪坐俑,垂頭,拱手胸前捧物。

3. 屬第三類者,例如江蘇吳縣楓橋何山出土的一件,上部有三層,上層

【62】李剛指出印度窣堵波常見的為五塔複合型,中央一塔特別高大,四隅各有一座與主塔形制相同的小塔,五聯罐的造型源於此,故他稱之為塔式罐。魂瓶更是佛寺的模仿,李剛稱之為佛寺塔。此外,李剛指浙江鄞縣東漢墓和上虞出土的一些圓柱形器物,一向用途不明,其實是早期佛塔的造型。參看氏著:〈陶瓷窣堵波研究〉,收入氏著:《古瓷發微》(杭州:杭州人民美術出版社,1999年),頁54–74。趙幼強指出亭臺樓閣早見於畫像石和畫像鏡,因此魂瓶上類似的建構是否象徵佛寺,有待商榷。參看氏著:〈試論東漢會稽畫像鏡的藝術風格及對早期越窰堆塑瓷裝飾的影響〉,《東南文化》2007年7期,頁93–94。

【63】參看張恒:〈浙江嵊縣發現的早期佛教藝術品及相關問題之研究〉,《東南文化》1992年2期,頁21–25、144;賀云翺:〈中國南方早期佛教藝術初探〉,《東南文化》1991年6期,頁31。

為二檐樓閣；中層置雙闕、龜趺碑、坐佛、跪坐拱手人像；下層坐佛和跪坐拱手人像間雜圍繞，共二十一尊。又如浙江金華市古方磚瓦廠西晉墓出土的一件，上部有三層，上層為四角攢尖頂高閣；中層四面各有兩跪坐俑，戴尖頂帽，雙手於胸前互握，神情肅穆；下層兩側各塑一坐佛，旁有跪坐俑吹直管和排簫。【64】

還可一提的，是四川忠縣塗井蜀漢崖墓出土十件陶屋模型，內有吹簫、撫琴、聽琴、睡覺、嬉戲的男、女、兒童俑等，學者指它們的形象及其排列形式和方位跟魂瓶的，繼而推測陶屋模型乃仿照「一種通俗的佛教宗教儀式，而為死者祈禱冥福」。【65】

（5）其他器具

有些銅、陶瓷等製的器具，都帶佛教圖像，品種繁多，下舉六例：

1. 安徽當塗縣塔橋村東漢延熹四年（161）墓出土三足承盤銅香爐，蓋頂中央有一鳳，周圍有四位下跪神人，一人殘缺，三人有項光，額正中凸起，二人雙手拱在胸腹間，一人左手平放胸前，右手上舉至耳。【66】
2. 江西永新縣東漢墓出土青銅棺，據發掘報告，外槨長 25 厘米，蓋上有一造型精緻的寶珠型佛光頂，內棺中央放玻璃瓶，曾盛載骨灰。棺前置青銅熏和小蓋盒，作供奉狀。有學者推測這是佛教僧侶象徵性的墓葬。【67】

【64】以上六件魂瓶圖版依次見《佛教初傳南方之路文物圖錄》，圖 70、58、66、65、101、98。

【65】參看吳焯：〈四川早期佛教遺物及其年代與傳播途徑的考察〉，頁 43－44；吳桂兵：〈忠縣塗井 M5 與蜀地早期佛教傳播〉，《四川文物》2002 年 5 期，頁 65－71。筆者細看陶屋圖版，沒有如魂瓶般哀傷的氣氛，也無佛像，或只是模擬墓主生前的生活而已。

【66】圖版見《佛教初傳南方之路文物圖錄》，圖 7。

【67】參看李志新：〈永新古墓出土青銅棺和玻璃器〉，《江西文物》1991 年 3 期，頁 78－79。

3. 湖北武昌大東門外蓮溪寺東北吳磚室墓（永安五年〔262〕前）出土一片杏葉形鎏金銅器，上鏤刻佛像，有項光，高髻，圓領衣，左手抬至胸前，足作八字外立。銅器用途不明，或是抽屜上的拉手，也可以是佩帶飾物。【68】
4. 浙江嵊縣浦口鎮孫吳永安六年（263）墓出土青瓷三足盉，足上貼佛像，有項光、高髻。【69】
5. 浙江湖州市埭溪鄉西晉元康紀年（291－299）墓出土青瓷雙繫罐，罐貼兩尊佛像，有項光，著通肩大衣，坐雙獅蓮花座。【70】
6. 河南鞏縣圓形地窖出土塔形銅器，由塔身和塔座兩部份組成，塔身為圓筒狀，頂部飾四尖角形，用途不明，或是模仿佛塔。【71】

（6）人像俑

人像俑，乃中國古代墓葬常見的隨葬品，一些帶佛教象徵，簡介如下：

1. 作手印者——河北滿城縣陵山劉勝（約前168－約前113）墓和廣西西漢墓葬出土的跪坐銅俑，【72】以及四川樂山城西湖塘

【68】參看程欣人：〈我國現存古代佛教最早的一尊造像〉，《現代佛學》1964年2期，頁11－12、〈武昌東吳墓中出土的佛像散記〉，《江漢考古》1989年1期，頁1－3。圖版見《佛教初傳南方之路文物圖錄》，圖16。

【69】圖版見《佛教初傳南方之路文物圖錄》，圖34。

【70】同上注，圖47。

【71】參看鞏縣文化館：〈河南鞏縣發現一批漢代銅器〉，《考古》1974年2期，頁123－125。

【72】滿城縣漢墓的發掘報告的解說為：「兩者表情都很滑稽，似為供剝削階級娛樂的倡優人的形象」。參看中國社會科學院考古研究所編：《滿城漢墓發掘報告》（北京，文物出版社，1980年）卷1，頁100；圖版見卷2，圖60。另參看廣西壯族自治區文物管理委員會編：《廣西出土文物》（北京：文物出版社，1978年），圖90。

東漢晚期崖墓出土的陶俑，都似作施無畏印。

2. 結跏趺坐者 —— 雲南大理東漢熹平年間（172－178）磚室墓出土吹笛陶俑七件，深目高鼻，戴尖頂帽，似腳心向上盤坐。[73]四川資陽、奉節、彭山以及重慶北郊也發現類近的吹笛俑。[74]

3. 具白毫相者 —— 這類俑出土不少，年代最早的是四川蘆山縣發現的西漢青銅人像，「頭似錐髻，前額正中有一瘤狀凸起……目呈斜菱形，高鼻」。[75]另湖北鄂州市塘角頭4號吳墓出土釉陶坐佛像兩側的侍立陶俑，頭部有圓點、大目、高鼻、張口，著交領衫，束腰，下赤足而立。[76]湖北武昌蓮溪寺吳永安五年墓出土四件跪坐陶俑，兩尖髮，兩戴冠，眉間有突狀物，裸身托掌。[77]安徽馬鞍山市佳山東吳墓出土兩件坐座俑，眉間印有圓點。[78]湖北省武漢黃陂灄口和江夏流芳

[73] 參看李朝真：〈云南大理出土胡俑及其相關問題之探討〉，《東南文化》1991年6期，頁52－55；阮榮春：《佛教南傳之道》，頁36。圖版見《佛教初傳南方之路文物圖錄》，頁186。

[74] 參看阮榮春：《佛教南傳之道》，頁52－53；南京博物院編：《四川彭山漢代崖墓》，頁69。

[75] 參看蘆山縣博物館：〈蘆山發現一尊漢代清銅人像〉，《文物》1987年10期，頁95－96。

[76] 參看湖北省文物考古研究所、鄂州市博物館：〈湖北鄂州市塘角頭六朝墓〉，《考古》1996年11期，頁12－13、15。圖版見《故宮博物院50年入藏文物精品集》，圖129。

[77] 參看湖北省文物管理委員會：〈武昌蓮溪寺東吳墓清理簡報〉，《考古》1959年4期，頁189－190。

[78] 參看安徽省文物考古研究所：〈安徽馬鞍山市佳山東吳墓清理簡報〉，《考古》1986年5期　頁404－409、393。

吳末晉初墓、重慶市忠縣塗井崖墓，以及湖南省長沙金盆嶺晉永寧二年（302）墓出土的陶俑，眉間多有圓點。【79】

二、戶外佛教圖像

早期的戶外佛教圖像，最大規模的要數江蘇連雲港市海州孔望山的摩崖石刻，相信是東漢末年之作。【80】這石刻群就山石的自然形勢開

【79】 參看武漢市博物館：〈武黃陂灄口古墓清理簡報〉，《文物》1991年6期，頁48－53、96；武漢市博物館、江夏區文物管理所：〈江夏流芳東吳墓清理發掘報告〉，《江漢考古》1998年3期，頁59－66；四川省文物管理委員會：〈四川忠縣塗井蜀漢崖墓〉，《文物》1985年7期，頁49－95；湖南省博物館：〈長沙兩晉南朝隋墓發掘報告〉，《考古學報》1959年3期，頁75－86。有關白毫相俑的討論，參看吳桂兵：〈白毫相俑與長江流域佛教早期傳播〉，《東南文化》2003年3期，頁59－65和〈長沙「永寧二年」墓與長江中游的早期佛教傳播〉，《民族藝術》2006年1期，頁93－99。中亞圖像流行白毫相，四川高昌出土的東漢中期神樹西王母像也有這特徵，故白毫相非佛教造像所獨有。因此這類俑是否必是受佛教影響下的產物，有待商榷。

【80】 有關孔望山石刻的建造年代，爭論很大，參看俞偉超、信立祥：〈孔望山摩崖造像的年代考察〉，《文物》1981年7期，頁8－15；阮榮春：〈孔望山佛教造像時代考辨〉，《考古》1985年1期，頁78－87；丁明夷：〈試論孔望山摩崖造像〉，《考古》1986年10期，頁940－949、958；湯池：〈孔望山造像的漢畫風格〉，《考古》1987年11期，頁1011－1020；李發林：《漢畫考釋和研究》（北京：中國文聯出版社，2000年），頁407－427。最近於孔望山象石發現「永平四年（61）四月篆」的紀年題刻，紀達凱推測造像乃為祭祀東海王劉疆而造，時間為永平元年至四年間（58－61），但艮迪提出質疑。參看紀達凱：〈孔望山造像紀年題刻的發祥及相關學術問題〉，《中國文物報》、艮迪：〈對孔望山摩崖造像時代和祀主新說的質疑〉，《中國文物報》2006年2月17日第7版、4月14日第7版。

鑿，雕像一百零五個，部份已風化殘缺。它們所代表的人和事，眾說紛紜，未有定論，不過有七十多個當屬佛教圖像。[81] 位處整幅摩崖圖像的正中高處，乃一穿漢式衣冠，袖手盤坐的人像，或為西王母（X68），有統領全山之勢。其下人像臉略瘦長，戴進賢冠，著漢式冠服，正襟危坐，可能是修建離像的施主（X66）。在施主的右方，有以下佛教圖像：

1. 五比丘（X88–92）——五頭像用陰線刻於長方形龕內，居中者略大，高髻，其跟左邊兩像均有項光，右邊兩像光頭。有推測是憍陳如、頞鞞、拔提、十力迦葉、摩男拘利五比丘像，為佛陀初轉法輪所度者。

2. 立佛三尊——X2高髻，深目高鼻大耳，穿圓領長衣，右手於胸前作施無畏印，左手握衣角，雙腳八字外立，衣沒有線紋，跟迦膩色迦王錢幣背面的佛像有點相似。其左方一人像（X3），深目高鼻，戴單翅尖頂冠，面向立佛，袖手席地而坐，當是供養人。X61雙手姿勢跟X2相似，雙足直立，頭和手佔比例特別大。X71高髻，有項光，穿圓領長衫，腰束帶，雙腳八字外立，跟山東沂南漢墓童子像有點相似。

3. 涅槃（X4–60）——佛像居中，半身側臥，高髻，面圓長，穿圓領衣，乃紅色山石，其餘圖像分曾逐段地周圍的

---

[81] 有關孔望山石刻的基本描述、實測圖和圖像編號，參看連云港市博物館：〈連云港市孔望山摩崖造像調查報告〉，《文物》1981年7期，頁1–7。對石刻圖像內容的考察，參看閻文儒：〈孔望山佛教造像的題材〉，《文物》1981年7期，頁16–19；溫玉成：〈孔望山摩崖造像內容試析〉，《中國歷史博物館館刊》7期（1985年），頁27–32；吳焯：〈孔望山摩崖造像雜考〉，《文物》1989年12期，頁63–77。

青灰色岩壁上，半身像，有男有女，有老有少，均著圓領衣，有的戴冠，有的梳髻，有的以花束髮，有的光頭，有一人帶項光，皆面向臥佛，神情悲哀。臥佛右下方有一人像（X13），戴山形冠，左掌舉高於左耳部，右手托左肘；漢畫像石上常見的鋪首和東王公等神祇，以及後來北朝菩薩像也有戴類似的山形冠，故 X13 為聖者或菩薩；涅槃像左上方也有一人像（X65），深目高鼻，戴單翅尖頂冠，身穿束帶圓領長衣，右手持一朵三瓣蓮花，當為供養人。

4. 坐佛（X76）——高髻，雙手姿勢跟 X2 和 X61 相似，結跏趺坐，旁有五人像（X77–81）面向坐佛，似在聽法。 X77 和 X81 戴無翅尖頂冠， X78 和 X79 戴單翅尖頂冠， X80 因屬正面，所戴尖頂冠有沒有翅，不能判定。在施主的左方，有捨身飼虎圖（X82）。這像側臥地上，戴尖頂帽，上身裸露，下著短裙，身上有一虎頭，作咬嚙狀，似為表現菩薩捨身飼虎的故事。位於圖上方有四人（X72–75），深目高鼻，三人戴單或雙翅的尖頂帽。X75側身跪坐，雙手捧圓盒於胸前，內盛珠狀物，有人推測或是舍利。X74右手舉一竿，竿頂似有物放光，X73手舞足蹈，作歡呼狀，均當是供養人。

除摩崖石刻外，戶外佛教圖像還有佛寺遺跡。漢魏洛陽故城附近發現水井圍欄殘石，年代約在靈、獻二帝年間（179–190），上刻犍陀羅文說：

> 唯……年……第十（五）（日），此寺院……順祝四方僧團所有（僧）人皆受敬重。

引文雖殘缺，但據此可知這裏曾建寺院，住有僧人，他們當來自犍陀羅

地區。【82】按佛教徒為紀念釋迦牟尼生日，會灌洗佛像，名「浴佛節」，舉行地點在浴堂，並需有打水井配合。又據《洛陽伽藍記》的記載，洛陽地區的寶光寺古為石塔寺，舊日確有井、浴堂等設備：

> 寶光寺，在西陽門外御道北。有三層浮圖一所，以石為基，形制甚古，畫工雕刻。隱士趙逸見而嘆曰：「晉朝石塔寺，今為寶光寺也。……此是浴室。前五步，應有一井。」眾僧掘之，果得屋及井焉。井雖填塞，磚口如初。浴堂下猶有石數十枚。【83】

如是看，井欄殘石當是洛陽某寺的遺跡。

三、總結

從上述有關佛教圖像的介紹，可窺見以下有關中國初傳佛教流布的信息：

1. 在四川樂山崖墓，前堂乃墓主升天和享用祭品之地，佛跟朱雀等並處在前堂高位，同樣起著守護墓室、引導墓主升仙的功能；佛像也是定時墓祭的對象。在山東沂南漢墓，童子貌佛像跟西王母和東王公一併身處中室八角柱頂；按中室畫像乃墓主生前活動的描繪，佛跟中國本土神仙，當一直為墓主所信仰。隨葬品中的神樹可導人升天，銅鏡象徵光明和不朽，魂瓶是靈魂的居所；尤其是神樹，佛有單獨置在頂端的例子；在魂瓶，佛乃主題塑像，凡此顯示佛教乃依附中國原有的喪葬習俗而流傳，兼且佛教圖像晉居要位。《洛陽伽藍記》記在漢明帝（28－75）後，「百姓家上或作浮圖焉」，確為實錄。【84】

【82】 參看林梅村：〈洛陽所出佉盧文井欄題記——兼論東漢洛陽的僧團與佛寺〉、〈貴霜大月氏人流寓中國考〉，收入氏著：《西域文明》（北京：東方出版社，1995年），頁387－404、33－67。

【83】 范祥雍：《洛陽伽藍記校注》（上海：上海古籍出版社，1982年），頁199。

【84】 同上注，頁196。

2. 佛既然跟西王母、東王公、朱雀等受到同樣的重視，四川崖墓陶坐佛像亦仿照西王母像，有龍虎脇侍，顯示在時人的心目中，佛跟本土神仙並無軒輊。更明顯的例子是孔望山摩崖石刻，這石刻地屬東海郡，為道書《太平經》的發源地；又據「東海廟碑」的記載，東漢永壽至熹平年間（155－178），桓君、滿君和任恭三任東海相，為敬祭神靈，興建廟宇，頗具規模。孔望山的石刻，很可能是為配合其地其時的信仰而製作，當中佛教圖像雖多，卻為正中高處的神仙所統攝，佛教圖像當被看作是中國神仙信仰系統的一員。【85】《後漢書》記楚王劉英（約27－71）「誦黃老之微言，尚浮屠之仁祠」和桓帝（132－167）「立黃老浮屠之祠」，僧傳記康僧會（？－280）「設像行道」，【86】均常為佛教史書所徵引，也可跟出土文物相印證。可是，佛教主張解脫生死，追求涅槃，不希冀生天或不死；佛陀僅為天人師，而非盲信求福的對象，把佛教當作神仙的一種，以至供喪葬之用，不止是很大的誤解，亦令佛教圖像原來的功能和含義不彰；而佛像淪為器皿的裝飾，更有不尊重之嫌。

3. 上述墓葬主人的身份，雖已亡失，部份仍可作推敲：樂山崖墓的雕刻雖然車少馬乏、門衛零落，但墓有多室，規模較大，墓主經濟能力應不差。發現神樹佛像的重慶豐都縣磚室墓同時出土陶馬，上刻「巴郡平都蔡寘騎馬」銘文；按豐都在隋以前叫平都，《華陽國志》有載「平都縣，蜀延熙時省，大姓殷、呂、蔡氏」，可知墓主蔡寘乃平都縣大姓蔡氏一族。【87】又如發現魂瓶的江蘇宜興晉墓2號，乃東吳名將周魴之子周處的家族墓地。【88】出土佛飾盦的吳墓墓磚有「潘氏」等銘

【85】有關孔望山石刻的歷史背景，參看李洪甫、武可榮：《海州石刻》（北京：文物出版社，1990年），頁23－25。

【86】如參看任繼愈主編：《中國佛教史》卷1，頁92、124、178。

【87】參看何志國：《漢魏搖錢樹初步研究》，頁207－208。

【88】參看羅宗真〈江蘇宜興晉墓發掘報告〉，《考古學報》1957年4期，頁103－105；

文，潘氏是孫吳大姓。如是，具佛教圖像的墓葬主人當是各地的豪族大姓或中下層官吏。而且，這些墓葬自西至東，都見蹤跡。由此可見，初傳佛教信仰者階層之寬、流布區域之廣，遠超舊日的認識。[89]

4. 早期佛教圖像出土甚多，學者雖有臚列，但對其出現比率，未見統計，這裏試作估量：四川漢代崖墓以千數，含畫像者不多，[90]僅柿子灣和麻濠這兩墓刻佛像三尊，而兩墓相距不到三公里，可能是特例，其他地域墓葬畫的佛教內容也十分有限。[91]對比之下，隨葬品的佛教元素豐富得多，[92]而且因應地域文化的不同，隨葬品的種類也有別：長江上游獨見神樹，中游流行銅鏡，下游的精品是魂瓶。現見出土和傳世神樹189件，21件具佛教圖像，佛像共67尊；[93]魂瓶124件，具佛像者52件，具拱手俑者32件，具侍立俑和跪坐俑者

謝明良：〈從階級的角度看六朝墓葬器物〉，《美術史研究集刊》第5期（1998年），頁5－7。

[89] 榮新江指出漢代佛教有洛陽僧伽教團和從宮廷到地方各級官吏以至百姓的崇拜佛教者這兩個系統，參看氏著：〈陸路還是海路？——佛教傳入漢代中國的途徑與流行區域研究述評〉，收入氏著：《中國中古史研究十論》（上海：復旦大學出版社，2005年），頁28。

[90] 四川崖墓相信有幾萬座，經調查發表的不多，這裏的估計根據蔣英炬、楊愛國：《漢代畫像石與畫像磚》（北京：文物出版社，2001年），頁142－144。

[91] 在眾墓葬壁畫的佛教圖像中，以樂山崖墓的佛像顯得最合佛教規範，或由於巴蜀地區一向偏重神異巫術，較少儒家倫理的羈絆，願對外來者全盤接收的緣故。

[92] 汪小洋注意到這對比，但坦言原因未明。參看氏著：〈漢畫像石中之佛像藝術風格考〉，《藝術百家》2007年5期，頁149－151。孫長初指南方氣候濕潤，雨水較多，不易在墓室施繪壁畫，因此採取隨葬品這另一種形式。參看氏著：《中國藝術考古學初探》（北京：文物出版社，2004年），頁172。

[93] 根據何志國：《漢魏搖錢樹初步研究》，頁200表二和附錄一所作的統計。

4件；【94】銅鏡不少流散國外，難以推算，有學者指鄂州出土吳鏡近30面，僅2面是佛像鏡，【95】日本存三角緣神獸鏡逾500面，帶佛形象者只得十多面。【96】如是，除魂瓶外，佛教圖像出現的比率可算較低。【97】還要一提的，是洛陽為漢代政治文化中心，也是傳教譯經活躍之地，僅井欄殘石可確實是佛教圖像。【98】故初傳佛教流布雖廣，但其深入民心的程度，不可高估。

5. 中國早期佛教圖像在四川和江浙一帶多有發現，讓人考慮佛教最初或還通過蜀身毒道和海路進入的可能。【99】又本文所列的佛教圖像，年

【94】這是據全濤的收集和描述而作的統計。

【95】參看丁堂華：〈湖北鄂州館藏銅鏡述論〉，《鄂州大學學報》1998年4期，頁43。

【96】參看阮榮春：〈早期佛教造像的南傳系統（續）〉，《東南文化》1990年3期頁170。逾500面為王仲殊的說法，參看姜波：〈王仲殊先生訪談記〉，《南方文物》2007年3期，頁19。

【97】楚地一向流行招魂葬，魂瓶正合其用，配合佛像，相得益彰，這或是佛教圖像多見於魂瓶的原因。參看朱松林：〈試述中古時期的招魂葬俗〉，《上海師範大學學報》31卷2期（2002年），頁64－69。

【98】原因可能是漢末中原地區飽經戰亂，董卓（？－192）更曾摧毀洛陽城，佛教文物不能倖免，反而其他地區的隨墓葬得以保存，也可能是過往一直低估其他地區的佛教流行程度而造成的錯覺。參看晁華山：〈從古代遺存看貴霜王朝佛教放射狀外傳的四重環帶——兼論中國早期佛教遺存〉，《西藏考古》第1輯（1994年），頁165－177。

【99】蜀身毒道又稱「西南絲綢之路」。吳焯認為由中印度至四川南部沿途未見佛教藝術品，因此有否經這路傳入，確成疑問；他並提出四川早期佛教圖像，乃經西域，穿越青海道進入蜀之西界，復沿岷江向東發展。參看氏著：〈四川早期佛教遺物及其年代與傳播途徑的考察〉，《文物》1992年11期，頁40－50、67。何志國反駁吳說，參看氏著：〈四川早期佛教造像滇緬道傳入論〉，《東南文化》19941期，頁107－117。有關海上傳入說，參看賈峨：〈說漢唐間百戲中

代最早的乃漢劉勝墓的舉掌跪俑,如其真的作施無畏印,則在公元前二世紀末,至少中國皇室階層已對佛教有所接觸。而迄今於西域發現佛教遺物者,如新疆米蘭、尼雅、喀拉墩的古寺遺跡,年代不早於二世紀中,故佛教傳入西域的時間似較進入內地為遲。【100】凡此跟佛教於兩漢之際經絲綢之路先傳入西域,輾轉再流進內地這常途共識,大相逕庭。

6. 自西漢張騫通西域後,中外交流頻繁,胡人大量移民,東漢末陸續來華傳教譯經者,也是西域僧侶。【101】佛教圖像中的人物塑像,多深目高鼻,戴不同類型的胡帽,全屬胡人無疑,當中作手印和帶白毫相者、魂瓶上神情肅穆者、孔望山石刻中的五比丘以及戴胡帽作供養或聽法者,當也是胡僧。由是可推斷是時真正出家為僧者,主要是胡人。【102】至於漢人佛教徒的形象較少見。例如麻濠崖墓雕刻的高冠人

的「象舞」——兼談「象舞」與佛教「行像」活動及海上絲路的關係〉,《文物》1982年9期,頁53－60;李剛:〈佛教海路傳入中國論〉,《東南文化》1992年5期,頁133－147;吳廷璆、鄭彭年:〈佛教海上傳入中國之研究〉,《歷史研究》1995年2期,頁20－39。

【100】參看吳焯:〈從考古遺存看佛教傳入西域的時間〉,《敦煌學輯刊》1985年8期,頁62－72。又季羨林兩篇名作〈「浮屠」與「佛」〉和〈再談「浮屠」與「佛」〉,從「浮屠」與「佛」兩詞的翻譯兼論及佛教入華的過程。在前一篇,季氏認為浮屠一詞直接由印度方言轉譯過來,佛教也是直接由印度傳入中國。而在後一篇,季氏有所修正,他指出浮屠一詞乃由印度經大夏(大月氏)而來,而後出佛一詞才是經中亞新疆小國而來。如是,西域沒有早期佛教遺物,不足為奇。季氏二文見王岳川編:《季羨林學術精粹》(濟南:山東友誼出版社,2006年)卷2,頁19－46。

【101】有關漢代西域人來華的討論,參看馬雍:〈東漢後期中亞人來華考〉,《新疆大學學報》1984年2期,頁18－28。

【102】有關早期佛教圖像中胡人形象的討論,及其跟佛教的關係,參看李剛以下論

像，穿長袍，左手持杖站立，杖上繫三層飾物，第二層成環狀，右手執小袋，有學者認為是溝通神人的方士，也有以為是僧人。【103】其次，銅鏡紋飾中似結禪定印的高冠人像和禮拜蓮花者；四川作施無畏印陶俑，戴平巾幘，左手執袋，袋口朝下，他們都非胡人；又孔望山石刻中的涅槃圖，描繪眾弟子之悲慟，有男有女，有老有少，冠式不一，胡人的色彩較淡。凡此或反映漢人佛教徒的存在。佛教史書常引用王度向後趙石虎（295－349）上奏言佛教傳入中土後，只准西域人建寺侍奉，漢人不允出家的說法，不可盡信。【104】

踏入東晉南北朝，佛典大量譯出，人們對佛教了解日深；教團組織也趨規範，寺院石窟紛紛建構，佛、菩薩、僧等造像復歸原位，具佛教圖像的墓室畫像和神樹、銅鏡、魂瓶、俑等隨葬品迅速消失，墓葬之佛教圖像的歷史任務隨之完結。按早期中國佛教遺跡和文物繁多，考古發掘又不斷進行，報告多未公開，本文討論的只佔小部份。還有，這些佛教圖像的確實年代、圖像於墓室的方位、墓主的身份、圖像出現的比率、圖像發現的區域跟佛教流布的關係、中國跟中亞和印度佛教圖像的比對等課題，本文僅能勾勒大概。但毫無疑問，佛教圖像對佛教初傳中國的情況，提供了文獻以外的珍貴信息，值得再作進一步的探究。

文：〈從漢晉胡俑看東南地區胡人、佛教之早期史〉，《東南文化》1989年2期，頁11－15；〈漢晉胡俑發微〉，《東南文化》1991年3、4期，頁73－81、85；〈漢晉胡俑及佛教初傳中國撮遺〉，頁122－129；以及鄭岩：〈漢代藝術中的胡人圖像〉，《藝術史研究》第1輯（1999年），頁133－150；羅世平：〈漢地早期佛像與胡人流寓地〉，頁79－101。

【103】參看巫鴻：〈地域考古與對「五斗米道」美術傳統的重構〉，頁436－437；信立祥：《漢代畫像綜合研究》（北京：文物出版社，2000年），274。

【104】參看《高僧傳》卷9〈佛圖澄傳〉，《大正藏》卷50，頁385下。

論盧梭（Rousseau）的民主

莫詒謀*

提要

民主本質上是政治的至善，人將它概念化後則變成惡。以自衛的本能及惻隱之心產生道德意識的感情派哲學家盧梭，企圖以自然情況超越在社會情況之上的原則下，想為人類爭取更多的自我，提出人民主權理論，以普遍意志（La volonté générale）為方法，去推動民主的實踐。這二百年來，是不是因盧梭的出現，一旦聽到民主、自由、平等、主權的聲音，現代人的頭腦就開始暈眩，並即刻陷入一種神志錯亂的狀態。因為人類尚未能認清民主只是個好高騖遠的空洞概念，或是人類真可實踐的瑰寶，我們將依照盧梭的思想，加入筆者的觀點在本文作出說明。

一、前言

十八世界法國的啟蒙運動的確也曾為人類帶來一些曙光，但流轉的思想往往在當下特別關注突出的一些事物發生後，必定會在跟隨而來的時代中作出強烈的反應，十八、十九世紀的歐洲正是浪漫主義運動接替啟蒙運動的世代，浪漫主義注重內心感情的感受，強調從美麗的大自然中以直接的感情，來建立個人情感最重要的位置。被尊為浪漫主義之父的法國經典哲學家－盧梭，正是打著以原始人性回歸自然的中心思想，帶領人類走入自由大道。雖然浪漫主義在十九世紀才正式登上舞台，但盧梭的「懺悔錄」（Les Confessions）早於十八世紀就為它打好登上舞台

---

*本所教授。

的階梯,在其「懺悔錄」中一開始就為上帝揭開內心的面紗,不須上帝來檢驗,你看到我是什麼就是什麼的審視自我方式以建立浪漫主義的真誠。

更在「愛彌兒」(Émile)及朱麗(Julie)兩書中既否定當時的無神論,又不認同於當時天主教教會所主張的教條主義,本質上他是反對啟蒙運動理性主義的思想家又是個自然宗教的啟示者。他更在「論人類不平等的起源和基礎」最後一句話指出,讓小孩支配老人,讓傻瓜領導賢人,讓一小撮人富可敵國,而讓大眾缺乏基本的必需,無論怎麼說,都是違反自然法的。正因為人類的不平等,加大了貧富之間的距離,所以在其論述中不斷鼓吹革命,認為解放窮人和受壓迫者的革命運動是必需的。不平等的思想成為他創構「社會契約論」的來源,企圖用社會契約來達到人類的自由與平等,唯一的方法就是主權在民,因此,盧梭成了「民主」的倡導者,但是盧梭之後的二百年來「民主」成為人類的口頭名詞,無論是政治上的執政者或是在野者,甚至一些普通公民,好像不講民主就是落伍了,跟不上時代了。本文就是對這個美麗的名詞提出一次檢驗,到底盧梭的民主是什麼?他對人類有什麼價值?本文先透視盧梭政治思想的內涵然後才論述其「民主」。

二、盧梭政治思想的內涵

盧梭政治的內涵源於其浪漫主義的色彩,他曾說「空間不是你的尺度,整個宇宙不是大到足夠容納你,你的感情,你的欲望,焦慮,甚至你的自豪,都另外有一個本原,一個你覺得這個狹小的身軀被束縛在其中之外的這個本原」[1]。他這個本原除了否定空間,更啟示了人的本能,主動和自由,他在「愛彌兒」第四卷中強調要用自己的方法去辦

---

[1] Rousseau, Émile ou de l'éducation, Garnier-Flammarion, Paris, 1966, P.364.

事，因為自己內心深處早已受大自然的洗禮，早已刻上良心的烙印，有事發生，或是我想做什麼，只要問自己，我就是自己的良師，良心是靈魂的聲音，按良心去做，就是服從自然，而且良心對盧梭而言就是意味著是一種本能，在這本能的價值上，盧梭借批判當時的哲學，進而批判了孔笛拉（Condillac）的想法，他認為當時的哲學只講一些能解釋的東西，而不談無需任何經驗能力的本能，在盧梭眼中這種本能就是一種可指導動物達到某種目的而無需任何經驗的能力。而且指出當時最有智慧的哲學家之一的孔笛拉只把本能看做不過是一種經過思考後才得以反省的個人習慣。他還對輕視本能的哲學家提問到，當我們要嚇一條狗時，它為什麼要躺在地上，舉起四只腳，做出一副能使我們心軟而可憐的樣子，這現象能不能單憑感覺和知識來解釋這現象[2]。原本盧梭和孔笛拉的思想是一致的，盧梭在1740年曾擔任孔笛拉二位侄兒的家庭教師，和孔笛拉的關係不僅只是友誼關係，因為孔笛拉很早就已經是盧梭仰慕的老師，雖然盧梭比孔笛拉年長二歲，但確是盧梭的良師益友。孔笛拉的第一本著作「論人類知識的起源」已表達出其感覺主義（Sensualisme）的思想，他的感覺主義可以說是受了經驗主義心理學派的始創人洛克（John Locke）的影響，洛克在他1690年發表的「人類悟性論」可看到他的思想是一切由經驗出發，並否定笛卡兒（Descartes）「先驗觀念」的理論，強調人類的精神形式是一切由感覺經驗而來，一切由感覺開始。另外，孔笛拉也受到牛頓哲學的影響，就是要找出單一原則，去回應其他現象。所以孔笛拉認為所有知識唯一和單一原始來源就是感覺（la sensation）。這種感覺正是盧梭思想內涵最重要的來源。

　　Ernst Cassirer 在其「盧梭的問題」一書中，指出由歷史觀點看，盧梭由孔笛拉到來布尼茲（Leibniz）的轉變，看到來布尼茲對盧梭的影響，還說盧梭的「愛彌兒」第四卷的「沙瓦神甫的信仰聲明」（Profession

---

[2] Rousseau, Émile ou de l'éducation, Garnier-Flammarion, Paris, 1966, P.373.

de foi du vicaire savoyard），看起來就好像來布尼茲寫「新人類悟性論」一般，他還特別提醒讀者，雖然「新人類悟性論」比「愛彌兒」晚三年才出版，但在漢諾威（Hanovre）圖書館則有這本書的手稿。最終 Cassirer 強調盧梭改變了其思想方向，放棄了孔笛拉的哲學【3】。關於 Cassirer 的看法，我們同意他認為盧梭深受來布尼茲的影響，但是我們完全不同意他認為盧梭放棄了孔笛拉哲學的看法。因為孔笛拉如前所說是受了洛克影響，而盧梭25歲（1737年）前後每天吃過早餐暢談一、兩小時後就進入他的書堆直到吃晚飯，而他看的書就是從哲學書籍開始，其中包括了 Port-Royal 的邏輯，洛克的論述，Malebranche，來布尼茲，笛卡兒等，盧梭當時已發現每個哲學家都有其永恆的矛盾，他還幻想過計劃把他們思想統一協調起來【4】。事實并不是幻想，他由年青到成熟從來沒有拋棄過「感覺」與「經驗」。在「愛彌兒」第三章中他認為給孩子讀的第一本書應該是講自然感覺及經驗為本質的「魯賓遜漂流記」，由此已經可以証明我們的看法。他更在「愛彌兒」第四章說到我們必然先有感覺，而後才能認識，甚至連良心的作用，他都看成是感覺，他講得非常清楚，存在就是感覺，我們的感覺力無可爭辯地是先於我們的智力而發展，我們先有感覺，而後才有觀念【5】。盧梭又說「感覺客體事物的印象以及內在的感覺，使我自然的智慧去判斷事物的原因，根據這些感覺客體事物印象和內在的感覺推斷出我必須認識的一些主要的真理」【6】。盧梭這裡的思想不就是洛克講的經驗有兩種來源：一種是外在來源是感覺，另外一種是內在來源則是反省。在這裡思想上是

---

[3] Ernst Cassirer, Le problème Jean-Jacques Rousseau, Traduit de l'allemand Par Marc B. de Launay, Hachette, 1987, P.P.102-103.

[4] Rousseau, Les confessions, Gallimard, 2006, P.302.

[5] Rousseau, Émile ou de l'éducation, Garnier-Flammarion, Paris, 1966, P.377.

[6] Rousseau, Émile ou de l'éducation, Garnier-Flammarion, Paris, 1966, P.372.

完全一致的。

　　當然盧梭也受到來布尼茲很深的影響，來布尼茲的「新人類悟性論」就是回應洛克的經驗主義，他批判并拒絕洛克「人類悟性論」書中強調所有我們的觀念都由感覺（Sens）而來。所以在「新人類悟性論」中強調單子是密封的，完全沒有任何裂縫給任何事物進入，我們所有的認識都是來自感覺的主客體的靈魂自身。所以來布尼茲的靈肉關係強調單子的獨立性，否定所有靈肉及其相互性的因果關係。這種單子的獨立性，存在一種不變的對應性（Correspondance constante）是由神在生理及心理系列的事實上，一次性建立起來的，他這種先前建立的和諧（Harmonie préétablie）類似兩種獨立時鐘的不變相對應性，只記上相同的時間，他的理論是類似心身平行論（Parallélisme），他放棄笛卡爾的二元論，史賓若沙（Spinoza）的一元論，以及 Malebranche 的偶因論（Occasionalisme）。盧梭在「愛彌兒」第4卷批判 Nieuwentit 的著作缺漏了「萬物的和諧」就是出自來布尼茲「先前建立的和諧」哲學的影響。由於這先前的和諧証明上帝的存在，使盧梭早已建立上帝在人類心中的價值。另外來布尼茲曾在「新人類悟性論」中說「外在感覺的客體只是一種間接的，因為他不能直接對靈魂產生影響。只有神是直接外在的客體。我們可以說靈魂是直接內在的客體」[7]。雖然來布尼茲放棄史賓若沙的上帝是一切之源的哲學，但是，由他肯定神是直接外在客體的思想來看，它意味著神是直接可對靈魂產生影響，說到底，就是有一個控制宇宙的神在引導著宇宙的人類。盧梭就是受這思想洗禮而建立他肯定有一種智慧在安排萬物使整個系統，有條不紊，井然有序。并認為世界是由一個有力量和有智慧的意志統治著。他說「這個有意願和能力的存在，這個能自行活動的存在，這個推動宇宙和安排萬物的存在，不管它

---

[7] Leibniz, Nouveaux essais sur L'entendement humain, GF-Flammarion, Paris, 1990, P.87.

是誰，我都叫它為上帝」[8]。而且他還把智慧、能力、意志，尤其是善良與仁慈加入到上帝身上。更大膽的確定這個上帝是存在的，而且是獨立存在的，宇宙萬物都是因為上帝的存在而存在。更說「我滿意上帝給我安排的位置，除了上帝之外，我看不到有比人類更好的了」[9]。在盧梭思想中人類是宇宙中佔第一位的位置，但是在上帝統治的宇宙中。

由此，我們看到上帝在盧梭心中的地位。但曾如盧梭年青時的幻想要把各大哲學家的思想做個統一與協調，雖然他認為機器根本是不會思想的，同時唯物主義是聽不到內在的聲音。因為外在事實的知識只是一些數量的推積，人類除了外在物質的積累，還有不可能了解及建構的內在世界。我們能由內在心靈給外在現象界注入新生命。相反的，人類不可能由物質給內在生命注入活的生命，所以人必需由自主活動的感覺和意志意識才能啟動生命力，這種啟動不可能靠知識的堆積，我們必需深入意志的本質，必須去了解它的特性及其法則，我們更應該敢於超越感性由現象界所帶來的各種不同因素。但是他確肯定由於我們的感覺使我們存在，這是身內進行的，但這種存在的原因則是在我們身外，是物質世界的，所以他這種思想不只存在著我，也還存在著其他的實體，也就是我感覺的對象，這樣一來，他完全肯定人的內「心」與外「物」的存在及其關係。在這心物問題上他做了這樣的結論，他說「所有唯心主義者和唯物主義者的爭論，對我而言是完全沒有意義的：他們所說物體的表象和實在性的差別都是空想」[10]。由此，我們肯定的說盧梭的思想是不分心、物，以感覺、經驗為起點，由具體到抽象，由感覺到理智，以人為主體的自然哲學家。

正是因為盧梭是個經驗實踐派的人，他以人的方法去管理人的事

---

[8] Rousseau, Émile ou de l'éducation, Garnier-Flammarion, Paris, 1966, P.360.

[9] Rousseau, Émile ou de l'éducation, Garnier-Flammarion, Paris, 1966, P.361.

[10] Rousseau, Émile ou de l'éducation, Garnier-Flammarion, Paris, 1966, P.350.

物,他並不同意在國家的理論上有一個超驗的基礎。人不應該依靠超自然的幫助去處理凡塵世界的事物。但是當他深入去探討人用經驗去管理人的事物時,則不是由推積而成的外在知識經驗,而是一種內在的感覺經驗。透過道德自主,進而走入理智存在的心中。以人及自然為主的思想,使盧梭建立起自然宗教的思想而否定啟示宗教的結果,也就是說,在盧梭的思想裡,宗教與自由之間有一種永恆不變的關係,就是以自由做為宗教的基礎。雖然十八世紀歐洲思想界很熱門的一個問題就是如何以幸福與道德的融合去建立至福(Félicité)以及功德(Mérite)的問題。這種想法已超越了人不斷只知道要去追求幸福的問題,而且以內在感覺超越了單一幸福主義的問題。事實上,盧梭更超越,他早在「孤獨漫步者的沉思」一書中已告訴我們幸福在人類是不存在的,只有自我滿足。盧梭這種企圖是以內在感覺帶領人去學習一種舒適自在的願景。對盧梭而言,他並不要建立什麼哲學流派,他要的是對人有用的哲學,對人類有用的,就會給人類帶來幸福,盧梭的有用哲學不是形而上的彼岸世界,反而是已知當下此岸一步一腳印的事實世界。我們可以說整個盧梭的哲學思想絕對不是以幸福問題為中心,反而自由問題才是盧梭思想的核心。所以自由才是盧梭思想最基本的元素,也正是這個自由問題發展出盧梭包括民主在內的一連串的政治思想。

雖然浪漫主義標示個人本能,個人良心。盧梭更把良心定義為我們靈魂深處生來就有的正義和道德的原則。又把良心形容為神性的本能,永恆不逝的天國之音,它可引領一個雖然蒙昧無知然而是理智和自由的人,在不差不錯中去判斷善惡,使人形同上帝,也就是這思想使盧梭以絕對自由的我來取代政治理想[11]。看起來好像浪漫主義只關注個人。

---

[11] Rousseau, Émile ou de l'éducation, Garnier-Flammarion, Paris, 1966, P.376 及 P.378.

巴黎第四大學的學者 Jacqueline-Michèle Ansart,曾在法國哲學雜誌「盧梭專

但曾如英國哲人羅素（Bertrand Russell）所說，浪漫主義和政治的結合盧梭是始作俑者[12]。我們從「愛彌兒」一書中可看到，盧梭想往使人回到自然的生活，人類在自然狀態中每個人真正享受那種田園牧歌的生活。但更深入探討，從一開始盧梭就要我們走入社群，最重要就是做個好公民，所以盧梭由自然人與公民演化到個人與社會的發展，他看到了自然人、個人是平等、自由的[13]，一但進入人群社會，就會變得不平等、不自由了。正是這個現實使盧梭創作了人類政治上不朽的經典論著：「論人類不平等的起源與基礎」以及「社會契約論」。也就是這二部論著使我們找到其政治思想最本源的基礎，就是：消除不平等與追尋自由。為了達到平等與自由，他推出了他的救世靈丹 ── 民主。

集」中提出過這種絕對自由的我在盧梭政治理想的位置。參閱：Jacqueline-Michèle Ansart，Quête d'identité et temporalité chez Rousseau，Revue philosophique，no.3 juillet-septembre，1978，P.U.F. Paris，P.272.

而研究盧梭的權威學者 Starobinski 就把盧梭的我形容為毫無障礙的空間。意味著我的一種絕對自由。參閱：Jean Starobinski，Jean-Jacques Rousseau，La transparence et l'obstacle，Gallimard，1971，P.264.

[12] Bertrand Russell，History of western philosophy，Routledge，London，1995, P.651.

[13] 依自然法則，盧梭由自然不平等的原始來源看，認為人是自然不平等的，例如人的體力，健康等等差異。但在不平等原因的追尋過程中，他確定一種自然狀態，認為個人是自由，獨立而且是善良的。盧梭指出自然的個人是沒有問題的，病都少有，亦可遠離醫生。他說「大部份我們的不幸都是自己的傑作，只要保有自然給我們孤寂，單一，簡單的生活方式，我們幾乎完全可以避免這些不幸」又說「人在自然狀態中，不幸疾病的來源很少，因此，幾乎可以不需要藥物，更可遠離醫生。」參閱：Rousseau，Discours sur l'origine et les Fondements de l'inégalité parmi les hommes, Bordas, Paris，1987，P.35。

三、盧梭的民主

其實「民主」只是盧梭所要演繹的三個政府形式之一（盧梭另有混合制政府我們不列入其主要政府形式），這三個盧梭所提出的政府形式，事實上就是柏拉圖所講的：1. 君主制（Monarchie），2. 貴族制（Aristocratie），3. 民主制（Démocratie）。而且盧梭還提出類似柏拉圖「靈魂有多少種類，政治政體就有多少種類」的思想，談到「政府形式，儘管只有三個名稱，而實際上國家有多少公民，政府就可能有多少不同形式」[14]。關於政體的思想，盧梭和柏拉圖可以說是同一個起點，

---

[14] 柏拉圖把政府體制分成三種，即君主政體（Monarchie），另一種是由少數人控制的政體，第三種就是民主政體。但柏拉圖又把君主政體分成僭主制（Tyrannie）及君主制（Royauté）。又把少數人控制的政體分為貴族政府（Aristocratie）及寡頭政治（Oligarchie）。所以亦可說是五種政體。

參閱：Platon，Politique，Traduction et notes par E. Chambry，Garnier Frères，Paris，1969, P.P.222-223. 柏拉圖在其「理想圖」第八卷（544C-D）在政制分類上，除寡頭制、民主制、僭主制外，他認為第一種也是當時最好的一種，曾在多次對話錄中提出過的叫 Créte 制及 Lacédémone 制，所以亦有四種政體的說法，另外柏拉圖亦曾提過 7 種政制的系統。最終我們提出和盧梭呼應，更是柏拉圖引入辯証及科學上新概念的作品「政治家」對話錄中的三種政制。

參閱：Jean-Jacques Rousseau，Du contrat social，Le Livre de Poche，Paris，1978，P.P.257-258.

參閱：Platon，La république，Traduction et notes par R..Baccou，Garnier Frères，Paris，1966，P.198.

Locke 也是延用柏拉圖的分類方式，只是他把共和（Common-wealth）用他的思想來表達，他說「共和，長久以來，我的了解，並非是一種民主，亦非任何一個政府的形式，只是獨立社區（Independent Community）拉丁文叫公民城市（Civitas）」。參閱：John Locke，Two treatises of government，A critical edition

也就是他承襲了柏拉圖的政制區分,唯一他比柏拉圖更發展之處就是在「社約論」中提出了人民主權的原則。他這個人民主權的原則就主權的原始性來看,盧梭和十七、十八世紀的一些自然法學方面的政治思想家,Pufendorf、Jurieu、Hobbes、Burlamaqui 等沒什麼大差別,大致認同主權來自人民,但在實際主權的運用上則和他們完全不同。

盧梭本著浪漫主義的思維,曾如他在「愛彌兒」第四章極力發揚自然宗教並批判啟示宗教時所表達出來的想法,一切都是人的問題,由人來作經書,人來作証,人傳達上帝的話,在我們與上帝之間有太多的人,他強調不須任何中介,人要直接和上帝對話。他也把這種哲學融入他的政治哲學的領域。所以他完全否定了 Hobbes 的君主主權說、洛克的議會掌握主權的說法,以及孟德斯鳩(Montesquieu)的代議制,他在政治的層面是反對人民傳遞最高的權威到君王,使君王變成國家唯一的統治者,這樣會奪去所有人民的權利。他強調統治者應該是所有人民,而且以社會契約的理論來為人民服務,是社會契約賦予政治實體的存在與生命,否則就成為君主主義,甚至是專制主義。所以,就三種傳統的主權來源來看,其中基督教理論及君主主義的理論均不為盧梭接受。我們肯定的說盧梭是社會契約派或是自然法學派的忠實信徒。正是這種人民主權的實踐運用使盧梭在人類政治哲學史中開出了一個新紀元。

盧梭之所以在人類政治思想中有著這麼重要的位置,正因他為人類打開這個新路向,就是他肯定主權必須永遠存在於人民中,人民的自由意志在一個政治體中的地位是最高的,所以他區分了政府(Gouvernement)和主權體(Le souverain)。不但講清楚主權是什麼,更指出人民主權的幾個原則。大致可分為四個原則:

一、主權是不可轉讓的。因為主權(La souveraineté)是「普通意

---

with an introduction and apparatus criticus by Peter Laslett , New American Library ,New York ,1965 , P.P.399-400.

志」的運用，盧梭說「我說主權只是個普通意志的運用，它永遠不能被轉讓，主權體，它只是一個集體存在，它只能由其本身來代表：權力（Le pouvoir）可以轉讓，意志則不能」[15]。他認為主權可轉讓就是不平等的開端，無論是民主或議會都有可能壟斷主權，使人民失去主權者的權利。

二、主權是不可分割的。盧梭強烈指出，「主權是單一及統一的，如果分割它，就會毀滅它」。又在討論主權不可分割時一開頭就說「和主權不可轉讓同樣的理由，主權是不可分割的」[16]。事實上，主權是普遍意志的表現，而普遍意志是一個整體，這個整體如果被分割了，就失去其普遍意志的原始性，這樣主權也就不再存在了。他這裡也是在批判洛克及孟德斯鳩的分權思想。但在此順便提一提是盧梭並不反對行政、司法、立法分開，因為立法權是等於人民，但是他反對行政、立法並列，因為一切都是以普遍意志的人民主權所派生出來的副件。所以盧梭指出主權分割又可重新組合的錯誤原因在於對主權沒有刻劃出正確的概念，把原來只是主權的附屬部份當成了這種權威的組成部份[17]。

三、主權是不能代表的。根據主權不可轉讓的原則，盧梭認為主權也不能由別人來代表，絕對是由人民自己來運用。他說「主權本質上是由普遍意志所組成，而意志又是絕不可以代表的，它

---

[15] Jean-Jacques Rousseau, Du contrat social, Le Livre de Poche, Paris, 1978, P. 196.

[16] Jean-Jacques Rousseau, Du contrat social, Le Livre de Poche, Paris, 1978, P. 297 及 P.198.

[17] Jean-Jacques Rousseau, Du contrat social, Le Livre de Poche, Paris, 1978, P. 199.

只能是同一意志，或另一意志，但絕對沒有中間的東西。人民的議員既不是，也不能是人民的代表，他們只是人民派出辦事的委員（Commissaire），他們並不能做出任何肯定的決定，所有不為人民親自批准的法律，都是無效的，根本不是法律」。盧梭還分析英國的代議制只是形式上保證了人民有選舉和被選舉的自由，但實質上看，人民是不自由的。因為「一旦議員被選出來後，他就是奴隸，他就什麼都不是」[18]。

四、主權是絕對的、至高的、神聖不可侵犯的。因為公約的性質，所有主權的行為，也就是說，所有普遍意志正式認證的行為，都在同等地約束著和便利著全體公民，以至於主權者只認國家這一實體，而不區分組成國家的任何個人[19]。這種主權約定不是一種上下級之間的協議，是實體與每個成員之間的協議。這種協議是合法、公平、有用、牢固的公共力量和至高權力。臣民只服從這種協議，他們就不是服從任何人，而只服從他們自己的意志。

由上盧梭主權的原則看到主權的內在完全以普遍意志為依靠，事實上，盧梭提出的普遍意志是他政治上最重要的理論。他認為普遍意志構

---

[18] Jean-Jacques Rousseau，Du contrat social，Le Livre de Poche，Paris，1978，P. 303.

[19] Jean-Jacques Rousseau，Du contrat social，Le Livre de Poche，Paris，1978，P. 208.

法國盧梭專家 Robert Derathé 指出一般人常說盧梭社約論中的人民主權的原則就像孟德斯鳩「法的精神」的分權原則一樣。

參閱：Robert Derathe，Jean-Jacques Rousseau et la science politique de son temps，Vrin，Paris，1979，P.48.

Derathé 寫得簡單，容易模糊，筆者指出，孟德斯鳩一切是以「法」為根源，而盧梭則一切以人民主權為基礎。

成主權,人民主權則是普遍意志的體現,他說「就像自然賦予每個人擁有對其所有肢體的絕對權力一樣,社會契約也賦予政治體擁有對其每個成員的絕對權力,如同我所說過的,正是這種相同的權力在普遍意志的指導下才享有主權之名」[20]。他在「愛彌兒」第五章中還把社會契約的內容用下面這種方式來說明,他說「我們每一個人都把自己的財產、人格、生命以及自己的一切能力交給普遍意志的最高領導去支配,而我們作為集體的每一個成員,就像是全體不可分割的一部份」又說「個人只服從主權體,而主權體的權威就是普遍意志,我們由此可看到為什麼服從主權體就是服從他自己」[21]。就是他這個「普遍意志」和他前人不同的地方。強調國家要中央集權,並以 Leviathan 一書提示絕對權力的 Hobbes 在論述民主、共和(Common-weatlth)的定義時也並未提出普通意志,只是提出每個人都是契約的發起人,透過這契約去做出各種多數認同的行為,最後,他們可以使用他們全體的力量和資源,運用各種辦法去達到和平和公共防衛[22]。另外,雖然和盧梭同時代的狄德羅(Diderot)在寫百科全書(Encyclopédie)關於道德的自然法文獻時曾經提及普遍意志,但也只是三言兩語,未能提出具體創新的說明,而提出

---

[20] Jean-Jacques Rousseau, Du contrat social, Le Livre de Poche, Paris, 1978, P. 205.

盧梭認為建立「普遍意志」是政府基本的規則和公共經濟的第一原則,如果行政官員屬於人民,或人民屬於行政官員,這樣整個國家由上到下都沒有任何懷疑。他指出在歷史檔案以及馬基維利(Machiavel)思想中早有這些準則,盧梭強調透過「實踐」及「理性」使人民和領導人達到利益及意志的統一來統治國家。參閱:Yves Vargas, Rousseau. Economie politique 1755, P.U.F. Paris, 1986, P.89.

[21] Rousseau, Émile ou de l'éducation, Garnier-Flammarion, Paris, 1966, P.603 及 P.604.

[22] Thomas Hobbes, Leviathan, Penguin, London, 1985, P.228.

法（loi）是派生事物本性的必然關係的孟德斯鳩在「論法的精神」中提到一些意大利的共和國包括制定法律權、執行公共決議權和裁判犯罪或個別的糾紛權，三種權力合併在一起時的自由反比君主國少時，說到「普遍意志」能毀滅國家，又因有裁判權，他可以用「個別意志」去毀滅每一個公民【23】。在這裡孟德斯鳩提出了普遍意志與個別意志的概念，但也並未進一步深入探討。所以我們認為普遍意志的確是盧梭在政治哲學上超越他前人的重要思想。那麼什麼是普遍意志呢？

依盧梭思想，由社會契約所產生的政治體是有其生命與意志的，也就是說，政治體本身的意志就是所謂的「普遍意志」。由於政治體是由每個人民的的意志集合而成，所以「普遍意志」必定是出自全體的人民，而且以全體人民的共同利益為目的，所以，「普遍意志」總是對的，總是正確的，盧梭特別提出所有人的意志（la volonté de tous）和「普遍意志」的不同來說明他心目中的「普遍意志」。所有人的意志是關心私人利益，是個別意志的總和，而「普遍意志」則是關心共同利益。如果由個別意志中去掉互相毀滅、互相破壞的意志，那「普遍意志」就是剩餘的不同個別意志的總和【24】。盧梭說到「如果充分熟悉情況的人民在商議時，在公民之間沒有互通，那在大量的微小差別中總是可以產生「普遍意志」，這樣的商議總是好的」【25】。有了普遍意志不但有主權，又能擁有自由，因為「不論是誰，如果他拒絕服從「普遍意志」，那整個實體將強迫他服從，這別無其他的意義，只是迫使他保持自由，因為這一條件在每個公民奉獻給祖國的同時，也保証他不再依附於任何

【23】 Montesquieu , Oeuvres complètes , Seuil , Paris , 1964 , p.587.

【24】 Jean-Jacques Rousseau , Du contrat social , Le Livre de Poche , Paris , 1978 , P.P.202-203.

【25】 Jean-Jacques Rousseau , Du contrat social , Le Livre de Poche , Paris , 1978 , P. 203.

個人」。所以「國家所有成員的堅定不移的意志就是「普遍意志」：是因為有「普遍意志」，他們才是公民及自由的」【26】。盧梭思想細密，在社約論第二卷第二章一開始就由「普遍意志」去創立法律來保障意志。人民在國家中，服從法律就是服從「普遍意志」，而服從「普遍意志」就如前面所說就是服從自己，曾如盧梭在社約論第二卷第六章論法律時所講把共和制定性為由「普遍意志」即法律指導的政府。盧梭說「社會契約賦予政治體存在和生命：現在的問題是通過立法賦予行動與意志」【27】。於是，盧梭就以「普遍意志」為人類政治的最高領導推出各種人類相關的政治議題，其中最令人類瘋狂的莫過於「民主」的概念。

什麼是民主？這是個沒有正確答案的問題。自從二千三百多年前柏拉圖在其「政治家」對話錄（292a）提出由一個人、少數人、多數人來統治的三種政府形式以來，民主的標記就意識著反對由少數人掌權統治的君主政體的或寡頭政治的政制系統。自古希臘開始民主就指的是人民主權，到林肯（Abraham Lincoln）的「民有、民治、民享」的政治宣言，直到1958年法國公民還把這民有、民治、民享的思想注入第五共和憲法中。在人民與權利的關係中表出民主這個字。發展到今天，民主已不再是柏拉圖時代的一種簡單政體，而變成一種政治系統，在這系統中透過直接，間接，半直接的方式把主權賦與人民。直接方式稱為直接民主，間接方式稱為代議民主，半直接方式是間接民主的多樣性中由人民自己用全民公決，否決權或人民的立法創議權對某些法律作出裁決。

盧梭的民主正是上面所講的直接民主。這政制是由人民自由討論通過重要的決定和法律以及由人民選出替人民辦事的執行人員。人類有記

【26】 Jean-Jacques Rousseau , Du contrat social , Le Livre de Poche , Paris , 1978 , P. 185 及 P.321.

【27】 Jean-Jacques Rousseau , Du contrat social , Le Livre de Poche , Paris , 1978 ,P. 213.

錄的歷史中由古希臘雅典的 Agora 廣場所聚集的公民揭開民主序幕以來，到十八世紀在歐洲又重新發現民主的理想典型，啟蒙運動派的人物偏好代議制，而盧梭則是主張直接民主的人民主權的理論家。盧梭指出「主權體首先要把政府托付給全體人民或人民中的絕大多數，以使作為行政官的公民多於作為普通個人的公民，我們給這種政府形式名為「民主制」【28】。我們相信盧梭的民主深受柏拉圖的影響。尤其所謂民主一定是由多數人來領導國家這個觀念，柏拉圖對民主就有這種確定，他說「至於民主，是由大多數人無論是意願來領導或由武力來控制，無論是否嚴格遵守法律，我們習慣上絲毫不改變它「民主」這個稱號」【29】。肯定的說無論柏拉圖或盧梭都確定「民主」就是由大多數或全體人民來管理人民的事情，而盧梭超越柏拉圖的地方就是他提出了「普遍意志」來讓大多數人做主人。為了民主意識，他也明白到整個政治社會是由其他更小的社會所組成，因不同種類使得每個人有他們的利益和他們的準則。所以必須找出一種使大家都心服口服的方法，他在 1755 年的「政治經濟」的論文中就大力推出「普遍意志」的思想。只有「普遍意志」才能代表人民，他說「無可辯駁的証明，意志越普遍同樣也總是越公正，而人民的聲音事實上就是神的聲音」【30】。依照「社約論」的思想，他為科西加（Corse）所起的科西加的直接民主憲法草稿中，依照盧梭的政治理論構出藍圖確定他主張普遍意志的政治主權的理想，盧梭毫不猶豫肯定了科西加人民集合了所有條件，產生一個真正以普遍意志建立起來，一個有權威政府的民主共和國。這共和國必須：1. 國家必須富裕強

【28】 Jean-Jacques Rousseau , Du contrat social , Le Livre de Poche , Paris , 1978 ,P. 257.

【29】 Platon , Politique , traduction et notes par E. Chambry , Garnier Freres , Paris , 1969 ,P.223.

【30】 Yves Vargas , Rousseau . Economie politique 1755 , P.U.F. Paris , 1986 , P.88.

大。2.個人要小要弱,個人財產要受限制並依附在集體利益上。3. 不能絕對去除個人財產。由他這個民主政治理論的試金石中已可看到他強烈提出科西加人要用他們鮮血的代價來換取自由的榮耀。盧梭的血液中有的只是人民的自由與平等,同時透過法律的奇蹟使人必須是正義和自由的。同時又要保証公共的自由和政府的權威。要為每個人民找出民主。

即使盧梭知道用普遍意志使主權永遠屬於人民,雖然他也深知要達到「民主」真是荊棘滿途,但他還是提出四個要達到民主制非常困難的條件。一、國家要非常小,人民便於集合,每個公民可以很容易地認識其他的公民。二、民風要非常簡樸,以免帶來繁雜的事物和棘手的爭論。三、地位和財富要十分平等,否則權利和權威的平等就不會長久。四、奢侈現象要少有,甚至沒有,因為奢侈是財富的結果,奢侈帶來對財富追求的必然結果,奢侈同時敗壞了富人與窮人,富人佔有財富,窮人覬覦財富。向祖國出售柔弱逸樂與虛榮。奢侈奪走他所有的公民,一些人受另一些人奴役,而所有的人都受輿論的奴役[31]。看過盧梭這四個民主條件,我們很自然的想到我們「老子」的政治思想,兩人的思想可以說非常相似,好像是盧梭借用了老子的思想一樣,真是如出一轍,雖然「道德經」並未寫出平等的字眼,但在第25章所講的「道法自然」,就是任由萬物之自化,這種道本身的自然而然就是盧梭所講的自由與平等的境界。另外,如「小國寡民」(道德經80章)、「移風易俗,使復歸於一也」及「樸散則為器,聖人用之則官長」(道德經28章)。這正是盧梭民主四個條件的思想。事實上,盧梭應該是沒有讀過「道德經」[32]。本文非比較兩人哲學,我們不打算再深入探討。

---

[31] Jean-Jacques Rousseau, Du contrat social, Le Livre de Poche, Paris, 1978, P.P.260-261.

[32] 來布尼茲曾是中國文化輸往歐洲的傳送者,據筆者的認知,他主要是以儒家思想為主,尤其對「易經」的傳播,對歐洲影響深遠。即使盧梭在中國思想上受

由盧梭所提出的民主四條件可以分析出一個結果，就是民主幾乎可以說是不可能的。我們同意盧梭引述亞里斯多德在其「政治學」一書中說過有些人理智敏銳天生就適合做統治者或主人，那些身體強壯的人可執行主人的命令，天生注定就是服從，做奴隸的看法，由此來証明人不是天生平等的。何況亞理斯多德更堅定地說出「有些人天生即是自由，有些人天生就是奴隸」[33]。我們肯定人類不平等是自然的，是先天的，是必然的。只是這一條人類天生是不平等的思想，就已經足夠摧毀民主這個理想。致於國家要非常小這個民主條件也是不切實際。確實說來，小國是沒有絕對主權的，如果有也是他自己說的，一種虛妄不實的。拿破崙（Napoléon）一世當年佔領德國把德國瓜分成小小的獨立國並不是要給人民好過，只是讓德國失去其統一的帝國而便於統治佔領而已。我們中華民族如果沒有秦始皇統一了中國，相信不會有漢、唐盛世。這種民主小國只存在於小說，如法國小說「小王子」中所提到的那位國王，整個國家只有他一個人，他是國王，也可說同時是人民，憑國王的幻想任命他的大臣們。或是 Thomas More 所提出的烏托邦小國。曾如盧梭在社約論第一卷第二章所講的，荒島上的魯賓遜（Robinson），島上只有他一位居民，他便是荒島之王，這種帝國的好處就是，國君可穩坐寶座，不必為叛亂、戰爭、陰謀而擔心。盧梭心目中的小國，在現實世界是不存在的。至於盧梭提出人要簡樸，要去除奢侈，則是對人類非常有建設性的建議，不只在柏拉圖的思想中早有這個簡樸的教育。近代以來如英國的彌爾（John Stuart Mill）在其「論自由」書中對盧梭有

到他的影響，也是非常淺薄。另外第一本法文版「道德經」應該是於 1842 年才由 Stanislas Julien 翻譯出版。這一年盧梭已經上了天堂 64 年了。我們相信盧梭沒有讀過老子「道德經」。

[33] Aristote, La politique, Introduction, notes et index par J. Tricot, Vrin, Paris, 1962, P.42.

相當高的評價,他形容盧梭的悖論(Paradoxes)當時就像炸彈一樣在中間爆炸,產生一種有益的震撼,他說「簡樸生活的無上價值,以及人為社會種種拘束與矯飾會造成虛弱無力與道德頹廢的影響,自從盧梭著說以來,一直都是有教養的人所從未完全忘懷的概念」。而叔本華(Schopenhauer)亦強烈批判奢侈,並說奢侈可引爆戰爭。孟德斯鳩更在其「法的精神」第七章大談奢侈之害,還批評到當時的中國[34]。但是在社會上有修養的人到底還是比較少,何況亞里斯多德早就啟示人類,「一件事屬於愈多的人所共有,則人們對它的關心便愈少。每個人主要最關心的是屬於他自己的,對於屬於公共利益就幾乎很少顧及,如果顧及也僅只是在其與他個人利益相關的情況下」[35]。無論是什麼階級的人,往往都想到自身辛苦贏得的財產和榮譽,完全是自己能力的果實,這種個人能力慾望的內在爆炸力,絕對使人性走進另外一個更廣闊的天空去爭取更高的權利,這就必定走進奢侈,最終走進人類的不平等。

　　柏拉圖在其「理想國」第八卷中對民主的起源與本質有非常深入的說明,二十一世紀人類所演出的民主亂像,只是重複二千多年前柏拉圖早已寫好的劇本而已,在此我們不去重述其思想,只指出柏拉圖對民主的評審結果。事實上二千多年前民主政體早已在古希臘、羅馬實行,結

---

[34] John Stuart Mill , On Liberty , Penguin Books , London , 1974 , P. 110.

Arthur Schopenhauer , Parerga und Paralipomena II , Samtliche Werke , Band v , Suhrkamp , Frankfurt am Main , 1986 , P.291.

叔本華在同書 P.300 講得非常明白,共和制中精英人才是出不了頭,亦無法直接對政治產生影響。更在 P.303 指出共和是反自然、人工的產品,要建立容易,要延續就困難。

Montesquieu , Oeuvres complètes ,Seuil , Paris , 1964 , P.P.564-567.

[35] Aristote , La politique , Introduction , notes et index par J. Tricot , Vrin , Paris , 1962 , P.90.

果都是失敗收場，柏拉圖指出民主制看起來是一件五彩的衣裳，繡著各種各樣的花，看上去五彩繽紛。許多人因這緣故而斷定這民主政制是最好的，但實際上是一種無政府的混亂狀態，它把某種平等不加區別就賦給所有人。而導致民主政制瓦解和崩潰的原因正是被標示為民主至善的自由這個概念。自由是民主最重要的特徵。經過觀察柏拉圖肯定過分追求自由的結果是破壞了這種民主體制，進而轉向專制。一個渴望自由的民主城邦有可能讓一些壞人當上領導人，而其他人就像喝了醇酒一樣爛醉如泥。最後柏拉圖用「家犬變得像其女主人一樣」以及「驢、馬都可以在街上橫行霸道」來形容自由的結果。在民主制中由於允許充分的自由，因此這種疾病廣泛流傳蔓延，最後奴役了民主制。這就是「物極必反」。過度自由的結果不可能是別的，只能是個人與國家兩方面極端的奴役[36]。總之，照柏拉圖的思想，民主並非好的政治體制，不過它比專制好一點，所以柏拉圖把民主放在寡頭政治和專制政治中間。照柏拉圖的話說，共和政體要建立是非常容易，但想維持下去就是異常困難。

　　有了柏拉圖帶頭對民主的批判，之後幾乎沒有哲學家認為民主制是好的政制，盧梭當然也不例外，他看過柏拉圖及前人的經典名著以及看到二千多年以來民主制實行的失敗結果，他在社約論第三卷第4章中補充說到，沒有比民主制或人民制的政府更容易發生內戰或內亂，因為沒有任何政府如此強烈，如此經常地傾向於改變形式，也沒有任何政府如此的警惕和勇氣以維持自已的形式。他不但在他自己認為只是一本大綱式的小冊子的「社約論」中兩次非常清楚的提出「真民主」這個詞是不存在的[37]。他更融化了所有先哲對人性、神性及政治的看法，對民主

---

[36] 關於柏拉圖論民主思想參閱 Platon , La république , Traduction et notes par R.. Baccou , Garnier Freres , Paris , 1966 , P.P.314-323.

[37] 盧梭在其「愛彌兒」第五章註釋中提到「社約論」只是一部大巨著的提綱，而這部大巨著，非他能力所及，所以早已放棄不寫了。參閱：Rousseau, Émile

定音,他說「如果有一種具神性人民的國家,那麼他們可以實行民主制。但是一個如此完美的政府對於人類來說是不適合的」【38】。

我們認同柏拉圖所說政治是牧人的藝術,在這觀點上,我們的立場是清楚堅定的,我們完全同意盧梭的思想:真民主在過去、現在、未來都是不存在的。即使如柏拉圖所想像的,假如一個人從小就受到良好的教育,訓練成一個善人,那麼他意味著可以實行民主,但是一個所有人民都是善者的國家,除了天堂及夢幻以外,肯定沒有第三個地方存在著這種國家。如果真有這種全善的國家,則包括民主在內的各種政體都完全不需要了,也就是說這時民主已完全沒有價值了。

人的行為和大自然的關係,往往存在一些不變的原則,就是人類中絕大部份是腦袋被困在私慾上的人,個個魯莽冒失,有一分權利就想佔領多一分的利益,什麼正義、道德之類的名詞,只是他們字典中的概念而已,完全使不上力。宇宙中人的真正敵人正正就是人,在牧人的位置上「已所不欲,勿施於人」的至善想法是行不通的,反而荀子「人之性惡,其善者偽也」則是值得人類反省、思考與認同。筆者曾發表「馬基維利的權利與國家」一文,20年來我對民主政治的思想並未有絲毫改變。雖然很多哲學家表面批判馬基維利,但內心又把他當成榜樣,連黑格爾(Hegel)在為德國擬稿憲法都不得不討論他。而筆者則全無遮掩,完全認同馬基維利的去除自然而來的善的觀念【39】。和平史上有名的

---

oude l'éducation , Garnier-Flammarion , Paris , 1966 ,P.605。而論及民主是不存在的看法,他說「在嚴格意義來說,真正的民主從來就沒有存在過,也將永遠不會存在真正的民主」。又說「我已經說過真正的民主是根本不存在的」。參閱:Jean-Jacques Rousseau , Du contrat social , Le Livre de Poche , Paris , 1978 ,. P.260 及 P.325.

【38】Jean-Jacques Rousseau , Du contrat social , Le Livre de Poche , Paris , 1978 , P.261.

【39】Hegel , La constitution de l'allemagne (1800-1802), Traduit de l'allemand par

Saint-Pierre 神父的「為歐洲帶來永久和平的計畫」一書，也只是強調透過增加國王委員會的數量，實質上只是改變政府的形式，因為沒有馬基維利那種強勢，被形容為一個善人的夢幻式的烏托邦。談到戰爭，這位慈善的神父並未從人性來探討，只提出「沒有戰爭則國家會增多，地球供養不了所有的人民」這反論議題來回應戰爭的問題【40】。曾如劉邦能滅秦而坐上皇帝的寶座，我們非常同意伏爾泰（Voltaire）在其有名的悲劇 Mérope 第一幕第三場中的名句「第一個成為國王的人，一定是一個幸運的軍人」。當然這就要每個人靠自己，史賓若沙說得好「每個人的權利是由他們的力量來決定」【41】。我們是由人性中內在所具有的虛偽、狂妄、自我意識去解說盧梭的民主，特別提出人類的和平必定是以戰爭的藝術開始。曾如柏拉圖說的要去討論國家組成的形式就像捅了馬蜂窩一樣的麻煩，連大哲學家都這麼說，當然就絕對不是一件我們的能力及

Michel Jacob, Editions Champ Libre, 1974, P.P.136-137.

莫詒謀，馬基維利的權利與國家，參閱：哲學年刊第七期，中華民國哲學會，台北 1989 年 9 月，P. 139.

荀子的性惡思想和康德對人性的看法有相似之處，就是人性必須調教才能走向善，荀子曰「故必將有師法之化，禮義之道，然後出於辭讓，合於文理，而歸於治」。

參閱：〔清〕王先謙撰，荀子集解，中華書局，北京 1981, P.P.434-435.

康德則強調人是唯一必須受教育的被造物。他說「規則防止人因動物性的驅使令人偏離人性」。又說「未受培養的人是粗野的，未受規訓的人是野蠻的」。

參閱：Kant, Réflexions sur l'éducation, Traduction, introduction et notes par A. Philonenko, Vrin, Paris, 1980, P.P.70-71 及 P.74.

[40] Abbé de Saint-Pierre, Projet pour rendre la paix perpétuelle en europe, Présenté par Simone Goyard-Fabre, Garnier Frères, 1981, P.P.268-269.

[41] Spinoza, oeuvres 3, Éthique, Traduction, notices et notes par Charles Appuhn, Garnier Frères, Paris, 1965, P.254.

興趣該去做的事,我們只就盧梭的民主提出我們的看法,最後引出盧梭「社約論」第三卷 第三章 的話做為本討論的終點,他說「長期以來,人們對什麼是最好的政府形式這問題爭論不休,卻沒有考慮到各種形式在某些情況下是最好,而在另外的情況下可能是最壞的」。所以我們切勿像個未成年的孩子,依照柏拉圖筆下馴獸師般不分善惡的政客們蠱惑人心的模式,這樣我們將很易成為政治的玩偶。我想這是人類對民主必有的深層認識。

四、結論

盧梭的民主給我們的啟示是無論國家政體是什麼形式,只要能使人民過著平靜安逸的生活,對人民而言就是好政體。雖然盧梭的民主有其局限性,但事實上政出多門,並非好事,政治只能由某一控制中樞推展出來,所以盧梭企圖以人民主權的理論以及普遍意志的方法去實踐民主政體,雖然沒有成功,但卻為人類帶來對民主無限的憧憬,這已經是盧梭最大的貢獻。

但我們以為政治上不應堅持在政體的形式上,如果領導人具馬基維利的思想,能和自己的人民團結一致和同心同德,對外來的批評不應有所介意。這樣領導人就是立足在自己意志上,並不立足在他人意志上的管理國家的國王,而非管理監獄的獄吏[42]。那麼人民就真正能擁有自由與平等。

有人批評盧梭的理論是幻覺,是模糊的空想,永遠達不到目的地的虛構。我們不把重點放在「幻想的地方是世界唯一值得居住的地方」這

---

[42] More 說「要是一個人享樂縱欲,而周圍卻是一片呻吟哀怨,那就是意味著他不是管理國家的國王,而是管理監獄的獄吏。參閱:Thomas More,Utopia,Everyman's Library,London,1992,P.47.

類充滿文藝形而上盧梭式的話語上。我們只要看看他在「愛彌兒」第四卷中一段話，就可了解盧梭倡導民主的動機，他說「每一個人在走過想像世界的時候，都要開闢一條他自認為是平坦的道路，然而沒有一個人知道他那條路是不是能達到目的地」。盧梭可能早有所料，要走上民主大道的艱難，但他還是要往前衝。我們只好封他為一位活在幻想世界民主路上的追尋者，更是一位現實世界民主路上永遠達不到目的地的苦行者。

從康德所論物自身不可認知及超越的自由之宇宙論意義看道家言道及道心之自由義

盧雪崑*

提要

　　本文探究道家所言「道」及「道心」之自由義與康德所論「物自身不可認知」及宇宙論意義的「超越的自由」之可相通處。由之見道家乃是一種根源於人類理性之本性的學問，並且，這種理性的智慧是由人在其生命的踐履中呈露與印證的。所論有如下五點：一、從道家言「無知之知」領悟康德言「物自身不可認知」；二、心靈的兩種機能及其統轄的兩個領域之區分；三、從道家言道心、成心證會康德「顯相與物自身之超越區分」；四、從康德的宇宙論理念及其軌約作用看道家的宇宙論旨趣；五、從康德的象徵性的直覺表象模式看道家的象徵詞語。

　　「超越的自由」標識著康德的創闢性洞見，其精微綿密的涵義在三大批判中一步一步漸次地通貫展開。[1]「超越的自由」之可能性是首先經由《純粹理性批判》批判地揭明「顯相與物自身之超越區分」而得到說明的，「自由」不可能是經驗的概念，它不可能是屬於現象的自然因果性的特性；若非「顯相與物自身之超越區分」被證成，「自由與自然

---

*本所副教授。

[1] 關於康德自由學說的通貫整體，詳論見拙作《康德自由學說綱要》，台灣《鵝湖》月刊，2005年11月，第31卷第2期（總362號）起連載。

並行不悖」是決不可能的。進而,「超越的自由」之客觀實在性通過《實踐理性批判》而獲得證明,這個批判的「分析論」通過「理性藉以決定意志去踐行的德性原理中的自律」這事實展示:純粹理性是實踐的。(KpV 5:42)由之也就找到根據證明:自由作為一個無法經驗地描述的因果性之特性「事實上屬於人類的意志」。(KpV 5:15)意志自由即是「意志對其自己是一法則」。(Gr 4:447)它是一種依照不可移的道德法則而活動的因果性。依康德所論,「超越的自由」區分宇宙論意義與道德實踐的意義;【2】此區分是依據同一理性包含思辨的使用與實踐的使用而作出的。前一義可通道家所言道心之自由義,而後一義則通儒家道德心之自律自由義。過往拙著於後一義多有論說,而對前一義未及研討,今撰本文着力於探究道家所言「道」及「道心」之自由義與康德所論「物自身不可認知」及宇宙論意義的「超越的自由」之可相通處。

一、從道家言「無知之知」領悟康德言「物自身不可認知」

康德在《純粹理性批判》第二版「序」中說:「那『必然地迫使我們去超越經驗的界域以及一切顯相的界域』者便是這無條件者,這無條

【2】康德區分「技術的實踐」與「道德的實踐」。康德說:「如果規定因果性的概念是一個自然概念,那麼這些原則就是技術上實踐的;但是,如果規定因果性的概念是一個自由概念,那麼這些原則就是道德上實踐的。」(KU 5:172)技術的實踐原則只能劃歸理論的哲學(作為自然學說),唯獨道德的實踐原則完全獨立地構成(作為道德學說的)實踐的哲學。(KU 5:172)依據不同原則之劃分,「哲學正當地被劃分為兩個在原則上完全不同的部分」。(KU 5:171)康德告誡我們切忌「把那依照自然概念的實踐混同於依照自由概念的實踐」。(KU 5:171)依康德之考論,唯獨「理性依據自由概念所作的實踐的立法」被命名為「作為道德哲學的實踐哲學」。(KU 5:171)依此義,儘管道家哲學是實踐的,關涉生命的,我們還是不把它劃歸(作為道德學說的)實踐的哲學。

件者乃是理性依必然性並依權利在物自身中所要求之者,因為要去把條件之系列完整起來,這無條件者是必要的。」「當我們認知事物(當事物是被給予我們)時,這無條件者不是可以在這樣的事物中被發現的,但只當我們不認知這些事物時,即是說,只當這些事物是物自身時,這無條件者始可在此物自身之在其自身中被發見。」(Bxx)理性在物自身中要求無條件者,這無條件者只有當我們不認知事物時始可在此物之在其自身中發見。這正是道家所言「無知而無不知」。「無知而無不知」是知物自身,而不是知物之顯相。只有超越一切經驗的限制,擺脫感性的束縛,才能知無條件者。事物在顯現中皆是有條件、被決定、受限制的,而我們的理性卻有一種必然的要求及權力超越之。這是康德言「物自身」及物自身不可知說之深義。西方哲學家很少能契會這點。著名的反康德者耶可比(Jacobi)、舒爾茲(Schulze)、梅蒙(Maimon)極力反對物自身學說,連康德的學生費希特也視「物自身」為徹底矛盾的概念而棄之,黑格爾乾脆把康德的「物自身」(Ding an sich selbst)偷換為「自在之物」(Ding -an -sich)。文德爾班(Windelband)在他的《哲學史教程》中述及德國哲學家對康德物自身學說的諸多批評,他自己也認為「物自身只不過作為難以理解的概念而存在,好似一種退化器官。」[3]

那些反對康德的人以為既然說「物自身不可認知」,那麼「物自身」這個概念就一無所用。豈知,正是要放棄感性與知性之認知作用,我們才得以發見無條件者(物自身)。當康德說「無條件者在物之在其自身中被發見(angetroffen werden müsse),在「發見」這個意義上可以說一種智性的直覺。不過要區分清楚,不能視這「直覺」(Intuitiv)為康德

---

[3] Wilhelm Windelband, Lehrbuch der Geschichte der Philosophie. 15. Ausg., revidiert von Heinz Heimsoeth, Tübingen, 1957, S.494. 中譯參見:文德爾班著,羅達仁譯:《哲學史教程》(北京商務印書館,1993年10月初版),頁791。

說統中的「直觀」（Anschauung），康德所言「直觀」專用於感性與知性的對象所屬的的領域，其模式是規模的（schematisch）。我們也不能把「智性的」（intelligibel）混同「理智的」（intellektuell）。我們知道，康德明確指出：「理智的直觀（intellektuelle Anschauung）不是我們所有的那種直觀，而我們甚至也不能理解此理智的直觀的可能性。」（B307）但不能據此誤以為康德否決人可有任何模式的非感觸的直覺，究其實，康德只是批判地否決我們人的知性有一種直觀的能力；康德指出：「我們的直觀絕不能是別樣的，而只能是感取的。」（A51/B75）他也只是把規模性的直觀限於感性，而並非排除其他模式的直覺。

在《判斷力之批判》§59中，康德提出：「直覺」（Intuitive）有兩種方式：規模性的（schematisch）或象徵性的。直覺表象模式與辨解模式（Diskursiven）相對反，而並不與「象徵」對立。康德說：「如果人們把『象徵的』一詞與直覺表象模式對立起來，那麼，這就是對這個詞的一種雖然被近代邏輯學家接受了，但卻是意義顛倒了的，不正確的使用。因為象徵的表象模式只不過是直覺的表象模式的一種罷了。」（KU 5：351）又說：「認識之直覺必須與辨解的東西（而不與象徵的東西）相對反。（Das Intuitive der Erkentnis muß dem Diskursiven (nicht dem Symbolischen) entgegen gesetzt werden.）前者要麼通過證實而是規模性的；要麼作為按照一種純然的類比而是象徵的（symbolisch）。」（KU 5：352）在我們的認識中，感觸的直觀（sinnliche Anschauung）是規模性的；此外，我們還有一種直覺是非感觸的，它沒有規模可藉以對概念作直接展示，但卻可憑藉某種類比而對概念作間接展示。康德說：「人們也把經驗的直觀用於類比，在這種類比中，判斷力完成了雙重的任務，首先是把概念使用於感觸的直觀的對象，其次是把純然對那種直觀的反思的規則使用於一個完全不同的對象，前一個對象只是這後一個對象的象徵。」（KU 5：352）我們知道，康德強調：離開感觸的直觀，我們決不能對任何東西有理論的認識；但不能因之忽略，康德也指出：對

於「唯有理性能思之,而且沒有任何感觸的直觀能與之適合的一個概念」,可以配上一種象徵的認識之直覺。(KU 5:351)於此,我們可以言一種「不可知之知」。

知道我們的感性與知性之認識的界限而不僭越於不可知域,這「不可知之知」正是知之至極。道家之勝義正在這「以無知知」的智慧。莊子〈齊物論〉云:「知止其所不知,至矣。」又云:「庸詎知吾所謂知之,非不知邪。庸詎知吾所謂不知之,非知邪。」平常我們以感性、知性所成的知識為「知」,鮮有想到這「知」並不知物自身,而只知物之顯相;而我們以「不知」的方式去掉感性的封限,泯除對待,而知物自身(無對待)。這正是極至之知。老子言「絕聖棄智」、「絕學無憂」(《道德經》第19章)。「不出戶,知天下。不窺牖,見天道。其出彌遠,其知彌少。」(《道德經》第47章)「為學日益,為道日損。損之又損,以至於無。無為而無不為。」(《道德經》第48章)這些話頭都是啟示我們,在我們平常用「日益」的方式追求的知識之外,還有一種我們所忽略的「知」,那是以「日損」的方式,以「無」知之。前者是「為學」,靠經驗積累,是有對待,有封限的。平常以「作好作惡」為聖,以「日益」的方式為學,依老子看來,都不能見道。此所以言「絕」、「棄」,然後能知「道」。「為道」之知是知物自身。這與康德批判哲學限制知識而為超感觸界保留盤地同一慧識。

莊子云:「聞以有翼飛者矣,未聞以無翼飛者也。聞以有知知者矣,未聞以無知知者也。」「世人只知耳目心知,而不知徇耳目內通,而外於心知。」(〈人間世〉)人們以耳目心知為唯一的認知,故極力反對康德言物自身不可知。這正是郭象所批評「世不知知之自知,因欲為知以知之。」其實,康德經由批判工作揭明物自身領域決不是耳目心知(感性的直觀與知性的範疇)所能至,其目的是要對顯出一個超感觸界(無條件者的自由的領域)。用郭象的話說,那就是「自知之知」的領域。

又，〈大宗師〉云：「知天之所為，知人之所為者，至矣。知天之所為者，天而生也。」郭象註云：「天者，自然之謂也。夫為為者不能為，而為自為耳。為知者不能知，而知自知耳。自知耳，不知也。不知也，則知出於不知矣。自為耳，不為也，則為出於不為矣。為出於不為，故以不為為主。知出於不知，故以不知為宗。是故真人遺知而知，不為而為。自然而生，坐忘而得。故知稱絕，而為名去也。」這註很漂亮，很能幫助我們體會物自身之知正是不可知，而這不可知亦正是「自知」。道家所言「自知」，「無知之知」，「無知無不知」，均是知的物自身（無條件者）。

二、心靈的兩種機能及其統轄的兩個領域之區分

老子《道德經》首章云：「道可道，非常道。名可名，非常名。」王弼註：「可道之道，可名之名，指事造形，非其常也。故不可道，不可名也。」指事造形，故受外在事物所限，為認知主體之主觀構造所定，這不能是恒常不變之道。用康德的話說，由感性之攝取外物與知性之範疇作用而決定的對象只是顯相意義的。現象界的知識的客觀實在性只是經驗的，並不具有絕對普遍必然性。我們的理性要求絕對普遍必然性，老子所言「常道」——恒常不變的，至高無尚的道正是理性要求的絕對普遍必然性。以「不可道」，「不可名」的方式，截斷感性牽引，除去概念思辨之決定，化掉主客的對待。此所以老子說：「故常無，欲以觀其妙。」無掉主客對待相，而見各各物之在其自身之妙。由「自知」，「觀其妙」之「妙」處說一種非感觸的直覺，此可名之為「智性的直覺」（intelligibele Intuitiv）。這種意義的直覺，不會與康德學說衝突，只是康德沒有這種專詞而已。

又，《道德經》云：「道法自然。」（第25章）王弼註：「法謂法則也。」（牟宗三先生解云：「『法，謂法則也。』就是說：取法於它以

為自己的一個準則。『法』與『則』連合起來當動詞用。」【4】）「道不違自然，乃得其性。」「自然者，無稱之言，窮極之辭。」道家所言「自然」，自然而然，無待也。「不為而自然者也。」（郭象語）「自然」就是自身如此。用康德的話說，就是以物之在其自身而觀，而不落在相待的關係中以其為顯相而觀。這就是王弼所言「無稱之言，窮極之辭。」牟先生解云：「『自然』看作是一個稱謂，那是『無稱之稱』，到這個地方就無話可說，這就是窮極之辭」。這個「自然」是境界，是抒義，而這個抒義是最後的、終極的。不能再用一定的概念來論說它，這就是最後的抒義的境界。」【5】

從「無」、「自然」理解道家所言「道」，我們得以於感觸領域以外展開一超感觸的領域。這兩領域異質異層，然並非二元世界，中國哲學中並無「彼岸」之虛幻。依康德的說統，就是我們心靈機能有兩種不同的作用：感性與知性合作而成感觸領域，這是認識心統轄的領域。理性是心靈的完全不同的另一種能力，它依其純粹的自動性與自發性在物自身中要求無條件者，因之開創超感觸的領域。

三、從道家言道心、成心證會康德「顯相與物自身之超越區分」

康德在《純粹理性批判》之「超越的感性論」中經由時間、空間的考量而直接證成顯相（Erscheinung）與物自身（Ding an sich selbst）之超越區分。康德此處言「物自身」並非傳統獨斷唯理論以及德國觀念論所謂「自在之物」（Ding-an-sich）。著名康德專家艾迪克斯（E.Adickes）

【4】 牟宗三主講，盧雪崑記錄《老子〈道德經〉講演錄》（五），台灣《鵝湖月刊》總338號，頁14。
【5】 同註【4】，頁15。

恰當地指出：康德言物自身並不懷着一個形而上學的藏在後面的世界之目的。【6】其後，普勞斯（G. Prauss）在《康德和物自身問題》【7】一書中詳論康德"Ding an sich selbst"一詞的意義，指出"Ding an sich"是"Ding an sich selbst betrachtet"的簡寫法，"an sich selbst"作為副詞，是「就其自身而考量」的意思，相當於拉丁文"per se"。【8】學者們一直將康德所言「物自身」與「自在之物」混而一談，而忽略康德的批判工作正是要指出傳統所謂「自在之物」之虛而不實。超絕形上學的非感觸的自在之物（Ding-an-sich）是西方哲學中一個歷史悠久的專詞，指與感觸對象相對的藏在世界後面的不證自明的形而上學的真實物。而其實只不過是哲學家們頭腦中的虛構物而已。

顯相與物自身之超越區分是對於同一實物的兩個不同方面的考量之區分，而不是兩個不同的實物之區別。對於真實地在顯現的某物，我們可有兩面觀點考量之：一方面是客體依其自身而考量，另一方面是對象的直觀之形式被計算在內。前者名之曰「物自身」，而後者為「顯相」。當康德經由「超越感性論」之考量而指出時間、空間只是我們的直觀的先驗形式，而並非外在客體之在其自身的造性（Beschaffenheit），也就是說，一真實地在顯現的物只能在我們的感性的直觀形式下顯現。那麼，這個結論就涵着說：我們所知只是該物向我們顯現的樣子，同時也就涵着說：該物有其不受限於我們的直觀形式的另一面。道家對着成心的有待而超越地言道心朗照之下物之自在、自爾、獨化，其慧識正與康德的超越區分之洞見相同。

【6】 Erich Adickes, Kant und das Ding an sich,. pan Verlag Rolf Heise/Berlin. 1924. S. 20; 23.

【7】 Gerold Prauss, Kant und das Problem der Dinge an sich, Bouvier Verlag Herbert Grundmann Bonn 1974.

【8】 同註【7】，S.17-31.

莊子〈齊物論〉云：「非彼無我，非我無所取。」「物無非彼，物無非是。自彼則不見，自知則知之。」凡他物盡皆由我所取而有，皆落於彼是之相對待中，莊子謂之「成心」。「未成乎心，而有是非，是今日適越而昔至也。」(〈齊物論〉)現象範圍內無物不是「拘於虛」、「篤於時」、「束於教」(《莊子‧秋水》)。用康德的話說，現象界之物無不受時間、空間、範疇所限定。自然領域的一切知識不離成心之「我取」，把物只作他物而觀之，實只見物之現象，而昧於物自身。可謂「一受其形，不亡以待盡。與物相刃相靡，其行盡如馳，而莫之能止。不亦悲乎！」「其形化，其心與之然，可不謂大哀乎！人之生也，固若是芒乎？其我獨芒而人亦有不芒者乎？夫隨其成心而師之，誰獨且無師乎？」(《莊子‧齊物論》)人固然不得不有「形化」之累，亦因此人通常只信經驗實證之為真為實，以致經驗論、實證論、科學主義盛行。道家就是要警醒世人，莫陷於成心之無窮追逐而莫之能止。莊子一再點明成心之有待、有限，同時就彰顯道心無待、無限之真實。莊子云：「若有真宰，而特不得其眹，可行已信，而不見其形，有情而無形。」「其有真君存焉。如求得其情與不得，無益損乎其真。」(《莊子‧齊物論》)順着成心所瞭解的物是現象物，而不是「真宰」、「真君」。「真宰」、「真君」雖無形而有其實（情）；雖不可得其眹蹟而「可行已信」；無論求或不求，求得或不得，全然無損真君之為真。這種真就是物自身之真實。

依道家智慧，只有一個實在的生活世界，同一實在物，順耳目心知（成心）而知，所知是有待之物，用康德的話說，那就是物之為現象；「徇耳目心知內通而外於心知」，則所知是無待的自在、自爾、獨化之物，也就是康德所言物自身。有待與無待只是主觀的，而不是客觀的。道家絕不杜撰一彼岸的自在之物。此慧識正契合康德「顯相與物自身之超越區分」的洞見。倒是西方哲學家難得有能契會康德這超越區分的思路，多以彼岸的「自在之物」想康德所言物自身，或以邏輯推論的

頭腦去理解超越區分,故對康德多所指責,眾說紛紜,莫衷一是。英國的語言分析學家史特勞遜(P.F.Strawson)就認為要除去康德對顯相與物自身所作的超越區分,在其大作《感性的界限》中提出諸多質疑,譬如問:不在時空中的對象如何影響我們。一物不在時空中怎麼能有涉指上的同一性。【9】其實,早在康德那個時代就有類似的問難。耶可比就以為康德在主張一物既是顯現,同時又不顯現,故自相矛盾。這種邏輯的頭腦與康德超越區分之思考對不上題,其發問也就顯得無的放矢。他們若然能換上莊子的頭腦,就能默會而笑吧。

從真宰、真君之「真」說存在之存在性,落在各各物上說,各各物之在其自身圓滿俱足;同時就其無對待,無差別,同具一物自身之真而言,萬物又通而為一。故道家善言「道通為一」。《莊子‧齊物論》云:「天地一指也,萬物一馬也。」「凡物無成與毀,復通為一,唯達者知通為一。」《莊子‧德充符》云:「自其同者視之,萬物皆一。」

四、從康德的宇宙論理念及其軌約作用看道家的宇宙論旨趣

西方哲學中關於世界有開始,抑或無開始的爭論;世界中有抑或無單純的東西的爭論;有自由的因果性,抑或無所謂自由,世界中一切唯只依照自然的因果性而發生的爭論;有抑或無一絕對必然的者(ein schlechthin notwendiges Wesen)作為世界之原因的爭論。康德稱之為「純粹理性之背反」。二律背反之問題一直困擾着哲學家們,直至康德出來,提出顯相與物自身之超越區分,並將構造原則與軌約原則判然區分開,背反問題才得到公正的仲裁。康德指出:純粹理性的背反把一虛偽的宇宙論原則展示給我們,此門虛偽的學問依其使人迷惘的假的虛幻性

【9】 P.F.Strawson, The Bounds of Sense. London : Methuen, 1966, P.41; 250-254.

而被展開。（A408/B435）我們不難發現，道家有着相似的宇宙論旨趣，卻從未墮入背反之虛幻中。因為早在二千多年前，道家就把握到物自身及軌約原則之智慧。

《莊子‧齊物論》云：「有始也者，有未始有始也者，有未始有夫未始有始也者。有有也者，有有無也者，有未始有夫未始有無也者。」這種分解的追溯正同於「第一背反」，而莊子以「俄而有、無矣，而未知吾所謂之其果有謂乎？其果無謂乎？」化解之。康德在「第一背反之解決」那一節中指出：在經驗的後返中，我們不能有那經驗地言之是一絕對無條件者。因為世界並不是依其綜體，通過直觀而給予我們，是故它的量度不是先於後返而能決定。我們只是隨時在概念中有這「宇宙性的整全」，但決不能在直觀中有之。（A517-520/B545-548）莊子云：「無謂有謂，有謂無謂，而遊乎塵垢之外。」正是越乎經驗後返之外而至絕對無言之超然之玄冥之無。人由知性的牽引而有無窮追逐，而不知知性的有限。此所以莊子警醒我們：「知也無涯。」「已而為知，殆而已。」（《莊子‧養生篇》）郭注云：「已困於知，而不知止，又為知以救之，斯養而傷之者，真大殆也。」

《莊子‧秋水篇》云：「計人之所知，不若其所不知，其生之時，不若未生之時。以其至小，求窮其至大之域，是故迷亂而不能自得也。由此觀之，又何以知毫末之足以定至細之倪，又何以知天地之足以窮至大之域。」可見無論以為世界有開始，還是以為世界無開始。以為有單純的東西，還是以為沒有組合的東西是由單純的東西組成的（第二背反），依莊子看來都是以成心之知求窮至大之域，定至細之倪，迷亂而不能自得也。此即康德判明：移除這兩個背反之衝突的唯一方法就是宣佈背反雙方的肯斷皆假。（A528/B556）

我們知道，康德稱第一、二兩個背反為「數學的背反」，而第三、四兩個背反為「力學的背反」。在數學的背反中，雙方的肯斷皆假，因為現象系列的數學連繫中，除感觸的條件外，沒有其他條件是可允許

的。（A530-532/B558-560）力學的背反則不同，只要明確顯相與物自身之超越區分，那麼，就現象領域而言，世界中的每一東西唯只依照自然之法則而發生。並沒有一個絕對必然的存有作為世界之原因。另一方面，就物自身之觀點，也就是就超感觸領域而言，允許滿足理性對於無條件者的要求。只要我們嚴格遵守：理念就其為思辨理性的概念而言，只能作軌約使用，而絕不作構造的使用之限定，則「自由的因果性」、「一個絕對必然的者作為世界之原因」都是真的。也就是說，當我們把握了超越的區分，並明確理念在理論哲學中的軌約使用，則力學背反中可雙方皆是真。（A530-532/B558-560）

　　道家言無、自然、自爾、自由自在、逍遙、獨化，全幅展示自由因果性之軌約作用的智慧。康德說：「理性是自由地活動着的；它並不是通過時間中先在的外部根據或內部根據，在自然原因的鍊子中而為力學地被決定了的。」（A552-553/B581）「理性的因果性，我們不能把它視為只是一有合作作用的動力，但視為在其自身即是一完整的動力，甚至當感性的衝動並不偏愛它而卻直接地反對它時，它在其自身亦是一完整的動力。」（A555/B583）「所謂自由，依其宇宙論的意義而言，我理解為是『自發地開始一狀態』之力量。因此，這樣的因果性其自身將不居於另一『在時間中決定之』的原因之下，如依自然法則所要求者。依此義而言，自由是一純粹超越的理念，此超越的理念首先並不含有任何從經驗假借得來的東西，其次，它涉及一個『不能在任何經驗中被決定或被給予』的對象。」（A533/B561）「自由，即我們的因果性的一種超感性的能力。」（KGS 11：76）【10】「獨立於一切經驗原則作出判斷的理性，即純粹理性的領域必然會被忽視掉，因為這個領域先驗地存在於我們的心中，不可能從經驗那裡得到任何啟發。」（KGS 10：199）【11】

【10】中譯參見：李秋零編譯《康德書信百封》，上海人民出版社 1992 年 1 月初版，頁 144。

【11】同註【10】，頁 51。

恰當地理解，道家之為自由的學說不出康德所論「理性的自由活動」、「其自身即是一完整的動力」、「理性的因果性」、「純粹理性的領域先驗地存在於我們自身之中」之外。

《莊子·逍遙遊》郭象題注云：「夫小大雖殊，而放於自得之場，則物任其性，事稱其能，各當其分，逍遙一也。豈容勝負於其間哉！」小大之差為現實存在必有的限制，乃由對待、比較而成。各各物「自得」、「當分」，方可破除依待的限制，逍遙即在超越限制中實現。逍遙即康德所言消極意義的自由也。（此處所言消極意義指不受感性條件限制）

牟宗三先生在《才性與玄理》之「向、郭之『逍遙』義」一節中提出：真正的逍遙「是修養境界上的事。此屬於精神生活之領域」。「若就萬物言，則實是一觀照之境界。即以至人之心為根據而來的觀照」。「就萬物自身言，此是一藝術境界，並非一修養境界」。【12】萬物隨主體之逍遙而逍遙，可謂一自由一切自由也。

又，道家所言萬物所從出的「道」、「天籟」與康德所論「作為世界原因的一個絕對地必然的者」頗吻合。《莊子·齊物論》云：「夫吹萬不同，而使其自己也。咸其自取也，怒者其誰耶？」郭象註云：「此天籟也。夫天籟者，豈復別有一物哉？即眾竅比竹之屬，接乎有生之類，會而共成一天耳。……我既不能生物，物亦不能生我，則我自然矣。自己而然，則謂之天然。天然矣，非為也。故以天言之，所以明其自然也，豈蒼蒼之謂哉？……故天者萬物之總名耳。莫適為天，誰主役物乎？故物各自生，而無所出焉。此天道也。」「物皆自得之耳，誰主怒之使然哉？此重明天籟也。」牟先生解曰：「『天籟』即自然，並非『別有一物』曰天籟，此亦不誤。蓋『人籟比竹是也，地籟眾竅是已』，皆有物可指，而當子游問及天籟，則子綦卻並無可指以示之，只

【12】牟宗三著《才性與玄理》，香港人生出版社，民國52年9月初版，頁182。

說：『夫吹萬不同,而使其自己也,咸其自取,怒者其誰耶』?此只以疑問語句暗示之。此即示:天籟並非一物,只是一『意義』,一『境界』。此意義,此境界,即就『吹萬不同』之自己、自取、而暗示之,故即『自然』也。」「『會而共成一天』,即個個圓滿具足,自己而然。天融解於萬物之自然,而並非獨立之一物。……此天籟之自然直接所函之意義,即自生、自在,而化除因果方式下之他生、他在、與他然。吾人必須先知此自生、自在、乃是繫於主體之境界,即『自己無待,一切無待,自己平齊,一切平齊』之境界」。不可落於因果方式下,追求自生自在究如何而可能。即不可當作一客觀問題而辯論之。」【13】

《莊子・齊物論》「罔兩問景」一段,郭象註云:「世或謂罔兩待景,景待形,形待造物者。請問夫造物者有耶無耶?無也,則胡能造物哉?有也,則不足以物眾形。故明眾形之自物,而後始可與言造物耳。是以涉有物之域,雖復罔兩,未有不獨化於玄冥者也。故造物者無主,而物各自造。物各自造,而無所待焉,此天地之正也。」牟先生解曰:「此註可謂為逍遙義與天籟義之綜括。渾化有待無待而至絕對之無待,此之謂自爾、獨化。……在依待的方式下,景待形,形待造物,此超越之造物主之所以立也。若拆穿此依待之方式,則個個自爾,相忘而獨化,此即為天籟。『故明眾形之自物,而後始可與造物耳』。此即將超越之造物翻上來而消掉矣。消掉者,消融於玄冥之中,而即就自爾獨化以言造物也。故云『造物者無主,而物各自造』。此無主、自造、自爾、獨化之境,即主體境界形態下之道、無、自然、與一也。」【14】

人籟、地籟皆有物可指,用康德的話說,皆是經驗地制約的,由知性的構造原則(konstitutives Prinzip)所決定。天籟並非一物,是就萬物之自己而然而說的一種意義,一種境界。這就是康德所說只是理性的軌

【13】同註【12】,頁 198-199。

【14】同註【12】,頁 203-204。

約原則（regulatives Prinzip）。天籟可以說是對萬物存在之根源的說明，也可以說是世界原因的一個絕對地必然的者。莊子沒有把這個作為軌約原則的「根源」誤作構造原則，沒有對之施以「實在化」、「實體化」，因而沒有由此制造虛幻。此所以牟先生指出：道家言道、無、自然、一，是一種主體境界，而並非實體。【15】

老子《道德經》言「道生之」。那麼，老子是否主張有一個超絕的造物主、一個創生的實體呢？單靠這句話還不能決定這個「生」的具體意義。《道德經》第51章：「道生之德畜之。……生而不有，為而不恃，長而不宰。是謂玄德。」此可見老子所言「道生之」乃無生之生。後面四句重復第10章，王弼註該四句云：「不塞其源，則物自生，何功之有？不禁其性，則物自濟，何為之恃？物自長足，不吾宰成。有德無主，非玄而何？凡言玄德，皆有德而不知其主，出乎幽冥。」此義又見第34章：「大道氾兮，其可左右。萬物恃之而生，而不辭。功成不名有。衣養萬物而不為主。」又，《道德經》第4章云：「道沖而用之，或不盈，淵兮似萬物之宗。」道之為萬物之宗主是以「沖虛無物」的方式，而並非真有一造物主。類似的宇宙論辭語《道德經》中還有不少：

第42章：「道生一，一生二，二生三，三生萬物。」這表示宇宙論的進程，從中見道與萬物的關係。表示道是宇宙進程所以可能的根據。通過一、二、三來瞭解道，其義同於第1章從有、無、玄瞭解道。又，第39章：「昔之得一者。天得一以清，地得一以寧，神得一以靈，谷得一以盈，萬物得一以生，侯王得一以為天下貞。其致之一也。」此處所言「一」即道，「一」使天清、地寧、神靈、谷盈、萬物生，也就是一個宇宙論的實現原理。對具體的事實之根源而說「一」，這就是宇宙論的說明。牟先生解曰：「道家的實現原理是宇宙論的，不是本體論

【15】同註【12】，頁186；162。

的。這個宇宙論的實現原理也可以看成是『所以然』。」【16】道家所言作為萬物總根源，天地的總開始的「一」、「自然」、「天籟」，也就是「道」，並非肯定一外在的實體，不是西方傳統中的那種造物主，創世的上帝。《道德經》首章云：「無，名天地之始。」第14章云：「視之不見，名曰夷；聽之不聞，名曰希；搏之不得，名曰微。此三者不可致詰，故混而為一。其上不皦，其下不昧；繩繩不可名，復歸於無物。是謂無狀之狀，無物之象，是謂惚恍。」從「惚恍」（看不見、聽不到、摸不着，不能再問為什麼）來體會道，也就是以「無」、「不生之生」、「不主之主」的方式言那作為世界總根源的絕對地必然的者。這種講法就是康德所主張的思辨理性的軌約使用。依康德，理性要求系統的統一（如要求一個作為世界之原因的絕對必然的者），但理性之得到滿足只能在軌約原則下向最高統一追求。這是一種超越的假定，「只為感取世界中的系統性的統一之故而被設計出來，而且它只是理念中的一個純然的某物，對於此物，就其在其自身是什麼而言，我們並沒有概念。」（A679/B707）

理性的軌約作用固然是虛的，而正因着其是虛的，才能發揮真實的作用。這正是道家的根源智慧。康德提出顯相與物自身之超越區分，構造原則與軌約原則之區分，藉此有效壓制獨斷唯理論宣稱理性的天職在於構成「自在之物」的知識之鹵莽與專擅。（A470/B498）同時避免經驗主義完全缺乏「超越地理想化的理性之通俗性」，獨斷地否決那「處於直觀的知識範圍之外」的任何東西而產生的不可彌補的傷害。（A471/B499；A474/B502）只有破除唯理論的非法臆斷，我們才能如理地宣稱：理性有能力與一切經驗地被制約的力量區分開。（A547/B576）「理性將決不屈服於任何『經驗地被給予』的根據。理性在此並不如『事物

【16】牟宗三主講，盧雪崑記錄《老子〈道德經〉講演錄》（六），台灣《鵝湖月刊》總339期，頁8。

在顯相中呈現其自己』那樣來遵循事物之秩序，但只是以圓滿的自發性依照着理念來為其自己架構其自己所特有的一種秩序。」（A548/B576）道家所言「逍遙」、「自爾」、「獨化」、「自由自在」，正是理性以圓滿的自發性為其自己建構的特有秩序。

康德處於一個獨斷的傳統中，他必須否決人有知性的直觀能力，才能擊敗源遠流長的獨斷形而上學，打破從知識論、邏輯學論證超感觸者存在的困局。康德面對西方傳統形而上學的困局而需要費心處理許多難題，這些難題是中國哲學從來沒有發生過的。中國哲學從沒有主張神性存在者之存在的自明性，沒有由知性的直觀直接認識自在之物而引生的虛幻，也沒有將「超越感觸界之限制而進至超感觸界的智慧」與「對於自然物的認識」混淆而引發的紛爭。

道家不僅圓融地體現了理性軌約作用之智慧，而且將軌約原則之「虛」的真實作用充盡地實現於踐履之工夫中。老子《道德經》言「致虛極，守靜篤。」（第16章）莊子言「無聽之以耳，而聽之以心；無聽之以心，而聽之以氣。聽止於耳，心止於符。氣也者，虛而待物者也。唯道集虛。虛者心齋也。」（〈人間世〉）「離形去知，同於大通，此謂坐忘。」（〈大宗師〉）在「虛一而靜」，心齋，坐忘的工夫中，理性的軌約原則體現為真實的人生智慧。

依照超越區分的洞見，並無彼岸世界之獨斷與虛幻，只有一個真實的生活世界。順耳目心知（成心）而知，所知是感觸領域，相對待、有分別之物；「徇耳目心知內通而外乎心知」，是理性統轄的超感觸領域，無對待、無分別、自在、自爾、獨化之物。有待與無待的區別是主觀的，而不是客觀的。這裡沒有兩個世界之對峙，只有同一心靈機能的兩種異質異層的使用。故可言「和光同塵」。光與塵本不隔也，自由與自然本不隔也。莊子云：「獨與天地精神相往來，而不敖倪於萬物，以與世俗處。」（〈天下篇〉）「庸詎知吾所謂天之非人乎，所謂人之非天乎。」「其一也一，其不一也一。其一，與天為徒。其不一，與人為徒。

天與人不相勝也,是之謂真人。」(〈大宗師〉)道家光塵不二,蹟冥圓融,天人不相勝,乃「遊外宏內之道」,「涉俗蓋世之談」(郭象語)。此正是康德在超越區分下所言自然與自由同時並存於諸活動中而無任何衝突。(A541/B569)

五、從康德的象徵性的直覺表象模式看道家的象徵詞語

康德已經由他的批判工作揭明:絕對不能有適當於理性的概念即理念的直觀可被給予。(KU § 59)因此,在理論哲學的範圍裡,理性的概念只能作為軌約原則而使用。這被公認為康德批判哲學的重要成果。上文已說明道家所言「道」,或曰「自然」、「天籟」均作為軌約原則,而並非外在的實體。道「無狀」、「無物」、「不可致詰」,就是說,它是超感觸的,對之沒有直觀(Anschauung)可給予。那麼,康德是否要否定任何理性概念的真實性呢?道家所言的「道」是否因為不能有直觀與之相應而要被視為無實在性可言呢?經驗實在論者正是以這樣的頭腦解讀康德,而將康德關於超感觸領域之真實性的豐富論說棄置不顧。

康德在《判斷力批判》(§59)中提出真實化的兩種方式:「(1)當『相應於知性所掌握的概念』的那直觀是先驗地被給予時,則真實化是規模性的(schematic);(2)當概念是一個『唯有理性能思之,而且沒有任何感觸的直觀能與之適合』的概念時,則真實化是象徵性的(symbolic)。真實化只有此兩途,或(1)或(2)。在第二種情形裡,概念之被提供以直觀是這樣地提供之,即:處理此概念的那判斷力之程序只是類比於其在規模程序中所遵守的那程序。換言之,那與概念相契合者只是此程序之規律,而不是直觀之自身。因此,契合只存在於反省之方式,而並不存在於其內容。」(KU 5:351)康德又說:「在語言中,我們有很多間接的展現(Darstellungen),依據一類比而模成者,它們能夠使所說的辭語表示並不是去為概念含有適當的規模,但只是去

為反省而含有一種象徵。」(KU 5：352) 老子《道德經》云：「道沖而用之，或不盈，淵兮似萬物之宗。湛兮似或存。吾不知誰之子，象帝之先。」(第4章)「似」、「象」是虛擬語氣，表類比之意。就是說，通過類比之助去達成象徵性的直覺。我們不能將這種象徵性的直覺模式與「理智的直觀」混為一談。

《道德經》中還有不少運用象徵性語句的章節，如第21章：「道之為物，惟恍惟惚，其中有象；恍兮惚兮，其中有物。窈兮冥兮，其中有精；其精甚真，其中有信。」第25章：「有物混成，先天地生。寂兮寥兮，獨立而不改，周行而不殆，可以為天下母。吾不知其名，強字之曰道，強為之名曰大。大曰逝，逝曰遠，遠曰反。」以及上文所引第14章「夷」、「希」、「微」、「不皦」、「不昧」、「不見其首」、「不見其後」等皆是象徵性的描寫語。莊子言天籟也是運用象徵語句，先以「地籟」、「人籟」作類比，最後問：「夫吹萬不同，而使其自己也，咸其自取，怒者其誰耶？」這疑問句是通過純然的類比而成一種象徵的表象，透顯出「天籟」並非一外在的實體，而是化除他然而顯之自然：自生、自在、個個圓滿自足。

道家運用象徵性直覺於超感觸之領域，那與超感觸者相契者只存於「反省之方式」，而不在內容，並不相關於直觀本身。因而道家透顯這樣一種境界：無任何利害關心；無待於概念的普遍性；無目的的合目的性；無待於概念的主觀必然性。這正是康德在《判斷力批判》中論及「判斷力之表現為美學判斷」之四機要，而這種無指向的反省判斷正是道家藝術創造心靈之勝義。同時亦是道家超越自然秩序、泯除感性拘絆而彰顯最高真實之奧義。老子言「滌除玄覽」(《道德經》第10章)，莊子言「虛室生白，吉祥止止」(〈人間世〉)，「備天地之美，稱神明之容」(〈天下篇〉) 皆顯虛靈觀照之純美。

結束語

從康德哲學看道家哲學，我們可見出道家乃是一種根源於人類理性之本性的學問，並且，這種理性的智慧是由人在其生命的踐履中呈露與印證的。

附釋：

康德的著作引文方式及引文來源縮略語：

KGS：Kants gesammelte Schriften (Königlich Preussischen Akädamie der Wissenschaften，1922年). 隨後之阿拉伯數字分別為卷數及頁數。例：KU 5 : 351。

A/B：Kritik der reinen Vernunft (KGS 3 ,4).（A 即《純粹理性批判》第一版，B 即第二版。不標卷數。）

Gr ：Grundlegung zur Metaphysik der Sitten (KGS 4).

KpV：Kritik der praktischen Vernunft (KGS 5).

KU ：Kritik der Urteilskraft (KGS 5)

Briefwechsel (KGS 10-11)

論胡五峰的本體論

劉桂標*

提要

本文旨在討論南宋儒者胡五峰的本體論思想，分為天道論、心性論與天道心性論三個部分來論述。

一　五峰的天道論

1 「性為大本」說

在天道論方面，胡五峰最突出的觀點，是主張性為大本之說。以下幾段《知言》中所說的文字，清楚地將其意思表示出來：

> 大哉性乎，萬理具焉，天地由此而立矣。（《知言》卷十）
> 性也者，天地之所以立也。（《胡子知言疑義》）
> 非性無物，非氣無形。性，其氣之本乎！（《知言》卷八）

這裏，五峰明白地說出，性是宇宙萬物創生的本體，故此，它是宇宙萬物（「天地、物、氣」）的存在的根源（「大本」）。而且，依五峰，不單是物，人也是由性所化生的，他說：

> 天命為性，人性為心。（《知言》卷一）
> 天命不已，故人生無窮。其耳目、口鼻、手足而成身，合父子、君臣、夫婦、長幼、朋友而成世，非有假於外而強成之也，是性然矣。（《知言》卷二）

這裏，五峰發揮了《中庸》的「天命之謂性」（天所賦予給人的便是

---

*香港人文哲學會理事長兼課程部主任。

性）的觀點，以為人的存在的根源也在於宇宙的本體。

另外，像其他正統宋明儒者一般，他的對人和事物的存在的根源的說明並非像傳統西方哲學那樣以知識為入路，而是以道德為入路。他說：

> 萬物皆性所有也。聖人盡性，故無棄物。（《知言》卷十）
> 至哉，吾觀天地之神道，其時無忽，賦形萬物，無大無細，各足其分，太和保合，變化無窮也。凡人之生，粹然天地之心，道義完具，無適無莫，不可以善惡辨，不可以是非分，無過也，無不及也。此中之所以名也。……此中和之道所以聖人獨得，民鮮能久者矣。為君子者奈何？戒謹於隱微，恭敬乎顛沛，勿忘也，勿助長也，則中和自致，天高地下而位定，萬物正其性命而並育，成位乎其中，與天地參矣。（《胡子知言疑義》）
> 中者，道之體；和者，道之用。中和變化，萬物各正性命而純備者，人也，性之極也。故觀萬物之流形，其性則異；察萬物之本性，其源則一。（《知言》卷五）

上述三段引文，明顯是《中庸》的「至誠盡性，參贊化育」義及《易傳》的「乾道變化，各正性命」義的引伸和發揮。因此，正如吾師牟宗三先生所說，五峰這種本體論觀點是傳統中國哲學式的道德的形上學（moral metaphysics），而非傳統西方哲學式的思辯的形上學（speculative metaphysics）。因此，以往曾有儒者質疑五峰是儒學的異端，明顯是出於誤解，與事實不符。

II 五峰的「性」與理學派的「理」

五峰雖非儒學的異端，但他的哲學觀點與傳統正宗儒家的觀點看來卻有頗多不同之處。這裏先說天道論方面的觀點，其他方面的觀點則俟後文才予以討論。

在五峰之後，一直以來，傳統學者都認同宋明理學有兩大派系——

程朱的理學派與陸王的心學派（牟宗三先生的三系說與傳統觀點頗有出入，此義詳後）。簡言之，在天道論方面，理學派以理（宇宙本體）為大本（最高本體或即存在的根源），而心學派則以心（道德主體）為大本，這也是現代大陸學者常以理本論及心本論分別稱謂傳統兩大學派的原因。但在表面上，如上文所述，五峰卻以性為大本，而此「性」的觀念表面與理學派所講的「理」和心學派的「心」均有不同。關於五峰的「性」義與心學派的「心」義的不同，我們稍後再說，現在先說他的「性」義與理學派的「理」義的表面上的不同。

五峰自己其實也曾批評以二程為主的理學派的觀點，這就容易令人覺得他的觀點與其他理學派學者有實質的不同。筆者以為，這只是五峰不自覺地使用了與理學派不同的用語而令得他與理學派看似有分歧，但事實上，如果我們能釐清了他和理學派的用語，則我們可見五峰對理學派的批評實非必要。

五峰曾在《知言》中批評傳統儒者（其實指理學派學者）說：

> 大哉性乎，萬理具焉，天地由此而立矣。世儒之言性者，類指一理而言之爾，未有見天命之全體者也。（《知言》卷十）

據此，他以為理學派學者所講的「理」只是天道的部分（一理）而並非其全體（萬理）。在別處，他對「理」的意義有更進一步的說明：

> 物之生死，理也。理者，萬物之貞也。生聚而可見，則為有；死散而不可見，則為無。夫可以有無見者，物之形也。物之理，則未嘗有無也。（《知言》卷三）

揆其意思，理學派的「理」只是其所說的「性」（宇宙本體）的內在於現實的宇宙萬物（物之形）──人和物的部分，在人來說即具體可見的生與死，在物來說即具體可見的聚與散，但卻不能及於超越的、不可見的價值的精神（物之理）。故此，理學派所講的「理」不及他所講的「性」的周徧完備。

五峰自己其實誤解了理學派對「理」的看法。以伊川、朱子所首先

提出的,而後來普遍為宋明理學家所同意的「理一分殊」說最能說明「理」的全部涵義:理可分為統一之理(理一)及分殊之理(分殊),前者可說是五峰上面所講的「物之理」,後者可說是其所講的「物之形」,而兩種理的統稱——廣義的「理」,也就是五峰所說的「性」。職是之故,如將五峰的用語以理學派的用語改寫,則他的觀點可說與理學派完全沒有分別,他對理學派的批評大可不必。而且,我們與其說他的說法與理學派有異,毋寧說兩者只是名異而實同。

最後,筆者想回應一種觀點,就是現代有大陸學者將五峰的天道論觀點稱為性本論,以為這種觀點可與兩大學派分庭抗禮,可自成另一學派。[1] 個人以為,這種稱謂雖然不算錯,但意義卻不很大,反而容易惹人誤會。原因有二:

首先,如前所述,五峰的「性」與理學派的「理」只是名稱有別,但其意涵卻相同,故此其觀點不宜另稱為性本論。箇中的道理,就像北宋的周濂溪稱天道為「太極」,張橫渠稱天道為「太虛」,我們亦不必要將他們的觀點稱為太極本論或太虛本論等。[2]

其次,依我們對正統宋明儒家(能繼承孔孟等先秦儒家而進一步合理開展儒家義理的理學家)的了解,本體(最高存有)只有二:宇宙本體(理)與道德主體(心),前者是事物存在的超越的(超越於人的)根源,而後者是事物存在的內在的(內在於人的)根源,而兩大派講以理

---

[1] 稱五峰的天道論為性本論者,例如:侯外盧、邱漢生、張豈之主編《宋明理學史》(人民出版社,1984)7;又例如:王立新著《胡宏》(東大圖書公司,1996)。

[2] 國內亦有一些學者稱橫渠的天道論為氣本論、唯氣論,甚至是唯物論,筆者以為這種稱謂亦不很合適,理由除了橫渠講本體與理學派學者名異實同外,更重要的,是儒家講的本體可說是宇宙心靈(天心)或道德心靈(人心),與氣或物質根本不同,不宜混為一談。這方面,牟先生在《心體與性體》(正中書局,1981四版)第一冊講張橫渠哲學部分中言之甚詳。

為本或以心為本，只是側重點有不同，但他們其實都認同兩個本體在終極層面來說是一，這也就是一般學者所理解的、傳統理學家的「天道性命相貫通」或「宇宙秩序即道德秩序」的共通主張。因此，說五峰，甚至是別的理學家，能在此二本體外另立別的本體，這或者是在正統儒家中是不可能的，或者是可能的但卻歧出了儒家正統之外。

二　五峰的心性論

I 五峰論心

1 心的存有義及主宰義

上面講過五峰的天道論，現在繼續再講其心性論。一般理學家講心性論通常心與性並舉，但由於五峰將性提升到宇宙本體的層面，因此，他的心性論的主要觀念是只是「心」不是「性」，不過，由於他的「性」的觀念如上面所言，既可指天道本身或即天道的全體，又可指天道的內在於人或即天道的部分，此義的「性」也會在其心性論中出現。另外，與傳統儒家一般，情與欲在五峰來說，亦是重要的心性論觀念，分別只是傳統儒者，特別是理學派學者講情與欲較多時候帶有負面的價值（即是惡）的色彩，而五峰卻較多時候取中性的價值的意義。以下，我們先討論他對於心的了解，然後再討論他對於情與欲的了解，接著，我們會討論他的著名的「天理人欲同體異用」說及「性無善惡」說。

五峰論心，其實也有傳統儒家所講的內在的本體義——一方面是與性相通的存有義，一方面是特指內在的本體（即道德主體）的主宰義。先說心的存有義。五峰說：

> 天命為性，人性為心。不行己之欲，不用己之智，而循天之理，所以求盡其心也。（《知言》卷一，1.23）

> 性譬諸水乎，則心猶水之下，情猶水之瀾，欲猶水之波浪。（《知言》卷五）

首段引文是發揮《中庸》的「天命之謂性」義，但與《中庸》原義在用語上有不同。在《中庸》，「天」指超越的天道（宇宙本體），「性」指內在的道德主體（一般所謂性或心），而天比性更為根本；在五峰，由於「性」已上提為天道義，故此，「性」的主體義由「心」取代。在次段引文，其「性」與「心」的意義通過水的比喻來表示，「性」是超越的本體，以水本身為喻；「心」是內在的本體（道德主體），以水之下為喻。至於傳統儒家的「性」與「心」的分別，五峰則以「心」與「情」或即「欲」來取代，這時候，「心」指主體本身，「情」或即「欲」指主體的活動或即發用。但五峰對「心」的存有義並不著重，故此，一方面，他講心很多時候從用上講（此義詳下文），另一方面，他索性以「人」、「性之極」一類用語來替代，如下面一說法：

> 中者，道之體；和者，道之用。中和變化，萬物各正性命而純備者，人也，性之極也。故觀萬物之流形，其性則異；察萬物之本性，其源則一。（《知言》卷五）

這裏，「道」等於「性」，指宇宙本體，「人」（道德主體）或即「性之極」（宇宙中最高級的存有）等於「心」，指道德主體。五峰並不重視心的存有義，故此這裏甚至以別的用語來取代。

另外，傳統講「心」的主宰義，五峰有時候也會講。如說：

> 萬物生於天，萬事宰於心。性，天命也。命，人心也。（《知言》卷二）

> 氣主乎性，性主乎心。心純，則性定而氣正。氣正，則動而不差。動而有差者，心未純也。（《知言》卷六）

> 事物屬於性，君子不謂之性也，必有心焉，而後能治。裁制屬諸心，君子不謂之心也，必有性焉，然後能存。（《知言》卷九）

上面首段的「天」就是「性」，是超越的本體，而「心」是有主宰義的內在的本體或即道德主體。次段中第一個「性」應指全體的天道或即天道本身，是氣的根源，也可籠統稱為氣的主宰；而第二個「性」應

指部分的天道或即內在於人的天道,故此可說為本心所主宰。第三段中的「性」也指為心所主宰的、內在於人的天道之義。這三段也明顯講及心的主宰義。五峰雖也有講此義,但卻不像傳統儒家那麼重視和強調。

2 心的遍在義、永恒義及「心無死生」說

與上面講心的存有義及主宰義相關的,是心的遍在義及永恒義。五峰說:

> 心無不在,本天道變化,為世俗酬酢,參天地,備萬物。人之為道,至大也,至善也。(《胡子知言疑義》)
>
> 天下莫大於心,患在不能推之爾。莫久於性,患在不能順之爾。莫成於命,患在不能信之爾。不能推,故人物內外不能一也。不能順,故死生晝夜不能通也。不能信,故富貴貧賤不能安也。(《知言》卷九)

依五峰,心既是本體(最高存有)而非經驗的事物,因此,它可說不像一般經驗事物那樣受到時間和空間的限制,故此在首段引文中說它是「無不在」、「至大」,意即它是無處不在的,或即是超越空間的限制的;而次段則更進而說它是至大的(「天下莫大於心」)和至久的(「天下莫久於性」,這裏的「性」依原文脈胳應指內在的本體,也就是五峰所講的「心」),也就是說它既遍在,亦恒存,即超越空間,甚至時間的限制。

與心的遍在義、永恒義相當的,是五峰表面上驚世駭俗的「心無死生」說:

> 有而不能無者,性之謂歟!宰物而不死者,心之謂歟!(《知言》卷九)
>
> 或問:心有死生乎?曰:無死生。曰:然則人死,其心安在?曰:子既知其死矣,而問安在邪!或曰:何謂也?曰:夫惟不死,是以知之,又何問焉。或者未達,胡子笑曰:甚哉,子之蔽

也。子無以形觀心,而以心觀心,則知之矣。(《胡子知言疑義》)

五峰這種觀點,用語雖然有「語不驚人死不休」的意味,但其實義即是心的恒存義,因為他這裏講的心是本體義而非經驗義,故此他說「無以形觀心,而以心觀心」,即以心之所以為心之義,心之本體義來看心,在此義下便可說「心無死生」。

II 五峰論情、欲與性

1 五峰論情與欲

上面我們講的是五峰的心的存有義及主宰義,如前所說,他是較不重視此義的心,他較重視的是心的發用義或即活動義。

依五峰,心的發用義與活動義,可分為價值及非價值兩方面,前者指道德價值的實踐,例如行孝或助人等;後者則指非道德價值的(不是指不道德的,而是泛指可以是道德的,可以是不道德的,也可以指與道德不相干的)實踐,即一般日常生活的活動。當講前者的基礎時,五峰保留用「心」這一觀念,但當講後者的基礎時,則他寧用「情」與「欲」這些觀念。關於道德實踐意義的「心」的觀念,五峰主要在其「性體心用」說及以心著性義中表述,這方面的觀點我們留待下文再講,這裏先講其對情與欲的討論。

正如上一段所說,他視情與欲為一般日常生活的、非價值意義的活動的基礎,故此,他講的其實指自然的情感與自然的欲望。而依五峰的反省,自然的情感與欲望一義下無所謂善或惡,他說:

不仁見天下之事大,而執天下之物固,故物激而怒,怒而不能消矣。感物而欲,欲而不能止矣。窮理盡性以成吾仁,則知天下無大事,而見天下無固物。雖有怒,怒而不遷矣。雖有欲,欲而不淫矣。(《知言》卷九)

道充乎身,塞乎天地,而拘於軀者不見其大,存乎飲食男女之事,而溺於流者不知其精。(《知言》卷一)

夫婦之道，人醜之者，以淫慾為事也，聖人安之者，以保合為義也。接而知有禮焉，交而知有道焉，惟敬者為能守而勿失也。語曰：樂而不淫，則得性命之正矣。謂之淫慾者，非陋庸人而何？（《知言》卷三）

首段的「怒」本是情的一種，這裏可泛指一般的自然的情感，而第二段的「飲食男女」，第三段的「夫婦之道」可指自然的情感或慾望。故此，三段意思都相同，都是指自然的情感與慾望本身無所謂善惡，若有善惡，則要看它們是否與仁道或天道相符，相符為善，不相符則為惡。這種講法其實是合理的，而且也符合先秦儒者的體會，例如孟子同意告子說「食色性也」，而《禮記・禮運篇》亦說「飲食男女，人之大慾存焉」，意思是指情與慾是人的自然本性，不必是惡的。

這種觀點，表面上與理學派學者講「存天理，滅人欲」的道德實踐的主張中所講的情與慾相對立。然而，這只是表面如此，實質上，理學派學者講的「人欲」是指與道德法則相悖的自然慾望（傳統儒家稱為「小體」或「私慾」），這種人欲要去除，也是合理的，且亦是先秦儒家亦曾說及的，例如《禮記・樂記篇》就曾說：「生而靜，天之性也；感於物而動，性之欲也。物至知知，然後好惡形焉。好惡無節以內，知誘於外，不能反躬，天理滅矣。夫物之感人無窮，而人之好惡無節，則物至而人化物也。人化物也者，滅天理而窮人欲者也。」這清楚表明，「好惡無節」的「人欲」，即不合乎道德規範的自然慾望是人不能體現天理，也即是惡的起源。故此，理學派學者據此而提出「存天理，滅人欲」的主張，也有其合理性。

五峰自己其實也能了解違反道德法則的自然慾望是人的作惡的根源，他自己就曾說過：

人欲盛，則於天理昏。理素明，則無欲矣。（《知言》卷九）
生本無可好，人之所以好生者，以欲也，死本無可惡，人之所以惡死者，亦以欲也。生，求稱其欲；死，懼失其欲。衝衝天地之

間，莫不以欲為事，而心學不傳矣。(《知言》卷七)

天理人欲，莫明辨於春秋。聖人教人清人欲，復天理，莫深切於春秋。(《知言》卷十)

首段他同意天理與人欲在一義下是對立的，而次段他亦承認人的「以欲為事」，是導致儒家的心性之學不能廣為流傳的原因。在第三段，他說的「清人欲，復天理」，其本義與理學派學者的「存天理，滅人欲」的主張，更是異曲同工。照道理說，他在天理人欲問題上，是有相當全面的了解。然而，他在建立其著名的「天理人欲同體異用」說，並以此為據，進而講「性無善惡」說時，卻缺乏了必要的分疏，以致招人誤會，甚至被一些人視為儒學的異端，講者以為他自己是多少要負上一些責任的。

2「天理人欲同體異用」說

「天理人欲同體異用」說是五峰發揮上述其所理解的天理人欲問題的著名學說，但卻不幸地被一些學者視作儒學異端的標記。在這方面，他的主要表述為：

天理人欲同體而異用，同行而異情。進修君子宜深別焉。(《胡子知言疑義》)

好惡，性也。小人好惡以己，君子好惡以道。察乎此，則天理人欲可知。(《胡子知言疑義》)

這裏，五峰所說，我們若同情地了解，則可將其本意視作上述對於自然欲望的非價值意義的表述，這依我們上面的分析，本來可以是沒有問題的，有其合理性。然而，依講者之見，五峰這裏的表述，卻出現了一些理論上的問題：

1. 沒清楚區分開自然欲望與私欲

五峰沒將「人欲」的意思講清楚是指自然的情欲還是有違道德法則的私欲，而依《禮記·樂記》、理學派，甚至五峰自己慣常的用法，「人

欲」是指私欲。故此,他的說法招致後來朱子的「以天理人欲混為一區」的質疑,是不無原因的。

2. 說「天理人欲同體」的理論困難

無論五峰這裏說的「人欲」取自然欲望義還是私欲義,說其與天理同體,都有理論上的問題。若沒有將問題釐清,則極容易引起別人的誤解。

當然,在一義下——在相即義或圓融義下,我們也可說天理與人欲(無論是何種意義的欲望),甚至一切其他事物都是同體的,因為唯一終極的本體是天理(廣義,可包括內在於人的心性),其他事物都是天理所派生的,或即依於天理而有的,故此都可說在實踐上都與天理相即不離。

然而,這樣說只是天理與人欲(或其他事物)的相即義或圓融義,但天理與人欲(或其他事物),同時有不即義或分別義,即分際意義上的不同。這種不同許多時候在道德的體驗和反省中,是很重要的,不能隨意忽略。

詳言之,分別地說,如「人欲」取自然欲望義時,我們不能說其與天理同體,因為從價值的角度看,自然欲望屬人的自然的本性,本身可說是中性的,可善可惡,要視乎其是否合乎天理。故此,如果囫圇地說其與天理同體,則容易令人將兩種意義的人性混為一談,這也就是其說「好惡,性也」為朱子猛烈反對的主要原因。而且,從存有的角度看,自然欲望屬經驗事物或即現象,是由本體所化生的,所以,它的真實性不及本體,在此義下我們不能說兩者同體。

另外,如果「人欲」取私欲義,則問題更大。因為,從倫理學方面來說,私欲是有違道德法則的欲望,是惡而非善,故此將其說為與天理同體,就會有令人混淆善惡是非之弊。而從形上學方面來說,儒家正統只會說至善無惡的天理是本體,是終極的真實,而本身是惡的私欲則只是依附於天理或本心而起的一種虛妄。換言之,惡只是至善的天道或本

心的不能實現，它本身並沒有獨立實在性，絕不能稱為體。

3 「性無善惡」說

五峰不單提出「天理人欲同體異用」說，而且，他還據此而進一步提出的「性無善惡」說。在講述其觀點之前，我們先釐清他這裏說的「性」，並非其最為重視的天道本身或即天道全體之義，而是天道的內在於人或即天道部分之義，此義下之「性」就是他所說的「性之極」，亦即人之性。

他對「性無善惡」說的主要表述如下：

> 凡人之生，粹然天地之心，道義完具，無適無莫，不可以善惡辨，不可以是非分，無過也，無不及也。此中之所以名也。（《胡子知言疑義》）

> 凡天命所有而眾人有之者，聖人皆有之。人以情為有累也，聖人不去情；人以才為有害也，聖人不病才；人以欲為不善也，聖人不絕欲；人以術為傷德也，聖人不棄術；人以憂為非達也，聖人不忘憂；人以怨為非宏也，聖人不釋怨。然則何以別於眾人乎？聖人發而中節，而眾人不中節也。中節者為是，不中節者為非。挾是而行則為正，挾非而行則為邪。正者為善，邪者為惡。而世儒乃以善惡言性，邈乎遠哉！（《胡子知言疑義》）

> 或問性。曰：性也者，天地之所以立也。曰：然則孟軻氏、荀卿氏、揚雄氏之以善惡言性也，非歟？曰：性也者，天地鬼神之奧也，善不足以言之，況惡乎？或者問曰：何謂也？曰：宏聞之先君子曰，孟子所以獨出諸儒之表者，以其知性也。宏謂曰：何謂也？先君子曰：孟子道性善云者，歎美之辭也，不與惡對。（《胡子知言疑義》）

在首段，五峰說「人之生」，依中國文化的「性者生也」或「生之謂性」的老傳統，其實亦即說「性」，這裏說「不可以善惡辨，不可以

是非分」,已清楚表述性無善惡之義。在次段,他不但依性無善惡說引伸出情、才、欲等事物本身無所謂善惡,甚至據此批評傳統儒家的性善論。最後,他不但據其性無善惡說反對孟子的性善論,甚至也據此反對荀子的性惡論及揚雄的性善惡混論。

如果我們說五峰的「天理人欲同體異用」說有問題,那麼,他據此而進一步提出的「性無善惡」說,可說問題更大。因為除了上面我們講及的混淆是非、混淆實有與虛妄外,還會令人誤解了孟子的性善論,既將其說法與荀子性惡論和揚雄性善論都看成是錯誤的學說,又將其所講的性看成只是「歎美之辭」而無實義,容易令人對其性善論產生誤解。

三　五峰的天道心性論

1　「天性人心」說及「性有心宰」說

五峰對於天道(性)與本心(心)的關係,有頗詳細的討論,這方面的學說,我們可稱為「天道心性論」。

首先,他將天道與本心都視作本體,而前者是超越意義的本體,後者是內在意義的本體。他說:

> 天命為性,人性為心。(《知言》卷一)
>
> 性譬諸水乎,則心猶水之下,情猶水之瀾,欲猶水之波浪。(《知言》卷五)

首段說「天命為性」,其實是說天命(這裏指天道,即超越的宇宙本體)就是性,說「人性為心」,其實是說人性(這裏指內在於人的性,即道德主體)。至於第二段的比喻,是說明性是本體自身(喻為水),而指心是本體的內在於人(喻為水之下)。這兩段都清楚指出性和心都屬體義,兩者的關係可說是性是超越於心者,而心是內在於性者,故此也可如次段那樣將兩者看成是一種上(超越)下(內在)的關係。

五峰不單說性與心俱有本體義，還進一部說明兩種本體義尚可進一步區分開，他說：

> 性定，則心宰。心宰，則物隨。（《知言》卷十一）
>
> 有而不能無者，性之謂歟！宰物而不死者，心之謂歟！（《知言》卷十）
>
> 萬物生於天，萬事宰於心。性，天命也。命，人心也。（《知言》卷二）
>
> 事物屬於性，君子不謂之性也，必有心焉，而後能治。裁制屬諸心，君子不謂之心也，必有性焉，然後能存。（《知言》卷九）
>
> 氣之流行，性為之主。性之流行，心為之主。（《知言》卷八）

　　第一段說的「定」，依下文來看，指的應與其他各段一樣，是有、生或存的意義，指的是性（天）的存有義。第三段說的「治」，其實與其他各段的「宰」或「主宰」一樣，指的是心的主宰義。據此，我們可說他說「性」時，泛指一切存在，而說「心」時，則特指有主宰義的存在，即主體（人）的意義。

　　說到這裏，五峰講天道與本心的關係，並未超出其他傳統儒者的義理，因為說天道是超越的本體，而本心是內在的具主宰意義的本體，其實也是傳統儒者常說的說話。五峰較特出而為人注意的，是他的性體心用說及盡心成性說。

II 「性體心用」說及「盡心成性」說

　　傳統儒家講心，一般只著重其本體義，很少講及發用義，但五峰與先儒最大不同的地方之一，是較多說及心為發用義，他甚至提出了「性體心用」的觀點：

> 心、性二字，乃道義淵源，當明辯不失毫釐，然後有所持循。未發只可言性，已發乃可言心。故伊川云「中者，所以狀性之體段」，而不可言「狀心之體段」。心之體段難言，「無思也，無

為也，寂然不動，感而遂通天下之故」是也。未發之時，聖人與眾同一性；已發，則無思無為，寂然不動，感而遂通天下之故，聖人之所獨。若楊、尹二先生以未發為寂然不動，是聖人感物亦動，與眾人何異？至尹先生又以未發為真心，然則聖人立天下之大業，成絕俗之至行，舉非真心邪？故某嘗謂喜怒哀樂未發，沖漠無朕，同此大本，雖庸與聖無以異。而無思無為，寂然不動，乃是指易而言。易則發矣。故無思無為，寂然不動，聖人之所獨。「喜怒哀樂未發」句下，還下得「感而遂通」一句否？若下不得，則知立意自不同。伊川指性指心，蓋有深意。（胡宏《答曾吉甫》）

天地，聖人之父母，聖人，天地之子也。有父母則有子矣，有子則有父母矣，此萬物之所以著見、道之所以名也。非聖人能名道也，有是道則有是名也。聖人指明其體曰性，指明其用曰心。性不能不動，動則心矣。聖人傳心，教人下以仁也。（《胡子知言疑義》）

在首段中，五峰明白表示他的「性體心用」說來源於程伊川。伊川曾說過「中也者，所以狀性之體段」。大概五峰以為伊川此說當是發揮《中庸》的「中和」說：「怒哀樂之未發，謂之中；發而皆中節，謂之和。中也者，天下之大本也；和也者，天下之達道也。」五峰據此而對《中庸》的「中」與「和」作出了自己的詮釋，以為「喜怒哀樂之未發」的「中」是本體，也就是他自己所說的性；而「發而皆中節」的「和」是本體的發用流行，也就是心。故他提出了「性為未發，心為已發」（「未發只可言性，已發乃可言心」）的性、心與體、用對揚之說。在第二段，他更將這種觀點概括為「性體心用」（「指明其體曰性，指明其用曰心。性不能不動，動則心矣。」）說。

其實，《中庸》說「中」與「和」只是就情之發與未發來說，並非說本體及其流行；而伊川的說話，其原文是：「〔伊川〕先生曰：『「中即性也」，此語極未安。中也者，所以狀性之體段，如稱天圓地方，遂

謂方圓即天地可乎？方圓既不可謂之天地，則萬物決非方圓之所出。如中既不可謂之性，則道何從稱出於中？蓋中之為義，無過不及而立名。若只以中為性，則中與性不合，與『率性之謂道』其義自異，性道不可一為言，中止可言體，而不可與性同德。」（《河南程氏文集》卷第九）觀其原義，其實是批評宋儒呂大臨以中為性，以為中（這裏取「無過不及」義）只是本體的描述語，故此根本不是說中是體，和是用，五峰據此以性、心分配體（未發）、用（已發），可視作其自己的主張，並非《中庸》與伊川的本義。

據此主張，五峰甚至提出在今天廣為學者注意的「盡心成性」說。他說：

> 知言曰：天命之謂性。性，天下之大本也。堯、舜、禹、湯、文王、仲尼六君子先後相詔，必曰心而不曰性，何也？曰心也者，知天地，宰萬物，以成性者也。六君子，盡心者也，故能立天下之大本。人至於今賴焉。不然，異端並作，物從其類而瓜分，孰能一之！（《胡子知言疑義》）

這裏，五峰清楚提出盡心成性的觀點，認為心的主要作用，是能將性（天道）實現出來（「成性」、「立天下之大本」）。而依牟宗三先生的用語，這就是所謂「以心著性」義。這裏，「著」為形著之義，牟先生的意思是指：依五峰，性體（天道）是通過本心而彰顯出來，故此，原來文獻雖無「以心著性」一語，但牟先生創立此語以作為五峰「盡心成性」說的另一種表述方法。而且，牟先生將五峰的這種觀點大加讚賞，認為這種觀點最能夠清楚交待天道（性體）與本心的關係的學說，是講以天道為本的理學家（牟先生稱為「宇宙論進路」）的理學家的勝義，可以此說作為此派理學家的核心學說。

牟先生不單稱許五峰這種觀點，而且還將其說高舉於其他理學派學者（他所謂的「五峰蕺山系」學者）的學說之上，認為其說一出，以理為本的理學派的義理才得以真正確立，故此，他以為五峰才是這派的真

正開宗人,其以前北宋的周濂溪、張橫渠、程明道諸人,只是此派的先驅人物,不算是代表人。後繼者唯有明代的劉蕺山才可以與他相提並論。因此,此派可稱為「五峰蕺山系」,是宋明理學兩大嫡系之一。

不單如此,牟先生甚至以為,宋明理學另一嫡系——以陸象山及王陽明為代表的「象山陽明系」,此系以心為本,但其講本心與天道的關係不及五峰的以心著性說,理由是:

> 象山與陽明既只是一心之朗現。一心之伸展,一心之遍潤,故對于客觀地自「於穆不已」之體言道體性體者無甚興趣,對于自客觀面根據「於穆不已」之體而有本體宇宙論的展示者尤無多大興趣。此方面之功力學力皆差。雖其一心之遍潤,充其極,以伸展至此境,此亦是一圓滿,但卻是純從主觀面伸展之圓滿,客觀面就不甚能挺立,不免使人有虛歉之感。【3】

III 筆者對於牟宗三先生「以心著性」說的看法

筆者以為,牟先生以「以心著性」義來詮釋五峰的「性體心用」義及「盡心成性」義,是十分妥當的,因為五峰兩說其實有極密切的關係,後一說可說是前一說的較具體的表述。因為,如前所述,性體心用的意思,就是將性(天道)與心(本心)對揚,分配體(本體)和用(發用流行)。故此,從性與心的關係來說,可說是一種體用關係;而從心的功能來說,則可說是其作用在於將性實現、彰顯或形著出來。故此,將此義說為「以心著性」,亦很符合五峰的原義。

不過,筆者以為,牟先生將此說的價值高舉於其他各派宋明學派之上,將它視作最高義理,最能表述性體與心體關係云云,則有所保留。

個人以為,五峰此說最多只能說是有關本體,以及天道與本心關係的第二義而不必是第一義。理由是:

【3】見牟宗三先生著《心體與性體》第一冊,正中書局,1968 第一版。

1. 從本體的角度來說

從本體的角度來說，圓融地說，本體只能是一，因為依我們在道德實踐上的反省，天道性命相貫通，道德主體即宇宙本體，因此，天道與心體在實踐上相即為一，不可分割，而五峰的性體心用說，將天性與人心以體用分說，不符合理與心為一之義，這方面，程朱的性即理說（用傳統的理解而非牟先生的理解）與陸王的心即理說較性體心用說妥當。

當然，天道與本心除了圓融義外，亦有分際意義上的不同（可稱為分別義），但這種分別義似不宜以天性為體和本心為用來區分，因為本心終極來說亦是體，說其為用其實只是第二義，因為天性與本心與雖是體，但正如牟先生所說是即存有即活動的，是可以發用流行或實現於世的，故此以心為用可以說，但似不宜將之是為第一義。如果如牟先生那樣將它視為勝義，則令人覺得有本末倒置之感。

2. 從天道與本心關係來說

再從天道與本心關係來說，說兩者是體用關係固然可以，因為在一義下我們可說天道通過了本心而實現出來。然而，這並非兩者關係的全部，亦非最高價值的一種關係。因為兩者也可說為上下關係（超越內在）關係，而後者均是就本體的層面來說的，即天道是超越的本體，本心是內在的本體，這個層面比將心只放在用的層面而說性體心用為高。

3. 從心的意義來說

無論是五峰原來的「成性」、「立本」，還是牟先生詮釋的「形著」，固然可以說是本心的重要意義之一，然而，這始終是從用的一層來立說，筆者以為，不及其他理學家從體的一層來立說。後者可將心的意義講成具存有義、主宰義、遍在義、永恆義等，這比形著義的價值要高。後一種意義，依傳統儒家來說，其實不必以「心」的觀念來說，而可以在天道層面以「氣、器」等觀念來說，在心性層面以「意、情、才、欲」等觀念來說。

王筠《說文句讀》字音研究論釋

馬顯慈*

提要

　　清代的王筠（1784-1854）是當世聞名的「《說文》四大家」之一，一生致力於《說文解字》研究，自成一家之言，代表作有《說文釋例》、《說文句讀》（又稱《說文解字句讀》）及《文字蒙求》三書。《說文句讀》是王氏晚年得意之作，是一部薈萃桂馥（1736-1805）《說文解字義證》與段玉裁（1735-1815）《說文解字注》的重要讀物。此書「述」、「作」兼備，在當世已非常普及，流通甚廣，它對文字的形、音、義皆有精要的分析研究，又在許慎的說解語句關鍵之處標示句讀，對後世的《說文》研究有非常深遠的響影。本文以《說文句讀》的字音分析為切入點，將王氏之有關研究劃分為雙聲、疊韻、通借、借字、省聲、亦聲、方音七項，以列舉式的闡析，評述全書的字音研究。

一

　　王筠（1784-1854）[1]，清山東安邱人，字貫山，號箓友，自幼就喜愛篆籀，年輕時已開始研究《說文解字》（以下簡稱《說文》），後積學數十年，將《說文》全書從新整理，標舉條例，注解立說，自成一家之言。與段玉裁（1735-1815）、桂馥（1736-1805）、朱駿聲（1788-1858）並稱於清世，有「《說文》四大家」之美譽。王氏一生中最具代表性和影響力的《說文》研究專著，有《說文釋例》、《說文句讀》（又稱《說

---

*香港公開大學 教育及語文學院助理教授。

文解字句讀》）及《文字蒙求》三書。《說文釋例》是一部以系統性闡述《說文》條例的著作；《文字蒙求》是一本專供孩童識字的基礎教材。至於《說文句讀》（以下簡稱《句讀》），則是一部薈萃桂、段等大家論說《說文》的注釋性鉅著。據了解，他這套書一共用了十多年時間去完成稿本，其認真態度可見一斑[2]。關於王氏《句讀》一書的「述」、「作」內容，其「刪篆、一貫、反經、正雅、特識」諸項特點，以及對《說文》語句的句逗分析等等，已先後有學者作過詳細討論[3]。然而，對於書中字音的研究分析，至今還未見有專文作出全面的探討和研究。有見及此，本文就嘗試將《句讀》中的字音分析研究，劃分為雙聲、疊韻、通借、借字、省聲、亦聲、方音諸項，通過條舉式的闡析，去探討這位清代《說文》專家的字音研究特點。

---

[1] 關於王筠的生平，其《說文句讀》之成書、版本、體例、句讀方式、字形研究等，已曾發表專文探討，於此不再重述。詳見拙文：一.〈王筠《說文解字句讀》的寫作背景及其句讀方式〉刊於《新亞論叢》（香港：香港新亞研究所，2005年6月），總第七期，頁319-333。二.〈王筠《說文解字句讀》的字形研究〉刊於《新亞學報》（香港：香港新亞研究所，2008年1月），第二十六卷，頁417-466。

[2] 王氏《說文句讀》一共用了十三年編撰全稿，詳見拙文〈王筠《說文解字句讀》的寫作背景及其句讀方式〉，頁320。同註[1]。

[3] 台灣金錫準曾詳細討論過王氏《說文句讀》一書，其作《王筠的文字學研究》之第四章「箋注篇」。是篇共分四節：第一節《說文解字句讀》的編纂第二節《說文句讀》的內容述要：〔一〕述、〔二〕作；第三節《說文句讀》的特色：〔一〕刪篆：〔1〕刪正文、〔2〕審重文，〔二〕一貫，〔三〕反經，〔四〕正雅，〔五〕特識；第四節《說文句讀》的成就。見《王筠的文字學研究》（台灣：國立台灣師範大學國文系博士論文，1988年），頁106-107。另，筆者對王氏《句讀》全書亦曾作總結性的論述，詳見拙文《王筠〈說文解字句讀〉研究》（香港：香港大學中文系哲學碩士論文，1995年）。

二

　　清儒研治小學，有提出以音韻為研究之樞紐。《說文》四大家中，以段玉裁對古音的研究成就最大。段氏曾撰作《六書音韻表》，將古韻分為十七部。他的《說文解字注》（以下簡稱《段注》）也多據聲訓溯源，並開創「凡假借必取諸同部」（見《段注》示部祇字下），「聲與義同原，故諧聲之偏旁多與字義相近」（見《段注》示部禛下）及「凡同聲多同義」（見《段注》言部誓下）的見解。近代國學大師章炳麟（1869—1936）在《小學略說》裏指出：

> 段氏為《說文注》，與桂馥、王筠並列，量其殊勝，固非二家所逮。何者？凡治小學，非專辨章形體，要于推尋故言，得其經脈，不明音韻，不知一字數義所由生。此段氏所以為桀。[4]

對段氏的《說文》研究推崇備至，接着又說：

> 若乃規摹金石，平秩符璽，此自一家之業。漢之鴻都，鳥篆盈簡，曾非小學之事守也。專治許書，竄句增字，中聲雅誥，略無旁通，若王筠所為者，又非夫達神愷者也。[5]

其實，王筠研究《說文》也有不少涉及音韻與聲訓的範疇，其成就雖然不及段氏，但也有獨特的心得與貢獻。以下是王氏《句讀》的一些有關研究：

1. 雙聲・疊韻

　　《說文》說解字義，有三種方式：其一是互訓、遞訓、同訓；其二是推原；其三是義界。推原，則以字音為綫索，目的是推求字義的由來。推原形式以聲訓為主。所謂聲訓是指以雙聲、疊韻之字說解字

---

[4] 章炳麟《國故論衡》（上海：鴻章書局，1912年）上卷，頁3b。
[5] 同上。

義,例如:日、實也;月、闕也;門、聞也【6】。王筠《句讀》說解字義,闡明《說文》據雙聲,疊韻為訓的十分多,例如:

(1)

《說文》䓰下云:「菸也。」王筠《句讀》說:「二字雙聲。」【7】
案:䓰、於乾切;菸、央居切【8】。兩字雙聲,上古同屬影母。

(2)

《說文》呝下云:「喔也。」王筠《句讀》說:「二字雙聲。」【9】
案:呝、烏格切;喔、於角切【10】。兩字雙聲,上古同屬影母。

(3)

《說文》可下云:「𠙽也。」王筠《句讀》說:「兩字雙聲。」【11】
案:可、肯我切;𠙽、口乃反,又苦等切【12】。兩字雙聲,上古同屬溪母。

(4)

《說文》虨下云:「虎文。彪也。」王筠《句讀》說:

虍、彪皆訓虎文,而虨、彪雙聲,可以通借。【13】

案:虨、布還切;彪、甫州切。【14】兩字雙聲,上古同屬幫母。

【6】有關說法參考:董希謙‧張啟煥主編《許慎與〈說文解字〉研究》頁120—121。

【7】見《說文解字詁林》第3冊,頁790。

【8】同上。

【9】《說文解字詁林》第2冊,頁1286。

【10】同上。

【11】見《說文解字詁林》第4冊,頁1251。

【12】同上。(王筠《句讀》曰:「本口乃反,孫,苦等切。」段玉裁《說文解字注》曰:「陸德明引《說文》、《字林》皆口乃反。」)

【13】見《說文解字詁林》第4冊,頁1358b。

【14】同上。

（5）

《說文》糳下云：「粲也。」王筠《句讀》說：「糳、粲雙聲，似當為連語。」【15】案：糳、私例切；粲、桑割切【16】。兩字雙聲，上古同屬心母。

以上五條是說明《說文》雙聲為訓的例子。

（6）

《說文》芄下云：「芄蘭，莞也。」王筠《句讀》說：

《釋艸》：「藿、芄蘭。」《郭注》斷藿芄為句，以此正之。芄、蘭、莞三字疊韻。長言則芄蘭，短言則莞。【17】

案：芄、胡官切；蘭、落干切；莞、古顏切【18】。三字都是疊韻，上古同屬元部。

（7）

《說文》藹下云：「蓋也。」王筠《句讀》說：「二字疊韻，此殆覆蓋字也。」【19】案：藹、於蓋切；蓋、古太切【20】。兩字疊韻，上古同屬月部。

（8）

《說文》啁下云：「啁嘐也。」王筠《句讀》說：「啁、嘐疊韻。」【21】案：啁、陟交切；嘐、古肴切。【22】兩字疊韻，上古同屬幽部。

【15】見《說文解字詁林》第6冊，頁557a。

【16】見《說文解字詁林》第6冊，頁557b。

【17】見《說文解字詁林》第2冊，頁523a。

【18】同上。

【19】見《說文解字詁林》第2冊，頁842b。

【20】見《說文解字詁林》第2冊，頁840b。

【21】見《說文解字詁林》第2冊，頁1233。

【22】見《說文解字詁林》第2冊，頁1232b。

（9）

《說文》走下云：「趨也。」王筠《句讀》說：「走、趨亦疊韻。」[23]
案：走、子苟切；趨、七逾切[24]。兩字疊韻，上古同屬侯部。

（10）

《說文》迨下云：「遝也。」王筠《句讀》說：「迨、遝疊韻字也。」[25] 案：迨、侯閤切；遝、徒合切[26]。兩字疊韻，上古同屬緝部。

以上五條是說明《說文》疊韻為訓的例子。

又《說文》諈下云：「諈諉，纍也。」王筠《句讀》說：

> 《釋言》文。孫叔然曰：「楚人曰諈，秦人曰諉。」是謂一語也。
> 《列子‧力命篇》亦以諈諉為一語，《注》以為煩重皃。雖諈諉疊韻，分合皆可，許既連引，蓋合之也。[27]

案：諈、竹寘切；諉、女恚切[28]。兩字上古分別屬歌、微二部，可以旁轉。又《說文》辬下云：「駁、文也。」王筠《句讀》說：

> 辬、駁雙聲，可為連語，亦可單用，故以駁說辬。《廣韻》：
> 「斑、駁也。文也。辬、同上，見《說文》。」可以徵其句讀也。[29]

案：辬、布還切；駁、北角切[30]。兩字雙聲，上古屬幫母。

---

[23] 見《說文解字詁林》第 2 冊，頁 1328b。

[24] 見《說文解字詁林》第 2 冊，頁 1330a。

[25] 見《說文解字詁林》第 3 冊，頁 48b。

[26] 同上，頁 48a。案：大小徐、段、桂之書均為侯閤切。《句讀》作侯閤切，似誤。

[27] 見《說文解字詁林》第 3 冊，頁 559a。

[28] 見《說文解字詁林》第 3 冊，頁 559b。

[29] 見《說文解字詁林》第 7 冊，頁 1027b-1028a。

[30] 見《說文解字詁林》第 8 冊，頁 416a。

以上是王氏據雙聲、疊韻之說，闡明許語說解的例子。此外，《句讀》書中又有據聲訓之理，及援引經傳注疏，以辨明許語說解。如《說文》駸下云：

> 馬行威儀也。从馬、癸聲。《詩》曰：「四牡騤騤。」

王筠《句讀》說：

> 凡三見：《采薇·傳》曰：「彊也。」《桑柔·傳》曰：「不息也。」《烝民·傳》曰：「猶彭彭也。」各隨文解之，許舉括之云：「馬行威儀」，於疊韻取義也。【31】

王筠所謂「疊韻取義」，是指騤、威兩字。《說文》騤、渠追也【32】；威、於非切【33】，兩字疊韻，上古同屬微部。又《說文》豜下云：「三歲豕。肩相及者。」王筠《句讀》說：

> 《齊風》，《韓詩》、《毛詩》皆曰：獸三歲曰肩，惟《大司馬》鄭司農注曰：「一歲為豵，二歲為豝，三歲為特，四歲為肩，五歲為慎。」肩相及者，謂及其母也。豜、肩疊韻且以關經文，借肩為豜也。【34】

案：豜、古賢切【35】；肩亦古賢切【36】，上古皆屬元部，《段注》亦謂「此以疊韻為訓」【37】。

又《說文》垓下云：「兼垓八極地也。」王筠《句讀》說：

> 垓，當作晐。日部晐：「兼晐也。」此以疊韻為訓。【38】

【31】見《說文解字詁林》第 8 冊，頁 460a。

【32】同上。

【33】見《說文解字詁林》，第 10 冊，頁 51b。

【34】見《說文解字詁林》第 8 冊，頁 295 b -296a。

【35】見《說文解字詁林》第 8 冊，頁 295 b。

【36】見《說文解字詁林》第 4 冊，頁 698。

【37】見《說文解字詁林》第 8 冊，頁 295 b。

【38】見《說文解字詁林》第 10 冊，頁 1098b。

案：垓、晐二字，均是古哀切【39】，上古屬之部。以上是王氏引《說文》他部及聲訓條例去說解許語的例子。

通過述諸例，王氏《句讀》以雙聲、疊韻說解許篆的方法，亦可見一斑。

2. 通借・借字

假借可分為「造字假借」與「用字假借」兩類。造字假借，即是本無其字的假借；用字假借，亦稱通假，即是本有其字的假借【40】。通假一詞，也有稱作通借，通用【41】。近人羅邦柱主編之《古漢語知識辭典》解釋說：

> （通假）亦稱「通借」。一般指用字的假借。即用音同或音近的字代替本字的現象。例如《國語・齊語》：「諸侯罷兵以為。」用「罷」借作「疲」。通假有同音通假、疊韻通假、雙聲通假。通假現象上古書面語言中較多，後世逐漸減少。辨別通假應以古音為標

---

[39] 見《說文解字詁林》第10冊，頁1098a。

[40] 清黃以周（1828—1899）《六書通故》曰：「假借有二例：一有其本字，依聲通用者，為造字後之假借。一本無其字，依聲託事者，此造字之假借也。」

清侯康（1798—1837）《說文假借釋例》：「制字之假借，無其字而依托一字之聲或事以當之，以一字為二字者也。用字之假借，是既有此字，復有彼字，音義略同，因而假借，合二字為一字者也。」

黃、侯二說，同見《說文解字詁林》第1冊，頁583a、931b。

[41] 新版《辭海》「通假」條曰：「通假也叫通借。用音同或音近的字來代替本字。嚴格說，與本無其字的假借不同，但習慣上也通稱假借。」（上海：上海辭書出版社，1989年9月）中冊，頁2759。

蔣善國（1898-1986）《漢字學》曰：「通假也叫做通用，這是在用方面繼續假借之後所採取的辦法。通假和假借雖都由同音字出發，性質相近，可是並不同。……（案：蔣氏詳釋二者之區別有四項，詳見其書頁159）」頁158—159。

準。也有人把通假歸入「假借」，稱之為「本有其字的假借」。【42】近人鄭權中（1895－1980）《通借字萃編》也說：

> 通借字是由於音通而借用的字，一稱通假字。古籍注解中，如某通某，某通作某，某為某之借字，某同某，某與某同，某一（亦、又）作某，某今作某，某音某，某讀為某，某讀與某同，某、某也，某之言某也，某之為言某也，某猶某也（均指聲訓字），如《禮記‧中庸》：「仁者人也，義者宜也」，《孟子》：「庠者養也，校者教也，序者射也」等等，都是通借字的標識。【43】

案：前賢訓詁經書，「借」、「通」、「通用」、「通借」等術語皆屢見不鮮，其中所涉及的範疇十分廣泛，用法也頗不一致，有指假借字，有指同源字，有指古今字，也有指異體字【44】。清儒訓詁字義，經常沿

【42】羅邦柱主編《古漢語知識辭典》（武漢：武漢大學出版社，1988年11月）頁26。

【43】鄭權中遺著，涂宗濤、崔志遠、王兆祥整理修訂《通借字萃編》（天津：天津古籍出版社，1990年10月）頁3。

【44】有關例證如下：

（i）《漢書‧外戚傳》：「蛾而大幸。」顏師古（581－645）注曰：「蛾與俄同，古通用字。」又《漢書‧李廣‧蘇建傳》：「財令陵為助兵。」顏注曰：「財與纔同，謂淺也，僅也。史傳通用字。」見《漢書》（北京：中華書局，1983年6月）頁3984，頁2456。

（ii）《文選‧枚乘‧七發》：「噓唏煩醒。」李善（630－689）注云：「噓與歔古字通。」又《文選‧傅武仲‧舞賦》：「舒恢炱之廣度兮」《注》曰：「炱與台古字通。」見梁蕭統（502－531）編，唐李善（630-689）注《文選》（北京：中華書局，1977年11月）頁478a，頁248a。

（iii）王引之（1766－1834）《經義述聞》「得其儕」下曰：「齊、正字也。儕、借字也。」又「不可以貳」下曰：「貳、當為貣。貣者，忒之借字。」（江蘇：江蘇古籍出版社，1985年7月）頁372b－373a，頁407a。

案：以上諸例，皆通借之常法。

用以上方式，後世學者多對此詬病【45】。王氏《句讀》書中用「通借」、「借字」、「通用」、「借」等術語非常多，如：「汜」篆說解「水別復入水也。一曰窮瀆也。」王氏《句讀》注釋說：「瀆者，隤之借字。」【46】妊篆說解「孕也。」王氏《句讀》注釋說：「字又作委，見《後漢書‧章帝紀》。又借任。」【47】叕篆說解「殘」，王氏《句讀》注釋說：「句。謂兩字可通借也。」【48】幣篆說解「《周禮》曰：『駢車大幣。』」王筠《句讀》說：「群經幎、幦、幣通用。」【49】綜合而言，王氏是以某某可通借、某借字、某某通用，來闡釋借字與本字的音義關係。

以下再舉《句讀》一些通借字例，並加以訂明：

（1）昕‧晞

王筠《句讀》晞篆說解「乾也」下說：

> 元應引作「日乾曰晞。」《纂要》：「日昕曰晞。」《注》云：「大明曰昕。《詩》曰：『匪陽不晞。』晞、乾也。言日昕乾溼物也。」筠案：此知昕、晞同音通用，故下文「讀曰希」。【50】

王氏所引，與桂馥《說文義證》大致相同。然而，這種說法只能顯示出

【45】參：程俊英：梁永昌著《應用訓詁學》（上海：華東師範大學出版社，1989年11月）頁20—21，「（三）關於通假」。

涂宗濤亦有評論，竝引清王引之《經義述聞‧敘》曰：「訓詁之指，存乎聲音，字之聲同聲近者，經傳往往假借，學者以聲求義，破其假借之字，而讀以本字，則渙然冰釋，如其假借之字而強為之解，則詰籀為疾矣。」（案：此為王氏轉述其父王念孫語）見鄭權中《通借字萃編》頁6—8。

【46】見《說文解字詁林》第9冊，頁402b-403b。

【47】見《說文解字詁林》第10冊，頁37。

【48】此說蓋依王筠《句讀》：「殘，穿也。」見《說文解字詁林》第4冊，頁583a。

【49】見《說文解字詁林》第6冊，頁1069a-1070a。

【50】見《說文解字詁林》第6冊，頁96a。

昕、晞兩字同義,並沒有辨析箇中的道理,其所謂「同音通用」說得比較含糊。其實,昕、許斤切[51],上古屬文部,曉紐;晞、香衣切[52],上古屬微部,亦是曉紐。昕、晞二字,有文微陽陰對轉關係,並且是同紐雙聲。

(2)促・趣

王筠《句讀》促篆說解「迫也」下說:「經典多借趣為之。」[53]說解似乎過於簡單,未有詳細說明。王氏在趣篆說解「疾也」下又說:

> 《廣雅》:「趣、遽也。」《詩・棫樸》:「左右趣之。」《箋》:「諸臣皆促疾於事。」《月令》:「趣民收斂。」《釋文》:「趣、音促。」[54]

王筠所引經典,例證頗詳,也與桂氏《說文義證》所說相同[55],但並沒有明白辨析兩字的音義關係。案:促、七玉切[56],上古屬屋部,清紐;趣、七句切[57],上古屬侯部,亦是清紐。趣、促兩字,有侯屋對轉關係,又是清紐雙聲,所以可通用。《管子・國蓄》:「則君雖彊本趣耕。」《注》:「趣,讀為促。」[58]《史記・陳涉世家》:「趣趙兵亟入關。」《索隱》:「(趣)音促。促謂催促也。」[59]《漢書・王莽傳》:「趣新皇帝之高廟受命。」顏注:「趣,讀曰促。」[60]均可以作

---

[51] 見《說文解字詁林》第6冊,頁112a。
[52] 見《說文解字詁林》第6冊,頁95a。
[53] 見《說文解字詁林》第7冊,頁274b。
[54] 見《說文解字詁林》第2冊,頁1333a。
[55] 同上,見桂馥《說文義證》所引。
[56] 見《說文解字詁林》第7冊,頁274b。
[57] 見《說文解字詁林》第2冊,頁1332b。
[58] 《管子》《四部叢刊初編》(臺北:臺灣商務印書館,1967年)第20冊,頁129a。
[59] 《史記》(北京:中華書局,1978年1月)頁1955。
[60] 《漢書》(北京:中華書局,1983年6月),頁4167。

為佐證。
　　　　以上兩條為對轉通借之例，王氏只是指出通借，在音理說解方面有所欠缺。
　　　（3）衺、邪
　　　　王筠《句讀》衺篆說解「邪也」下說：「轉注，經典借邪為衺。」[61] 王氏所說似乎過於簡單，既沒有說明箇中道理，也沒有援引典籍立論。案：邪、以遮切[62]，上古屬魚部，余紐。衺，似嗟切[63]，上古亦屬魚部，邪紐。衺、邪二字俱從牙得聲，如段氏所謂同諧聲必同部，所以兩字可通借。《周禮·天官·宮正》：「與其奇衺之民。」《釋文》：「衺亦作邪。」[64]《周禮·天官·內宰》：「禁其奇衺。」《釋文》：「衺、本亦作邪。」[65]《楚辭·九思》：「遂踢達兮邪造。」《補注》：「邪、一作衺。」[66]《爾雅·釋訓》：「僻也皆衺。」《釋文》：「衺、本又作邪。」[67]《爾雅·釋器·注》：「褘邪交落帶繫於體。」《釋文》：「邪、字亦作衺。」[68] 都是例證。
　　　（4）貢·功
　　　　王筠《句讀》於貢篆說解「獻。功也。」下說：

　　　貢、獻同義，貢、功同聲。小徐無功字，第存義也。《廣雅》：「貢、獻也。」又曰：「貢、功也。」《易·繫辭》：「六爻之義

---

[61] 見《說文解字詁林》第 7 冊，頁 538b。

[62] 見《說文解字詁林》第 5 冊，頁 1392a。

[63] 見《說文解字詁林》第 5 冊，頁 538a。

[64] 見陸德明（約550-630）撰《經典釋文》（台北：鼎文書局，1975年3月）頁 109b。

[65] 同上，頁 112b。

[66] 見洪興祖（1090－1155）《楚辭補注》（香港：香港中華書局出版，1963年8月）下冊，頁 560。

[67] 見《經典釋文》，頁 413b。

[68] 同上，頁 417a。

易以貢。」貢、《荀子》作功，是二字通用。【69】
王氏根據典籍說明貢、獻兩字通用，沒有從音韻上加以分析。案：貢、古送切【70】；功、古紅切【71】。兩字雙聲，上古同屬見紐東部，因此可以互通。然而《易‧繫辭上》：「六爻之義易以貢。」《釋文》：「貢、京‧陸‧虞作工。」【72】《淮南子‧主術》：「歲終獻切。」【73】《文子‧精誠》切字作貢【74】，可以為證。

（5）臤、堅、賢

王筠《句讀》臤篆說解「堅也」下說：

……案：此說最允。許君以堅說臤。又曰古文以為賢字，又收緊、堅於本部，皆以堅為主。

又在「古文以為賢字」句下說：

《公羊‧成四年‧傳》：「鄭伯臤卒。」《疏》云：「《左氏》作堅字。《穀梁》作賢字。今定本亦作堅字。」足徵三字通用。【75】

王筠援引經書典籍為證，論說是可信的。然而，臤、堅、賢三字可通，就沒有從音理上詳加解釋。案：臤、苦閑切【76】，上古屬真部，溪紐。堅、古賢切【77】，上屬真部，見紐。賢、胡田切【78】，上古屬真部，匣

【69】見《說文解字詁林》第5冊，頁1152a。

【70】同上。

【71】見《說文解字詁林》第10冊，頁1337b。

【72】見《經典釋文》，頁32a。

【73】劉安（前179—前122）撰、東漢高誘注《淮南子》（杭州：浙江書局，1876年。據武進莊氏本校刊）卷9，頁1b。

【74】見戰國‧辛鈃《文子》‧《子彙》（台北：台灣商務印書館，1969年3月）第5冊，頁13a。

【75】見《說文解字詁林》第3冊，頁1103a。

【76】同上。

【77】見《說文解字詁林》第3冊，頁1106a。

紐。三字同部，竝同為喉音，因此可通。《左傳‧成公四年‧經》：「鄭襄公堅。」《公羊傳‧注》堅作臤[79]。王筠所引「鄭伯堅卒」，《釋文》堅作臤，云：「本或作堅。」[80]《玉篇‧貝部》：「賢，有善行。……臤古文。」[81]可以用來補訂王氏的說法。

以上三條，是諧聲通借之例，由於王氏只是依據古籍資料，臚列文字上可通的材料，而沒有辨析字與字之間音理的關係，因此有必要加以補訂說明。

（6）曷‧害

王筠《句讀》曷篆說解「何也」下說：

《詩‧箋》多與此同。《萇楚》借害為曷，《毛詩》亦與此同。[82]

王氏只是根據經典文獻立說，並未分析曷、害兩字的音理。案：曷、胡葛切[83]；害、胡蓋切重[84]，上古同屬匣紐月部。《尚書‧湯誓》：「時日曷喪。」[85]《孟子梁惠王‧上》引曷作害[86]。《逸周書‧度邑》：「害不寢。」[87]《史記‧周本紀》作「曷為不寐。」[88]《漢書‧翟方進

---

[78] 見《說文解字詁林》第5冊，頁1146a。

[79] 見《十三經注疏》（台北：藝文印書館，1973年5月）第6冊，頁438b；第7冊，頁218b。

[80] 見《經典釋文》頁317b。

[81] 見顧野王（519-581）《大廣益會玉篇》（北京：中華書局，1987年7月）頁120a。

[82] 見《說文解字詁林》第4冊，頁1223a。

[83] 見《說文解字詁林》第4冊，頁1222b。

[84] 見《說文解字詁林》第6冊，頁722a。

[85] 見《尚書正義》、《十三經注疏》第一冊，頁86b。

[86] 見《孟子注疏》、《十三經注疏》第8冊，頁11a。

[87] 晉孔晁注《逸周書》、見《叢書集成初編》（臺北：臺灣商務印書館，1937年12月）第3692－4冊，頁124。

[88]《史記》，頁129。

傳》:「害其不旅力同心戒之哉?」顏師古注:「害,讀曰曷。」[89]都是曷、害通假的證明。

(7) 坯·培

王筠《句讀》𣪘篆說解「未燒瓦器也」句下說:

> 段氏曰:「土部坯,瓦未燒,𣪘坯義同而音最相近。故《集韻》謂為一字。披尤切。」筠案:《集韻》引《廣雅》:「𣪘、培也。」培即坯之借字。[90]

王氏所引例證略欠充份,也沒有辨明借培為坯的音理。案:《禮記·月令》:「蟄蟲坯戶。」[91]《逸周書·時訓》及《淮南子·時則》坯字都是作培字[92],《呂氏春秋·聽言》亦作培[93],《漢書·揚雄傳》作坯[94],這些都是坯、培通假的證明。坯、芳桮切;培、薄回切[95],二字上古同屬之部,可以通借。

(8) 顥·皓

王筠《句讀》於顥篆說解「南山四顥,白首人也」句下說:

> ……揚雄《解嘲》曰:「四皓采榮於南山。」筠案:顥、皓古通。[96]

此說比較簡單,沒有明辨顥、皓兩字可以通借的理由。案:顥、皓兩篆同音胡老切[97],上古屬匣紐幽部。顥、《說文》釋作:「白兒。」皓、

---

[89]《漢書》,頁3431。

[90] 見《說文解字詁林》第5冊,頁176a。

[91] 見《禮記注疏》、《十三經注疏》第5冊,冊326b。

[92] 分別見於《逸周書》,頁158;《淮南子》104卷5,頁10b。

[93] 見漢高誘注·陳奇猷校釋《呂氏春秋校釋》(上海:學林出版社,1984年4月)頁700,「其室培濕」句注文。

[94] 見《漢書》:「或鑿坯以遁」句注文,頁3568。

[95] 見《說文解字詁林》第10冊,頁1219a;頁1191b。

[96] 見《說文解字詁林》第9冊,頁944b。

《說文》曰：「日出皃。」【98】字義也相關。晧字亦作皓，《說文》沒有皓篆，這大抵是個後出文字。《文選》李陵《與蘇武詩》：「晧首以為期。」李善注：「《聲類》曰：『顥、白首貌也。』皓與顥，古字通。」【99】《後漢書‧班彪傳》：「鮮顥之氣之清英。」《注》云：「《說文》：『顥、白皃。』音皓。」【100】可以依據來補訂王氏之說。

以上三條，都是通假例，王氏只說「借」、「借字」、「古通」，說解稍見粗略，有補訂的必要。

王筠《句讀》，有關通借、借字例子，類似這三項的還有不少，如：側、仄；諶、忱；淳、醇；棥‧藩；順‧循；俘‧寶；頌、容；飭‧敕；帥‧率等【101】，篇幅所限，不再贅說。

3. 省聲

許慎《說文》有「省聲」一說，如：蠹下云：「蟲也，從蚰，展省聲。」堅下云：「土積也，从土，从聚省聲。」敥下云：「交灼木也，从火，教省聲，讀若狡。」觴下云：「觴，實曰觴、虛曰觶，从角，瘍省聲。」【102】大陸古文字學者高明《中國古文字學通論》對省聲有這樣的說明：

……「省聲」是將形聲字中的表音的聲符結構加以簡化，僅保留

【97】見《說文解字詁林》第9冊，頁943 b；第6冊，頁43b。

【98】同上。

【99】見蕭統編、李善注《文選》（北京：中華書局，1977年11月）卷29，頁413a。

【100】范曄（398－445）《後漢書》（香港：中華書局，1971年）頁1347。

【101】案：上數例分別見於王筠《說文解字句讀》（上海：上海古籍出版社，1983年9月）頁1068，頁174，頁1389，頁383，頁221，頁1048，頁1187，頁2016，頁889。

【102】分別見於《說文解字詁林》第10冊，頁980b；頁1190a。第8冊，頁749b。第4冊，頁960a。

其中一個部分，如曑字的聲符原為展，省去下部的「氐」，保留「屉」。堅字的聲符原為聚，省去下部「氶」，保留「取」。敖字的聲符原為教，省去了「子」，保留了「𢽾」。觴字的聲符原為煬，省去了「矢」，保留了「昜」。從上述字體結構分析，這一類的省聲字基本上是可信的，體現出「省聲」是使字體簡化的一種手段。【103】

王筠《說文釋例》卷三有「省聲」一節，曾列舉《說文》省聲例子80餘條，並加以分辨解釋【104】。王氏在書中提到省聲的條例有四種，他這樣說：

指事象形會意字可省，形聲字不可省。形聲而省也，其例有四。一則聲兼意也。（案：台灣學者龍宇純（1928—　）《中國文字學》曾下案語：「此如瑑下云篆有聲，鑾下云鸞省聲。」）【105】一則所省之字即與本篆通借也。（案：龍氏亦下案語：「此如塞下云塞省聲。」）【106】一則有古籀之不省者可證也。一則所省之字即以所從之字貿處其所也。（案：龍氏說：「此如範下云笵省聲。」）【107】非然者，則傳寫者不知古音而私改者也。亦有非後人私改者，則古義失傳，許君從為之辭也。至其省之之故，將謂筆畫太多，則狄字从亦而省之，𩁹𩁺反而不省也。將謂𩁹𩁺而省則不成字，則𩁺部中字皆从其省，而它字之省不成字者亦閒有一

【103】高明《中國古文字學通論》（北京：文物出版社，1987年4月）頁59。

【104】案：《說文釋例》有關省聲字例如下：琁、瑑、茍、苀、犢、咺、噧、哭、赴、邁、進、迊、逢、麟、麐、蹢、鶬、商、誓、事、段、將、敢、營、殤、迺、豈、𧁒、盅、飵、匋、𧯳、虢、檻、樹、㥁、隲、產、㽿、囊、暴、曋、夜、鞫、家、營、辮、粉、彬、䎽、監、船、殳、髃、弩、庢、磬、駒、麃、閲、炎、麗、㱿、奔、奚、寒、憿、悅、漢、淖、澂、瑩、屋、耿、衒、贏、蟴、颲、鑾、鉥、範、輚、趂、胅、肸、缺、疢。詳見王筠著《說文釋例》（北京：中華書局，1987年9月）頁308。

二也。余不能明，故發其端，以俟君子。【108】

王氏《句讀》疏解許篆語句，也同樣有論及省聲，以下根據全書所見，舉有關字例論說：

（1）

《說文》犅下云：「特牛也。從牛、岡聲。」王筠《句讀》說：

> 《魯頌》「騂剛」是古字。《公羊》「騂犅」是分別文。字分前後輩，此當云「剛省聲」以關之。【109】

《段注》於犅下釋曰：「亦可云从剛省。會意。」【110】張舜徽（1911-1992）《說文解字約注》補訂此說，他說：

> ……今經傳多借用剛字，《詩‧魯頌‧閟宮》：「白牡騂剛。」《禮記‧明堂位》：「周騂剛。」皆以剛為之。《明堂位‧正義》云：「剛、牡也。」是其義也。考金文中有𤙕字，甲文有𤘧字，皆从牛从剛省聲。即犅字也。今湖湘間稱牡牛為公牛，公與犅雙聲，一語之轉也。【111】

以上足以證明王筠所說是對的。

（2）

《說文》封下云：「……𡉚、籀文封從丰。𡉚，古文封省。」【112】王筠《句讀》說：

【105】見龍宇純《中國文字學》（臺北：臺灣學生書局，1972年9月）頁308。

【106】同上。

【107】同上。

【108】見王筠《說文釋例》卷3，頁57。

【109】見《說文解字詁林》第2冊，同上，頁1040。

【110】同上。

【111】見張舜徽著《說文解字約注》（河南：中州書畫社，1983年3月）卷3，頁7b—8a。

【112】見《說文解字詁林》第10冊，11158a。是句說解依小徐。

當作古文封從土㞢省聲。籒文從古文而㞢不省。篆文亦從古文而加寸也。【113】

張舜徽《說文解字約注》則說：

> 周伯奇曰：「此字（案：此指封篆）當从又从土，㞢省聲。」徐灝曰：「周說是也。籒文從㞢，即其證。从又之字，多譌从寸。」舜徽按：金文封字有作𡉚者，見召伯虎敦。𡉚象以手植木于上，古文作㞢，蓋其初形也。封之古文作㞢，與邦之古文作㞢同意，從土猶從田耳。許君說解，舉後王之制以釋封字（案：許君曰：「爵諸矦之土地。从㞢、从土、从寸。寸、其制度也。公侯，百里；伯，七十里；子、男，五十里。」【114】）殆非造字原意。太古淳樸，無所謂國與諸侯也。惟聚眾割據，自為疆界，爰於彼此毗鄰之處，積土隆起，植木其上，以為標識，此即封之所由起。城郭之制，猶在其後矣。《周禮・大司徒》：「制其畿疆而溝封之。」鄭《注》：「封，起土界也。」《大司馬》：「制畿封國。」鄭《注》：「封謂立封於疆為界。」皆即太古遺意。封與邦，古實一字。綁字讀博蠓切，知封字古讀，本在重唇。《釋名・釋州國》云：「邦、封也。」是已。《論語》：「而謀動干戈于邦內。」《釋文》引鄭本作「封」。《周語》：「邦內甸服，邦外侯服。」《漢書・嚴助傳》作「封內甸服，封外侯服。」又邦、封字同之證也。今俗書幫字亦有作幫者，要非無據矣。【115】

張氏所謂封、邦同是一字，確鑿可信。封字金文作𡉚康侯丰鼎、𡉚珊生簋、𡉚伊簋、𡉚散盤、𡉚散盤、𡉚中山王𩰬壺、𡉚魯少司寇封孫宅盤【116】，都

【113】見《說文解字詁林》第10冊，頁1159a。

【114】見《說文解字詁林》第10冊，頁1157b。

【115】見《說文解字約注》卷25，頁26b。

【116】見陳初生編纂《金文常用字典》（陝西：陝西人民出版社，1987年4月），頁1091。

可以佐證。然而，王筠謂「古文封從土丰省聲」就不當，欠缺令人信服的理據。

4. 亦聲

亦聲之說，最早見於《說文》，如珥篆下：「瑱也。从玉、耳，耳亦聲。」[117] 許慎的意思是：「耳」既是「珥」的意符，又同時是「珥」的聲符。憙下：「說也。从心从喜，喜亦聲。」[118] 按句中的意思是指「喜」字既表意亦標聲。段玉裁對亦聲有這樣的理解：

> 凡言亦聲者，會意兼形聲也。凡字有用六書之一者，有用六書之二者。[119]

龍宇純《中國文字學》討論亦聲說：

> 一字之構成部分，既取其意又取其聲，此種現象，文字學中謂之「亦聲」，或謂之「兼聲」。因文成辭，又有「會意兼聲」、「形聲兼意」、「會意包聲」、「形聲包意」等不同稱謂。[120]

再看看王筠在《說文釋例・卷三・亦聲》的分析：

> 言亦聲者凡三種。會意字而兼聲者，一也。形聲字而兼意者，二也。分別文之在本部者，三也。會意字之從義兼聲者為正，主義兼聲者為變。若分別文則不然，在異部者，概不言亦三種：形聲字而形中又兼聲者，一也；兩體皆義皆聲者，二也；說義已見，即說形不復見者，三也。[121]

其實，王氏在《句讀》有再訂明亦聲之說，以下列舉一些異於《釋例》的例證，加以說明：

---

[117] 見《說文解字詁林》第 2 冊，頁 301b。

[118] 見《說文解字詁林》第 4 冊，頁 1280b。

[119] 見《說文解字詁林》第 10 冊，頁 34a。

[120] 見龍宇純《中國文字學》頁 293。

[121] 見王筠《說文釋例》頁 54b。

（1）君

《說文》君下云：「尊也。从尹。」王筠《句讀》說：「謂至尊尹治天下也。尹亦聲。」【122】案：尹、喻紐；君、見紐。兩字上古同屬文部。

（2）命

《說文》命下云：「使也。从口令。」王筠《句讀》說：

　　令亦聲。金刻多借令為命，史伯碩父鼎：「永令萬年。」其徵也。【123】

案：命、令分別屬明、來二紐，兩字上古同屬真部。

（3）道

《說文》道下云：「所行道也。从辵从首。」王筠《句讀》說：「首亦聲。」【124】案：道、首上古同屬幽部。道、定紐；首、書紐。

（4）敗

《說文》敗下云：「毀也。从攴貝。」王筠《句讀》說：「貝亦聲。」【125】案：敗、貝上古同屬月部、幫母。

（5）畋

《說文》畋下云：「平田也。从攴田。」王筠《句讀》說：

　　田有塊，故攴之。晉灼曰：「以木槌塊曰櫌。」畋又省作田，

　　《齊風》：「無田甫田。」《傳》曰：「謂耕治之也。」田亦聲。【126】

案：田、畋兩字上古同屬真部、定紐。

以上五項是王氏在書中加以訂正的「亦聲」例子，它們與《段注》

【122】見《說文解字詁林》第2冊，頁1161。
【123】見《說文解字詁林》第2冊，頁1164。
【124】見《說文解字詁林》第3冊，頁158。
【125】見《說文解字詁林》第3冊，頁1251。
【126】見《說文解字詁林》第3冊，頁1277b。

所說的基本上相同,[127] 應是本於段說。此外,王氏另有在《句讀》裏自己標明「亦聲」的例子,例如:

(1) 貫

《說文》貫下云:「錢貝之貫。从毌貝。」王筠《句讀》說:「毌亦聲。」[128] 案:毌、貫上古同屬元部、見紐。

(2) 瀺

《說文》瀺下云:「捕魚也。从鱻从水。」王筠《句讀》說:

> 鱻亦聲,語居切。《呂氏春秋・季夏紀》:「漁師。」《注》:「漁讀如相語之語。」《季冬紀・注》:「漁讀如《論語》之語。」是高誘讀漁為牛據切也。《廣韻》語居切,是今音,非漢音。[129]

案:瀺漁兩字,本音相同,王筠以鱻之聲符音義皆備,故以亦聲為說。

(3) 嬰

《說文》嬰下云:「繞也。从女賏。貝連也。」王筠《句讀》說:

> 依《韻會》引改。(案:此指「連也」上之「見」字。)貝部賏下云:「頸飾也。」於此乃別為之說者,言連則繞義近也。當云「賏亦聲」。於盈切。[130]

案:嬰賏兩字,上古同屬耕部,影紐。

(4) 孨

《說文》孨下云:「謹也。从三子。凡孨之屬皆从孨。讀曰翦。」

---

[127] 君、《段注》曰:「尹亦聲。」命、《段注》曰:「令亦聲。」道、《段注》曰:「首亦聲。」敗、《段注》曰:「貝亦聲。」畋、《段注》曰:「田亦聲。」上分別見於《說文解字詁林》第 2 冊,頁 1161a,1164b。第 3 冊,頁 157a,1250b,1277b。

[128] 見《說文解字詁林》第 6 冊,頁 283。

[129] 見《說文解字詁林》第 9 冊,頁 902b-903b。

[130] 見《說文解字詁林》第 10 冊,頁 165b-166b。

王筠《句讀》說:「子、孴雙聲,則子亦聲也。旨兗切。」【131】案:子、孴同屬上古精紐。子屬上古陰聲之部,孴則屬上古陽聲元部。孝、章紐元部。

（5）教

《說文》教下云:「上所施,下所教也。从攴从孝。」王筠《句讀》說:「子部孝、效也。孝亦聲。古孝切。」【132】案:孝、教兩字上古同屬宵部、見紐。

除以上五例外,王氏《句讀》另有說明許篆不可以用「亦聲」解說的例子,如:

（1）寷

《說文》寷下云:「大屋也。从宀、豐聲。《易》曰:寷其屋。」王筠《句讀》說:

《豐卦‧上六》爻詞。引此者以見豐兼意也。乃不曰從豐、豐亦聲者,豐者豆之豐滿者也,與宮室無涉。《易》於屋言豐,故引以證也。【133】

案:《說文》「寷、大屋也」,與「豐、豆之豐滿者」的詞義解釋有所不同,所以不說「從豐,豐亦聲」,王氏的分析是合理的。

（2）敽

《說文》敽下云:「煩也。从攴、矞聲。」【134】王筠《句讀》說:

敽與言部䜌同,與受部爰、乙部亂相反。大徐本從矞、矞亦聲,非也。【135】

【131】見《說文解字詁林》第 11 冊,頁 722b-723a。

【132】見《說文解字詁林》第 3 冊,頁 1285。

【133】見《說文解字詁林》第 6 冊,頁 657b—658。

【134】案:是句說解,《段注》、《句讀》如是,蓋依小徐也。見《說文解字詁林》第 3 冊,頁 1252b。

【135】同上。

案：《說文》𢿱下云：「治也。」【136】字義與敱剛好相反，所以王氏說大徐本「非」。

(3) 灋

《說文》灋下云：「刑也。平之如水。从水。廌所以觸不直去之。从廌去。」王筠《句讀》說：

> 義已見部首下矣。此再言之者，起下從廌去之文也。《左傳》有僕區之法，有竹刑，是知刑灋者，即今律例也。廌去水三義，不相連貫，又與律例不甚符合，故分為兩義說之，又不言去亦聲也。【137】

案：王念孫《廣雅疏證》引《說文》本篆的說解說：

> 灋、刑也，平之如水，從水，廌所觸不直者，去聲。【138】

王筠則用會意條例去解釋，並說《說文》「不言去亦聲也」，可備為一說。

5. 方音 —— 山東安邱方言

訓解文字音義，有時是可以根據當世方言而加以印證。中國方言淵源悠長，是由古一直發展至今的語言，各類方言其實與古代語音系統都有不可分割的源流關係。縱然語音經歷百代異世而有所變化，但很多時都可以發現不少方言還是保留着古音的遺跡。清代文字訓詁專家，如段玉裁、王念孫、郝懿行（1757—1825）等，在研究文字音義的同時，也每每引用方音去求證於古義。王筠《句讀》裏也曾徵引不少他自己的鄉音、俗諺等材料以印證《說文》。全書有關例子相當豐富，據本文統計一共有 57 條【139】。以下舉數例說明：

【136】 見《說文解字詁林》第 4 冊，頁 568b。

【137】 見《說文解字詁林》第 8 冊，頁 524a -525b。

【138】 見陳雄根標點《新式標點廣雅疏證》（香港：中文大學出版社，1978 年）第 1 冊，卷 1，頁 24。

（1）

《說文》鬏下云：「屈髮也。」王筠《句讀》說：

《廣雅》：「鬏、髻也。」《急就篇》：「冠幘簪簧結髮紐。」顏注：「結髮謂作結，紐謂結之鬏也。」案：顏注得之，謂鬏其髮以為髻也。安邱語（案：《句讀》全書，王氏自言「安邱語」僅此一條，餘皆曰：「吾鄉……」。）屈之謂之鬏之，又一摺謂之鬏，泛言之，不第謂髮也。【140】

案：王筠是山東安邱人，他根據當地方言所記，認為屈之謂鬏之，又一摺謂之鬏，這都應該是鬏的引申義。

（2）

《說文》茢下云：「茢也。謂茅根也。」【141】王筠《句讀》說：

依元應引補，句蓋庾注，故有謂字。或以為兩義，非也。吾鄉呼茅根曰蔓茢。《釋草》：「茢茢。」雖譌為茢茢，然郭注曰：「今江東呼藕紹緒如指，空中可啖者為茢茢，即此類。」是郭氏猶知其為茢也，且知茢、茢皆藕根之名，與《爾雅》之蘵、《玉篇》「茢注」之蘵、杜林之董，是藕根有五名也。《廣雅》：「蘵、茢、茢，根也。」蘵當作蘵，是讀《爾雅》「茢茢茢根」為一句，許君亦然，《郭注》誤分為二。【142】

【139】王筠《句讀》全書引其鄉俗諺，俗語，恆言說解者，見下列諸篆之說解：茢、莎、特、趡、謯、鬻、鳯、督、雇、鷚、鴞、夃、餘、麥、夂、桿、槃、滕、榎、椵、葉、曈、福、杓、機、穗、梨、梁、艤、㲄、欲、歆、鬏、庀、夸、濰、耴、扚、擄、纏、蛫、蟏、蛉、螫、埈、墼、附、鉛、敳、憙、囮、穎、 覒、頜、汓、波，共57條。

【140】見《說文解字詁林》第7冊，頁1053。

【141】見《說文解字詁林》第2冊，頁748b。是句說解依《句讀》，補「謂於「茢也」下。

【142】同上。

王筠說其鄉呼茅根曰蔓荗，就是引用方言證古語的方法。

（3）

《說文》㪑下云：「叉取也。」【143】王筠《句讀》說：

> 桂氏曰：「本書：『担，把也。』《釋名》：『擔，叉也。五指俱住，叉取也。』《方言》：『担、擔取也。南楚之間，凡取物溝中謂之担，或謂之擔。』《廣韻》㪑作戲，云：『以指按也。』《集韻》：『㪑、或作擔。』」筠案：吾鄉叉大指中指，以量物之長短，謂之㪑，似即此字。《方言·注》：「音櫨黎之櫨，俗語正如此音。」【144】

案：當代方言學者曹正一《安丘方言詞匯》於 tʂa²⁴ 下收「札」字，曹氏說：

> 中指和母指伸開，中間的長度為一札。例：這枝鉛筆有一札長。【145】

曹氏所說的札，應該就是王氏所論的㪑，札當是㪑的借字。

（4）

《說文》譎下云：「譎訑也。多言也。」【146】王筠《句讀》在「譎訑也」下說：

> 此一義也。《玉篇》：「欺謾之言也。」《廣韻》：「弄言。」皆同此義。吾鄉謂相謾曰譎戲，蓋譎訑之轉。【147】

案：訑、余制切【148】，上古屬匣紐月部，擬音 ɣjat【149】。曹正一的《安

【143】見《說文解字詁林》第 3 冊，頁 1027a。是句說解依小徐本。

【144】見《說文解字詁林》第 3 冊，頁 1027b。

【145】見曹正一《安丘方言詞匯》（方言與普通話集刊）第 8 本，東京：株式會社，1966 年 9 月）頁 59。

【146】見《說文解字詁林》第 3 冊，頁 629b，是句說解依小徐本。

【147】見《說文解字詁林》第 3 冊，頁 630a。

【148】同上。

丘方言詞匯》收有「（离）戲」li⁽⁵³⁻²⁴⁾ ɕi 一語【150】。由 ɤjat 轉 ɕi，主要元音 a 消失，ɤ → ɕ 則為舌根擦音變舌面擦音，此蓋語音演變常見情況。曹氏釋「（离）戲」之詞義說：

> 開玩笑、說笑話。例：當老的就得有老的樣子，不能和孫子（离）戲。【151】

所釋詞義正與《說文》及王說脗合。

（5）

《說文》餹下云：「晝食也。」王筠《句讀》說：

> 晝、《御覽》引作中，謂日中也。吾鄉謂午飯曰餹食，因謂正午為正餹。【152】

案：餹、書兩切【153】，上古屬陽部、書紐，擬測音為 ɕiaŋ【154】。曹氏《安丘方言詞匯》文中的舌葉擦音 S 下有「午飯」詞義一條，拼音是「Sɒ̀⁽⁵⁵⁻²⁴⁾.fæ̃」，曹氏釋作「晌飯」【155】。ã 乃鼻化韻母與上古 aŋ 陽部相對應。由 ɕiaŋ 轉 Sɒ̀，即聲母由舌面清擦音演變成舌葉清擦音，韻母則由陽聲鼻韻母 aŋ 變為鼻化韻母 ã，其演變的規律是有迹可尋。《說文》食部另有饟、餉兩篆，字義彼此互訓，【156】切音分別是人漾切、

【149】音值擬測詳參陳復華・何九盈《古韻通曉》（北京：中國社會科學出版社，1985年5月）「第三章古韻三十部歸字總表」頁 130 及「第及章上古韻母系統構擬例字」頁 469—470。

【150】見曹正一《安丘方言詞匯》，頁 58。古音分析，參考《古韻通曉》，頁 233。

【151】曹氏之說同上。

【152】見《說文解字詁林》第 5 冊，頁 87。

【153】同上。

【154】參郭錫良編著《漢字古音手冊》（北京：北京大學出版社，1986年11月）頁 258。

【155】見曹正一《安丘方言詞匯》，頁 60。

【156】見《說文解字詁林》第 5 冊，頁 96b，頁 98a。

式亮切，【157】與餘、書兩切同是上古陽部、書紐，應該是同一字。曹氏謂午飯為「晌飯」，此晌字是同音借字。

除上述五例外，王氏又以他家鄉的恆言、俗諺去論證《說文》，現舉數例說明如下：

（1）

《說文》瞥下云：「轉目視也。」王筠《句讀》說：

> 吾鄉之恆言也，有所伺察而恐人覺之，故佯為不見而轉目以注之也。【158】

以上是以安邱恆言證《說文》許語之例。

（2）

《說文》扐下云：「从上挹也。」王筠《句讀》訂改為「從上挹取也」，王氏說：

> 依元應引補。《通俗文》：「從上取曰扐。」案：此吾鄉之恆言。

以上亦是以安邱恆言證《說文》許語之例【159】。

（3）

《說文》久下云：「以後灸之，象兩脛後有距也。《周禮》曰：『久諸牆以觀其橈。』凡久之屬皆從久。」王筠《句讀》說：

> 蓋所引《周禮》，當時已有作灸者，故以明之也。《士喪禮》：「鬲冪用疏布久之。」《注》：「久、讀為灸，謂以蓋塞鬲口也。」《既夕禮》：「苞筲甕甒，皆木桁，久之。」《注》：「久，當為灸，謂以蓋案塞其口。」案：此兩久字同義，吾鄉之恆言也。然是從上灸之，而非從後灸之，故許君不引而引《周禮》。【160】

又說：

【157】同上。

【158】見《說文解字詁林》第4冊，頁57b。

【159】見《說文解字詁林》第9冊，頁1295a。是句說解依《段注》及《句讀》。

【160】見《說文解字詁林》第5冊，頁405a-406b。

《考工記・盧人》：「灸諸牆以眡其橈之均也。」《注》：「灸，猶柱也。」《釋文》：「灸音救。」案：此亦吾鄉之恆言【161】。灸字《說文》釋作：「灼也，从火久聲」【162】。灼應是灸的本義。許慎以「从後灸之」作解釋，所用的是灸字假借義，王筠《句讀》則以安邱恆言論證許慎的說解。

除上述例子，《句讀》書中對歘、擄、艦諸篆的分析，也同樣引安邱恆言來加以印證。至於所引用的安邱俗諺例子，因研究材料所限，未能作進一步探究【163】，茲略引數例如下：

（1）

《說文》欥下云：「喜也。」王筠《句讀》說：

《廣韻》曰：「笑也。」與吾鄉俗語合。【164】

（2）

《說文》纏下云：「一曰縺衣也。」王筠《句讀》說：

轉注。《玉篇》：「纏、交縫衣也。」案：此義吾鄉諺語有之。交兩幅之邊，對合縫之，故《玉篇》曰：「交縫」。【165】

（3）

《說文》蜁下云：「蛹也。」王筠《句讀》說：

《釋蟲》文。郭注：「蠶蛹。」孫叔然曰：「蜁即是雄，蛹即是雌。」筠案：吾鄉諺語，凡草木蟲之有繭自裹者，皆謂之蜁，如

【161】 同上。

【162】 見《說文解字詁林》第 8 冊，頁 776b。

【163】 案：安邱方言之研究，筆者目前只見曹正一之《山東安丘方音和比京語音》、《安丘方言詞匯》及《山東安丘方言在詞匯語法上的一些特點》三篇專論，收錄於《方言與普通話集刊》（東京：株式會社，1966年9月）第8本。曹氏之說，前已引用。

【164】 見《說文解字詁林》第 7 冊，頁 789b-790a。

【165】 見《說文解字詁林》第 10 冊，頁 750a。

蜻蜓在水中未蛻時,及蟬之為復育時,皆名之。【166】

(4)

《說文》坽下云:「……一曰塵皃。从土戉聲。」王筠《句讀》說:

> 蒲撥切。當如元應:扶發反。所引一耦之坽,今本作伐,吾鄉諺正同。【167】

以上是王氏《句讀》引安邱俗諺印證《說文》的例子。

三

綜合上述各項而言,合共雙聲、疊韻、通借、借字、省聲、亦聲、方音(山東安邱方言)七類,可以充實地反映出王筠《句讀》一書在探究《說文》字音方面的特點與成果。誠然,王筠對《說文》字音的研究並沒有採用段氏《說文解字注》(簡稱《段注》)的古韻分部體系,但書中援引或暗用段氏之資料就非常多,詳見本文後所附之「王氏《句讀》字音分析與《段注》對照簡表」。總的來說,王氏的研究及論述且是踏實可取,證據充足有力,每每能反映出個人特有見解,對讀者有一定的啟發意義。當然,基於傳統語言學理論及研究材料的局限,特別是古音學理方面,王氏所論也有疏漏不足之處,如:昕、晞;促、趣;衺、邪;貢、功;臤、堅、賢;曷、害;坏、培;顥、晧;封等篆字條,其中更有一些值得商榷討論的地方。不過,以王氏當世而言,他對《說文》字音的種種研究,與一般《說文》研究者相比已是莫大的進步,特別是他對古籍音義的精細考證與分析,對古文字材料之篩選運用,以及對古音與方音演變關係的重視,的確是難能可貴,其研究《說文》及古籍字音的方法,可以為後世提供了具體方向,擴闊了語言文字的研究領域。

【166】 見《說文解字詁林》第10冊,頁811b-812a。

【167】 見《說文解字詁林》第10冊,頁1122b-1123b。

附：王氏《句讀》字音分析與《段注》對照簡表

《說文》篆例	王氏分析	段氏分析及韻部（《段注》）	擬測音值
蔫、菸	雙聲	注明雙聲（第十四、五部）	ian, ia
呝、喔	雙聲	注明雙聲（第十六、三部）	ak, eok
可、肯	雙聲	注明雙聲（第十七、一部）	khai, khəng
彪、彨	雙聲	注明雙聲（第十三部）	biô
糏、粲	雙聲	注明雙聲（第十二、十五部）	siat, sat
芄、蘭、莞	疊韻	（同是第十四部）	huan, lan, huan
藹、薹	疊韻	（同是第十五部）	at, kat
啁、嘐	疊韻	（同是第三部）	teô, keô
走、趨	疊韻	（同是第四部）	tzo, tsio
迨、遝	疊韻	注明疊韻（第七、八部）	həp, dəp
諈、諉	疊韻	（同是第十六/十七部）	tjiek, njiek
辡、駁	疊韻	（第十四、二部）	poan, peok
駃、威	疊韻	注明疊韻（同是第十五部）	kuat, iuəi
豣、肩	疊韻	注明疊韻（第十一、十四部） 案：均作古賢切，段氏則分兩部。	kyen

31

垓、晐	疊韻	注明疊韻（同是第一部）	kə
瀆、隫	借字	辨明字義分工（同是第三部）	dok
婹、任	借字	未有說明（第七部）	njiəm
奴、殘	通借	未有說明（同是第十四部）	dzan
幎、羃、幦	通用	辨明字義（第十一、十五、十六部）	myek, myet, myek
昕、晞	同音通用	（第十三、十五部）	xiən, xiəi
促、趣	借字	指出音義略同（第三、四部）	tsiok, tsio
衺、邪	轉注	指出古今字（同是第五部）	zya
貢、功	通用	注明疊韻（同是第九部）	kong
臤、堅、賢	通用	指明假借（同是第十二部）	kyen
曷、害	借字	指明假借（同是第十五部）	hat
坏、培	借字	指明假借（同是第一部）	buə
顥、皜	古通	指明通假（第二、三部）	hô, hu
犅、（剛）	省聲	指出從剛省（第十部）	kang

封、（坴）	省聲	（第九部）	piong
君、（尹）	亦聲	指出亦聲（第十三部）	kiuən
命、（令）	亦聲	指出亦聲（第十二部）	mieng
道、（首）	亦聲	指出亦聲（第三部）	du
敗、（貝）	亦聲	指出亦聲（第十五部）	beat
畋、（田）	亦聲	指出亦聲（第十二部）	dyen
貫、（毌）	亦聲	（第十四部）	kuan
鱻、鱻	亦聲	（第五部）	ngia
嬰、（賏）	亦聲	（第十一部）	ieng
孨、（子）	亦聲	（第十四部、一部）	tjuan
教、（孝）	亦聲	（第二部）	keôk
鬜（屈）	方音	從文獻引方言立說	muəi
葯茮（蔓茮）	方音	未有方言立說	hen
㾜	方音	從文獻引方言立說	tzeai
謫詍（謫戲）	方音	（第十五、十七部）	jiat
餘	方音	（第十部）	sjiang

瞥	恆言	（第十四部）	buan
扟	恆言	（第十二部）	shen
久	恆言	（第一部）	kiuə
欯	安邱俗語	（第十二部）	xjiet
纆	安邱諺語	（第十一部）	bian
䰟	安邱諺語	（第十五部）	kiue
坺	安邱諺語	引'今人'說之（第十五部）	biuat

說明：

（1）表中「段氏分析及韻部」分兩項處理：
前者將段說作扼要說明，如「注明雙聲」即見於《段注》之分析。後者以（　）註明段氏所歸入之古音分部，詳見《段注》之篆字說解。

（2）表中「段氏分析及韻部」見於《段注》，基本上參照臺灣漢京文化事業有限公司印行之《說文解字注》（「四部刊要」版），1983年。

（3）一字可歸入兩部，則以／號加以隔開，如「諈」字段氏謂可歸入第十六／十七部。

（4）省聲、亦聲、方音、鄉諺等只擬測其本篆一音。

（5）右欄之音值擬測主要與《說文》之切音作對應處理。基本上，參照《同源字典》（王力著，北京：商務印書館，1987年）、《古韻通曉》（陳復華、何九盈著，北京：中國社會科學出版社，1987年）。表中字例如音值相同則只標示一音。

南社詩歌理論研究

朱少璋*

提要

本文首章,先對南社研究作一概括綜論,並對南社成立前的詩壇作一簡述,從背景介紹而引入主題,繼而簡介南社成立之原因、過程及有關會員,再進入有關南社詩論的探討。為求研評更具系統,詩論之探討將分成創作論、文源論、因革論、功用論、作家論、鑒賞論及方法論七個環節,作個別的分析,並探討南社詩論中推崇的詩人,從其喜好以見其審美標準,務求從不同角度切入,觀瀾索源,冀能得之。

緒論:南社及其相關之研究

南社——一個擁有千多名社員、曾影響清民詩壇的一大詩社,在六〇年代出奇地被研究者冷落,它成立於五四運動之前(1909),可能由於斷代上的困難,新文學研究範圍自然不收,而近代文學的研究範圍也多止於晚清同光年間,對這個成立於清民之際的龐大詩社,評論甚少。[1]

1980年左右,開始有研究者對南社產生興趣,從事南社史或人物傳記之編撰工作,如楊天石、劉彥成的《南社》(北京:中華書局,1980)及鄭逸梅(1894-1992)的《南社叢談》(上海:人民出版社,1981)。個別社員亦有研究者著手整理及研究:《磨劍室詩詞集》(上海:人民出版社,1985)、《蘇曼殊小說詩歌集》(北京:社會科學院,1982)、

---

*香港浸會大學語文中心高級講師。

[1] 詳參柳無忌:〈南社對中國近代文學的貢獻〉,載《文教資料》3-4期合刊(南京:古文獻整理研究所,1990)頁96-102。

《南社俞劍華先生遺集》（台北：三民書局，1984）及《郁曼陀、陳碧岑詩抄》（上海：新華書店，1983）等。而有關南社的各項研評亦告展開。

南社以「詩」為其主要成就，無論在創作及詩學理論上，均有不可忽視的份量和見解，就前人研究的成果看來，社史整理居多，其次是對個別社員的探討，而有關南社整體的詩論研究，則只有今人馬進的一篇〈南社詩論初探〉（載《文學評論》1983年18期），雖開其端，但尚可廣其研究面，深掘其研評角度，作全面而更具系統的南社詩論研究。作為新舊交替的民初年代，南社如何建立自己的詩論？又如何承繼前人的成就？此一專題之探討，實在是有價值和意義的。

南社社員眾多，詩論重點各有所重，亦各有異同，本研究目的，在於疏理綜合各社員的詩學見解，取其有代表性及具影響力的詩歌理論作分析，柳亞子（1887-1958）、高旭（1877-1925）、陳去病（1874-1933）、黃節（1873-1935）、寧調元（1873-1913）、周實（1873-1911）及蘇曼殊（1884-1918）等社員，均為研究重點。務使能求同存異，以見各社員詩論之主要傾向，探討其詩論核心。

材料方面以原始資料為主，其中曼昭（汪精衛1883-1944）的《南社詩話》（載《南華日報》）、胡韞玉（1878-1946）的《南社詩話》（載《小說月報》）及《南社叢刻》（柳亞子編，微型膠卷）均為主要之根據及參考，各學者研究有關南社的文章及專論，亦必在參考之列。

一‧南社及其成立前的詩壇概況[2]

清民之際，在政治上是多事之秋：政治上的動盪、辛亥革命、建立

---

[2] 有關南社成立前的詩壇概況，此處只作簡述，可詳參柳無忌：〈南社前後的中國文壇〉，載《從磨劍室到燕子龕》（台北：時報文化出版社，1986）頁10-17；郭延禮：《中國近代文學發展史》（濟南：山東教育出版社，1991）及任訪秋主編：《中國近代文學史》（河南：河南大學出版社，1988）。

民國，不久又有袁氏復辟，可說是政治上的混亂期。與此同時，清民的詩壇也不見得有任何突破的成就，是時雖有梁啟超（1873-1929）倡導詩界革命，但梁氏本人並非詩人，其影響遠不如小說、翻譯及散文之作。此時詩壇上的擬古風氣十分濃厚，以「同光體」為代表，主要學習王安石（1021-1086）及梅堯臣（1002-1060）等人的作品，以求古奧生辟，險拗瘦硬為能事，同光體的詩當然不是全無價值，但其流風所及，好些仿古難明，枯寂深隱的詩作，確曾充斥在清民詩壇上，個別詩人雖能寫出水平較高的作品，但總體而言仍是缺乏生趣及個性。其末流者如陳三立（1852-1937）及鄭孝胥（1860-1938）等，以清朝遺老自居。此外，較有影響力的尚有以王闓運（1832-1916）為代表的漢魏六朝詩派，又有以樊增祥（1846-1913）、易順鼎（1859-1920）為代表的中晚唐詩派，雖然這些詩派的模擬對象不一，但「擬古」卻是他們的共同特點。

黃遵憲（1848-1905）提出的「詩界革命」，可說是清民詩壇上的一大震撼，他提出革新詩論，主張詩歌要隨著社會而變，揚棄古人之糟粕，打破格律之束縛及重視民歌的啟發。黃氏提出的「革命」理想性很高，可謂高瞻遠矚者，但在實踐上卻往往出現困難，畢竟當時的詩壇人物均接受中國的舊式教育，對接受及實踐新的理論較難，如黃氏本人，曾出使外地，思想自是較為開放，所提之詩論亦較進步突破，但直到晚年，他還以不能完全實踐那套「詩界革命」理論為憾，他曾說：

> 少日喜為詩，謬有別創詩界之論，然才力薄弱，終不克自踐其言……【3】

而事實上，黃氏在詩歌創作上所採用的，基本還是古典詩歌的舊有形式和格套，而詩的語言與口語的距離還是相差很遠。

在擬古風氣中，在革新的條件尚未成熟前，清民的詩壇可謂處於青黃不接的時期，此時期的詩人，除非有鮮明的擬古或革新立場，不然的

【3】黃遵憲：〈與邱煒菱書〉，載《小說月報》第8卷1號。

話，必陷於一進退維谷的悶局中，此一悶局，將有待於1909年南社的成立，才出現另一新局面。

南社的成立，承繼了我國古典詩歌傳統，因了解到急速的革命只會令詩人無所適從，另方面又鼓吹詩作內容的健康性及進步性。如是，則南社所立足者乃是繼古而非擬古，是革新而非追求革命的調和立場，與那極端的擬古及革命詩論，鼎足而三。詩壇上不滿擬古風氣，又稍有革新思想，但又不願放棄舊詩創作的詩人，大都駐籍於南社，形成清民之際一大詩社。

南社，1907年籌備，1909年在蘇州正式成立，會員甚眾，1918年左右便衰落，以至解散。[4] 在十九、二十世紀之交，民主革命浪潮日益高漲，南社的誕生，在這特殊的時期中，的確肩承了它應負的時代責任和文學責任，如南社的命名，即可窺見其時代上的意義：

鍾儀操南音，不忘本也。[5]

南者，對北而言，寓不向滿清之意。[6]

它的名字叫南社，就是反對北庭的標誌了。[7]

由此可見，南社的成立與政治不無關係，又如南社發起人陳去病曾經到過日本，參加拒俄運動，編印《陸沉叢書》及《正氣集》，以鼓吹革命思潮。柳亞子——南社另一位發起人，1903年於上海助鄒容（1885-1905）出版《革命軍》。高旭則編印了《覺民》，在發刊詞中云：

欲刺激國民之神經，使知愛國之理。[8]

---

[4] 有關南社之成立始末，可詳參楊天石、劉彥成：《南社》（北京：中華書局，1980）及王晶垚：〈南社始末〉，載《中國社會科學》1980年4期。

[5] 見寧調元：〈南社詩序〉，載《民吁日報》1909年10月29日。

[6] 見陳去病：〈南社長沙雅集紀事〉，載《太平洋報》1912年10月10日。

[7] 見柳亞子：〈新南社成立布告〉，載《南社紀略》（上海：人民出版社，1983）頁100。

[8] 轉引自楊天石：《南社》，頁7。

可見南社的幾位重要的發起人，皆念念以革命及愛國為己任。

但南社終究不是政治的團體，它本來就是文學會社，社中同人除了利用詩文來鼓吹革命及愛國思想外，還有其獨特的、共同的文學取向，社員在相同興趣及共同傾向下創作交流，以期達到同聲相應，同氣相求之目的。南社曾自編出版《南社叢刻》（一般簡稱為《南社》），以匯集社員的詩文創作，一時間珠玉紛呈，引起文壇人士的注意，誠如柳無忌（1907-2002）在〈南社前後的中國文壇〉一文中指出：

> 承繼著當時革命的潮流，南社可說是一個倡導革命的文學團體，它雖沒有具體的或系統的政治主張，但確曾領導文壇，做著改變社會工作……【9】

是時，「同光體」為代表的宋詩派，活躍於清末民初的詩壇，南社以一後起的詩社，在歌謳革命及痛斥政治敗壞之餘，更反對同光體的「塗章飾句，附庸風雅」，【10】他們不單把詩看成為鼓吹革命的工具，而更重要的是要確立一種新的詩風，和當時流行的宋詩靡弱風氣相抗衡，這點意義是不容忽視的。

南社同人反對滿清的腐敗統治，力爭到底；在文學上，則「振唐音以斥傖楚，而尤重布衣之詩，以為不事王侯，高尚其志，非肉食所敢望」，【11】均是「氣節」的表現，誠如鄭逸梅在《南社叢談》中說：

> 他們（指南社諸人）仰慕著明代末年的幾社復社人士提倡氣節，

【9】 見〈南社前後的中國文壇〉，載《從磨劍室到燕子龕》，頁 13。

【10】 見柳亞子：〈胡寄塵詩序〉，《南社叢刻》（微型膠卷，藏香港中文大學，以下引用俱簡稱「《南社》」）第五集，文錄頁 38 下、39 上。《南社叢刻》已有重印本，江蘇廣陵古籍刻印社 1996 重印，共八冊；但重印本去掉了原書的圖片，而且印得汗漫，故筆者仍以拍自原本的微型膠卷為引錄根據。有關重印本《南社叢刻》之問題，詳參拙文：〈《南社叢刻》的重印本與未刊稿〉，載《明報月刊》2月號（1997）。

【11】 同上注。

> 以文會友，聲應氣求，扭成一股力量⋯⋯【12】

即連南社同人所推尊的龔自珍（1792-1841），亦正是在政治舞台及詩壇上最能表現「氣節」的表表者。柳亞子在〈疊和左海少年四絕句〉云：

> 甘持獨醒謝群噪。宋玉能傳屈子騷。記取定公名論在，但開風氣盡堪豪。【13】

對龔氏的成就和品格，可謂推崇備至。

南社成立後，得到不少文人雅士的支持，紛紛加入，如劉季平（1890-1938）、黃節、蘇曼殊、包天笑（1876-1973）、任鴻雋（1886-1961）、朱劍芒（1890-1970）、劉成禺（1876-1953）、李叔同（1880-1942）、宋教仁（1882-1913）、張繼（1882-1947）、汪東（1889-1966）、沈尹默（1882-1971）、吳梅（1884-1939）、胡韞玉、徐自華（1872-1935）及黃季剛（1886-1935）等，均為文人、詩人、學者、藝術家或革命家，可謂人才濟濟，社員凡千餘人，實在是近代文學史上非常龐大的詩社組織。

南社的成立旨在集結同興趣、同文藝傾向的詩人文人，但文學上的見解始終是不能完全統一的，南社成立不久，即有唐宋詩之爭，社員各自呼朋引類，以朱鴛雛（1894-1921）為首的宋詩支持者，與以柳亞子為首的唐詩支持者發生衝突，在報章上展開了筆戰，最後朱氏被逐出南社，弄得極不愉快；自此社務亦日見凋零。【14】

儘管南社自1918年便告衰落，後繼者如新南社也只有短短一年的歷史，但南社在中國文學史上終究佔一席重要的位置，諸如匯集社員作品的二十五集《南社叢刻》，即有力地保留和反映了清末民初的文壇動

【12】見《南社叢談》前言部分（上海：人民出版社，1984）頁1。

【13】引自柳亞子：《磨劍室詩詞集》（上海：人民出版社，1985）下冊，頁9202。

【14】有關南社唐宋詩之爭，可詳參柳亞子：〈我和朱鴛雛的公案〉，載《南社紀略》頁149-154，本文於「因革論」一章中亦會論及此件公案。

態。又如南社的革命精神,對文學潮流的影響以及那種文人的氣節,那種「非肉食所敢望」的情操,【15】遂使這文學史上一閃而逝的流星,染上一種動人的風致;雖只短暫一閃,卻為人帶來深刻的印象。

二・南社詩論之創作論

創作論是任何有系統的詩論都必然觸及的命題,有關詩歌創作與詩人的內在思想情感之關係,中國傳統詩學理論主要分成「言志」及「抒情」兩派,而南社——作為清末民初的詩社,雖受著外來思想的衝擊,但在處理創作論的問題上,卻是承襲了中國傳統的說法,要而言之,南社在「言志」及「抒情」兩方面的理論均有所承繼,不偏於某一方面的說法,茲就此兩項作一說明:

(一) 承繼「詩言志」的傳統

詩言志的傳統最早當追溯至先秦,《尚書・舜典》云:

> 詩言志,歌永言。【16】

又《左傳・襄公二十七年》:

> 詩以言志。【17】

又《莊子・天下篇》:

> 詩以道志。【18】

又《荀子・儒效篇》

> 詩,言是其志也。【19】

【15】同注【10】。

【16】見《十三經注疏》(北京:中華書店,1983)頁131、1997。

【17】同上注。

【18】見郭慶藩(1845-1891)撰:《莊子集解》(北京:中華書局,1985)頁1067。

【19】見王先謙(1842-1917):《荀子集解》(香港:一新書店,年缺)頁84。

言志的說法,一向為後世詩人採用,漸成定論,南社詩人,多為舊式文人,亦多身受傳統教育,創作亦以古體形式為主,因此,很自然地對言志的說法抱持肯定的態度,寧調元在〈南社詩序〉中說:

> 詩者,志之所之也。《春秋說題辭》:在事為詩,未發為謀。故詩之為言,志也。揚子亦言:說志者莫辨乎詩。李注:在心為志,發言為詩。【20】

幾乎是完全接受前人的說法,當中並無突破性的見解。陳世宜(1884-1959)在〈柳溪竹枝詞・跋〉中有相近的說法:

> 《書》曰:詩言志,歌永言。余觀其言,信其志。【21】

語氣更加肯定言志之說,張素(1877-1945)在〈瘦眉詞卷・自序〉中云:

> 大夫行役、離離禾黍、征人懷舊、依依楊柳。存於其志,發而為言。【22】

說明任何離愁別緒,均是「志」的範圍,以《詩經》為例證,則其肯定言志之說,更顯而易見。在言志的說法上,南社詩人無多大突破及補充,但其強調處則值得一提,南社詩人有其共同傾向,即主張「詩言志」的「志」重於一切,甚至可凌駕於形式及技巧之上,寧調元在〈南社詩序〉中說:

> 人各有志,志之卑抗殊,而詩之升降亦於以判。【23】

肯定詩的價值決定於志之高下,二者成一正比的關係,有關此論點,曼昭在《南社詩話》中有具體的說明:

> 余前論詩以志事為先,孫佩芬來書,頗以為疑,蓋以為詩之良

【20】見《民吁日報》1909年10月29日。
【21】載《南社》第十七集,文錄頁25上。
【22】見《南社》第九集,文錄頁24上。
【23】見《民吁日報》1909年10月29日。

> 否，在於技術，不宜屢入理論。然余守前說益堅，蓋「詩言志」、「志者心之所之也」、「在心為志，發言為詩」，故即就詩言詩，亦當先志事而後技術，所謂「繪事後素也」。【24】

說明在創作上，「志」是重於一切形式及技巧的。「志」是詩歌價值的標準，亦同時是詩歌的靈魂，詩人與詩的內在關係即為「志」。那麼，「志」的具體內容是什麼呢？這方面，南社詩人並未作出詳盡而具體的分析，唯在個別社員的言論中，可找到一些線索，先是胡蘊（1868-1938）在〈秋風詩·自序〉中說：

> 秋風詩，石予（胡蘊）紀事之作也……既恥雕蟲，仍為不諱，非曰自娛，直當言志，知我罪我，我心不繫，此石予秋風詩之所由作也。【25】

胡氏所言的志，是一種獨斷獨行，不為外物外人及外事所擾的精神，約而言之，即把「志」理解為「個性」，是自內而外的真實表達，詩歌要表達詩人的個性，笑罵由人，強調詩人的獨特尊嚴與個性（志）。其次，曼昭在《南社詩話》中理解志的路向與胡氏稍異，他曾用「志」衡量嶺南三家的作品：

> 夫六瑩堂（梁佩蘭）之詩，以技術論，不能謂之遠劣於道援獨漉（屈大均及陳恭尹），然其價值，曾不得比之於爝火之於日月，則志事為之也。【26】

屈大均（1630-1696）及陳恭尹（1631-1700）均是反清之士，心存民族大義，而梁佩蘭（1629-1705）比之，則只為一般文人墨客，曼昭將「志」理解為人格與情操，與胡蘊「個性」之義，可互相補足。

【24】載《南華日報》（1930-32），引文為《南社詩話》第五十一則。

【25】《南社》第九集，文錄頁30上。

【26】《南社詩話》，第五十二則。

（二）主張詩道性情

南社詩人在肯定「言志」之餘，並不否定詩道性情的說法，相反，南社詩人談到有關詩道性情的言論甚多，沈昌直（1882-1949）在〈匏葉厂詩補遺・序〉中云：

> 詩者，所以表性情也。[27]

丘復（1874-1950）在〈張瀛山古愚莊詩草・序〉中說：

> 詩以道性情。[28]

可見他們對性情分析的重視，約而言之，南社詩人提出的「情」，可分為兩大類，即「真情」與「性情」，前者著重真實性，後者著重獨特性，茲分述如下：

1・真情流露

強調真情表達於詩作之中，不作無病之呻吟，要有情而發，始可為詩。如柳亞子說「不為嘆老嗟卑語，不作流連光景詞」，[29] 正是反對那些缺乏真情的作品。沈昌直在〈報唐湛聲書〉中說得更深入：

> 惟情則彌綸宇宙間，凡有血氣之屬，無或能外此者也⋯⋯惟情不可偽為，使無屈、宋之愁，而漫托美人香草之詞，或無蘇、李之悲，而亦為攜手河梁之語，則無病者呻吟，適增其醜耳。[30]

沈氏除了肯定「情」在創作中的重要地位外，更界定了情之真偽，他指斥那些虛矯偽情的詩作，指出只有「真情」才可感人，才可成為不朽之作品。事實上，中國古典詩歌的傳統源遠流長，而成詞套語十分泛濫，

---

[27] 見《南社》第十集，文錄頁 24 上。

[28] 見《南社》第十五集，文錄頁 16 上。

[29] 〈定庵有三別好詩余倣其意作論詩三截句〉，載《磨劍室詩詞集》（上海：人民出版社，1985）上冊，頁 82。

[30] 載《南社》第十二集，文錄頁 55 上。

不少詩人為文造情,偽飾滿篇,沈氏之言,確實是有的而放矢者。那末,「情」的內容是什麼呢?陳世宜在〈答友人書〉中對情作了如下間接的描述:

> 宇宙之大,以情造之,世界之廣,以情通之。【31】

說明情具永恒的價值,亙古通今,能超越空間的阻隔,這種偉大而充塞於宇宙間的情,自非泛泛之情,陳氏續說:

> ……乾坤不毀,此情不滅,而大之至於世界國家,小之至於一身之內,外之至於無量眾生,皆以情維繫之,正不獨男女間也。【32】

指出高尚情操不是拘拘於男女間之情,而是包含人與人、人與物之間一切情感,並非那些粗糙而狹隘的情,以男女之情為題材的詩作,是古典詩歌的主流,但這並不表示後世詩人便要陳陳相因,正如陳氏所言,世間上的情是很多的,男女之間的情只屬於其中一部分,而南社詩人,並不反對寫男女之情,反而提出「多情」可陶冶詩人的品格,姚光(1891-1945)在〈吳日千先生集・跋〉中說:

> ……以謝文靖之德望,而遊必攜妓……夫維先生之多情,所以成先生之氣節也。而余又觀明季諸人,以氣節著者,其詩詞多風流蘊藉。自迂者視之,方以為犯綺語之戒,而豈知情之所鍾,固有不能自已,其氣節者皆本其情之發現耶?【33】

多情之人,能提升品格,情與品格不獨無牴觸之處,反而互相輔成,姚氏以明季氣節標榜之士為例,不以「迂者」目光視之,說明男之女情與民族之情(氣節)非水火不相容,而實在是互相依存的道理,可謂一洗道學家論詩的酸腐氣息,而本之於人類性情之自然流露,亦為詩歌創作要本諸「真情」的論點下了一條極佳的註腳。

【31】 載《南社》第十一集,文錄頁 19 上。
【32】 同上註。
【33】 載《南社》第七集,文錄頁 14 上。

2・性情貫注

除了談真情的問題外，南社詩人亦往往論及「性情」在創作的重要性，而所謂性情，其實就是創作者真我性情，創作者的個人獨特性情，要貫注在詩作之中，沈礪（1879-1946）在〈柳溪竹枝詞・序〉中說：

> 自功利之說興而詩道廢，詩道廢而人情第茅，不可收拾矣。古之作詩者……托物起興，而達人情之難言……其他諸國風詩，無非原本性情。【34】

追溯了自《詩經》國風以來，性情在詩歌創作上的重要性，既有歷史基礎，則性情貫注成為後世詩歌創作的主要條件，沈氏續說：

> 由詩而騷，由騷而樂府，斯由世代遞遷而然，其體殊，其旨一。【35】

可見性情為詩歌創作的靈魂，不可或缺，永恆地影響著詩人的創作，與沈氏持相類見解者有顧無咎（？-1929），他在〈吟秋閣遺詩・序〉中評徐愛鴻的詩為：

> 況原本風騷，激發性情，語甚雋永，不同凡響……【36】

其論調與沈氏同出一轍。又胡薀在〈變雅樓三十年詩徵・序〉中亦曾提及「高子有心風教，以性情之詩為倡，不自今日始」，【37】可見南社發起人──高天梅，亦以「性情之詩為倡」，則性情貫注於詩的論調，在南社中可說是備受各社員的重視及推崇。

南社諸人談到性情時，除了將它詮釋為「個性」之外，亦有好些詩人把它詮釋為一種不強求而獨抒性靈的自由感覺，王薀章（1884-1942）〈然脂餘韻・序〉中說得很具體：

【34】 載《南社》第十六集，文錄頁 23 下、24 上。

【35】 同上注。

【36】 載《南社》第十四集，文錄頁 61 下 -62 上、44 上。

【37】 同上注。

> 嘗謂詩詞之作，本乎性情。忽然而來，神與古會，空山無人，水流花放，臻斯境者，厥云上乘。【38】

說明性情是不可捉摸的，不可勉強；務求自然，興之所至，則性情自然流出，抒發而為上乘之詩作，有時靈台一閃，則心神可超越時空而與古會。這種自由的感覺，充份體現了創作過程中，詩人思想的純粹性與偶然性，實在如現代創作論中所云之「靈感」，姚光在〈赤松逸民傳〉中曾說：

> ……其於詩古文詞，惟自寫性情而已，弗暇工也。【39】

進一步說明了這種偶然而純粹的文思（性情），是創作詩歌的精髓，因此創作時著眼點在保留體現這種性情，而把「求工」放於次要的位置，他在〈荒江樵唱集‧序〉中，【40】更明確的說道：

> 昔越女之論劍也，曰：臣非有所受於人也，忽然得之。姚子之詩，亦猶是也。

指出性情的偶然性，是「忽然得之」，而不是強求硬學、雕章磨句便可以成就，他就此論點加以發揮，抨擊了一些詩人的創作態度：

> 故苦思力索，非詩也；摩章練句，非詩也；步武古人，非詩也；唐宋分疆，非詩也。

詩人在創作時搜索枯腸，刻意修辭，模擬復古或墨守詩派，都不能寫出具有真性情的詩歌，他自述創作歷程，是「多於酒後夢醒之餘，吹簫說劍之頃，曉風殘月之時，山光波影之間，閑吟低唱，忽然而得之」，是大自然的各種景物觸發詩人的創作靈感而成，並非「伏案拈韻，含毫吮墨，拘拘於為詩也。」姚氏曾在論詩絕句中總結他個人以性情創作的經驗：

【38】載《南社》第十一集，文錄頁 23 下。
【39】載《南社》第十一集，文錄頁 27 上。
【40】姚光：〈荒江樵唱集‧序〉，載《南社》第九集，文錄頁 28 下；下面引文同出處不另作注。

> 作詩無用分唐宋，獨寫情懷真性靈，我是天機隨意轉，荒江樵唱有誰聽。

道出了性情的獨立性、真實性、偶然性及隨機性。

小結

南社詩論中，主要是肯定了「志」與「情」在創作上的重要地位。此一肯定，並非南社所獨創，而是承古代傳統詩論而來，過往對言志與述情的詩論，往往流於壁壘分明，以為非此即彼，南社詩論則總合前人的創作經驗及理論，言志述情同樣重視，這兩種不同的見解，在南社詩論中不單沒有發生矛盾衝突，反而兼容並行，實則志與情本非相悖之論，今觀南社詩人之論，可見志情二論實有互為補足的作用，強分會成局限，綜合則可相輔。

有關「言志」的理論，南社所論者無非踵武傳統之說，做的只是推崇及強調的功夫，亦可以說，南社詩人大多是接受傳統教育，因此對這種傳統詩論（言志）自是奉為本身的詩論重點。當然，時勢的影響也不容忽視，晚清時期，政局動盪，人心散亂，知識份子與有識之士，欲起頑振懦，則「言志」的詩論傳統，是有必要和有需要強調的。

在「情」的理論上，南社詩人下了較深刻的心思，綜合前人意見外，更因就個人的創作經驗，補充了傳統說法的不足，如沈昌直提出了「情不可偽為」，[41] 實在是針對那些濫言情感而詩作繁濫之人，王蘊章提出的「忽然而來，神與古會」，[42] 有力地描述出「情」的特質。諸如此類，皆能更詳盡地補充或演繹傳統抒情詩論的不足，展現了一條健康而積極的創作路向，強調了詩歌創作必須要有個性，有獨特風格，在晚清的擬古詩派當中，南社詩歌創作論可說是另標一格。

[41] 見《南社》第十五集，文錄頁 16 上。
[42]《南社》第十四集，文錄頁 61 下。

三・南社詩論之文源論

詩歌創作必要取材提煉，而談及材料，亦必須觸及來源的問題，歷來論及詩作源泉者，皆見仁見智，莫衷一是，南社詩人把這問題歸納成兩個路向，即源自生活及源自感憤，生活乃是外在的源泉，感憤乃是內在的源泉；這可說是較全面地說明了詩歌創作源泉之所在，茲就此兩項作一分析：

（一）源自生活

南社中較少詩人談及詩歌乃來自生活，其中以沈昌直為代表，他在〈柳溪竹枝詞・序〉中曾談及詩與生活的關係，[43]雖只寥寥數語，但已深入說明了詩歌必須與生活相表裏，不能脫節，他說「詩者，與史相表裏者也。」所言的「史」實在是說現實生活，他肯定了詩與生活間的密切關係，他更以《詩經》為例，證明古人作詩，取材亦不外於生活：

> 孟子謂《詩》亡而後《春秋》作。知《春秋》以前之詩，皆史料也……所陳者不出一鄉一里之間，而語本天真，事皆徵信。

詩人創作時，環繞著一己的生活，加以提煉，溶入作品之中，這當然包括了詩人對生活的深入體會及敏銳的觸覺，才能在日常生活中汲取創作的養料，沈氏續說：

> 凡身世滄桑之感，慨當以慷，悉發之於篇章。

如果詩人能細味生活，則創作源泉自是不絕，可入詩的題材更是俯拾皆是。這當然不是沈氏的獨創見解，而是採用了前人的成說，再加以強調而已，如王夫之（1619-1692）在《薑齋詩話》中即曾提及「身之所歷，目之所見，是鐵門限」，[44]「所歷」及「所見」正是詩人的具體生活，

---

[43]〈柳溪竹枝詞・序〉，見《南社叢刻》第二十集，文錄頁46上，下面引文同注不另注出。

[44] 見丁福保編：《清詩話》（上海：上海古籍出版社，1978）上冊，頁9。

沈氏只是肯定了這種說法而加以詳細說明。

（二）源自感憤

詩歌源於生活，生活中不同的經歷，對詩人的刺激有輕有重，詩人之感憤亦有深有淺，不盡相同。南社詩人在前人的詩論基礎上出發，重伸「詩窮後工」的觀點，這其實是宋代歐陽修（1007-1072）詩論的一個重要觀點，[45] 他從作家與現實生活的關係出發，認為作者能把自己親身的遭遇、在現實生活中遇到的矛盾等，熔鑄入詩歌之中，這樣的作品才會情思飽滿，有血有肉。而所謂「窮」，實非「貧窮」，而是指詩人那種坎坷不平的際遇，經過深刻的體會，因之而激發出來的感憤之情，才是上佳詩作的源泉，南社詩人汪文溥（1869-1925）在〈蛻庵事略〉中亦引用了相近的觀點：

> 蛻庵……益自力為詩。詩故雋上，益以身世蕭瑟，玄想孤邁，遂如古人所言「窮而後工」，幾幾與杜陵方駕。[46]

完全套用了歐陽修的說法，胡蘊更進一步地肯定這種說法，他在〈儂香集·序〉中明確地說「詩以窮而愈工，詞以悲而愈妙」，[47] 與歐陽修之論，實同一機杼而出，至於俞鍔（1887-1938），更具體地解釋了「窮」的內容，他說：

> 古來士夫，往往侘傺不遇，潦倒江湖，乃發為悱惻之文詞，以寄哀痛，故其志愈悲，而其文愈佳。[48]

那種耿耿不能自已之心懷，由於是詩人的真切體驗，因此貫注於詩作中，必定是有血有肉，足以令讀者感發起興的佳作。南社詩人談及「詩

---

[45] 有關歐陽修「詩窮後工」的詩論，詳參〈梅聖俞詩集·序〉，載《歐陽修全集》（香港：廣智書局，年缺）卷二，頁130。

[46] 見《南社》第八集，文錄頁30上。

[47] 見《南社》第九集，文錄頁11上。

[48] 見俞鍔：〈與柳亞子書〉，載《南社》第七集，文錄頁16上。

窮後工」者多為承前人之說而加以肯定。而最能具批評目光，在前人詩論基礎上作具體分析，並加入個人意見者，當推柳亞子，他在〈天潮閣集・序〉中，【49】對「窮」的定義作了一番詳析，補充了汪、胡、俞三人的不足，他說：

> 昔人有言：詩窮而後工。余謂窮亦視其人何如耳。里巷小夫，所志不出藩溷之外，所謀不越溫飽之微，求之不得，沾沾然憂之……自有識者譏之，哂其笑矣，窮亦何必工哉！

具體而鮮明地指出，「窮」並不是一些低層次、不越溫飽的浮泛感情，也不是那些狹隘，只顧及個人的淺薄感情。這種低層次的「窮」，是不能使詩到達「工」的地步，如果籠統地說「窮而後工」，的確很容易令人產生誤會，以為凡是憂憤之情，都可入詩，其實任何感情，都必須經提煉而才可入詩。那末，什麼感情才可入詩呢？柳亞子進一步作說明：

> 唯以嶔崎磊落之士，遘晦盲否塞之秋，國恨家仇，耿耿胸憶，吐之不能，茹之不忍，於是發為文章，噌吰鏜鞳，足以驚天地而泣鬼神，斯其遇彌窮，而其詣乃益工矣。

只有那些高尚的感憤，不平於胸中，而借詩以鳴其鬱，方稱得上是真切而具意義的感憤，只有具偉大人格之人，方有這種創作源泉，詩人應胸襟廣闊，關心家國，事事體會深刻，那種醞於心中的無奈、抑鬱、悲涼以及躊躇，成為詩作的主要源泉，或托物以喻志，或借事以達情，感憤越多，則源泉越活，詩作也更具動人力量，柳氏此論，擴大了前人對「窮」的狹義理解（即個人坎坷不遇之遭際），進一步深化「窮」的定義，將它提升成一種為家為國的高尚精神，由個人的悲憤而擴展到對整個國家的悲憤，詩人的豐富感情不但著染於個人的遭遇上，而更著染於國運民生之上，把「窮」與「工」之間的關係演繹得更詳盡和更合理。

【49】〈天潮閣集・序〉，見《南社》第二十集，文錄頁65；下面同注不另注出。

小結

　　生活乃詩作泉源的論點，是南社詩人所強調的，綜合各論者之言，發覺他們所論及的「生活」，並非一般的平淡生活，而是指某個大時代中的生活。一切喜怒哀樂，有感於內而發為詩歌。大概是由於清民之際，詩人對此，多生興亡之感，他們身處之世，就是有血有肉的歷史大時代，他們的生活，自然不是月夕花晨，風花雪月之類，而是在慷慨悲歌裏，抵掌談國事，低首痛興亡。這種生活，最能刺激詩人的思想，摧逼詩人成熟，使詩思更為深刻，遂成為詩作的主要泉源。

　　至於源自感憤之論，則是強調詩人的體會，體會如何才可以達到深刻的地步呢？南社詩人以傳統詩論中的「窮而後工」之論作解釋，[50]對於「窮」的定義，南社詩人強調了懷才不遇及憂國憂民兩項重點，他們之所以強調這種解釋，明顯是受到時代的影響。南社詩人對滿清政府寄寓不滿之情，拒絕仕清，而博文飽學，耿耿之情，充鬱於內；不遇之情，油然而生。他們雖不願同流合污，但卻又孜孜以國事為念，念茲在茲，乃成為詩作的主要題材，柳亞子所提倡的「布衣之詩」，[51]即指這種作品，這些題材，被南社同人肯定為詩歌創作的另一泉源。

四・南社詩論之因革論

　　在詩歌的源流因革問題上，南社詩人較全面地接觸到正與變、承繼與革新及宗派分野三個大問題，這些論述，歷來意見不一。對正與變的不同理解，直接影響對文學遺產的承繼與革新的不同態度，又由於承與

---

[50] 有關歐陽修「詩窮後工」的詩論，詳參〈梅聖俞詩集・序〉，載《歐陽修全集》卷二，頁130。

[51] 見柳亞子：〈胡寄塵詩序〉，載《南社》第五集，文錄頁39上。

革新的立場有異,遂形成不同宗派,或出現崇奉某一宗派之詩論,或出現抨擊另一宗派的言論。在詩論研究過程中,因革論是最能體會到某作家群之鮮明立場。詩人歷來分宗立派,其互異之核心,每每在於因革論上有不同的取向。南社作為清民之際的一大詩社,能在當時龐雜的詩壇上呼朋引類,結社談詩,力反宋詩,若無鮮明獨特的詩論立場,又怎可以有如此大的吸引力及批判力?今就其因革論上的三項觀點,分論如下:

(一) 正與變

「正」即指正流,「變」即流變,因就對正變不同的理解,可形成退化與進化的不同態度,如宋朝張戒(1125・進士)在《歲寒堂詩話》中說:「一代不如一代」,【52】正是維護正統,忽略流變的保守、甚或是退化的詩學觀。但詩歌發展是流動而具生命的,是一個不斷演變的事實,謝榛(1495-1575)在《四溟詩話》中即主張「文隨世變」,【53】其論點較具進化色彩。在正變的問題上,南社肯定了「變」的重要性,如傅尃(1884-1934)在〈變雅樓三十年詩徵・序〉中說:

> 詩之有世別,其史之有斷代乎?【54】

是從歷史發展的角度,去觀察詩的發展,是一種不斷前進、演變及進化的過程,詩之世別和歷史一樣,不同世代即有不同風貌特點,而此風貌特點之不同,乃是由於「物」與「情」的不同所至,傅氏續說:

> 夫物感即異,則情動有差,至人無遠情之言,上聖有立誠之旨,是以中晚難同全盛,據亂不襲昇平。【55】

【52】丁福保輯:《歷代詩話續編》(北京:中華書局,1986)頁464。

【53】丁福保輯:《歷代詩話續編》頁137。

【54】見《南社叢刻》第十四集,文錄頁3下。

【55】同上注。

說明物異則情遷,因時而異,詩歌具有與前代相異的風貌,是十分正常的現象,詩人不能勉強求同而脫離了「變」的潮流,易言之,詩歌與時代的關係是十分密切的,南社在文源論上主張詩歌源於生活的論點,[56]實在是與重視因時而變的理論相表裏的,傅氏總結因時而變的詩歌,是「兼可探其世變」,[57]無非是指出詩人與時代的脈搏一致,而作品則是反映現實社會的一面鏡子,把所處時代的事物、容貌及聲情,一一托詩以寄興,而形成一種有時代意義、有鮮明形象和具獨特面貌的詩歌,周實在〈無盡庵詩話〉中明確的指出:

> 詩歌之道……尤貴因時立吾言……[58]

正好代表了南社在正變問題上的鮮明立場,詩人作為一個傳情媒體,把時代與詩歌連結起來。他更從讀者的角度出發,說明詩歌與時代之關係:

> 如為詩於唐西狩時,使讀者不知其為玄、肅時人,不可也;如為詩於宋南渡時,使讀者不知其為徽、欽時人,不可也。[59]

指出時代境況或有類同,如唐朝因安史之亂而玄宗幸蜀、太子即位於靈武,這段史事,與宋室避敵南渡的處境,可說是境遇相同,當世詩人如不深入體會,於同中見異,則百人同面,千口一腔,使讀者感混淆而不能體味其時代之特色,是之謂不能因時立言。強調「變」的重要,並不是偏激之論調,而是在不否定傳統之餘,肯定流變之重要,詩人毋須刻意求變,只須本其真情,自然可與時代相洽,寫出具時代氣息的佳作,周氏因就此問題,作出了補充說明:

> 世變有盛衰治亂、生死聚散之不同,而人心亦有喜怒哀樂、歡戚

---

[56] 參看本文「文源論」部份。

[57] 見《南社》第十四集,文錄頁3下。

[58] 作者未見此書,引文轉引自白堅:〈從無盡庵詩話看周實的詩學觀〉,載《國際南社學會叢刊》(香港:國際南社學會秘書處,1991)第二期,頁12。

[59] 同上注。

> 慘舒之不同，人人本其喜怒哀樂歡戚慘舒之感而一寓之詩歌，非特以見人心，且於以覘世變焉。【60】

這種說法，既切合了「變」的要求，也同時指出詩人在求變時的正確態度，杜絕了那些刻意求變、嘩眾取寵的流弊。

（二）承繼與革新

承繼與革新的問題是很複雜的，它牽涉到墨守復古、因襲模擬、厚古薄今、是今非古、存舊革新、立新廢舊等不同的取捨角度。承繼方面則又牽涉到方式與程度的問題。革新方面又牽涉到方向與漸速的問題。南社成立於清民之際，故有的傳統思想受外來的文化思潮沖擊，文藝思想處於一矛盾的兩難局面，對已有的文學遺產如何看待？對文學的未來走向如何評估及展望？這都是新文化運動（1919）前夕的文藝界所要思考的重點問題，對這些問題的不同理解或取向，將直接影響個別文學團體的立場與形象，也影響詩人本身的創作路向與風格，南社詩人在這問題上，採取了反模擬及主革新的態度，茲就此二點詳作分析：

1．反模擬

關於模擬的問題，詩壇上普遍地認同模擬是不足取的，而相異之處是所持的理由原因，是偏激呢？還是中肯的呢？南社詩人反模擬的詩論，可分成兩種說法：第一種說法以馬君武（1882-1939）及丘復為代表，從純否定的角度去批判模擬作風，馬君武在〈寄南社同人〉一詩中表達了對這問題的看法，他說：

> 唐宋元明都不管，自成模範鑄詩才。【61】

反對復古模擬對詩人創作的束縛，主張詩人要具個性，「自成模範」，不蹈襲前人，不模擬舊作，不依傍門戶，馬氏立論截鐵斬釘。丘復在

【60】同上注頁 11。

【61】見莫世祥編：《馬君武集》（武昌：華中師範大學，1991）頁 426。

〈張瀛山古愚莊詩草·序〉中提出與馬氏相類的詩論，同樣是反模擬的表白，丘氏說：

> 吾自寫詩而已，何暇推敲聲病，描摹口吻，為古詩人優孟哉？【62】

丘氏簡化了詩人創作的過程，只用「自寫詩」三字概括，恐失之於籠統，說服力較弱，但他提出不借古詩人面目為一己之面目，確是說出了詩歌應具有獨立性與個性，對那些一味模擬，以古人詩為己詩的「優孟」，無異是當頭棒喝，但需注意到，馬、丘二氏的論點都是一味的否定，對中國傳統詩歌的具價值部份，避而不談，未免失之於偏。過份的絕對化，往往觸不到問題的核心。

南社詩人論及「模擬」問題者，有另一類的意見，其中以周實及周祥駿為代表，所論較持平中肯，周實在〈與邵肅廷書〉中正正談及他對待文學遺產的態度：

> 蓋古聖賢本因時制宜，謂其言皆不能行於今者固非，謂有言悉可行於今者，亦屬大謬。【63】

其實，任何一種文學都不能完全脫離故有的根源而發展，詩歌也不例外，模擬之風雖普遍為詩人所反對，但並不應一筆抹煞文學遺產中具價值的部份，周氏正從理論層面入手，說明由於反模擬而全盤否定前人的一切，實屬不當；但又同時指出那些吹捧古人，復古尊古者的「大謬」，同樣是錯在過份極端而不夠持平。馬君武及丘復之論，是由於過份理想而走入極端，幾乎與詩歌創作的真實情況脫節，周氏正好中和了二人的偏激論調，周實從理論層面入手，而周祥駿則從實踐層面入手，向詩人展示出一條貫今通古的道路，他在《更生齋詩話》中說：

> 果能融會古今中外哲學家言，大含細入，鍛煉琢磨，不蹈襲前人

【62】見《南社》第十五集，文錄頁 16 上。

【63】引文轉引自白堅：〈從無盡庵詩話看周實的詩學觀〉，載《國際南社學會叢刊》第二期，頁 12。

窠臼,以自鑄新詞,別成一家,豈非詩界更新之雄傑哉?【64】

這實在是周實論點最佳注腳,周祥駿指出了創作的各個階段:接受學習、消化取捨、淬瀝鍛鍊、獨立創新及自成風格。詩人不可能完全脫離前人的影響而創作,更何況前人留下的文學遺產是蘊藏著不少有價值的養料,因此毋須極端的非古,而是接受學習,溶合不同的經驗,為開個人風格作好準備。前人的創作經驗繁多,有些或已缺乏新意,甚至是應予以揚棄的,因此在接受之餘,必須消化取捨,保留前人最寶貴的經驗,繼而多加練習反省,並應常常意識到蹈襲前人的不當,而應邁向獨立創新之路,最後自成一家,自樹個人風格。他的言論立場中肯,不偏不倚,而更重要的是從實踐層面入手,具體地說明詩人在承先創新間的微妙角色,令人信服。他肯定文學遺產的重要,但同時否定復古模擬,個中並不矛盾,反而真切地指出了不少詩人以模擬蹈襲為承繼傳統的錯誤觀念,他完整地提出實踐上的要求:「果能融會古今中外哲學家言」、具體方法是:「大含細入,鍛煉琢磨」、創作過程是:「不蹈襲前人窠臼,以自鑄新詞」、客觀目的是:「別成一家」。在這種持平論調下反模擬,實在是有根有據,而免卻以偏概全的錯誤態度,是積極的批評而非消極盲目的反對。

2・主革新

高燮(1878-1958)在〈漱鐵和尚遺詩・序〉中說:

自近八年中,適當十九世紀末,以至二十世紀之初,其文字界變遷之速率,至於不可思議。【65】

正好道出了南社成立於一個新舊文化衝突的年代:本體文化動搖,西學東漸。不少知識份子面對這紛亂局面而不知所措,很自然地,革新是唯

【64】《更生齋詩話》,筆者未見此書,引文轉引自馬進:〈南社詩論初探〉,載《文學評論叢刊》1983,第18輯,頁231。

【65】見《復報》第七期。

一的出路，更何況在詩壇上，早有黃遵憲為前哨，揚起「詩界革命」的風潮，其功雖未竟，然流風所及，影響著不少詩人，南社詩人，在「革新」的立場上是傾向肯定的，高旭在〈願無盡廬詩話〉中有這樣的說法：

> 黃公度獨闢異境，不愧中國詩界之哥倫布，近世洵無第二人。【66】

可見高旭 —— 南社發起人之一，對黃遵憲評價之高，亦可見其詩論之傾向，主革新的思想明顯是受黃氏「詩界革命」理論所引發的，但「主革新」畢竟是一個立場，立場同而程度可以不同，更何況南社詩人很多，面對革新的問題，則可見到有激進、保守及溫和三種不同態度，茲逐一分述如下：

（1）激進的革新

南社中人激進地主張詩歌改革的代表為馬君武及柳亞子，馬君武在德國獲得博士學位，【67】受外國思想影響甚深，體會到中國文化之不足，認為在詩歌理論上，尤須革新，他眼見同時期的不少詩人，創作毫無生氣、毫無個性的詩歌，他有感而發，在〈寄南社同人〉一詩中提出了個人對詩歌革新的看法：

> 須從舊錦翻新樣，勿以今魂托古胎。【68】

說明詩歌創作不應模仿古人，今人的感情不應借舊詩形式來表達，而應以革新的態度來從事創作。那麼，應如何革新呢？馬氏認為要在故有的舊模式中加添新時代的氣息，擺脫古人的束縛，自成新體，他的革新詩論徹底而激進，令人耳目為之一醒，但馬氏的主張與實踐始終有距離，綜觀馬氏的詩作，除了「聚妻須聚意大利，嫁夫當嫁英吉利」一類以外

【66】見《南社》第一集，文錄頁2上。
【67】《馬君武集》前言部份。
【68】《馬君武集》頁426。

國名詞入詩的作品外,【69】其他如「去國離家人寂寞,斷橋流水月昏黃,遠聞拍岸海潮急,自倚小樓思故鄉」一類以今魂托古胎的作品亦自不少,【70】縱然如此,南社發起人之一——柳亞子,對馬氏倒是推崇備至,他在詩中對馬氏之表揚,更是明顯:

> 江南握手笑相逢,識得而今馬貴公。海內文章新雅頌,樽前意氣舊英雄。擺倫亡國哀希臘,亭長何年唱大風?右手彈丸左民約,聆君撞起自由鐘。【71】

二人既惺惺相惜,自是意氣相投,在主革新的立場上,柳氏較馬氏更激進,他在〈舊詩革命宣言〉一文中提及他對舊詩的看法:

> 我(柳氏自謂)現在的第一個主張,是沒有做過舊詩的青年,千萬不要再學做舊詩……【72】

他認為舊詩已無生命,今人表情達意應另闢出路,舊詩之價值及地位已被時間洪流所淘汰,他這種摒棄舊詩,主張革新的思想,早在他十六歲時便已形成:

> 讀梁氏所著〈飲冰室自由書〉、《詩界潮音集》等,熱心詩學革命,盡焚前所為香豔詩。【73】

他顯然受到梁啟超的精神感召,主張革新,但都和馬君武一樣,未能付之於實踐,但在理論上,柳氏對舊詩的批判卻是不遺餘力,他說:

> 平仄是舊詩的生命線,但據語文學上的趨勢看起來,平仄是非廢不可,那末,五十年代以後,平仄已經沒有人懂,難道再有人來做舊詩嗎?【74】

【69】〈賀高劍公新婚〉,《馬君武集》頁141。

【70】《馬君武集》頁400。

【71】〈懷人詩〉,見《磨劍室詩詞集》頁36。

【72】載《柳亞子先生五十晉八壽典紀念集》(南明史料社同人編,1943)頁43。

【73】見柳無忌編:《柳亞子年譜》(北京:新華書店,1983)頁13。

【74】〈新詩和舊詩〉,《懷舊集》(上海:上海書店,1981)頁14。

他更反對青年一輩學做舊詩,原因是「白費精神,太冤枉了,除非是閒著沒有事情做,把它來當作消遣品」,【75】這種論調顯然是太過偏激,未夠中肯,只是一味的否定,而未見對革新的內容作具體的分析,主張革新的論據亦嫌不足,柳氏本人亦不諱言:

> 講到新詩,我是完全外行,非但不會做,連欣賞的能力也很薄弱。不過,我總希望這新鮮的園地,能夠培植出蔥蘢的樹木,和明豔的花卉來。【76】

可見柳氏主張詩歌革新,確是順應文學潮流的一種開明表現,他對詩的革新寄以殷切的期望,而事實上,有關詩歌革新的理論他卻沒有觸及,更遑論實踐了,他仍以「喜歡寫舊詩的人」自居,【77】而原因是「結集太深不易割除的緣故」,【78】這種茫然不由己的無奈,欲迎新而不棄舊的矛盾,實在是清民之際不少詩人的心理寫照!

(2) 保守的革新

南社詩人中,並未見有反對革新的,但對於詩歌革新,如馬君武及柳亞子般頃全力支持者畢竟不多,但由於意識到時移世易,詩歌革新已是一種必然趨勢,抱殘守缺,不但於理不合,也是不可能隻手而支大廈於將倒。不少南社詩人的共同興趣是創作詩歌,尤其是古典詩,如柳亞子說:

> 有做舊詩資格的人……他們都是對於這牢什子(舊詩)還是戀戀不能戒絕的……【79】

他們面對詩歌革新的問題,立場上是有保留的,如高旭在〈願無盡廬詩

【75】同上注。

【76】〈新詩和舊詩〉,《懷舊集》,頁 15。

【77】同上注。

【78】同上注。

【79】《柳亞子先生五十晉八壽典紀念集》頁 43。

話〉中就曾對詩歌革新的問題作出回應:

> 新意境、新理想、新感情的詩詞,終不若守國粹的、用陳舊語句為愈有味也。【80】

高旭並不反對革新,如前所說,他推崇黃遵憲的詩論,但發覺在欣賞角度上,新的意境、理想及感情均比不上故有的舊語古詩,態度較為保守。今日的陳舊有味,何嘗不是當日的新事物,高旭之論不免偏於厚古,所謂「即今流俗語,我若登簡編,五千年後人,驚為古斕斑」,【81】無新的元素,舊的東西也無從確立,高旭之論,純然是一種保守的國粹派論調。至於高燮則把這問題局限於「新名詞」上,他在〈答馬適齋書〉中曾說【82】:

> 硜硜之見,以為詩文詞於今日,但當有新理想,不當有新名詞,苟一入新名詞,便覺有傷雅馴。

不少詩人習慣了古典詩歌的套語,雅馴不外是古典氣息的感覺,新名詞入詩往往令人感到陌生及怪奧,因而不主張在詩中加入新名詞,但高燮並不否定詩歌的革新,只是從表達方式及遣詞做句上要求保留古典制式,但同時意識到詩歌之中「當有新理想」,可說是保守革新論者。

值得一提的是,高旭論復古,與頑固守舊者又自不同,他有一套理論支持,說得頗有說服力,他在〈願無盡廬詩話〉中發表了對復古的看法:

> 詩文貴乎復古,此固不刊之論也,然所謂復古者在乎神似,不在乎形似……今之作者有二弊:其一病在背古,其一病在泥古,要之二者均無當也。苟能深得古人之意境、神髓,雖以至新之詞采

【80】〈新詩和舊詩〉,《懷舊集》,頁15。

【81】〈雜感〉,見黃遵憲著,錢仲聯箋注:《人境廬詩草箋注》(香港:中華書局,1963)卷一,頁14。

【82】見《吹萬樓文集》(北京:中國書店,年缺)卷九,頁9。

> 點綴之亦不為背古,謂之真能復古可也,故詩界革命者乃復古之「美稱」。【83】

高氏重神不重形,確為的論,指出了背古與泥古兩種極端現象,也是十分深刻的體會,但他認為革新即等如在詩作中綴以新名詞,顯然是低層次的理解,甚或是錯誤地理解詩歌革新的意義,他以詩界革命乃為復古之「美稱」,顯然是不夠成熟的看法,高旭保國粹而接受新名詞之論,可謂新瓶舊酒;而高燮反新名詞而追求新意境之論,則可謂舊瓶新酒,是為二者不同之處。

(3) 溫和的革新

在激進與保守的論調中,一些南社詩人採中間落墨的立場,以中庸溫和的綜合態度,面對革新的問題,以曼昭及易宗夔(1874-1925)為代表,他們均不約而同地主張新舊體並行,任其自然競爭沙汰,其中曼昭在《南社詩話》中對此問題即有獨到的見解,他說:

> 南社諸人多治舊體詩,對於新體詩,意見尚未一致,余則以為新舊兩體,不妨並行。【84】

他首先指出革新問題的複雜性,尤其在南社中,社員均是以創作舊詩為主,面對革新的問題,自是意見不一,見仁見智了,而曼昭則採溫和放任之態度,讓新舊二體並行不悖,他所持的理由是:

> 與其息爭,不如激之使爭,爭愈烈則其進步亦愈速。【85】

主張在競爭中自然淘汰,其論甚有「物競天擇,適者生存」之意,不須加入人為的影響因素,毋須故意貶抑某種詩體的發展機會,任其所之,結果會更快出現,而進步亦會更速,這似乎更符合文學的演進公例,對

【83】《南社》第一集,文錄頁2上。

【84】《南社詩話》,第十一則。

【85】同上注。

文學之或抑或揚，乃由「勢」而不由「人」。而易宗夔則針對一些持偏激革新論者而作出溫和的回應，他在《新世說・文學》中提出：【86】

> 近有陳仲甫、胡適之、錢玄同、傅孟真諸君發刊《新青年》，創為文學革命之議⋯⋯觀諸君之緒綸，類以舊文學為死文學，須一律掃除，主張言文一致，於文學界放一異彩。若能去激去偏，推行以漸，未始非吾國文化進步之一轉機也。

他注意到革新潮流中，不少論者持見偏激，而且推行步伐過急，易氏提出「推行以漸」，是比較合理而可行的，認識到文學革新中時間的重要性，必須要按部就班，易氏態度溫和冷靜，與柳亞子「《新青年》雜誌中，陳獨秀君巨著，宜寫萬本，讀萬遍也」【87】的熱沸洶湧態度截然不同。

（4）其他

南社詩人的傾向是主革新的，但卻很少注意到新舊詩的分別，間或有者，其焦點亦只集中於文言與白話之間，誠如柳亞子在〈介紹一位現代的女詩人〉一文中說：

> 撇開新體詩不講（原注：因為我是太外行了，雖然我主張將來一定是新詩的世界）⋯⋯【88】

像柳氏這樣知其然而不知其所以然的情況，在南社中十分普遍，而曼昭則能較深入地認識新舊詩之不同處，他在《南社詩話》中，率先指出新舊詩之異同，提出「不但文言白話之間而已」的見解，【89】把問題深化了，追源溯始，指出「新體詩從歐洲脫胎而來」的事實，【90】為新詩找

【86】《新世說》（上海：古籍書店，1982）文學卷，頁39-40。

【87】柳亞子：〈與徐夢鷗書〉，《南社》第二十集，文錄頁72上。

【88】〈新詩和舊詩〉，《懷舊集》頁38。

【89】《南社詩話》，第二十三則。

【90】同上注。

到了文學歷史上的定點位,接著進行了比較:

> 大抵歐詩淋漓盡致,略如吾國之樂府歌行……故吾國之詩實以意內言外為主……然新體詩脫胎於歐洲詩體,此種絃外之音,轉非其本色耳。【91】

曼昭從表現手法與藝術風格,比較新舊詩的相異處,畫龍點睛地指出傳統詩歌的意內言外的特點,與新詩的淋漓盡致風格迥然不同,他為詩歌的革新問題提供了一些背景資料,具體解釋了一些現象,不啻是南社主革新者中較客觀而言之有據的表表者,可惜南社詩人的注意力與成就畢竟是放在古典詩上,像這樣的深刻而富見地的評論,則只如鳳毛麟角,既未能建立一完整系統,亦不曾為同社詩人所重視,當然更談不上付諸實踐了。

(三)詩歌流派的問題

在詩歌的因革過程中,由於某種詩學觀點相同,審美觀點相類或風格接近而形成不同流派。至於詩之分流立派之始,王夫之《薑齋詩話》中曾經提到「建立門庭,自建安始」的看法,【92】則詩派之分宗立派,可謂歷史久遠,而歷代詩人,在討論及評鑒詩歌時,除了自己的觀點外,不少會援引某詩派的意見或準則,是以門立戶建,久之則壁壘分明,不同詩派,標舉不同的詩論,繼之而呼朋結黨,或與當世同好者互相標榜,或追奉前人以為宗祖,聲氣相求,是詩歌因革過程中的重要環節。清民之際,以詩派標榜者,其大宗莫如宋詩派,同治、光緒年間,陳三立、沈曾植(1850-1922)及陳衍(1856-1937)等以標榜宋音而組成頗具影響力的詩派,他們宗尚宋詩,以生拗奧古為主。其他尚有以王闓運為代表的漢魏六朝詩派、以樊增祥為代表的中晚唐詩派等,都是活躍

【91】同上注。

【92】見丁福保編:《清詩話》上冊,頁 15。

在清民詩壇上的重要詩派。【93】

南社在詩派相承的問題上，採取否定的態度，須要注意：南社發起人柳亞子，他極力反對以倡宋詩為主的「同光體」，所持的相反立場是「振唐音」，【94】提倡唐音並不是否定宋詩派而以宗唐派自居，如黃保真等編著的《中國文學理論史》中分析得最好：

> 而他（指柳亞子）提倡唐音也並非主張「詩必盛唐」。而是追求一種剛健豪放的藝術風格。【95】

易言之，南社與同光體的爭持對壘，並不是宗派間的論爭，南社之抨擊以同光體為主的宋詩派，其出發點並非因革論中的宗派門戶糾紛，而是刻從「作家論」出發，批判當時宗宋詩的作家群（此點當於第五節「作家論」中再作詳論），南社的立場，基本上是反宗派的，南社雖然糾合同好結社，但不曾局限於某一宗派之中，尤其是以復古為主的詩派，南社更是大加撻伐，如姚光在〈論詩絕句〉中早就表明立場：

> 作詩無用分唐宋，獨寫情懷真性靈。【96】

不少詩人在創作時，把學習對象強分唐宋，以為二者水火不相容，而姚氏則認為此舉對詩歌創作無根本性的影響，最重要的還是解開束縛，把真性情表達出來，這確是寶貴的創作經驗，指出了崇尚宗派的局限性。曼昭在《南社詩話》中亦有論及詩派的問題：

> 詩之有派，乃不得不然，門戶之見太深，入主出奴，固為不可……【97】

【93】有關清民之際的詩壇概況，詳參郭延禮：《中國近代文學發展史》（濟南：山東教育出版社，1991）第二卷，頁 1401-1461。

【94】語本柳亞子〈胡寄塵詩序〉，載《南社》第五集，文錄頁 39 上。

【95】見黃保真、成復旺、蔡鍾翔合著：《中國文學理論史》（北京：北京出版社，1991）第五冊，頁 332。

【96】姚光：〈荒江樵唱集‧序〉，見《南社》第九集，文錄頁 28 下。

【97】《南社詩話》，第三十二則。

道出詩派之形成,乃為文學發展之必然趨勢,物以類聚,人以群分,同好者自是意氣相投,但一旦成見太深,自以為是,過份主觀,把寬闊的創作天地困圍於一小隅,在牛角尖上沾沾然自以為是,這是態度上一大錯誤,而在實際創作時,墨守宗派也會引來不良的後果,周實在〈無盡庵詩話‧序〉中說:

> 若夫守宗派、講格律、重聲調、日役役於揣摩盜竊之中,乃文章詩歌之奴隸。【98】

過份守宗派,作品中的個人風格自是相對地減少,所謂詩歌的奴隸,確是為當時不少復古墨守宗派的詩人痛下針砭,強守宗派,無疑是另一種形式的「模擬」,詩歌的基本精神如真情、個性及風格,在墨守宗派的影響下將蕩然無存。陳銳在〈王辛益先生事略〉中,提出正面的要求:

> (王辛益)不墨守宗派,謂當自闢蹊徑,不宜專崇前人矩矱。【99】

自創門徑,不依傍宗派門戶,擺脫所有成規限制,才是詩歌創作的理想態度,強調宗派,獨創性自是減低,作品價值也大大降低,沈礪在〈南村遺集‧序〉中大力抨擊強調宗派之不當,他說:

> 宗派之說,始自有宋……而出主入奴,隨聲附和者,莫不曰吾氏之徒也,黃茅白葦,一望皆同,溺而忘返者多於牛毛矣。【100】

很多人口中掛著某詩派之名,而作品缺乏個性,因此類同的作品不少,十人一面,如何能創作出有價值的作品?墨守詩派者的錯誤,往往在於互相附和標榜,把詩歌創作看成為純學習及純模仿的結果,忽視了個性、時代及地域的客觀因素,強行固定學習對象,而自謂得蛇珠荊玉,末流所及,卻往往歪曲了作家的個性,桎梏性靈,沈氏之論,確實道出

【98】引文轉引自白堅:〈從無盡庵詩話看周實的詩學觀〉,載《國際南社學會叢刊》第二期,頁 12。

【99】《南社》第二十集,文錄頁 91 上。

【100】《南社》第五集,文錄頁 14 下-15 上。

了清民詩壇上的一些弊病。關於宗派的問題，張宗泰（1670・進士）在〈江西詩社宗派圖錄・跋〉中，曾以水為喻：

> 譬之水然，水雖一，其源流固自不同……若捨派而言水，是鑿井得泉，而曰水盡在是，豈理也哉？【101】

說明宗派是分別詩歌不同風格的準則，無獨有偶，沈礪在〈南村遺集・序〉中，亦以水為喻，但所持的論點恰恰與張氏相反：

> 夫水不擇地而流，隨在而都有，偶焉得漢井，而曰是泉可用汲，強天下之渴者就之，寧得謂之通論乎？【102】

沈氏以水的變化無方喻詩的本質，得井以喻門戶宗派之規範，若以為一井之水等如天下之水，其誤猶墨守宗派者以一派之詩為天下之詩，無疑是筒中窺豹，只見一斑；井蛙之見，未見全貌。詩人必須認識詩歌的本質，某種風格、表達方式及審美標準，都不是唯一而獨有的，更不是絕對的正確模式。姚光在〈紫雲樓詩集・序〉中正面提出反宗派的理由，說得十分中肯：

> 嗚呼，晚近詩道龐雜極矣，其下者固無論，上者斤斤於唐宋之辨，余亦以為未可也……夫詩之義，備乎三百，辭則與世而移，李杜蘇黃，要者有得於三百之義者，故得其義，為唐為宋可也；失其義者，皆偽體耳。【103】

他以中國傳統詩歌精華真義為主，所謂宗派者無非是創作風格與審美標準上的不同，要之，能承傳統精華真義者便是佳作，反之則為偽體。精神與神髓才是最重要，妄言詩派者無非是隨波逐流，實在未能觸及詩歌的內在精神，這種論點，持平而中肯，在當時「黃茅白葦之詩派，遂遍天下矣」的年代，【104】實屬理智而立場鮮明的見解。

【101】丁福保編：《清詩話》頁62。

【102】《南社》第五集，文錄頁14下-15上。

【103】《南社》第二十二集，文錄頁65下。

【104】語本柳亞子〈胡寄塵詩序〉，載《南社》第五集，文錄頁39上。

小結

　　針對退化觀的詩論，南社以進化的觀點，說明詩與時代有密切的關係，不同時代有不同風貌的詩歌，並非逢古必佳，唐宋元明，各具特色，著重自然流露，與時世並進。這當然是反對擬古風氣的一項有力論據，也同時是肯定「變」的意義。不同的作家，由於情感不同，會形成不同風格，但時代不同，也會做成不同的時代風格，因此，南社詩人論及正與變的問題時，除了強調個人風格外，更強調了具普遍意義的時代風格，這些風格不應模仿，而事實上也不能模仿，因此他們反對模擬，主張革新，雖然，對革新的態度是激進還是溫和，南社各詩人均不盡相同，但他們肯定革新，支持詩歌在不同程度上作改變以應合時勢，這立場是十分鮮明的。南社詩人以舊式文人居多，但絕非抱殘守缺、沾沾然自以為高的酸腐詩人，他們意識到潮流之浩蕩洶湧，也認識到順昌逆亡的道理，面對新思想、新意境及新形式，他們都能有選擇地接受並加以提倡，只可惜未能赴諸實踐而已。

　　至於詩派問題，南社盟主柳亞子引發的一場唐宋詩之爭，給人一種門戶相爭，甚或是出主入奴的錯覺，柳氏之倡唐詩，無非是相對宋詩而言，可以說，倡唐詩只是一個象徵，不是具體地以詩派爭長短。唐詩象徵了有血肉、有內容、有生氣的作品。明乎此，則南社詩論中的派別觀念，並不強烈。

五・南社詩論之功用論

　　詩歌是中國文學的主要命脈，歷來詩人學者，無有輕視詩歌之功用，問題在於如何理解詩歌的功用而已，南社以詩為其主要成就，對詩歌功用上的要求自是很高，如周祥駿在〈與姚光書〉中即意識到詩歌功用的重要性：

> 吾輩生當近世，作為文詞……虫吟草間，於國事既無補，於吾道究何益？【105】

在功用上，詩作必須要有益於世，吟風弄月之辭，對補益國運人心，一無用處，可見周氏對詩歌功用期望之殷切，在各種文學體裁中，對詩歌的功用要求特別多，主要是因為詩歌能抒發作者的情感，且為表達及傳達思想感情的最佳媒介，周實在〈無盡庵詩話〉中說：

> 詩歌之道，所以宣文章之所不能宣，盡文章之所不能盡，而感喟低回，反復詠嘆以出之者也。【106】

周氏之論，完全突顯了詩歌在眾多文學體裁中的優越地位，詩既能「宣」，又能「盡」，是以詩歌對人的影響是很大的，姚光在〈淮南社序〉中對詩歌的功用作了進一步的說明：

> 蓋文學之入人為至深，感人為至切。聽鄭衛之音使人靡靡，誦無衣之什而勇氣生焉。【107】

可見詩歌對人的氣性有潛移默化的影響力，南社詩人有感於此，是以特別著重詩歌的正面功用，強調正確、健康及硬朗的內容風格，以使讀者在詩中能得到正面的啟發，提升個人的品格，達到個人修養之目的，綜合南社詩人對詩歌功用的分析，可分為對詩歌具體功用的探討及對詩歌感染力的探討兩項，茲分述如下：

（一）對詩歌具體功用的探討

提到詩歌的具體功用，部份南社詩人承沿儒家的興觀群怨之說，【108】鍾動在〈李君季子墓表〉中明確地指出：

> 尼父之言曰：詩可以興、可以觀、可以群、可以怨，故詩之為

【105】轉引自楊天石、劉彥成：《南社》（北京：中華書局，1980）頁 43。

【106】引文轉引自白堅：〈從無盡庵詩話看周實的詩學觀〉，載《國際南社學會叢刊》第二期，頁 12。

【107】《南社》第五集，文錄頁 28 上。

物，善慕能愛，揚古之華，作人之靈。【109】

肯定了興觀群怨的作用，但必須注意，鍾氏所提，未及「邇之事父，遠之事君」的政治作用，【110】易言之，鍾氏肯定詩歌客觀地存在興觀群怨的作用，但並不一定要為政治服務，他的論點，與一般恪守儒家詩教者不同，他較理性地把詩歌獨立於政治之外，不失為中肯之論，其實，類似鍾氏的論點，在有清一代乃十分普遍，正如今人蔡鎮楚在《詩話學》中分析：

> 發揮詩歌的「興觀群怨」的教作用、認識作用和藝術作用。所以，清詩話的創作傾向，較之於其他歷代詩話，更表現出恪守儒家「詩教」傳統的時代特色。【111】

所不同者是功用的目的，是為政治呢？還是不為政治呢？鍾氏之論明顯受傳統及時代的影響，但並不以政治目的為規範，是為同中之異，不可不察。南社另一位詩人周實，亦承繼了傳統的儒家詩論，強調「道德」作用，他在〈無盡庵詩話〉中說：

> 若本虞廷「言志」、尼山「無邪」之旨，則詩歌者，亦士君子所借以發抒性情、陳列道義，而不容一日或廢於人間者也。【112】

陳列道義，表揚正面而積極的思想，成為詩歌的重要使命，尚用色彩十分濃厚，而所謂陳列道義，雖具傳統儒家詩論色彩，但周氏之所取，非盲目和從，亦非一味復古，而是針對了晚清政局動盪、人心敗壞的時代，為詩歌定立明確的尚用立場。錢祖憲（1884-1926）在〈梨社啟〉

【108】見《論語‧陽貨篇》，引自楊伯峻譯注：《論語譯注》（北京：中華書局，1984）頁 185。

【109】見《南社》第九集，文錄頁 3 下。

【110】見《論語‧陽貨篇》。

【111】見蔡鎮楚著：《詩話學》（湖南：湖南教育出版社，1990）頁 260。

【112】引文轉引自白堅：〈從無盡庵詩話看周實的詩學觀〉，載《國際南社學會叢刊》第二期，頁 12。

中，更進一步的指出詩歌具教化之作用：

> 其時商辛餘孽，洛邑頑民，亦莫不被服詩書，漸漬禮義，一洗其淫悍淫靡之習……[113]

人的品性可以透過詩歌的洗禮而改變，錢氏援引了歷史例證，以為殷商遺民受詩書之教化而改變，其論未免失於主觀，但他企圖強調詩歌的教化作用，則顯而易見。

（二）對詩歌感染力的探討

南社詩人肯定詩歌的感染力，小至於人，推廣可至於國家民族，以至整個世界，刻就對個人感染而言，代表論者如周實，他認為詩歌之播揚，可「使天下仁人志士、英雄俊傑皆知夫曰人心慘怛、世變紛紜」，[114]道出了讀者受詩歌的感染，隨詩的內容精神而有所改變，得到啟發，推而廣之，可以感染整個民族，高旭在〈南社啟〉中說明南社之成立，是希望以詩文之力做到「挽既倒之狂瀾」，[115]詩的感染力可謂至巨。姚光亦有與高氏相類的詩學見解，他在〈變雅樓三十年詩徵‧序〉中說：

> 欲撥亂反正，使天下翕然向風，端賴乎詩教，蓋詩教明而國教可明，國教明而一國之興乃可觀焉。[116]

說明了詩歌的作用，可由個人感染到整個國家，更有甚者，是把詩的感染力推廣到全世界，錢祖憲認為文章可以「轉移世運、醞釀風俗」，[117]而高旭更進一步提出詩「足以轉旋世界，發揚國光，其力之大為未有南

---

[113] 見《南社》第十四集，文錄頁52上-52下。
[114] 引文轉引自白堅：〈從無盡庵詩話看周實的詩學觀〉，載《國際南社學會叢刊》第二期，頁12。
[115] 見《民吁日報》1909年10月27日來稿欄。
[116] 見《南社》第十八集，文錄頁29下。
[117] 見《南社》第十四集，文錄頁52上-52下。

也」,【118】但須注意,詩歌的感染力確實存在,但如周、姚、高三人所言,則似有偏於理想而缺乏實證之嫌。可以說,南社詩人一方面肯定詩歌的感染力,一面對這種力量寄予不同程度的期望,其中包括由個人,到國家,以至整個世界,這些期望,純然是主觀性很強的,亦偶含誇大的成份,但無論如何,這些不同程度的期望,並不妨礙詩人的創作,反而為詩歌抹上一層莊嚴色彩,正如柳亞子在《南社叢刻》的前身刊物——《復報》的發刊詞上說:

想靠著文字有靈,鼓動一世風潮……【119】

可見南社詩人對詩歌的期望是很高的,儘管他們的詩作亦未必能如其所想,發揮詩歌在「理想層次」上的驚人感染力,但由於南社詩人把目標與期望都定得很高,是以對詩人的創作水平同樣有極高的要求,他們在詩作上之所以強調氣節、【120】崇尚風骨,【121】無非是向著這「可望而不可即」的崇高理想而努力,這些有血有肉的詩作,雖未必具改變民族以至全世界的力量,但刻就文學欣賞角度而言,則已成為清民詩壇上極具價值的佳作了。

小結

南社詩人對詩歌有尚用的要求,並非單單為吟風弄月而作,他們肯定詩歌蘊含著強大的影響力,因此,這種影響力必須是正面、積極而健康的,以期產生「感化」的作用。他們採用了傳統儒家的興觀群怨之

---

[118] 高旭:〈答胡寄塵書〉,見胡樸安編:《南社叢選》(上海:佛學書局,1924)頁539。

[119] 轉引自楊天石、劉彥成:《南社》頁10。

[120] 詳參拙文〈南社成立的意義〉,載《華僑日報》1990年6月1日。

[121] 白堅:〈從無盡庵詩話看周實的詩學觀〉:「作詩要有氣骨,有識見……」。

說,作為詩歌功用的重點,此點並無太大獨創性,傳統詩論對興觀群怨之說早已歸為不爭之論,南社詩人重提,大概是詩人心目中理想的投射而已,值得重視的反而是他們強調詩的影響力,能令讀者感發起興、心弦震動,突顯了詩歌在各種文學體裁中的優越地位,儘管他們的論點偶含主觀色彩,甚或過於理論化,又或傾向理想化,但此一信念,即推動社詩人在創作時特別留意作品的內容與精神,從而發揮詩歌應有的影響力與感染力。

六‧南社詩論之作家論

　　文學作品的出現,是透過作家的演繹,不同的才情,便寫出不同內容、不同風格的作品,作家的一切,都影響詩歌的內容以至藝術價值,中國傳統詩論中,鮮有脫離作者而單論其詩的例子,在不少詩論中,往往會把作家看成某詩論體系中最重要而不可或缺的一環,詩人的生平、背景、品格、才識、學問及好惡等因素,均為論詩者所重視,視為理解詩歌精神重點的鑰匙,清人吳喬(1644?-1722?)在《圍爐詩話》的自序中說:

　　　　詩非天降,非地生,人為之也。[122]

很自然地,作者成為作品的主宰,作者的思想便是作品的靈魂,傳統「知人論世」的論詩方法,[123] 更為歷代詩論家所沿用。清人章學誠(1738-1801)在《文史通義‧文德》中也明確指出,討論詩文的原則是與作家有密切關係的,他說:

---

[122] 見《圍爐詩話》(台北:廣文書局,1973)序一,頁2。

[123] 見《孟子‧萬章下》,楊伯峻:《孟子譯注》(北京:中華書局,1984)頁251。

[124] 見章學誠著,葉瑛校注:《文史通義校注》(北京:中華書局,1985)頁278-279。

> 不知古人之世，不可妄論古人之辭也。知其世矣，不知古人之身處，亦不可以遽論其文也。【124】

是以在不少詩論中，對作家的探索是屢見不鮮的。南社詩論中亦有不少觸及作家的論點，主要是從修養及才學兩方面入手，說明詩人應具備的修養才學條件，強調了「作者」在詩作欣賞上及理解上所佔的重要地位，如曼昭在《南社詩話》中評及蘇曼殊詩時，即從作者角度出發：

> 曼殊之為人，篤於性情，其見諸文字，芬芳悱惻，一如其人。【125】

說明作者性情和作品風格有共通的情況，人和詩有密不可分的關係，了解作者是了解作品的最好和最直接的方法，基於此，南社詩論中特重作者的思想情操，《南社湘集》的導言中即提到：

> 南社倡於清季之光緒己未。歷今十有六年，其主旨在提倡氣節，研究文學……【126】

引文中所說的「提倡氣節」乃是對作者的要求，研究才是文藝的範疇，南社作為一個文學團體，卻如此重視作者的道德品格，先氣節，後文學，確是甚具鮮明立場的論點，以下將從作者修養及作者才學二方面，論述南社詩論中有關作者論的觀點。

（一）作者修養

南社詩人談及作者的個人修養時，主要是從道德及氣節兩方面作論述，道德是傳統性較強的，歷來的詩論中觸及作家論者，無有不重視其人之道德操守，至於氣節則時代性較強，南社詩人之所以強調詩人的氣節，與當時清庭腐敗、人心墮落不無關係，丘復在〈蛟湖詩鈔·序〉中曾提到作者道德修養與詩的關係：

> 山人者，固孝子也，故其詩皆真性情流出，不屑屑與詩人較短絜

【125】《南社詩話》，第四十則。

【126】見《南社湘集》（出版資料不詳，1924）頁1，導言部份。

長，讀其詩者，自能得其人矣。【127】

「孝」是個人道德修養，不單可見之於其行為表現，且可見於其詩，人格道德不單是詩人的必要條件，也是不朽詩歌的必具條件，胡韞玉在〈與同學諸君論國文書〉中說：

> 文章之本，在於養氣……則養其義理之氣，孟子所謂富貴不能淫，貧賤不能移、威武不能屈。【128】

所說的不淫、不移及不屈，亦不外乎是道德氣節的修養，這是「本」，是重要的，作者是否具備這些條件，對其作品的價值有很大的影響，柳亞子說作詩要「隨時隨地注意到氣節和思想兩個方面」，【129】原因是什麼呢？沈昌直在〈匏葉厂詩補遺・序〉中有以下的說明：

> 心既清矣，志既超矣，詩格焉得不高，詩境更焉得不遠？【130】

詩人的道德氣節，直接影響詩格和詩境，詩歌雖屬文學創作，但若純從技巧入手，則南社詩人是不取的，他們大都以人格為本，作為評鑑詩作的高下的標準，《南社詩話》中有一個較具代表性的例子：

> 余前論作詩……引韓退之「惟陳言之務去。戛戛乎其難哉」語。以為作詩者勗，此自文字方面而言之也，若自精神方面而言之，則須用省身克己功夫。【131】

這段話正好提到作家須具備的條件，文字技巧自是不能缺少，但更重要的是「省身克己」的功夫，技巧與道德，二者不能偏廢，才可寫出好的作品，曼昭同時舉出有關修養的具體方法：

【127】《南社》第十三集，文錄頁 10 上。

【128】《南社》第十三集，文錄頁 45 下。

【129】見〈舊詩革命宣言〉，載南明史料社同人編印：《柳亞子先生五十晉八壽典紀念冊》頁 43。

【130】《南社》第十集，文錄頁 24 上。

【131】《南社詩話》，第四十三則。

將一切猥雜之念，掃除乾淨，然後可以由純潔以進於光明。[132]

在詩論中談人性修養，顯然是以作家為評論詩歌的重要原則，所謂省身克己者，無非淨心及靜心之義，把所有不道德（猥）的意念與紛繁（雜）的意念，經淨化而歸平靜，心地純潔，則詩人之所行所寫，自是正大光明，煇昭萬有了。作者之品格與詩作的價值成正比例，他續說：

此語不專為作詩而發，然即欲作幾首好詩，亦非從此根本處著手不可。[133]

可見作好詩的關鍵不在於修辭技巧而在於個人修養。他以錢謙益（1582-1664）的詩為例，說「夫以錢牧齋之為人，而能作得好詩，則詩道掃地矣」，[134] 明顯是由錢氏的人格出發而論定其詩，而不是單從詩本身出發，正如周實批評王士禛（1634-1711）與袁枚（1716-1797），即有明顯的捨詩從人的觀念：

阮亭主張神韻，而其失也在描摹；簡齋主張性情，而其失也在狎褻。[135]

王士禛的缺點是過於工巧而流於雕琢細緻，而袁枚則由於過份強調性情而流於露骨，「狎褻」乃是指袁枚嫖妓與近男色的惡習，[136] 周氏並作出如下的結論：

究之阮亭之失，其罪小，不過忘風雅之本原；簡齋之失，其罪大，直為風雅之蠹賊矣。[137]

---

[132] 同上注。

[133] 同上注。

[134] 同上注。

[135] 引文轉引自白堅：〈從無盡庵詩話看周實的詩學觀〉，載《國際南社學會叢刊》第二期，頁21。

[136] 袁枚生平事略，詳參楊鴻烈：《袁枚評傳》（商務印書館，國學小叢書本）。

[137] 引文轉引自白堅：〈從無盡庵詩話看周實的詩學觀〉，載《國際南社學會叢刊》第二期，頁21。

文與德孰重孰輕？於此可見，作者的技巧並非最重要，作者的品德修養才是判定作品價值的準則。今人白堅在〈從〈無盡庵詩話〉看周實的詩學觀〉一文中提到「這似乎與他自身未能盡除傳統詩論的影響，不無關係」，【138】周氏大概沿承了儒家的美善合一的觀點，詩要顧及形式的「美」，但也要顧及道德上的「善」才可算是「盡善盡美」。持類似觀點者如易宗夔在《新世說・文學》中說：

> 袁公（枚）詩主性靈，新奇跌宕，不守前人矩矱，得名最盛，而其品不高。【139】

對作者的品格要求，與周氏所論大致相同。強調作家品德修養的詩學觀本無可厚非，但過份強調則又會引起一些極端的現象，特別值得一提的是南社史上反同光體的一幕，即與過份強調作家論有關。本文在談「因革論」時，指出南社詩人反對分宗立派，但南社之反同光體、倡唐音等事實，不是宗派的出主入奴之爭嗎？需要作說明的是：南社反同光體的性質與動機並非宗派間的門戶之爭，而實在是南社詩人在強調作家論的前提驅動下，抨擊同光派的詩人，易言之，反同光體的前提不是「因革論」中談到的宗派問題，所針對者乃是同光派詩人而非同光派所倡的宋詩。南社之提出「唐音」口號，也實在無半點宗派爭持的意味。近人馬進分析道：

> 不是要跟在唐人之後亦步亦趨，而是想以「唐音」來糾正那種風靡一時的形式主義詩風，用切實的、自然的、新鮮的、生動的詩風來糾正那種空疏的、雕琢的、陳腐的、晦澀的詩風……而唐代的詩在這方面給他們（按指南社詩人）提供了一個典型。【140】

可以說，無論是宗唐還是宗宋，也只是一個象徵而已，在南社的詩論體系中，尊唐象徵了切實自然，宗宋則象徵了生澀辟古。更重要的是詩人

【138】見上注。
【139】《新世說》文學卷，頁24。
【140】馬進：〈南社詩論初探〉，載《文學評論叢刊》1983年第十八輯。

品格高下的分野所在,尊唐象徵了清高不群、有理想及積極的取向,而宗宋則代表了敗官遺老、保守及消極的傾向,持此論最堅,反同光體最烈者,莫如柳亞子,他在〈胡寄塵詩序〉中立場明確地提出反同光體的理由:

> 論者亦知倡宋詩以為名高,果作俑於誰氏乎?蓋一二罷官廢吏,身見放逐,利祿之懷,耿耿勿忘。既不得逞,則涂章飾句,附庸風雅,造為艱深以文淺陋。【141】

針對明顯的是作家品格而非詩派之本身,他針對的,是鄭孝胥及陳三立等漢奸或遺老,柳氏反同光派的主觀色彩,主要見於三方面:一是以全稱地分判褒唐貶宋的命題,過份絕對化;其二是過份集中於對詩人身分品格的抨擊,因人廢詩,缺乏客觀的評論;三是把宋詩等同了同光體,忽視實際情況。柳氏也曾自評道:

> 對於宋詩本身,本來沒有什麼仇怨,我就是不滿意於滿清的一切,尤其是一般亡國大夫的遺老們。【142】

以政治立場投射到作家身上,再推展到否定某詩人的作品及其所屬的詩派,這無疑是過份強調作家論的極端表現。而一些欣賞同光體的南社詩人,如朱鵷鶵,即因此而與柳氏展開了筆戰,以至被柳氏開除了南社社籍,【143】也其實是意氣之所使然,針對人而非針對所屬之派別。柳氏早年深惡的遺老詩人陳三立,晚年因日軍侵華以至積鬱身故,柳氏對他的態度與評價旋即有所改變:

> 余少日論詩,目鄭、陳為一例,至是大愧。【144】

對陳氏的人格重新肯定,同時也對陳氏的詩作新的評價,論詩之根據乃

【141】《南社》第五集,文錄頁 38 下。

【142】見柳亞子著:《南社紀略》(上海:人民出版社,1983)頁 149。

【143】同參上注。

【144】〈贈陳寅恪先生伉儷〉,見柳亞子著:《磨劍室詩詞集》(上海:人民出版社,1985)下冊,頁 895。

本於詩人的品格，於此見一鮮明之力證。

其實，南社詩人已認識到分宗立派的不當（詳見本文「因革論」部分）正如高燮在〈答吳澤庵書〉中即認為「凡世之以宗派之說相嘩者，皆鄙陋無當於理也」，【145】但卻把評論焦點過份集中在作家的品格之上，同樣做成另一種的主觀偏見，形成社中發生內訌，此與南社之衰落，不無關係。【146】

（二）作者學識

道德、學識及技巧，素為傳統對詩人的要求，特別在學識一點上，傳統詩人多為讀書人或知識份子，遂使學識成為詩人的必具條件，雖然各論者均明白學識與詩歌創作間並無直接之關係，但卻有間接及輔成的作用，可看成為一種基本條件、基礎要求，誠如胡韞玉說：

> 然而積理不富，見事不明，胸中無文，僅能於腕底求之，宜乎非空虛即拉雜也。【147】

說明學識豐富之重要，學識不一定要反映或表達在詩中，也不一定要成為詩的題材，但學識往往可以豐富詩歌的內容，使之更具深度與韻味，這是單憑文字技巧（腕底求之）所不能完全做到的。以下將把南社詩人論及有關學識的意見分為才、學、識三類，逐一加以分析：

1．詩人的才

南社詩人評詩，往往用「才」作為基準，曼昭在《南社詩話》中評朱執信（1885-1920）的詩，說他「不如其先生之精且專，然才則過之矣」。【148】丘復在〈丘滄海先生墓志〉中評及丘逢甲（1864-1912）的詩，

【145】《南社》第十一集，文錄頁25下。
【146】柳亞子著：《南社紀略》，頁135。
【147】〈與同學諸君論國文書〉，《南社》第十三集，文錄頁45下。
【148】《南社詩話》，第三則。

論點與曼昭相類：

> 滄海君……自幼聰穎過人，書過目輒成誦，所為詩、古文辭縱橫有奇氣，時有丘才子之目。【149】

由此看來，「才」是不可多得的好條件，詩人有「才」，作品也會越佳，尋繹曼昭與丘復之言，發現這種詩才的性質是非普遍及神秘的，所謂非普遍性，即是指這種詩才只局限地在某小撮詩人身上方可發見，並非人人皆有；而神秘者，即指詩才的力量甚大，甚或不可學習、不可模仿、不可交流，那麼，詩才是來自何處呢？南社詩人普遍認為來自「天」，是自然而然，與生俱來的獨特才能，但又並非人人如此，沈昌直在〈與凌莘子書〉中說「以子天才駿發」，【150】說明天才之重要，高燮在〈答吳澤庵書〉中談及作詩為文之事，說「其由於天賦者半」，【151】進一步說明「詩才」乃本乎天之賦予，非強求所能得，胡韞玉在《南社詩話》中更明確地指出：

> 詩有夙慧，信然……蓋詩才具天性也。【152】

這只是出現在某些詩人身上的情況，是先天賦予的，這其實是一種向性，不同的人有不同的向性、不同的興趣及不同的能力，詩人的天才，其實是指傾向文藝、對詩歌創作有濃厚興趣，並且有較好的文字駕御與評鑒能力，以上所論的向性、興趣及能力，固然可以透過後天積學培養，但若詩人本身即具此上佳條件，則在詩歌創作上可謂事半而工倍，成就也較顯著。

2．詩人之學

只憑天才，並不一定能寫出好詩，南社詩人在著重天才之外，更重

【149】《南社》第九集，文錄頁5上。

【150】《南社》第二十集，文錄頁49下。

【151】《南社》第十一集，文錄頁25下。

【152】胡樸安：《南社詩話》（三），載《小說月報》1943年第37期。

後天的學養,尤其強調才與學之相互配合,胡韞玉在《南社詩話》中評寧太一的詩:

> 太一才氣奔放,而學有根柢……致其所作,異於時流。【153】

才與學是相提並論的,沒有學,即沒有基礎根柢,以胡氏之見,這是不能寫出具獨創性的作品,沈昌直亦有類似的意見:

> 以子天才駿發,及此妙年,多植其柢,厚積而薄發……【154】

天才重要但不可恃,必須多學,以打好創作根基,使詩才得到更充份、更淋漓的發揮,才與學之間,無分主次,同樣重要,高旭有如下的看法:

> 竊嘗以為文章之事,其由於天賦者半,由於人力者亦半。以獨至之性情,濟以不磨之學問。【155】

說明才與學必須互相配合,值得注意的是天賦予的才情,是「獨立」的,極其獨特而罕有,而後天的學問,是「不磨」的,即是經長時間累積者,同時是深厚的創作基礎,二者相輔相成,互濟調和,不能偏廢其一。那麼,南社詩人要求「學」的內容是什麼呢?乃是古典的國學,胡韞玉提出作詩為文之法是:

> 多讀古人理明詞達之文,矯除華麗虛浮之習……【156】

多讀古人的作品,多學古人的創作經驗,是在反覆閱讀中,歸納出適合個人的創作理論或技巧,和劉勰(465?-532?)在《文心雕龍》中所說的「觀千劍然後識器」【157】的學習訓練方法是相同的。龐樹柏

【153】見上注,1943年8月15日。

【154】沈昌直:〈與凌莘子書〉,《南社》第二十集,文錄頁49下。

【155】高燮:〈答吳澤庵書〉,《南社》第十一集,文錄頁25下。

【156】〈與同學諸君論國文書〉,《南社》第十三集,文錄頁45下。

【157】見劉勰著、范文瀾注:《文心雕龍注》〈知音〉(香港:商務印書館,1986)下冊,頁714。

（1884-1916）在〈變雅樓三十年詩徵・序〉中進一步強調詩人學習國學之重要：

> 凌夷至於晚近，歐風東漸，人趨鞮譯，唾棄國學，寧復有詩？[158]

認為沒有國學也就沒有詩，立場雖見保守，但卻鮮明，說明了國學為詩歌創作的基礎。不少國粹派的支持者，都在這前提下提倡國粹，強調詩人之學。

3・詩人之識

所謂「識」，是詩人在學問中長期浸淫，經長時間修養而成的一個獨特見識，卓然獨立，不同俗流，如果說「才」是出自先天，而「學」出自後天，則「識」乃由學養而消化綜合，這種「識」對詩歌創作有很大影響，周實在〈無盡庵詩話〉中提及「識」的作用：

> 作詩要有氣骨，有識見，然後可以措詞無懅，否則徒詞費耳。蓋氣骨、識見高卓者，其下筆之時，雖不事修飾，而一切詞華，自能奔赴腕底。[159]

詩人只要能培養成卓越的「識」，創作時便可自然而為，不假雕飾而詩氣自華，無用刻意求工，詩人的識見會不經意地投射在作品上，非為文造句，因辭害意，而是自內而外，噴薄出之，是自然而然的創作。

小結

很明顯，南社詩人把創作焦點放在作者身上，對作家有不同程度的要求，包括人格、才識及學養等，他們之提倡氣節，除了是個人修養的問題外，同時也認為氣節可直接見於詩作中，要寫出好的作品，修辭布

---

[158]《南社》第十九集，文錄頁47下。

[159] 引文轉引自白堅：〈從無盡庵詩話看周實的詩學觀〉，載《國際南社學會叢刊》第二期，頁21。

局在南社詩人眼中乃屬次要，重要的是作家的精神及學識。誠如黃霖在《近代文學批評史》中說南社主事人柳亞子論詩，實在是在論人，【160】正好道出南社重視作家論的特點。當然，過份強調作家論亦有失之於偏的毛病，他們因人而廢言，過份強調道德人格與作品價值的直接關係，在評論詩作時往往會有偏頗，未能把作品的價值獨立起來，正因為他們著重作家的個人修養，因此由反對清朝遺老而推演至反同光派，歸根究柢，反同光派的一幕，其性質不是宗派之爭，而是抨擊某個作家群的人格及其政治立場而已。

南社詩人同樣重視作家的才學，認為可以充實作品內容，豐潤作品之精神，他們不曾忽視先天才情的重要，但同時重視後天工夫的培養，他們雖沒有明確指出才學的內容，但可以肯定的是一條路向，一條有基礎而講求實力的路向，對那些只依賴創作靈感、甚或專注於賣弄文詞，缺乏內容及深度者，南社此論，足有提醍灌頂之效。

七・南社詩論之鑒賞論

詩人除了從事創作外，更須要獨具隻眼，對詩歌要有獨特的評鑒能力，不同的詩人對詩歌有不同的評鑒標準，如何才算是好的作品呢？雖則是見仁見智，但一些零碎的欣象批評，湊合起來還是可整合成有相當系統的理論，中國詩壇上有不同的流派意見，他們各標其幟，甚或互相攻訐，他們詩論之所以相異，往往是由於詩論上各相逕庭，對詩歌的鑒賞，幾乎成為詩人在創作以外的另一要務，成為不同詩論的核心。鑒賞論的組成是極複雜的，一首好的作品，評鑒時可切入的角度往往牽涉到內容、風格、修辭、聲律、作者及派別等問題，正由於切入的角度不同，或者由於偏重不同，形成不少具個性的評鑒理論，可以說，鑒賞論

【160】見黃霖著：《近代文學批評史》（上海：古籍出版社，1993）頁478。

是任何詩論的靈魂所在，南社社員雖多，但思想及興趣傾向大至上相同，綜合南社詩人的意見，發現他們觸及的問題有鑒賞原則和審美形態兩項，茲分述如下：

（一）鑒賞的原則

大凡鑒賞作品，必先觸及「條件」問題，好的作品，應具備那些條件？評論者往往會以此為原則，衡度不同的作品，合其原則者為優，反之則為劣，在南社詩論中，較具普遍性及代表性的有以下三種評鑒原則：

1・作者人格必須高尚

南社詩人特別著重作者與作品的關係，以詩乃詩人真性情之流露，[161]因此，詩人的人格高下與詩的高下有密切的關係，寧調元從傳統的言志論點出發，指出：

> 人各有志，志之卑抗殊，而詩之升降亦以判。[162]

詩人的品格與詩作合為一體，詩的藝術價值與人的品格高下成一正比關係，寧調元在〈南社詩序〉中開宗明義地提出這個論點，則其代表性可知，王德鍾（1896？-1927）在〈靜春堂詩集・序〉中，在寧氏的論點基礎上發展成「詩以人傳」的理論，他說：

> 故予之論詩曰：詩以人傳，其人可傳，則詩未有不傳者也。[163]

可傳之詩，當然是佳作，而它可傳的原因，是因為作者有可傳之品格，因而雙雙流傳後世，得到崇高的評價。王氏之論，顯然是在傳統詩統詩論中，採取了孔子（前551-479）「有德者必有言」、[164]薛雪（1661-

---

[161] 此論點詳見本文「創作論」部份。

[162] 寧調元：〈南社詩序〉，見《民吁日報》1909年10月29日。

[163] 《南社》第二十集，文錄頁10上。

[164] 《論語・憲問》，見楊伯峻：《論語譯注》頁146。

1750)「詩文與書法一理,具得胸襟,人品必高」、【165】劉熙載(1813-1881)「詩品出於人品」等論,【166】再重新強調而已。須要注意,王氏的評鑒焦點不在作品而在作者,全稱地肯定作者與作品的必然關係,但在現實層面上考慮,不能否定一些品格低俗的詩人也可寫出水平高的詩作來,針對這一點,柳亞子有所補充,他在〈胡寄塵詩序〉中說:

> 昔呂崇德有言:今日之文字,壞不在文字,其壞在人心風俗。夫人心風俗之既壞,即工詩何益?【167】

人心風俗敗壞而尤工於詩,客觀上可以肯定,但在主觀上卻由於作者人心之壞而否定其詩之價值。柳氏反問「何益」,正好表明他不願意表揚人心敗壞下的「好」作品,他追求是一種近乎完美的作品,這些作品不只要有本身的藝術價值,更須同時具有作者的高尚人格,曹鳳笙(1886-1949)在〈周實丹先生遺集・序〉中,提出較王、柳二氏更完備之論,他借周實之就義,【168】伸明其詩論:

> 古往今來志士才人,文可傳者,未必人盡可傳;人可傳者,未必文盡可傳……先生之死足以感百世,先生之文亦如之。【169】

曹鳳笙在肯定作品以人傳,但卻同時指出人傳而作品未必可傳,道出了客觀的事實,補充了王德鍾較武斷的「其人可傳,則詩未有不傳」的論點,【170】曹氏又正面肯定作者的人格能與作品的藝術相結合,為最高原則,此論較柳氏「工詩何益」的反面肯定論調更具鮮明立場,曹氏以周實的作品為例,說明人格與作品相溶合之重要性,易言之,王德鍾及柳

【165】見《清詩話》下冊,頁679。

【166】見《藝概・詩概》,劉熙載著,王氣中箋注:《藝概箋注》(貴州:人民出版社,1986)頁244。

【167】《南社》第五集,文錄頁38下。

【168】有關周實就義事,詳見鄭逸梅著:《南社叢談》頁205-206。

【169】《南社》第六集,文錄頁34上。

【170】王德鍾:〈靜春堂詩集・序〉,《南社》第二十集,文錄頁10上。

亞子的論點，有明顯的「重人輕文」的態度，而曹氏則「重人而不輕文」，較全面而合理地接觸到鑒賞論的核心。胡韞玉則在古典文學中找例子，說明作者與作品間的關係：

> 昔屈子沉湘，《離騷》以賦；文山下獄，正氣作歌。美人香草，感物易深，鼎鑊刀鋸，試志不屈。其為氣也，至大至剛；其為文也，有聲有色。人文並重，古今同然。【171】

胡氏用屈原（前340-前278？）及文天祥（1236-1283）為例，指出他們志節高尚，而作品亦佳，兩相配合，遂成巨構佳作，他提出了人文並重的觀點，不偏廢其一，確為的論，胡氏把作者與作品的關係看成一內一外，在內為氣，即人格操守；在外為文，即辭章字句，二者並無主次之分，只是性質相異，在創作時，作者要把「氣」貫注於作品之中，反過來說，讀者在評鑒詩歌時，也必須要透過作品而接觸作者的人格修養，其鑒賞之準則如此，可謂不失之迂，亦不失之偏。

南社詩論，在評鑒作品時標舉人格一項，尤充份表現在倡「布衣之詩」的主張上，所謂「布衣」，並非單純為草野之民，不仕處士，而是面對當時的黑暗政府，不同流合污，不貪慕榮利，甘處平淡而無畏於惡勢力壓迫。「布衣之詩」不單是身份上的界定，更重要的是他們「不事王侯，高尚其志」，【172】這些內在的高尚節操德行，不是那些混跡於官場，或消極退隱於山林者所能企及的。曼昭在《南社詩話》中說：

> 詩之最醜不可耐者，如「夢想封侯」及「自憐落魄」等語……【173】

評鑒的標準仍是詩人的節操，他提及的「夢想封侯」及「自憐落魄」等反面例子，均一一投射在同光派的遺老詩人身上，與柳亞子所抨擊的敗

【171】〈周烈士實丹先生詩集・序〉，載《南社》第六集，文錄頁26上。

【172】語見柳亞子：〈胡寄塵詩序〉，《南社》第五集，文錄頁38下。

【173】見《南社詩話》第三十七則。

官廢吏,同出一轍,南社之反同光派,並非唐宋詩派的門戶之爭,而是南社詩人與同光派詩人在人格與品味上的抗爭,【174】於此,高尚人格幾乎成為上品詩歌的必然條件,柳亞子在〈青箱集・序〉中說:

> 立身一敗,萬事瓦裂……雖有文采,其何足稱述。【175】

可謂鮮明地點出南社詩人對作者的嚴格要求了。

2・遣詞造句必須自然

柳亞子在〈胡寄塵詩序〉中評同光派的詩為「涂章飾句,附庸風雅」,【176】明確地反對詩歌在遣詞造句時過份矯飾,雕章琢句,柳氏視之為「造為艱深以文淺陋」,【177】沈礪亦反對詩歌過份強調形式,他在〈柳溪竹枝詞・序〉中說「後世格律漸密,古意寖失」,【178】與柳氏之論同調。曼昭在《南社詩話》中即以朱執信的詩為例:

> 執信好用古典,於此毀譽參半,蓋奧衍晦澀,往往緣也。【179】

曼昭以詩人常用的「用典」手法為例,指用典往往會引起生澀奧古、堆砌失真的後遺症,周實更綜論當世詩壇作品為「其佳者不過雕琢詞句」,【180】可見南社詩人的鑒賞理論,從反面去看是反堆砌奧衍的。那麼,南社詩人的正面主張是什麼呢?曼昭在《南社詩話》中曾道出個中標準:

> 然今之號稱山谷詩派者,往往以艱辛自鳴得意……令人憫笑。須

【174】詳見本文「作家論」部份。

【175】《南社》第二十集,文錄頁58下。

【176】語見柳亞子:〈胡寄塵詩序〉,《南社》第五集,文錄頁38下。

【177】同上注。

【178】《南社》第十六集,文錄頁23上。

【179】《南社詩話》第四則。

【180】引文轉引自白堅:〈從無盡庵詩話看周實的詩學觀〉,載《國際南社學會叢刊》第二期,頁19。

> 知艱辛不難，難在艱辛之後，以平易出之……【181】

所謂「平易」，無非是要求詩歌自然妥貼、真切無華，力反尚巧貴妍、造作失真的風氣，此論實在是有歷史根源的，清人錢泳（1759-1844）在《履園譚詩》的總論中早已論及：

> 作詩易於造作，難於自然。【182】

曼昭說的「艱辛」，與錢氏所的「造作」相較，在意義上無大伸延，但曼昭說的「平易」，則深化了錢氏單以「自然」為風格之論。曼昭所說的「平易」，一方面是詩人的揮灑自如、吞吐隨意的創作境界，另一方面是作品所給予讀者的親切感，只有這樣的作品，才是詩人性情的自然流露，才能引起讀者的共鳴。

3．對詩歌價值的不同看法

在論及詩歌的價值標準時，南社詩人意見不一，甚或持相反意見，南社詩人眾多，能集中於同一詩社內，主要是有共同的興趣，加上相近的思想，但人心各如其面，為綜合方便而取一廢百，不是客觀的態度，今求同存異，真確地說明南社詩人在詩歌價值標準上的不同看法，以見其詩論之全貌。

有關詩歌價值之論，無非功用及美感二途，就功用而言，則有政治及道德兩個角度。晚清時局動盪，倡言革命之聲不絕於耳，馬君武即把詩與政治社會拉上關係，他強調詩歌的價值在於：

> 鼓吹新學思潮，標榜愛國主義。【183】

認為詩歌有宣揚政治思想的責任（同時是價值所在）。至於道德方面，則本諸「詩教」之旨，如周實以詩為「陳列道義」，【184】即為持道德論

【181】《南社詩話》，第三十三則。

【182】見《清詩話》下冊，頁874。

【183】語本馬君武：〈馬君武詩集·自序〉，載莫世祥編：《馬君武集》頁395。

【184】引文轉引自白堅：〈從無盡庵詩話看周實的詩學觀〉，載《國際南社學會叢刊》第二期，頁19。

之表表者,而最值得一提者,便是南社詩人中,論及詩歌美感的論點,在傳統的尚用途徑外,另闢一路,突顯了詩歌以「美」為評鑒標準,代表論者為胡懷琛(1886-1938),他在〈與楊白民書〉中提及他選詩的標準:

> 所選山水風月之作,一以優美為歸,若夫枯淡道德,自有修身教科書在。【185】

胡氏把詩歌之美獨立於政治教育之外,認為詩歌的價值在於優美,評定詩歌的標準亦在於優美與否,這種擺脫傳統詩教政治因素的論點,姑且毋論其真確與否,即就其創意而言,則可謂在南社芸芸詩人中,能樹別幟的一人。關於詩歌之美,應如何審定和欣賞呢?曼昭在《南社詩話》中有以下的分析:

> 詩有靜之美,有動之美,有積極之美,有消極之美。【186】

把美分成四種,認為能者則四項兼備,不然則依個人之氣質向性,各取一路作發展,【187】可惜對有關各項「美」均未能作深入解釋,只停留在現象上的描述,未能作出更深而具體的分析,是為不足之處。

(二) 審美形態的區分

在理論層面上看,南社詩人對美的詮釋不足,但在審美形態的分析及運用上,卻是屢見不鮮。中國的詩話詩評,最常用的點睛品評方式,成為詩歌審美的主流,其中如渾厚、含蓄、陰柔、剛陽、奇險、淡泊及空靈等形態,不一而足。【188】這些審美形態不是有系統的,而是偏於印象式的批評,這些形態雖然抽象,但卻能傳神有力地表達詩評者的意見

【185】《南社》第十六集,文錄頁 16 下。

【186】《南社詩話》,第五十二則。

【187】同上注。

【188】有關審美形態之不同劃分,詳參吳調公主編:《文學美學卷》(江蘇:江蘇美術出版社,1990)書中把文學美的基本審美形態及範疇分成二十二項。

與心得,故為歷來詩評家所樂用。南社詩人在詩評詩話中,也往往運用傳統的審美形態,由於不是出於一人之論,因此把不同詩人的評論歸納分類,分成剛陽及陰柔兩大系,再論列不同詩人對不同審美形態的要求。

1・剛陽形態

南社發起人之一的柳亞子,在審美形態的要求上,主張剛陽味濃厚、大開大合,他在〈天潮閣集・序〉中認為詩歌須「嚄咋鏜鞳,足以驚天地而泣鬼神」,[189]氣勢磅礡、思想積極、發人心省、有如金聲玉振者,正是剛陽形態的本色。同社中,有不少詩人持相類的見解,若細分而論之,則無非雄、奇二項:如曼昭在《南社詩話》中評章太炎(1869-1937)詩為「讀之覺沉雄悲壯」,[190]周實在〈無盡庵詩話〉中評鄭思肖(1241-1318)詩為「語語沉痛,語語樸直」,[191]曹鳳笙在〈周實丹先生遺集・序〉中評周氏的詩為「沉鬱激越」,[192]以上所列全是沉雄一路,這種形態是如何形成的呢?胡韞玉在《南社詩話》中有較具體的分析:

> 余嘗謂詩之佳者,在於有鬱積其中,隨所觸而感即隨之,不當以字句工拙論也。[193]

有諸內,形諸外,詩人鬱積於胸中,蘊積既久,發而為詩,則詩作為至剛至大、渾厚雄直,能感人至深,並不是那些故作豪壯字句者可比。曼昭在《南社詩話》中對此有更具體的分析:

---

[189]《南社》第二十集,文錄頁65上。

[190]《南社詩話》,第十則。

[191] 轉引自白堅:〈從無盡庵詩話看周實的詩學觀〉,載《國際南社學會叢刊》第二期,頁19。

[192]《南社》第六集,文錄頁34上。

[193] 胡韞玉:《南社詩話》(一),載《小說月報》35期,1934年8月15日。

> 欲為雄直而反得粗獷者，其所作如牛馬鳴，令人發笑。【194】

只求詩句雄直而無內在雄渾之情作輔，終成粗獷野俗，有畫虎不成反類犬之意。正如司空圖（837-908）在《詩品》中說雄渾形態，必須要「真體內充」，【195】也是強調情與辭的相互配合。

其他如沈礪在〈變雅樓三十年詩徵・序〉中評高旭詩為「挾有幽并堅勁氣，句奇辭正」，【196】另丘復在〈丘滄海先生墓志〉中說「滄海君……所為詩古文辭，縱橫有奇氣」，【197】乃是屬於奇崛一路，所謂「奇」，是獨特而具個性、觸目而具吸引力、既異於古亦異於今的形態，可以說，剛健清奇、獨立不群，正是「奇」的本色，如柳亞子評林北麗（1916-2006）的詩為；

> 非唐非宋，非明非清……比起牛腰大集而千篇一律的作家，真的高明得多了。【198】

強調個性與獨創性，正是「奇」的最佳注腳，馬君武在〈寄南社同人〉一詩中含相類的見解：

> 唐宋元明都不管，自成模範鑄詩才，須從舊錦翻新樣，勿以今魂托古胎……【199】

也是同樣要求擺脫傳統的約束，發揮屬於詩人的獨立思想與個性，不囿於故有的模式。馬氏對「奇」的要求，更充份地表現在〈贈虞君〉一詩中：

> 與君同讀自由碑，說古談今淚如絲，祖國前途正遼遠，少年發想

【194】《南社詩話》，第三十七則。

【195】語本《詩品》「雄渾」品，據詹幼馨著：《司空圖《詩品》衍繹》（香港：華風書局，1983）頁1。

【196】《南社》第十六集，文錄頁23上。

【197】《南社》第九集，文錄頁5上。

【198】語本柳亞子：〈介紹一位現代的女詩人〉，載柳亞子著：《懷舊集》頁242。

【199】見《馬君武集》，頁426。

要雄奇……【200】

作為熱血青年,思維國運,思想要積極雄奇,和雄渾一樣,必須自內而外,有獨到而具見地的「奇」想,作品才具有奇氣,具有時代感。南社詩人大多推崇龔自珍,在很大程度上是受龔氏的不群傲岸、淋漓奇崛的詩風所感召,正如姚鵷雛(1891-1954)在〈南社瑣記〉中總結南社的創作路向為「由燕趙慷慨激烈之音,轉為雄奇瑰異」,【201】並強調這種雄奇瑰異形態,是「近於龔羽琴」。【202】由此可見,南社之強調剛陽雄奇的審美形態,受龔自珍的影響,著實不少。

2・陰柔形態

在詩論詩評中強調陰柔形態者,南社中亦不乏人,蘇曼殊在〈燕子龕隨筆〉中評黃節的詩為「溫柔敦厚」,【203】正是傳統儒家詩論中的陰柔形態,醇和淨潔,是陰柔形態的最佳注腳,曼殊評譚嗣同(1865-1898)的〈古意〉為「有絃外音」,【204】無非是道出詩歌既含蓄而又能暗示旨意、刺激讀者的無形力量。另外,陰柔形態尚可在「幽深雋妙」四字中尋繹,曼昭在《南社詩話》中說:

曼殊詩筆雋妙。

棟坨之詩,幽深峭刻。

楊滄白詩筆清出。【205】

正是低徊不已,餘餘不盡的陰柔形態,讀之令人回味,不是重、拙、

【200】見《馬君武集》,頁411。

【201】載《永安月刊》1974年10期。

【202】同上注。

【203】見蘇曼殊著、柳亞子編:《蘇曼殊全集》(上海:上海書店,1985)第二冊,頁56。

【204】見《蘇曼殊全集》第二冊,頁53。

【205】《南社詩話》,第二則、第三則、第十七則。

大、樸,而是輕靈、活潑、清新的感覺。顧無咎在〈吟秋閣遺詩‧序〉中評徐愛鴻詩為「神韻瀟灑……語甚雋永」,【206】道出了詩人的揮灑隨意、妙境天成的境界,曼殊評朱九江(1870-1881)絕句為「風致灑然」,【207】其審美的標準形態與顧氏同車同轍。姚光在〈吳日千先生集‧跋〉中評明季詩人之作品為「風流蘊藉」,【208】也道出了那些表面上不經意而內藏深刻情感的藝術形態,曼昭在《南社詩話》中亦特別闡明了蘊藉的含意:

  亦如蘊藉與委靡有別,如聞蒼蠅之嗡嗡然,令人生厭。【209】

委靡是軟弱而無內涵的,蘊藉卻是沖和而有內容、有生命的形態,如娓娓之談,親切和悅而精華內斂,才能稱為蘊藉。王蘊章在〈然脂餘韻‧序〉中,對陰柔形態之美作出更高的推崇:

  嘗謂詩詞之作……空山無人,水流花放,臻斯境者,厥云上乘。【210】

此論明顯與司空圖《詩品》之理論有密切關係。什麼是「空山無人」、「水流花放」呢?按「空山無人」,出自《詩品》中「幽人空山」一語,司空圖用以解釋「自然」一品;而「水流花放」,乃出自《詩品》中「水流花開」一語,司空圖用作解釋「縝密」一品,【211】都是屬於陰柔形態的。今人詹幼馨在《司空圖《詩品》衍繹》中解釋「幽人空山」為:

  強得就不自然,既然是幽人,那幽人住在空山裏,在空山裏面閒遊,就都是很自然的事情。【212】

【206】《南社》第十四集,文錄頁61下。
【207】見《蘇曼殊全集》第二冊,頁38。
【208】《南社》第七集,文錄頁14上。
【209】《南社詩話》,第十七則。
【210】《南社》第十一集,文錄頁23下。
【211】見《司空圖《詩品》衍繹》,頁2。
【212】見《司空圖《詩品》衍繹》,頁130。

而《中國歷代文論選》解釋此句為：

> 如幽人居空山，反於自然……總之有生趣活潑純任自然之意。【213】

意即不離琢、不造作、不勉強及不刻意。在立意、取材及修辭各方面，都必須要恰當地貫注真感情，至於「水流花開」，則詹幼馨作如下解釋：

> 水流，用來譬喻情隨意轉，構思週到……花開，用來譬喻層次分明，井然有序。【214】

說明構思要以情為主導，完整地表達詩歌的意象和感情，否則便無從引起讀者的共鳴了。據此，王蘊章之說不難理解，他明顯是在眾多審美形態中，憑個人的創作體驗、欣賞能力及評鑒原則，選取了自然與縝密兩個同屬陰柔性的審美形態，在前人的詩論基礎上，王氏刻意強調了「上乘」與自然縝密的必然關係。

小結

承作家論之精神，南社詩人的鑒賞標準，首要作者人格高尚，人格高下與作品價值高下成一正比的關係，但他們亦同時針對作品，提出「自然」的標準，反對繁濫的為文造情之作，此外，一些社員以功用為標準，一些社員則把美感定為最終極標準。有關尚用之論，為傳統詩論之承繼，無甚新意，反而是「美感」的強調，綜觀南社各詩人之論，提出的審美形態頗見詳細，雖仍不脫傳統詩論的印象式鑒賞，唯分析詳盡，豐富了前人的說法，其形態陰柔剛陽兼備，針對不同才性的作家，提出不同的風格及藝術形態，以自然為最終依皈，既能彈性地處理不同審美形態的衝突，又能肯定不同形式、不同風格的美，包容性甚強，道出了

【213】 郭紹虞主編：《中國歷代文論選》（上海：上海古籍出版社，1986）頁212。
【214】 見《司空圖《詩品》衍繹》，頁98。

不同時代、地域、流派、作家及作品所形成的不同形態，為詩歌鑒賞提供了不少審美角度，但提及修辭聲律角度較少，是為美中不足之處。

八・南社詩論之方法論

談到詩論，必須觸及應用的問題，大凡詩論均有兩個應用的範疇，其一是將有關理論應用於創作上，其二則是應用於批評鑒賞之上。在創作上，必須用詩歌作品為證，方可檢視其用之程度，至於批評鑒賞，則有賴於對方法的檢視，本章擬就南社詩人的批評方法作一歸納，以看其批評方法的各項特色，茲分述如下：

（一）全篇引錄

在南社的詩論詩話之中，為了表達評者的好惡，往往標舉某詩人的作品，通首引錄為例，這種傳統的方法，好處在於一目了然，但卻往往做成錄多評少，重心有偏，這種引錄的方法，亦細分為兩類，即有錄有評及有錄無評：

1・有錄有評

如曼昭《南社詩話》中談到高吹萬詩，即有錄有評，十分詳盡：

> 高吹萬題詩云：高郎身世感無窮，深臥梅林恨朔風，一自好春歸塞外，更無明月照山中，樹圍老屋天然古，花發南枝分外紅，詩到君邊應歎息，朋儕難得賞心同……此詩格調極似放翁，心情寄託亦如之，當時題詩卷子雖多，無及此者。【215】

方法是先引錄全首作品，然後再作短評，讀者可對照原作，尋繹評者之意。又如：

> 己酉守歲云：十年泛宅復浮家，萬里遙風拂鬢華，未必出山終小

【215】《南社詩話》，第二十三。

> 草,何辭傾國對名花,浮蹤自笑風前絮,好句誰籠壁上紗,結習年年忘不得,吟鬚撚斷手頻叉。從來武人作詩,往往有劍拔弩張之態,緩卿獨能出以沉著深穩,斯真難能矣。【216】

方法仍是有錄有評,但所評者往往偏於印象式,不夠細緻,有失之於籠統的感覺。

2．有錄無評

這種方法,在南社詩論詩話中屢見不鮮,其目的不在批評,而是為了表達對某詩人的推崇,或為了鉤沉舊作,因此只有引錄而不作評論,透過引錄詩作,以見評詩者瓣香之所在,如胡韞玉的《南社詩話》中,曾引錄了宋教仁五律四首,無隻字評論,【217】又錄蘇曼殊〈本事詩〉共十首、〈雜詩〉十九首及〈無題〉八首,亦錄而不評,【218】蓋胡氏服膺宋教仁,推許蘇曼殊,故於詩話中引錄原作,本無評論之動機。曼昭《南社詩話》中,亦有類似的情況:

> 黃延凱近從民國元年上海自由社出版之中國革命記中,錄出趙伯先吳緩卿林時塽林天羽黃克強諸人遺詩若干首見示,欣賞不已,錄之於左(詩下略)。【219】

引錄的原因是「欣賞不已」,也是以推許為主的方法。至於為了鉤沉舊作而引錄者,則如汪東的〈鉛槧餘錄〉,其中提及蘇曼殊時引錄了〈東居雜詩十九首〉,原因是「遺詩久藏篋笥,塵蠹不侵,歷十四年,乃以鉛槧之暇,檢登《華國》,是亦文學因緣也」,【220】純是出於恐遺詩散佚之心而引錄,故亦有錄而無評,不少詩人的佚作,即賴此以流傳下來。

【216】《南社詩話》,第六十三則。

【217】胡韞玉:《南社詩話》(一),載《小說月報》35期。

【218】胡韞玉:《南社詩話》(二),載《小說月報》36期。

【219】《南社詩話》,第八十七則。

【220】載柳亞子編:《蘇曼殊全集》第五冊,頁245。

（二）摘句斷章

　　摘句斷章式的批評方法，是中國傳統詩話詩論所樂於採用的，伶人黃維樑（1947-）即有文章探討這方面的問題，【221】這種方法，好處在於焦點清晰，把欣賞點縮小，能更集中地欣賞、批評作品，比起全篇引錄的方法，摘句式的方法是較細緻而具體的。刻就這種方法，可細分為摘句為評及摘句不評兩類，誠如黃維樑在〈詩話詞話和印象式批評〉一文中指出：

> 很多詩話詞話作者，摘句（且往往摘而不評）以見其喜惡，這是中國印象式批評的特色。【222】

以下即就此兩種方法，作一論述。

1・摘句為評

　　這種批評方法，是局部地引錄詩作最佳最精采的部份，通常只是詩歌的一兩句，然後加上評者的意見和心得。如蘇曼殊〈燕子龕詩話〉中即有此種例子：

> 山齋飯罷渾無事，滿缽擎來盡落花，此境不足為外人道矣。【223】

是欣賞詩中的局部意境，復如周實在〈無盡庵詩話〉中先引「夜靜香沉人不寐，一簾花雨夢揚州」兩句，評為「雖吉光片羽，寥落無多，然詠絮清才，於是可以窺見」，【224】也是摘句為評的手法，復有更細緻的方法，如黃節評曹植（192-232）詩：

【221】詳參黃維樑：〈詩話詞話和印象式批評〉，見黃維樑著：《中國詩學縱橫論》（台北：洪範書店，1982）頁1-26。

【222】見上注，頁1。

【223】見《民權素》1915年12月第十三集，詩話類，頁3。

【224】引文轉引自白堅：〈從無盡庵詩話看周實的詩學觀〉，載《國際南社學會叢刊》第二期，頁18。

> 漢魏詩有助字助句法，用意只在陪襯……助字，如子建雜詩之
> 「願欲一輕濟」、「願欲託遺音」，願欲二字意本同……【225】

在摘句後再把焦點收細在字詞上作分析評論，這是更具體的批評方法。值得注意的是，曼昭在《南社詩話》中，已對白話詩作摘句式的評論：

> 適之初作白話詩，如「六年你我不相見，見時在赫貞江邊」全首聲調體格，純然七古，所異者用白話耳。【226】

即摘句的對象，已不單局限在古典詩的範圍內，而是取材廣泛，大有呼應潮流之勢。

2·摘而不評

這種方法，摘句只是一個例子，論者不加評論，而喜惡見之於所列舉之例句中，讀者自行揣摩，因此結論言人人殊，重點較模糊，理據亦嫌薄弱，如曼昭《南社詩話》中即曾運用摘而不評的評鑑方法：

> 龔定庵：落紅不是無情物，化作春坭更護花。精衛愛誦之。【227】

像這樣的評論，主觀色彩十分濃厚，只知其所「愛」，而不知「愛」的原因，不作任何解釋，又如：

> 鑑湖女俠秋瑾有句云：祖國興亡人有責，天涯飄泊我無家。為人傳誦。【228】

> 郭筠仙詩云：誰言肝腑干戈起，慚愧平生取友心。三誦之餘，彌用慨然。【229】

摘句斷章而缺乏評論，客觀色彩十分薄弱，不過，這種手法的運用次數

【225】見黃節講、蕭滌非記：〈讀詩三札記〉，見《讀詩三札記·光宣詩壇點將錄·陳石遺先生談藝錄》（香港：漢文出版社，1971）頁7。

【226】《南社詩話》，第二十四則。

【227】《南社詩話》，第二十二則。

【228】《南社詩話》，第五十六則。

【229】《南社詩話》，第六十六則。

畢竟不多,只偶見之於詩話詩論當中,未至於連篇累牘的抄錄。

(三) 以詩論詩

用詩歌的形式來論詩,濫觴於杜甫(712-770)的〈戲為六絕句〉,後人踵武,遂成風氣,論詩詩雖以絕句居多,但其他如律詩、歌行體等亦偶有見之,論詩詩的特點是活潑靈巧,富於暗示與體會,而且言簡而意賅,正如近人錢仲聯說:

> 詩人論詩,以詩論詩……不同於枯燥無味的詩論。【230】

指出論詩詩乃詩人論詩的常用體裁,而後世詩評家,不論是不是詩人身分,都樂於採用這種論詩方法,又由於這種體裁十分精簡,往往做成間接及不達意的情況,正如《中國歷代文論選》中亦說:

> (論詩詩)限於體製,究竟不能像散文那樣的明白淺顯,曲折達意。【231】

確實道出論詩詩的缺點,但姑無論這種方法的優劣如何,不少詩人,由於身兼詩評者的身分,往往會採用「詩」作為論詩的方法。南社以詩而名,詩人而兼詩論者比比皆是,因而論詩詩也廣泛地被應用在詩論詩評上。約而言之,南社的論詩詩可分為對作家作品評論及對詩學理論評論兩類,茲分述如下:

1・對作家作品評論

對作家及其作品的品評,若以論詩詩為方法,則多是褒譽的居多,貶斥的較少。一般是評論者的讀後感,在論詩詩中,或述其作品之源流風格,或比之於古來名家,以見其軒輊,如潘飛聲(1858-1934)的〈題易哭厂丁戊之間行卷後〉二首:

【230】見〈萬首論詩絕句・前言〉,見郭紹虞、錢仲聯、王遽常合編:《萬首論詩絕句》(北京:人民文學出版社,1991)第一冊,頁1。

【231】見郭紹虞主編:《中國歷代文論選》第二冊,頁63。

> 鬱鬱心香作麝薰，騷愁腕底出靈均，沈、任以後齊梁筆，豔過江南蔣劍人。
>
> 蓬山吟望苦低徊，萬劫千春鑄筆來，別有芳聲聞上帝，始驚人海謫仙才。【232】

讚歎易氏的詩，可與屈原、李白（701-762）相比，是對作家才調的推崇。至如陳去病的〈題懺慧詩集〉二首，重點卻是評論詩人的氣節：

> 漫數當年午夢堂，一門風雅只篇章，韓陵片石西陵墓，長使秋娘俠骨香。
>
> 天生風雅是吾師，拜倒榴裙敢異詞，為約同人掃南社，替君傳布廿年詩。【233】

對女中丈夫徐自華的人品氣節，推崇備至，尤其是她為秋瑾（1875-1907）營墓於岳王墳畔之事，【234】更為陳氏所拜服。其他如柳亞子的〈題張蒼水集〉四首及〈讀松陵諸前輩遺集尚論其人各系以詩〉八首，【235】均是以論詩人本身為主的論詩詩。

2．對詩學理論評論

這是論詩詩中最有價值的部份，它集中反映了詩人對某種詩學理論的認同或反對，如柳亞子在〈論詩六絕句〉中，【236】分別評論了當世詩人，他譏嘲鄭孝胥及陳三為「鄭、陳枯寂無生趣」，又抨擊樊增祥及易順鼎為「樊、易淫蛙亂正聲」，評王闓運為「古色爛斑真意少」，不滿康有為（1858-1927）「一卷生吞老杜詩」。柳氏更利用「詩」作為評量詩派的工具，繁雜的詩派糾紛，都能有條理地用詩表達出來，如他的〈妄

【232】《萬首論詩絕句》第四冊，頁1704。

【233】見陳去病：《浩歌堂詩鈔》（線裝本，出版年地缺）卷四，頁8。

【234】詳參鄭逸梅編著：《南社叢談》頁232。

【235】見柳亞子著：《磨劍室詩詞集》上冊，頁22、52。

【236】《磨劍室詩詞集》上冊，頁215-216。

人謬論詩派，書此折之〉二首，即為個中代表：

> 詩派江西寧足道，妄持燕石詆瓊琚，平生自有千秋在，不向群兒問毀譽。
>
> 分寧茶客黃山谷，能解詩家三昧無？千古知言馮定遠，比他嫠婦與氂夫。【237】

第一絕分明是貶抑江西詩派，大有排眾而前之勢，第二絕標榜馮定遠（1602？-1671），因他論詩不取江西宗派，把江西詩派的黃庭堅（1045-1105）比下去。又如〈時流論詩多騖兩宋，巢南獨尊唐風，與余相合，寫詩一章，即用留別，並申止酒之對，時余亦將歸梨里矣，二十用韻〉，是用律詩的體裁，評量當世的詩派問題：

> 匆匆半月昌亭住，與汝評量詩派來，一代典型嗟已盡，百年壇坫為誰開，橫流解悟蘇黃罪，大雅應推陳夏才，珍重分襟無別語，加餐先覆掌中杯。【238】

首聯開宗明義，頷聯慨嘆當世詩壇之沒落；腹聯中一句貶蘇軾（1037-1101）及黃庭堅，為反宋詩的象徵，另一句推尊陳子龍（1608-1647）及夏元淳（1631-1647）的大節大義、悲歌淋漓的剛陽詩風，以抑揚為對比；尾聯以留別語收結。全詩內容豐富而層次分明，主題鮮活。

同社詩人如馬君武，他的〈寄南社同人〉，【239】也是用律詩來表達詩人須擺脫傳統詩歌的束縛、創作富有個性作品的詩學理論。而姚光在〈論詩絕句〉中也道出了作詩乃個人「天機隨意轉」的創作經驗。【240】值得一提的是，陳去病在《浩歌堂詩鈔》中，有一首長篇的歌行，題為〈松陵詩派行〉，【241】詩歌用了千餘字，敘述了松陵一地的詩壇概況，

【237】《磨劍室詩詞集》上冊，頁256。

【238】《磨劍室詩詞集》上冊，頁118。

【239】《馬君武集》頁426。

【240】見〈荒江樵唱集·序〉，《南社》第九集，文錄頁28下。

【241】《浩歌堂詩鈔》卷一，頁3。

追敘松陵詩派的上源下流，列舉了不少松陵詩派的代表詩人，可說是以詩而敘述詩派歷史的代表作品。

（四）題序書信

除了以詩論詩外，南社詩人亦喜歡把詩學理論發表於題序及書信中。南社社友，以詩文相勉，聲氣相求，偶有結集出版，每每廣邀同社詩人為序為跋，題序者亦往往借題發揮，抒發個人的詩論觀點。又社員間書信之往來，亦多有觸及詩學問題，互相砥礪討論，不少詩論精華，見於魚來雁往之間。南社中人，十分重視這種發表詩論的方法，在《南社叢刻》——一部匯集社員的專輯中，所刊的文章，屬題序書信類者十居其七、八，堪稱大宗。

以題序方式表達詩論見解，代表作莫如柳亞子的〈胡寄塵詩序〉，[242]此文借題序為名，實則是道出反同光體的理由，與及說出倡南社的主要目的，誠如錢仲聯說這篇序文「無異是聲討同光體的檄文」，[243]其他如姚光的〈吳日千先生集·跋〉，[244]說明了氣節與性情的關係；胡蘊在〈秋風詩·自序〉中說明了「詩言志」的問題；[245]沈昌直在〈匏葉厂詩補遺·序〉說明了人格與作品的關係；[246]傅尃在〈變雅樓三十年詩徵·序〉中說明了詩與世變的關係；[247]王德鍾在〈靜春堂詩集·序〉中說明了人可傳與詩可傳的關係。[248]諸如上所列者，

---

[242]《南社》第五集，文錄頁 38 下。

[243] 語本錢仲聯：〈論同光體〉，載錢仲聯著：《夢苕庵清代文學論集》（濟南：齊魯書社，1983）頁 13。

[244]《南社》第七集，文錄頁 14 上。

[245]《南社》第九集，文錄頁 30 上。

[246]《南社》第十集，文錄頁 24 上。

[247]《南社》第十四集，文錄頁 3 下。

[248]《南社》第二十集，文錄頁 10 上。

皆是有見地、有系統的詩論，借題序作跋為名，而以論詩為實，可以說，這些序跋，其實是一篇篇的詩學論文。

至於書信方面，代表作莫如蘇曼殊的〈與高天梅書〉，信中除了觸及翻譯理論外，更比較了中西詩人的特性，他在信中談到：

> 衲（曼殊）嘗謂拜輪足以貫靈均、太白，師梨足以合義山、長吉。【249】

可謂見解獨特精到。其他如胡懷琛的〈與楊白民書〉，【250】說明了詩歌美的理論；沈昌直的〈報唐湛聲書〉，抨擊那些無病呻吟的創作態度；【251】又在〈與凌莘子書〉中勉勵後學，說明學養與詩歌成就的關係；【252】高吹萬在〈答吳澤庵書〉中說明詩歌創作乃天賦與人力各佔其半的理論，並表明反對分宗立派的鮮明立場。【253】諸如此類，均能針對不同對象，對有關詩論問題作深入的探討，又由於是信札便簡，措詞用語每多親切直率，談詩論法如娓娓道來，時而深入淺出，時而針鋒相對，不啻是研究南社詩論的一大寶庫。

小結

在評賞的方法上，南社詩人採用了不同的形式，但都不外乎是傳統的方法，他們往往結合自身的創作經驗，對某首或某句作品作評賞。論詩詩更是他們所喜愛的方式，值得注意的是以長篇歌行作論述，是論詩詩中所少見的。不能否認，南社詩人引錄為評、摘句為評、甚或錄而不

【249】《蘇曼殊全集》第一冊，頁225-227。
【250】《南社》第十六集，文錄頁16下。
【251】《南社》第十二集，文錄頁55上。
【252】《南社》第二十集，文錄頁49下。
【253】《南社》第十一集，文錄頁25下。

評,所提的評論內容都是偏於主觀及印象式的,理據時見不足,充其量只能反映個人的喜好與褒貶,至如詳細的詩學理論,則每每見於詩人互贈的序跋中,或見之於來往的私人信件中,能針對某個詩學問題而抒發意見,但卻有理有據,較完整地闡釋問題。

但須要注意,有關詩話創作,一如傳統的詩話,並不曾針對討論詩學而作,例如由南社詩人撰寫、以《南社詩話》為名的兩種詩話著作,[254] 是把有關南社詩人及作品的資料湊拼而成篇,偶然觸及詩論問題,但不少仍是以南社詩人的生平、軼事、趣事或事業行狀為主,記敘的成份居多,評論者較少,如曼昭的《南社詩話》中提及孫中山(1866-1925)取笑田桐(1878-1930)為「水牛將軍」之類,[255] 真如清妙雋永、令人莞爾的筆記小說。

九・南社詩論中推崇的詩人

詩人創作,大都倚仗模範,初學者以為規矩,高深者汲取前人之精神,收為己用。不同的詩學流派,在其詩論中,或多或少會推崇某些詩人,一方面作為理論的依據,一方面作為學習的對象。他們表揚前人,實則為自身的詩學理論打下基石,標舉模範。因此,推崇什麼作家以代表自己的詩學理論,絕不是隨意的,而是經大多數同人所首肯,共同標舉。南社詩論中,標舉了若干詩人為模範,透過這些被推舉的詩人,可窺見南社詩論的淵源及傾向。約而論之,南社特別重視的詩人有龔自珍、宋明的遺民詩人、拜倫(George Gordon Noel Byron,喬治・戈登・諾艾爾・拜倫;英國詩人,1788-1824)及一些女詩人,茲分述如下:

---

[254] 按即曼昭:《南社詩話》及胡韞玉:《南社詩話》兩種。
[255]《南社詩話》,第三十七則。

（一）龔自珍

龔自珍，又名易簡，字璱人，號定庵，杭州人，能詩文，對晚清文壇影響尤大，吳雨僧（1894-？）在《餘生隨筆》中舉例說明龔氏在晚清詩壇的影響：

> 如梁任公，其三十以前作，固似處處形似。即近年作，皆定庵之句法也。【256】

晚清知識份子如梁啟超，亦深受龔氏的詩文影響，可見其風靡之力，至於南社，對龔氏的作品更是情有獨鍾，南社詩人往往集龔詩，互為投贈，或脫胎點化龔氏的詩句，作為創作的手法，這種借他人杯酒以澆一己胸中塊壘者，例子不少，近人孫文光在《龔自珍》一書中論及龔氏的影響時，作了十分詳細的評述，深入說明龔氏與南社的影響關係：

> 辛亥革命前後，革文學團體「南社」的詩人們，如陳去病、高旭、柳亞子等，他們對龔自珍更為推崇備至。他們的作品，從內容到形式，都以龔詩為楷模，成為龔詩的遺調。「南社」中還有不少詩人，愛集龔詩句，作為表達自己思想感情的一種方式。以1936年出版的《南社詩集》為例，其中集龔詩句，即有二十五家三百餘首之多。【257】

可見南社詩人喜愛龔詩，確是事實，如柳亞子有〈集定公句十二截〉，【258】俞鍔有〈贈春航集定公句〉十六首，【259】均為個中代表作，又胡韞玉在《南社詩話》中記：

> 寧調元字太一……當時社友多喜讀龔定庵詩，以其才氣橫逸也。

【256】轉引自龔鵬程：〈俠骨與柔情〉，載胡偉希編：《辛亥革命與中國近代思想文化》（北京：中國人民大學出版社，1991）頁265。

【257】孫文光著：《龔自珍》（上海：古籍出版社，1985）頁99。

【258】《磨劍室詩詞集》上冊，頁34-35。

【259】見俞成椿編：《南社俞劍華生先遺集》（台北：三民書局，1984）頁49-50。

> 其集定庵句,東楚傖、鵁鶄云（詩下略）。【260】

南社詩人集龔詩以為投贈,可見一斑,其他如曼昭《南社詩話》云:「龔定庵落紅不是無情物,化作春坭更護花,精衛（南社詩人）愛誦之」,【261】又蘇曼殊〈燕子龕隨筆〉中載:

> 趙百先少有澄清天下之志……別後作畫,倩劉三為題定庵絕句贈之曰:絕域從軍計惘然,（詩下略）。【262】

可見南社詩人,對龔氏的作品,確有偏好,既有偏好,自然是繼之以推崇,姚鵷鶵的〈論詩絕句〉中曾論及龔氏,而且評價頗高,他說:

> 豔骨奇情獨此才,時聞謦欬動風雷。【263】

認為龔氏的詩歌藝術剛柔並濟,柳亞子在〈定庵有三別好詩,余仿其意,作論詩三截句〉推崇龔氏為「三百年來第一流,飛仙劍客古無儔」,【264】又在〈疊和左海少年四絕句〉中說:

> 甘持獨醒謝群嘐,宋玉能傳屈子騷,記取定公名論在,但開風氣盡堪豪。【265】

柳氏並自謂「我亦當年龔定庵」（〈海上贈劉季平〉）。【266】

南社詩人推崇龔氏及其作品,原因可分從思想上、理論上及立場上三個角度去分析:從思想上而言,龔氏的思想精神,貫注在詩作之中,感染了南社詩人,尤其龔氏那既綺豔而又豪宕的詩風,對南社詩人感染最深,即所謂「蕭心劍氣」,亦剛亦柔,正如近人牛仰山在〈簡論龔自珍的創作和近代詩文的關係〉一文中分析南社詩人好集龔詩的原因為:

【260】 胡韞玉:《南社詩話》（一）,載《小說月報》1943 年 35 期。

【261】《南社詩話》,第二十二則。

【262】 見馬以君編:《蘇曼殊文集》（廣州:花城出版社,1991）下冊,頁 396。

【263】 轉引自《水心樓詩詞遺作集》（出版資料不詳）頁 67「姚鵷鶵論詩」條。

【264】《磨劍室詩詞集》上冊,頁 82。

【265】《磨劍室詩詞集》上冊,頁 920。

【266】《磨劍室詩詞集》上冊,頁 28。

一則顯示出他們對龔自珍的詩何等熟悉，二則說明龔自珍的某些詩句所表達的思想，很能引起他們的共鳴。【267】

那些思想的具體內容是什麼呢？近人龔鵬程在〈俠骨與柔情〉一文中作如下的闡釋：

> 但龔氏影響當時知識份子最大的，並不是在字句方面，而是他那種合儒、俠、佛、豔為一的生命態度。英雄美人之思、俠骨柔情之感，才是令這些儒俠神銷骨醉、低回不已的所在（下引姚鵷鶵〈論詩絕句〉）。【268】

一種既出世，又入世；既隱逸，又進取；既為公，又為私；既為情，又為理的矛盾而複雜的思想，正如清民之際的文人思想心態一樣，左沖右突，在思想領域中馳騁，冀能找到出路──南社詩人即為個中代表，他們被龔氏的思想精神所感召，由共鳴而至喜愛，由喜愛而至學習，由學習而至推崇，無怪姚鵷鶵在〈南社瑣記〉中說：

> 於詩由燕趙慷慨激烈之音，轉為雄奇瑰異，雖跌宕文酒，寄情山水，無不寓其感傷家國之意，故其音韻氣節，自然近於龔羽琌。【269】

確能道出南社詩人與龔自珍在思想上的承傳關係。

從理論層面上說，除了如任訪秋主編的《中國近代文學史》中說「很多南社詩人的作品……近學龔自珍，屬於龔派」的作品模仿外，【270】更重要的是在詩學理論或創作實踐上，南社詩人都承繼了龔氏的特色：首先，在創作手法上，如牛仰山所說：「龔詩藝術風格的主要特點是浪

【267】載孫文光、王世蕓：《龔自珍研究論文集》（上海：上海書店，1992）頁159。

【268】龔鵬程：〈俠骨與柔情〉，載胡偉希編：《辛亥革命與中國近代思想文化》頁265。

【269】見《永安月刊》1947年10期。

【270】任訪秋著：《中國近代文學史》（開封：河南大學出版社，1988）頁398。

73

漫主義」，[271] 至於南社詩作的總體傾向，也是承繼了這特點，誠如曹聚仁（1900-1972）說南社的代表人物是蘇曼殊，原因是「蘇曼殊的浪漫氣氛，才是真正的革命詩人」，[272] 更總括地說南社「不曾走出浪漫主義一步」，[273] 任訪秋也持此論，在《中國近代文學史》中說「南社文學是浪漫主義文學」，[274] 無可否認，南社不少作品思想雄奇，具活開朗、流動瀟灑之風致，這些浪漫風格，確與龔氏的詩風有密切的關係。

其次是龔詩的個性很強，也成為南社詩人追求具個性、求獨立、找突破及能創新的目標，他們重視龔自珍，是模仿他的精神，而不是文辭，柳亞子曾自我剖白，他所崇拜的是「非唐非宋的龔定庵」，[275] 而所謂非唐非宋，即指那不復古、不擬古的獨立精神，充份表現詩人個性及時代氣息的作品，這種排眾而前、力摒阻圍、擺脫傳統的獨立精神，正如黃保真等著的《中國文學理論史》曾說：

> 柳亞子論詩是繼承了近代龔自珍的傳統，反對一切復古主義，追求創新變革。[276]

堪為的評。

再者，龔氏在〈書湯海秋詩集後〉所提出的「詩與人為一，人外無詩，詩外無人」的詩論，[277] 也充份表現在南社詩論之中，南社詩論特重作品的個性，在創作論中特重性情的貫注，在因革論中反模擬，在作

---

[271]《龔自珍研究論文集》頁 153。

[272]〈南社、新南社〉，載《南社紀略》（上海：人民出版社，1983）頁 252-253。

[273]〈南社、新南社〉，載《南社紀略》頁 248。

[274] 任訪秋著：《中國近代文學史》頁 398。

[275] 見〈柳亞子的詩和字〉，載《人物》1980 年第 1 期。

[276] 黃保真、成復旺、蔡鍾翔合著：《中國文學理論史》（北京：北京出版社，1991）第五冊，頁 335。

[277] 見《龔自珍全集》（香港：中華書局，1924）頁 241。

家論中特重作者的修養,在鑒賞論中強調作者人格必須高尚,凡此種種,均是「詩與人為一」的最佳注腳、最佳演繹。

此外,龔氏又提出「尊情」的理論,【278】據黃霖的《近代文學批評史》中的分析,認為「尊情」包括四個意義,其中「強調洩衰世之哀怨拗怒之情」及「提倡在自尊其心的基礎上寫真情」兩項,【279】確是被南社詩論汲取了,前者體現在南社詩論文源論中提及的反映生活、源自詩人感憤的理論;後者則體現在創作論中詩道性情的專題上,其間傳承脈絡明顯易見。

此外,在立場上而言,南社標舉龔自珍及其作品,很大程度是用以抨擊同光體的,孫文光在《龔自珍》中說:

> 道(光)咸(豐)時代,以程恩澤、祁雋藻、曾國藩等為代表的一些人,利用他們在政治上的特殊地位,提倡桐城派古文,推助宋詩運動,一直同龔自珍在文學方面所開啟的新風氣進行著反復的鬥爭。【280】

同光體以推動宋詩為主,在晚清十分流行,而南社不少詩人都極力反對,柳亞子即展開反同光的一幕,他在〈胡寄塵詩序〉中抨擊同光體宋詩派甚力(詳見本文「因革論」及「作者論」部份),據孫文光的看法,龔自珍是與宋詩抗衡的表表者,很自然,也成為南社詩人反同光體宋詩派的模範。在立場上,南社詩人與龔自珍站在同一線上,與宋詩派抗衡。當然,南社之所以反宋詩派,骨子裏是反對滿清的遺老詩人,與龔氏所面對的問題確有不同之處,但在象徵的意義上,龔自珍無疑是冷靜醒覺與開風氣之先的最佳代表人物。

【278】「尊情」說見龔自珍:〈長短言自序〉,載《龔定庵全集類編》(北京:中國書店,1991)頁18。

【279】黃霖:《近代文學批評史》頁24-29。

【280】孫文光著:《龔自珍》頁98。

（二）宋明遺民

近人王晶垚在〈南社始末〉一文中，曾指出「南社發起和早期成員很重視繼承明末清初的志士們的反清傳統」，【281】確是事實，由反清以至重視明遺民詩人，以此標榜氣節，鼓動民族感情。黃霖在《近代文學批評史》中談到南社發起人柳亞子時說「他與諸多南社社成員一樣，大力宣揚宋明兩代忠臣節士和近今革命先進之作」，【282】指出宋代遺民詩人也同在南社重視之列。南社另一發起人陳去病，在〈南社詩文詞選・序〉中提到的「不同幾、復當年」、「差比河汾諸老」，【283】其實就是標榜宋明遺民詩人。幾社及復社，均是明末江南反清的兩大詩社，而河汾諸老，則是指金末河汾間的遺民詩人，他們的作品曾被元房祺編成《河汾諸老詩集》凡八卷，《四庫全書總目提要》談及河汾諸老，評價甚高：

> 抗節林泉，均有淵明、義熙之志。人品既高，故文章亦超然拔俗。【284】

南社詩人重視宋明遺民詩人的作品，確有其時代需要及意義。在眾多遺民詩人中，南社詩人較人集中地標榜了好幾位，如在南宋遺民詩人中，鄭思肖是最受重視的一位，陳福康在《鄭思肖集》中的前言部份，有力地刻劃出鄭氏的人格：

> 詩人（鄭思肖）本身只是一介書生……比宋末愛國詩人文天祥、謝方得、林景熙等也更屬難得。因為後者都曾擔任過宋朝的官職……詩人寫下反映民間疾苦的作品……【285】

【281】 載《中國社會科學戰線》1980 年 4 期。
【282】 黃霖：《近代文學批評史》頁 474。
【283】 見《民吁日報》1909 年 10 月 28 日。
【284】 見《四庫全書總目提要》（北京：中華書局，1987）卷 188，頁 1708。
【285】 見陳福康點校：《鄭思肖集》（上海：古籍出版社，1991）頁 8。

南社詩人黃節曾有〈讀鄭所南先生集〉絕詩二首，【286】足見黃氏對鄭氏的推崇：

> 沒齒竟為三外客，傷心還作十空經，倉黃本穴今何老？萬樹秋花向北零。
>
> 琴絕風高意早灰，先生厭世尚徘徊，已無片土栽蘭蕙，瑟瑟河山更可哀。

黃氏在第一首的末句曾作原注云：

>「寧在枝頭抱香死，不曾零落北風前」先生詠菊句也。

可見黃節對鄭氏的骨氣人格，推崇備至，寧死而不落風塵，正是不少遺民詩人的心聲寫照，黃節又在第二首第三句下作注云：

> 宋亡，先生畫蘭不寫根，曰：無土，根將焉托？

遺民詩人對國破家亡、國族淪亡的痛悔心聲，借無根的蘭花作喻，黃節於此特注一筆，無非一發共鳴之嘆、同聲一哭而已。他在〈題鄭所南集後〉中對鄭氏作出「交游著作都應絕，唯有傷心鄭億翁」的高度評價。蘇曼殊繪〈江山無主圖〉，上有題跋云：

> 花柳有愁春正苦，江山無主月空圓。寫億翁詩意。

亦是受鄭氏詩中懷念宋室之情所感而作，他在《河南》雜誌第五期發表〈聽鵑圖〉，上題有畫跋：

> 於乎，鄭思肖所謂詞發於愛國之心，余作是圖，寧無感焉？【287】

進一步說明他對鄭氏之認同及受鄭氏感染之一斑。陳去病在〈讀所南心史〉中對鄭氏的評價也很高：

> ……而如鄭億翁，耿耿尤奇特。恥為頂笠民，甚且崇犬德。【288】

【286】見馬以君編：《黃節詩集》（北京：中國人民大學出版社，1989）頁 22、28。下面同注不注出。

【287】〈江山無主圖〉及〈聽鵑圖〉跋引自馬以君編：《蘇曼殊文集》上冊，頁355-358。

【288】《鄭思肖集》頁357-358。

對他的品格也同樣敬仰，尤其對於鄭氏的恥為異國之民的清高品德予以很高程度的肯定，面對當時反清的時勢，確有借題發揮的意味。

至於明末遺民詩人，由於年代接近，處境接近，受南社詩人標舉敬仰的亦不少，而特別值得探討者有屈大均、金堡（1614-1680）、夏完淳（1631-1647）及鄺露（1604-1650）幾位。

屈大均，明末番禺人，諸生，入清後棄去為僧人，中年返初服；工詩文，其作多觸當時忌諱，多遭清政府禁燬削版。蘇曼殊在1907年12月4日致劉三信中提到為屈大均《廣東新語》中的〈女語〉作單行印刷，流行於日本，[289] 可見曼殊對屈氏的作品是十分重視的，可惜《翁山女語》刊行未果，而曼則將之輯入〈嶺海幽光錄〉中，[290] 足見重視，同社詩人黃侃在〈題蘇曼殊象〉中曾將屈、蘇二人作比附：

> 屈翁山始嘗為僧，繼而悔之……曼殊亦粵人……昨聞其還俗之事，顧深喜之。他日接跡道援堂，不僅遙過佛島而已。[291]

可見屈蘇二人相契之深，曼昭《南社詩話》亦曾說：

> 若嶺南之屈翁山陳元孝，亦其表表者也。[292]

在嶺南三大家中，首言屈大均，可見他在南社詩人心目中的崇高地位。

金堡，為明末官員，入清後出家為僧，法號澹歸，能詩文，有《遍行堂集》存世，他也和屈大均一樣，著書多觸清庭不滿，多遭銷禁，查〈雍乾滿清焚書之歷史〉一文中，金堡、屈大均等人名下注：

> 右數人者，含茹種之痛，蓄志光復，故於著述之中，多紀種族國家之關係不為諱。乃奏者謂其文字有悖逆處，遂致一迸遭燬……[293]

---

[289] 馬以君編：《蘇曼殊文集》下冊，頁48。

[290] 見《民報》1908年20號。

[291] 柳亞子編：《蘇曼殊全集》第四冊，頁127。

[292]《南社詩話》，第三十六則。

[293] 見《民立報》1912年12月27日。

曼殊在行經紅梅驛時，見手抄《澹歸和尚詩詞》，「心竊愛之」，【294】而印象深刻者，則有〈貽吳梅村〉一律：

> 十郡名賢請自思，坐中若個是男兒？鼎湖難挽龍髯日，鴛水爭持牛耳時。哭盡冬青徒有淚，歌殘凝碧竟無詩，故陵麥飯誰澆取？贏得空堂酒滿卮。【295】

曼殊評此詩為「大義凜然，想見其為人矣」，【296】對金堡的氣節十分欣賞。

夏完淳，明末愛國詩人兼抗清烈士，十五歲從軍抗清，十七歲就義，今有《夏完淳集》傳世。柳亞子對夏氏十分推崇，撰有〈江左少年夏完淳傳〉，【297】近人白堅循此角度，撰〈柳亞子和夏完淳〉，文首即提挈重點：

> 柳亞子在青年時代就非常崇敬夏完淳，從夏完淳的詩文中汲取精神力量和藝術營養。【298】

確實，大約統計一下柳亞子直接提及或評及夏氏的詩，即有三十餘組，其中不乏讚賞與敬仰之詞，如：「平生私淑玉樊堂，自向雲間爇瓣香」，說明欣賞夏氏的才華，踵武其路向。又在〈題《夏內史集》〉中說「我亦年華垂二九，頭顱如此負英雄」，【299】分明是受夏氏忠義殉國之精神所感召。事隔數十年，柳氏在〈夏允彝完淳父子合傳〉中仍耿耿不忘夏氏：

【294】〈燕子龕隨筆〉，馬以君編：《蘇曼殊文集》，下冊，頁393；然查諸澹歸詩集未多收錄此律。

【295】同上注。

【296】同上注。

【297】柳文見《懷舊集》頁211-237。

【298】文載《國際南社學會叢刊》（香港：國際南社學會秘書處，1990）第一期，頁30-37，引文在頁30。

【299】二詩見《磨劍室詩詞集》上冊，76、24。

> 余年十七，讀夏完淳遺集，即心儀其人……四十年來，頭顱老大，一事無成……於完淳父子遺事，仍未能忘情。【300】

足見其對夏氏宗慕之情切。南社其他詩人，對夏完淳亦推崇備至，如沈礪有〈讀《夏存古集》〉四首，中有「大哀一賦感千端，冰雪心腸錦繡肝」及「乾坤牢落入雄辭，掩卷沉吟有所思」的褒譽之詞。【301】陳去病的〈觀夏考功遺札〉中亦有「內史文章日月懸」的讚美。【302】又在〈書陳黃門公集〉中說「我效端哥（即夏完淳）一長慟，粵王台上見精魂」，【303】其精神上受夏氏感染如此。

鄺露，明末南海人，工詩善書，歷士南明唐王及桂王，喜鼓琴，清兵破廣州時，猶倚柱鼓琴，後不屈而抱綠綺台琴殉國。今人楊玉峰撰文申述南社詩人鄧爾雅（1883-1955）對鄺露的重視及推崇，在〈湛若殉國抱綠綺，爾雅建園藏名琴〉一文中，特別提到：

> 清末是民族革命意識高漲的年代，南社正是在這種政治氛圍下成立的。對於抱琴殉節的鄺露，南社成員自然會加以留意。【304】

文中引錄了南社潘飛聲曾題詠鄺氏作品《嶠雅》，黃節曾發表〈鄺露傳〉一文，另鄧爾雅得鄺氏遺物綠綺台琴後，曾作了不少題辭及詩篇以誌因緣，並於香港大埔建園藏琴，足見南社詩人重視鄺氏。

由以上所舉的例子看來，南社詩人重視宋明遺民詩人，主要原因是他們的作品充滿了民族感情、愛國情操及高尚的氣節，南社詩人處於清民之際，面對外族（滿清）的統治，對宋統於金元、明亡於滿清的歷史，自是感同身受，有切膚之痛，尤其後者，明亡於滿清的情意結，盤

【300】見白堅箋校：《夏完淳集箋校》（上海：古籍出版社，1991）頁558-573。

【301】《夏完淳集箋校》頁716。

【302】《夏完淳集箋校》頁717。

【303】《夏完淳集箋校》頁751。

【304】《國際南社學會叢刊》第二期，頁35。

踞在南社詩人的心中,在清民易鼎之際,抗清反清的心情,自然與明末遺民的心情相合,民族感情油然而生,楊天石及劉彥成合著的《南社》中就評柳亞子「借明末抗清英雄的業績,激勵人們去推翻清朝專制政府的統治」,【305】另方面,南社詩人對國家受外人壓迫的現實,也寄予了深切的關注,楊天石及劉彥成評陳去病〈重九歇浦示侯官林獬、儀真劉光漢〉一詩時,指出它「展現出來的是一個愛國憂憤的志士精神面貌」,【306】其實,這種愛國憂民的心態很普遍地存在於南社詩人的心中,如蘇曼殊的「國民孤憤英雄淚,灑上鮫綃贈故人」、【307】徐自華的「每因時局增煩惱」等,【308】實在與宋明遺民的愛國憂民的心情相同的,南社標榜這批詩人,自然是出於崇敬,又由於境遇相同,親身代入,宋明遺民詩人遂成為南社詩人心目中的詩人典範了,至於氣節方面,如葉楚傖(1887-1946)在〈發起宣言〉中說:

  南社在民元以前,唯一使命,是提倡民族氣節。【309】

這些民族氣節,同時是宋明遺民詩人的特徵,如前所說的幾位較受南社詩人重視的遺民詩人,在身分上,鄭思肖是一介布衣,終身不曾出仕,品格高尚,完全切合了南社所提倡的「布衣之詩」,【310】在詩文創作上,屈大均及金堡均矢志反清,形諸於詩文之中,借詩文寄亡國之痛,於銷禁及文字獄一無所懼,敢言敢寫,絕不讓步,同樣顯現了文人的氣

【305】 楊天石:《南社》頁64。

【306】 楊天石:《南社》頁77。

【307】 馬以君編:《蘇曼殊文集》上冊,頁1。

【308】〈病中感懷〉,見郭延禮輯校:《徐自華詩文集》(北京:中華書局,1990)頁71。

【309】 轉引自《南社紀略》頁91。

【310】「布衣之詩」一詞,見柳亞子:〈胡寄塵詩序〉,載《南社》第五集,文錄頁39上。

節。在具體的行為上，夏完淳親身參與反清的行列，最後被執就義；鄭露則不屈自沉殉國，他們殉國的行為也是氣節的表現，由此可見，遺民詩人的氣節是高尚的，志節操守是崇高的，南社詩人一方面仰慕他們，一方面學習他們的高尚人格，正如鄭逸梅在《南社叢談》中說：

> 他們（指南社的發起人）仰慕著明代末年的幾社復社人士提倡的氣節，以文會友，聲應氣求，扭成一股力量。【311】

要進一步說明的是，南社詩論中提倡的「布衣之詩」、「非肉食所敢望」的情操，【312】固然與宋明遺民詩人有關，而南社之反「同光體」，其實也是出於對同光詩派中的滿清遺老的不滿，是以在提倡氣節的大前提下一并加以指斥和反對，其性質是因詩人的身分、品格而論其詩的價值，這點是值得注意的。

（三）拜倫

對於外國的詩人，南社較重視的是拜倫，南社詩僧蘇曼殊對拜倫尤有獨鍾之情，誠如柳無忌說：

> 拜倫也聞名於二十世紀初年的中國，主要歸功於蘇曼殊的介紹。【313】

事實上，南社詩人中重視拜倫不只曼殊一人，其他如馬君武和胡寄塵，都曾翻譯拜倫的作品，在這裏，有必要統覽一下他們重視拜倫的活動，然後再加以分析其動機。

蘇曼殊曾在東京刊印了《拜倫詩選》，把若干首拜倫的詩譯成中文，計有〈去國行〉十章、〈贊大海〉六章、〈答美人贈束髮瓃帶詩〉六章及〈哀希臘〉十六章，另有拜倫的〈星耶峰耶俱無生〉一章，輯入曼

【311】鄭逸梅著：《南社叢談》頁1。

【312】見柳無忌：〈南社前後的中國文壇〉，載《從磨劍室到燕子龕》（台北：時報文化出版社，1986）頁14。

【313】引自〈蘇曼殊與拜倫〈哀希臘〉詩〉，見上注，頁198。

殊自編的《文學因緣》(1908)中,在1911年編著的《潮音》中又特意編入佛萊蔗(John B‧Fletcher 1879-1933)的〈拜倫年表〉,又在絕詩〈題《拜倫集》〉中寄寓了同病相憐之感,他在1910年〈致高天梅書〉中云:

> 衲嘗謂拜倫足以貫靈均、太白……【314】

並譽拜倫為「靈界詩翁」,【315】可謂推崇備至,在1916年〈復劉半農書〉中,對劉氏擬倡拜倫學會一事,極表支持,他說:

> 拜倫學會之事,如藉大雅倡之,不慧欣歡頂禮,難為譬說矣。【316】

欣悅之情,溢於言表。同社詩人馬君武,以七言古體詩譯拜倫的〈哀希臘〉十六章,【317】復有〈游拜倫Bayern〉五律兩首,憑弔拜倫足跡所到之處。【318】胡懷琛也重譯了〈哀希臘〉。【319】黃侃以盛唐山民之號,翻譯了拜倫的〈留別雅典女郎詩〉四首,曾被曼殊輯入《文學因緣》及《拜倫詩選》兩書中。

以上舉出蘇、馬、胡、黃四位南社詩人對拜倫的崇敬與重視,無非欲探討一下他們崇敬拜倫的動機。他們重視拜倫的原因,主要可分為人格才情與思想精神兩方面。

在人格才情方面,曼殊在〈潮音‧自序〉中說拜倫是個「坦白而高尚的人」,【320】又說:

> 拜倫的詩像一種有奮激性的酒,人喝了愈多,愈會甜蜜地陶醉,他的詩充滿魅力、美麗和真實,在情感、熱忱和坦率的措詞方

【314】馬以君編:《蘇曼殊文集》上冊,頁37。

【315】同上注。

【316】見上注,下冊,頁628。

【317】《馬君武集》頁438-445、頁428-429。

【318】《馬君武集》頁428-429。

【319】見《胡懷琛詩歌叢稿》(上海:商務印書館,1926)頁125。

【320】〈潮音‧自序〉,見馬以君編:《蘇曼殊文集》上冊,頁307。

面，拜倫的詩是不可及的。

對拜倫的人格才情，作了十分肯定及正面的評價，正如任訪秋主編的《中國近代文學史》中指出：

> 拜倫與他（曼殊）不僅身世相似，而且還是人格高尚的人，他認為拜倫幫助希臘反抗外來侵略，「功成不居，雖與日月爭光可也」。【321】

這與南社詩論中特重作家人格的重點十分吻合，人格高尚，詩歌價值也隨之而提高，拜倫坦白積極的思想、高瞻遠矚的性格和功成不居的胸襟，純是高尚人格的典範，加之以才情斐斐，正是一位完美詩人的形象，曼殊評拜倫詩為「情思幼眇，亦十方感同」，【322】又認為「拜倫足以貫靈均、太白」，【323】正是推崇拜倫作為完美詩人所具備的才情，同時成為南社詩論中（鑒賞論）的無瑕例子。正好解釋了南社詩人重視拜倫的動機。

在思想精神上，拜倫確能引起不少南社詩人的共鳴與認同，今人陳萬雄在《五四新文化的源流》中，認為清末的「拜倫現象」，是革命知識份子追求浪漫和個性解放的表徵，【324】這種見解不無道理，而事實上，若干南社詩人的心目中，拜倫與不少中國詩人境遇相同：他們懷才流浪而放曠自由，不為世用，但卻又憂國憂民，在思想精神上有了交感的渠道，他們不期然把拜倫所哀的希臘等同了中國，曼殊在《拜倫詩選・自序》中說：

> 震旦萬事蕪墜，豈復如昔日所稱天國，並將為印度巴比倫、埃及、希臘之繼耳。【325】

【321】 任訪秋主編：《中國近代文學史》頁481-482。
【322】 語出〈拜倫詩選・自序〉，見馬以君編：《蘇曼殊文集》上冊，頁301。
【323】 見馬以君編：《蘇曼殊文集》上冊，頁37。
【324】 陳萬雄著：《五四新文化的源流》（香港：三聯書店，1992）頁162。
【325】 語出〈拜倫詩選・自序〉，見馬以君編：《蘇曼殊文集》上冊，頁301。

詩人哀中國，等如拜倫哀希臘的心情一樣，張國安在《蘇曼殊傳》中說曼殊譯〈哀希臘〉是「毫無疑問蘊含注入了他自己對祖國的一往情深」，又說「拜倫詩中所抒發的這些情感，又何嘗不是蘇曼殊當時的情懷呢？」【326】而馬君武在〈哀希臘〉譯詩前的小序中說：

裴倫哀希臘，吾方自哀之不暇爾。【327】

借他人杯酒以澆一己胸中塊壘，於此可見。由於境遇相同，連帶思想精神也一致，他們重視拜倫，譯拜倫的詩作，一方面帶有宣傳反清的動機，鼓吹自由，提倡革命，另一方面是標榜作為詩人的愛國思想及無私的精神。1913年曼殊在〈討袁宣言〉中提到「昔者，希臘獨立戰爭時，英吉利詩人拜倫投身戎行以助之，為詩以勵之」的歷史事實，從而發出「衲等雖托身世外，然宗國興亡，豈無責耶」的深省言詞，【328】這顯然是受了拜倫精神的感召才有感而發的。

總括而言，拜倫是完美詩人的化身，他人格高尚，才情洋溢，加之以熱愛自由，憂國憂民，在若干南社詩人心目中，拜倫是學習及標榜的對象，那些有血有肉的詩歌題材，與時局息息相關的內容，完全切合了南社詩論中創作與文源兩項理論：強調真感情及感憤，不流於無病呻吟，以至吟風弄月的媚世之作，正是大多數南社詩人的共同取向。

（四）女性詩人

南社沒有像傳統的詩社，忽視女性詩人的作品，反之，在南中，有不少傑出的女詩人，她們的作品均受到同社詩人的重視和推崇，對一些社外的女詩人，也採取公平的看待，不作歧視。

南社女詩人有王夢仙（？-1916）、張漢英（1872-1943）、呂碧城

【326】見張國安著：《蘇曼殊傳》（台北：業強出版社，1992）頁255、259。

【327】《馬君武集》頁438。

【328】見馬以君編：《蘇曼殊文集》上冊，頁323、324。

（1883-1943）、張默君（1882-1964）及徐自華（1873-1935）等人，均以詩而名，其中以徐氏，尤為社員推許，陳去病在〈題寄塵女士聽竹樓詩集〉中有以下的褒語：

> 天生風雅是吾師，拜倒榴裙敢異詞？為約同人掃南社，替君傳布廿年詩。【329】

陳氏是南社發起人之一，而有「拜倒榴裙」之語，真可謂推崇備至，至如南社另一發起人柳亞子，他在〈巢南攜寄塵女士聽竹樓集見示題此奉寄〉中，也有讚揚徐自華之語：

> 學敝風頹恨未休，國亡文字至今留，補天填海伊人事，笑殺鬚眉貉一邱。【330】

大有巾幗詩人勝鬚眉之譽，肯定了徐自華在詩壇上的成就。至於林北麗，雖非南社社員，但因其夫林庚白（1897-1941）為南社詩人，林北麗與各社員亦時有過從，柳亞子對林北麗更是擊節讚賞，部份詩作還得到柳氏很高的評價，他分析林氏的詩歌價值為：

> 以上各詩，有意境、有格局、有神韻、有見解，凡是舊詩的三昧，所謂美具難並，無一不備……不做和韻詩，故集中無應酬之作；這些都是表現　他詩格的高尚……並世女作家中恐怕很少有　能比著的吧。【331】

完全撤除了男女性別之歧視，直透作品本身而論，因此，不少女詩人的才情受到重視，詩才亦得以發展，正如柳氏也曾指出在同光體詩人中間，沒有一個出名的女詩人，主要原因是他們「認為言不出於閫」，【332】而南社卻能重視女詩人的地位，這立場實在是值得注意的。除了社中女詩人受到重視外，其他女詩人的作品，亦同樣受到重視與欣

【329】《徐自華詩文集》頁239。

【330】同上注。

【331】引自〈介紹一位現代的女詩人〉，見《懷舊集》，頁242-243。

【332】引自〈介紹一位現代的女詩人〉，見《懷舊集》，頁238。

賞,秋瑾是清民之際的傑出革命家,她的詩作也同樣受到柳氏的推崇:

> (秋瑾的詩)完全得力於才氣和情感,像「祖國陸沉人有責,天涯飄泊我無家」一聯……在現在讀起來還是虎虎有生氣的。【333】

蘇曼殊在〈秋瑾遺詩·序〉中,發抒了他對秋瑾的崇敬之情,他說:

> 嘗謂女子多風月之作,而不知斯人本相也。【334】

說明秋瑾之詩與一般閨閣詩不同,又與吟風弄月之詞有異。曼昭在《南社詩話》中記秋瑾遺事:

> 其臨命之際,書「秋雨秋風愁煞人」,想見其從容就義之風度。【335】

分明是因人而及其詩的論調,又記中國同盟會女會員方君瑛事,並論其詩云:

> 黃葉飄零怨暮秋,蒼天如海月如舟。數年老父依閭倦,願借冰輪返故州。古人所未曾道,實是名句。【336】

重視女性詩人,於此可見一斑。

　　當然,南社重視女詩人的作品,不光是平等的問題,也不是完全刻從詩作出發,而是結合女詩人的人格而作出論斷。可以看到,南社特別推尊的女詩人中,如徐自華、林北麗及秋瑾,都是有正面而積極的性格,更要的是有剛陽氣魄,不讓男兒,在革命如火如荼之際,徐自華資助秋瑾起事,結為金蘭姐妹,更在秋瑾死後冒險收屍營葬於西湖,【337】曼殊圓寂後,徐氏更讓生壙以葬,【338】俠骨柔腸,令人起敬。而林北

【333】同上注。

【334】馬以君編:《蘇曼殊文集》上冊,頁246。

【335】《南社詩話》,第五十六則。

【336】《南社詩話》,第五十七則。

【337】有關徐自華的生平行誼,可詳參鄭逸梅著:《南社叢談》頁231-232。

【338】有關徐自華自營生壙及讓地葬曼殊的事,可參看拙文〈蘇曼殊的革命活動(1905-1916)〉,載《國際南社學會叢刊》第三期,頁3-9。

麗，思想較開放前衛，曾提出廢除婚姻制度，[339] 其詩作被譽為「有同光體的深刻，而無其晦塞之病」，[340] 至於秋瑾，更是著名的革命家，成仁就義，襟懷磊落，像他們的詩作，都是詩格高尚，情感真摯，思想性強，與一般閨閣文詞大相逕庭，她們的性格、事業及作品，扭結成一個整體，南社正是從這個「整體」入手作評價，正如柳亞子在提到秋瑾等女詩人時說：

則更詩以人重，不應光把詩人的尺度來評量她吧。[341]

正好道出詩作與人格事業的密切關係，從中亦可看到南社在評價詩作時所考慮的特殊角度。

小結

可以看到，南社詩論中特意推崇的詩人，無論是近代的（如龔自珍）、宋明遺民（如鄭思肖、屈大均、夏元淳及鄺露）、西方的（如拜倫）及女性詩人（徐自華、林北麗及秋瑾等），受重視的原因，不外是著眼於人格事業，然後因人而及其詩。人格方面包括高尚情操與氣節，事業方面則主要是揭露現實的黑暗，其次是力抗異族的統治。高尚的情操與氣節，成為南社評論詩作高下的主要角度（可參考本文「作家論」及「鑑賞論」二章）。力抗異族的統治，可看成一個時代的因素，南社中很多社員都從事或支持推翻滿清的革命活動，因此他們對揭露現實黑暗的龔自珍、力抗外族統治的遺民詩人、為希臘獨立而力排外侮，謀人家國的拜倫，還有一些女中丈夫，她們盡力為革命奔走，南社重視他們

---

[339] 有關林北麗的生平行誼，可參考鄭逸梅著：《南社叢談》頁194-195「林庚白」簡傳部份。

[340] 引自〈介紹一位現代的女詩人〉，見《懷舊集》頁240。

[341] 見上注，頁238。

的詩作,不難理解,實在是共鳴同感、聲氣相應的反映,可以說,由南社推崇的詩人看來,「以人論詩」實在是南社詩論的一大特色。

十·結論

前述各章有關南社詩論之要點,經綜合整理,已見其規模,總結而論,以其詩論之性質特點而言,則時代性、傳統性及包容性較強,而派別性與系統性則較弱。

南社詩論中崇奉遺民詩人,反遺老詩人,實在是反滿清的心理反映,強調詩歌具口誅筆伐的批判作用,以遺民詩人為榜樣,以氣節相標榜,以反對滿清遺老為棍子,骨子裏是呼應時局、推擁潮流,與時局時世的脈搏同步,詩人不再是一室為春的閉門吟詠、自得其樂,而是要高矚時局、遠瞻世情及洞悉人生,不是枯寂沉靜,而是活潑雄奇,切合大時代潮流,寫出反映時代的詩作,時代性之強,可見一斑。此外,南社所倡的「布衣之詩」,實在是與官僚詩人對壘,強調新時代詩歌的普及化及大眾化,詩歌不是一小撮官僚士人的玩物,而是整個時代的產物,平民百姓也可以用詩來反映現實,說清楚一點,南社詩論中強調的時代因素,很大程度是等同於政治因素,在當時是指反清和革命。一般唯美派的詩論只強調文藝上的因素,而南社則結合了時代與現實,突顯了詩人與詩歌在大時代中的影響力,也加重了詩人與詩歌在時代上的責任,如高燮在〈漱鐵和尚遺詩·序〉中說:

> 自近八年中,適當十九世紀末以至二十世紀之初,其文字界變遷之速率,至於不可思議,而影響恒及於政治界。詩也者,其刺激力尤深者也。【342】

說明詩與時代是息息相關的,而詩人也順理成章地成為時代的見證者、

【342】見《復報》第七期。

政治風潮中的重要發言人。

可以說，南社詩論的濃厚時代性，很大程度是體現在要求上，至於理論的本身，卻是傳統性甚強，在理論層面上，實在是溶合了不少傳統詩論而成，如創作論的言志、言情的理論，文源論的窮而後工之論與鑒賞論中強調詩品出於人品之論，方法論中評詩的各項手法，甚至是詩論中佛學的痕跡，都與傳統的詩論有密切關係，唯此一特色，正好體現了南社——社在清民之際，面對豐富的詩學遺產，他們綜合、溶匯、合拼、重組前人的詩論成果，或深化、或重伸、或強調、或揉合傳統詩論的精華而成，植根於故有傳統之中，如錢基博（1887-1957）在《現代中國文學史》中總結南社的表現為：

> 雖衡政好言革命，而文學依然篤古。【343】

確是道出傳統文學理論與南社的密切關係，高天梅在〈甲辰年之新感情〉詩中，也強調了傳統詩論具價值的部份，認為在當世仍有用武之地，可派上用場，詩云：

> 鴉鳴蟬噪盡名家，鼓吹巫風興未涯，小雅日微夷狄橫，幾人詩思了無邪？【344】

純然是傳統儒家詩論的重伸。在形式上，依然是以創作傳統的古體詩為主，這也是南社的主要成就，當然，南社詩論在詩體論方面接觸最少，根本沒有作過重點式的討論，但從他們的詩歌創作看來，傳統的詩體是絕大多數社員所喜歡採用的表達方式。柳無忌在〈南社前後的中國文壇〉中用十二字概括南社的貢獻——轉移社會風氣，革新文學內容，【345】「新」的是指「內容」而言，至於詩歌理論與表達形式，仍是傾向傳統一路。

【343】 錢基博著：《現代中國文學史》（上海：世界書局，1933）頁264。

【344】 見《警鐘日報》1904年7月16日。

【345】 柳無忌著：《從磨劍室到燕子龕》頁13。

正因為南社詩論具濃厚的傳統性，加上社員眾多，各自在傳統詩論中擷取精華，各握蛇珠荊玉，在相同的興趣下提出不同的詩學重點，南社不曾要求統一，反而是求同存異，體現了強大的包容性。在傳統詩論中，主要可歸納為五個傾向，[346]即道德批評、社會批評、性靈批評、審美批評及格律批評，這五種詩論模式，除格律批評外，其餘四項均包容在南社詩論中。南社詩論中對詩的格律、韻律及章法的探討並不注重，卻強調詩教、重人品，追求完美人格與作品的配合，重視剛陽之美，實在是「道德批評」的典型。又主張詩歌源於生活、感憤，以詩歌反映時代、政治的現實，反塗章飾句的纖弱詩風，也實在是「社會批評」的精華所在。此外，不少南社詩人提倡「性情」在創作上的重要地位，以表現詩人的「自我」為主，突顯了詩歌的抒情特點，這也是擷取了「性靈批評」的要義而成。至於「審美批評」，南社詩論中也較全面地接觸到詩歌的鑒賞原則及審美形態的區分。社員的詩學宗尚不盡相同，但卻可渾然為一，他們以不同角度標舉詩歌的本質，並嘗試用不同傾向的傳統詩論，綜合成一套切合當世的詩論。可以說，南社的詩論特點正可體現在強烈的綜合性之上。

在綜合性強的前提下，南社詩論中的派別性亦相對地顯得薄弱。南社的結社動機，是糾合同興趣的、或是有接近思想傾向的詩人，至於詩學理論，反而不強調統一與類同，與其他的詩社追宗認祖，在同一詩論下從事創作的作家群大不相同。南社之反同光體宋詩派，不是廢異求同的主奴之爭，在分論中已論及，這其實是政治立場及人格修養的不同所至。至於南社內訌筆戰一幕，以至逐朱鴛鶵出社的事實，本質也是文人意氣之爭，事實上，南社中兩大詩人黃節與諸宗元，都是學宋詩的，木易在〈黃節及其《蒹葭樓集外詩》〉中說：「晦聞乃專宗陳後山，別樹一幟，與南社作風絕緣」，錢仲聯並謂其「詩歌內容與同光體詩人不同，

---

[346] 蔡鎮楚著：《詩話學》頁268。

其詩學宗旨卻與同光體有相近處」,[347]而諸宗元的詩學觀亦與同光體為近,並與同光體詩人時通音問,[348]而黃、諸二氏都駐籍於南社,詩文創作都能登在社刊上,反同光體最力的柳亞子在〈金縷曲・悼黃晦聞〉詞中曾有「江湖卅載論交久,鎮難忘,吹簫說劍,王前盧後」之句,[349]足見交情非泛,亦不曾因詩學背景不同而有所排斥。派別性在南社詩論中絕不濃厚,錢基博在《現代中國文學史》中總結南社的文學特性為「詩唱唐音,不尚江西,文喜捈藻,亦非桐城」,[350]也只是道出南社的總體傾向而已,並不是出主入奴的強調派別分野。

以詩論的系統的角度去分析,由於南社社員皆以詩人為主,創作實踐與詩論建立二者之間,他們偏向側重詩歌的創作,可以說,在南社中,詩人比比皆是,但詩論專家嚴格上是沒有的,他們之論詩,無非是傳統詩人的出其餘事之舉,並非專業,因此南社詩論偏向於創作經驗的總結和審美經驗的分享,沒有建立出一套完整而具系統的詩學理論,儘管在歸納各社員的言論而得出的詩論尚相當可觀,能廣泛地觸及創作、文源、因革、功用、作家、鑒賞及方法各項詩論專題,但畢竟是集眾社員的意見見解而成,非出自一人之手,亦非有強烈意識而為之,因此系統性較弱,在某些詩論專題上未能取得統一或共式,如因革論中對詩歌革新所採的不同態度及對鑒賞原則的不同立場等,都是南社這個作家群所不能求同,而不得不存異的現象。加上社員論詩皆以創作經驗出發,不是從理論層面入手,是以偏於零碎,必須要作綜合整理,勾其詩論重點,去其重覆,芟夷枝蔓,才能窺見其詩論之堂廡,這正是「作家群

---

[347] 轉引自錢仲聯編著:《近代詩鈔》(江蘇:古籍出版社,1993)第三冊,頁1568。

[348] 見上注,頁1720。

[349] 《磨劍室詩詞集》下冊,頁1798。

[350] 錢基博著:《現代中國文學史》頁264。

的詩論」與「個人自成一家者言的詩論」不同之處。

　　至於南社詩論的價值，自不因它的系統性弱而有所降低，在五四運動前夕，新舊交替的年代，南社以古典詩歌為立足點，結合時代政治的感情，沉浸在傳統詩學精髓之中，集合前人詩論於一爐，強調了詩歌與詩人、詩人與時代的密切關係，建立詩人的尊嚴，彰顯詩歌的嚴肅性，針對「今日之文字，壞不在文學，其壞在人心風俗」的現實，南社鼓吹「高尚其志」以抗衡，【351】提昇詩人的地位，強調詩人的品格，縱然南社詩人並非完全跟從南社詩論而創作，但他們的高風亮節，殺身成仁及鄙視儈俗的鮮明立場，都與他們的詩作和詩論合而為一，為清末的詩壇起頑立懦，教人不得不對南社的詩學成就與貢獻，予以肯定和正面的評價。

【351】見〈胡寄塵詩序〉，載《南社》第五集，文錄頁39下。

景印香港新亞研究所《新亞學報》（第一至三十卷）

稿　約

（一）本刊宗旨專重研究中國學術，以登載有關中國歷史、文學、哲學、教育、社會、民族、藝術、宗教、禮俗等各項研究性之論文為限。

（二）本刊年出一卷。

（三）本刊由新亞研究所主持編纂，歡迎海內外學者賜稿。

（四）來稿每篇原則上以三萬字為限，請附中文提要（二百字內）；英文篇題；通訊地址、電話、傳真及電郵地址。

（五）來稿均由本所送呈專家學者審閱，以決定刊登與否。

（六）本所有文稿刪改權，如不同意，請預先聲明。

（七）文責自負；文稿若涉及版權問題，由作者負責。

（八）來稿請勿一稿兩投。本所不接受已刊登之文稿。

（九）來稿如以電腦處理，請以word系統輸入，並隨稿附寄電腦磁片。

（十）請作者自留底稿。來稿刊用與否，恕不退還。若經採用，將盡快通知作者；如半年後仍未接獲採用通知，作者可自行處理。

（十一）本刊所載各稿，其版權及翻譯權均歸本研究所；作者未經本所同意，不得在別處發表或另行出版。

（十二）來稿刊出後，作者每人可獲贈本刊二本及抽印本三十冊，不設稿酬。

（十三）來稿請寄：

香港　九龍　農圃道6號，新亞研究所

《新亞學報》編委會收

Editorial Board, New Asia Journal

New Asia Institute of Advanced Chinese Studies

6 Farm Road, Kowloon

Hong Kong

景印香港新亞研究所《新亞學報》（第一至三十卷）

版權所有
不准翻印

新亞學報 第二十七卷

出　　版：新亞研究所
　　　　　九龍農圃道六號
　　　　　No. 6, Farm Road, Kowloon, Hong Kong
　　　　　電話：(852) 2715 5929

編　　輯：《新亞學報》編輯委員會

發　　行：新亞研究所圖書館
　　　　　九龍農圃道六號
　　　　　No. 6, Farm Road, Kowloon, Hong Kong
　　　　　電話：(852) 2711 9211

定　　價：港幣一百六十元
　　　　　美金二十元

ISSN: 0073-375X

出版日期：二〇〇九年二月初版

景印香港新亞研究所《新亞學報》（第一至三十卷）

新亞學報

目　錄

第二十七卷　　　　　　　　　　　　二〇〇九年二月

一	陳援庵先生與史書要刪	李學銘
二	經史學家楊筠如事迹繫年	何廣棪
三	連續與斷裂：二十世紀的臺灣煤礦業	陳慈玉
四	無方之方：胡適一輩子談治學與科學方法平議	葉其忠
五	中國初傳佛教圖像述評	屈大成
六	論盧梭 (Rousseau) 的民主	莫詒謀
七	從康德所論物自身不可認知及超越的自由之 　　宇宙論意義看道家言道及道心之自由	盧雪崑
八	論胡五峰的本體論	劉桂標
九	王筠《說文句讀》字音研究論釋	馬顯慈
十	南社詩歌理論研究	朱少璋

NEW ASIA INSTITUTE OF ADVANCED CHINESE STUDIES

ISSN 0073-375X

景印香港新亞研究所《新亞學報》（第一至三十卷）